权威·前沿·原创

皮书系列为

“十二五”“十三五”国家重点图书出版规划项目

中国国际安全研究报告（2017）

ANNUAL REPORT ON CHINA'S INTERNATIONAL SECURITY STUDIES (2017)

国际关系学院国际战略与安全研究中心
中国政策科学研究会
主　编／刘　慧
副主编／吴　慧　赵晓春

社会科学文献出版社
SOCIAL SCIENCES ACADEMIC PRESS (CHINA)

图书在版编目（CIP）数据

中国国际安全研究报告．2017／刘慧主编．--北京：社会科学文献出版社，2017.12
（国际安全蓝皮书）
ISBN 978-7-5201-1732-6

Ⅰ．①中…　Ⅱ．①刘…　Ⅲ．①国家安全-研究报告-中国-2017　Ⅳ．①D631

中国版本图书馆 CIP 数据核字（2017）第 273345 号

国际安全蓝皮书
中国国际安全研究报告（2017）

主　　编／刘　慧
副 主 编／吴　慧　赵晓春

出 版 人／谢寿光
项目统筹／祝得彬
责任编辑／仇　扬

出　　版／社会科学文献出版社·当代世界出版分社（010）59367004
地址：北京市北三环中路甲 29 号院华龙大厦　邮编：100029
网址：www. ssap. com. cn
发　　行／市场营销中心（010）59367081　59367018
印　　装／北京季蜂印刷有限公司

规　　格／开　本：787mm×1092mm　1/16
印　张：23.5　字　数：353 千字
版　　次／2017 年 12 月第 1 版　2017 年 12 月第 1 次印刷
书　　号／ISBN 978-7-5201-1732-6
定　　价／128.00 元

皮书序列号／PSN B-2016-521-1/1

《中国国际安全研究报告（2017）》
编　委　会

主编简介

刘 慧 教授，博士生导师，现任国际关系学院党委书记。兼任中国政策科学研究会公共政策委员会副会长兼秘书长，中国国际经济关系学会副会长，国际关系学院国际战略与安全研究中心主任，世界银行采购国际顾问团成员。

曾经获得全国留学回国人员先进个人、北京市高等学校优秀青年骨干教师、北京市高等学校（青年）学科带头人等称号，获北京市第三届哲学社会科学优秀成果二等奖；享受国务院政府特殊津贴。

研究经历及成果：《中华人民共和国招标投标法》及《中华人民共和国政府采购法》起草组顾问；《世界经济与政治》杂志编辑委员会委员兼杂志评审专家，国际关系学院《国际安全研究》编委。发表专著与文章：《WTO与国家安全》《国家安全战略思考》《我国入世后经济利益和安全的维护问题》《我国加入 GPA 的效用及得失分析》《经济全球化中公共市场开放的选择问题》《我国加入 GPA 与国家安全》《当前我国政府采购中的信息安全问题》等。

摘　要

《中国国际安全研究报告（2017）》对2016年的国际安全形势及中国国家安全问题做了全面回顾、评估与分析。

从全球安全形势来看，国际安全形势保持总体稳定，但威胁国际安全的因素也在发展。在英国脱欧、特朗普当选美国总统、民粹主义崛起的背景下，国际安全环境变数增多。大国安全战略调整向纵深发展，竞争明显上升。一些大国积极谋求军事优势，现实风险和潜在风险均呈现增加趋势。国际安全形势的新变化、新特点对推进国际安全治理提出了更迫切的新要求。

从地区安全形势来看，缓和与动荡并存。2016年，中国积极开展周边安全外交，深化合作，周边安全态势总体稳定。朝鲜继续大幅高调推进核计划，朝鲜半岛局势面临重大变数。2016年底，叙利亚政府和主要反对派武装签署了叙境内全面停火协议，但叙利亚和平进程能否顺利开启还有待观察。乌克兰局势依然紧张，美国、北约、欧盟和俄罗斯围绕乌克兰问题的博弈仍在持续。

从非传统安全威胁形势来看，源起于全球、地区或国外继而经过扩散影响本国的“外源性非传统安全威胁”，对于世界各国与国际安全的影响不容忽视。全球恐怖活动整体上升，呈现出全球化、本土化、碎片化、网络化的态势。国际难民危机在2016年并未缓解，未来一个时期内，难民危机恐成国际“新常态”。

从中国国家安全来看，中国面临的国际安全形势与国内经济社会安全形势总体稳定。2016年，中国继续推进国家安全理论与实践创新，特别是在国家安全战略与立法领域取得了一系列突破，未来中国国家安全法治的

发展应注重法律规范的有效执行和法律规范体系的缺漏填补与及时修订。在应对网络空间安全、城市安全等问题上取得了积极进展，但还存在着不足与短板，仍需继续加强相关安全体系与能力的建设。中国企业在海外面临的政治风险及其管控问题，也需要我们采取积极有力的措施加以防范和应对。

目　录

Ⅰ　总报告

Ⅱ　全球安全：风险与治理

Ⅲ　地区安全：动荡与缓和

Ⅳ 非传统安全：威胁与应对

Ⅴ 中国国家安全：挑战与治理

Ⅵ 附 录

皮书数据库阅读**使用指南**

总 报 告

General Report

B.1 新问题、新趋势、新挑战：2016年国际安全与中国国家安全形势

刘 慧 赵晓春*

摘 要： 2016年，受多种因素的影响，国际安全形势的发展演变出现一些具有深远影响的新问题、新特点、新趋势，并由此给国际安全带来新的挑战。以英国脱欧与特朗普当选美国总统为标志，民粹主义在欧美的兴起，给予世界政治与国际安全的走势以极大冲击，世界政治生态或将因此而重塑。大国关系保持了总体稳定，但大国之间在安全领域的战略博弈与深层较量趋于激烈，大国关系的走向与前景充满了不确定性。地区安全热点问题出现分化，一些问题趋于缓和，一些问题依

* 刘慧，国际关系学院党委书记，教授、博士生导师，研究方向为国际经济与贸易、政府采购、国家经济安全；赵晓春，国际关系学院国际政治系教授，博士生导师，研究方向为国际安全和中国外交。

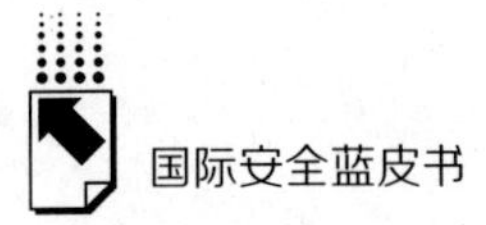

然如故甚至恶化，对国际安全产生的负面影响不容忽视。恐怖活动整体上升，呈现出全球化、本土化、碎片化、网络化的态势，仍然是威胁国际安全的突出问题。中国国家安全形势总体稳定。在总体国家安全观的指导下，中国继续推进国家安全理论与实践创新，在国家安全战略与立法领域取得了一系列突破。在应对公共卫生安全、网络空间安全、核电安全、城市安全、控制公共市场与公共资源交易改革中面临的风险等问题上，中国政府采取了有针对性的措施，取得了积极进展，但同时还不同程度地存在着不足与短板，仍需继续加强相关安全体系与能力的建设。

关键词：　国际安全　非传统安全　中国国家安全　地区安全

2016 年，国际安全形势总体稳定，但国际安全形势的发展演变出现一些具有深远影响的新问题、新特点、新趋势，国际安全面临的挑战依然严峻。受多种因素的影响，民粹主义在欧美的迅速抬头与发展，是 2016 年国际安全形势发展的一个突出的新特点，其对世界政治的发展所带来的深远影响以及对世界安全构成的冲击与挑战，不容忽视；大国关系依然呈现出竞争合作的特点，但基于地缘政治利益与结构性矛盾而形成的战略博弈与深层较量有加剧之势，大国间关系的不确定性增多；地区热点问题出现分化，一些地区热点问题出现了降温与积极改善的势头，一些地区热点问题则依然难解，甚至进一步恶化。在非传统安全领域，国际恐怖主义活动猖獗，国际反恐形势依然严峻。中国国家安全形势总体稳定，但同时也面临诸多挑战，需要我们从总体国家安全观出发，采取切实有效措施加以治理与防范。

一　世界政治发展：民粹主义的兴起与挑战

民粹主义的兴起，构成了 2016 年国际安全形势演变最为突出的一个新特点，其主要的标志，就是英国脱欧与特朗普当选美国总统这两个所谓的“黑天鹅事件”。这不仅给予世界政治的未来发展以深远影响，而且对国际安全提出了严峻挑战，世界政治生态或将因此而改变或重塑。

2016年6月23日，围绕英国是否继续留在欧洲联盟这一议题，英国举行了全民公决。此次公决是英国保守党卡梅伦政府为在国内争取选民支持，在欧盟以此为谈判筹码为英国争取更为有利的成员国条件而决定举行的。在公决之前，国际舆论一般认为“脱欧派”难以取胜，英国仍将留在欧盟。但公投的结果却是脱欧一方凭借51.89%的微弱多数宣告英国将退出欧盟。英国首相卡梅伦因此而辞职。继任首相特蕾莎·梅则于10月2日宣布英国将于2017年3月正式启动脱欧条款。探究此次英国脱欧的根本原因，除了英国素有游离于欧洲之外的孤立主义传统以及现实政治经济利益的考量之外，以反全球化、反体制、反移民为特征的民粹主义在英国的兴起及推动，也是一个重要因素。英国脱欧是民粹主义在欧洲取得的一场重要胜利。

继英国脱欧之后，2016年下半年举世瞩目的美国大选再爆冷门。毫无从政经验的商人特朗普，以反移民、反穆斯林、反自由贸易、反政治精英等一系列迎合白人中下层选民的民粹主义口号，在一再踩踏美国“政治正确”红线的情况下，一举战胜了大选前被普遍看好的民主党候选人希拉里，赢得大选，成为美国第58届总统。此次大选后，舆论普遍认为，特朗普当选美国总统，是一场草根阶层对政治精英、反建制派对建制派、反全球化对全球化、互联网与自媒体对传统主流媒体的胜利。从这一意义上说，正是民粹主义助推特朗普这只“黑天鹅”一飞冲天。

应当指出的是，英国脱欧与特朗普当选美国总统，并非孤立的事件，它正是近年来民粹主义在欧美迅速崛起的缩影。在2014年欧洲议会选举中，具有极右翼倾向的民粹主义政党就一举拿下近1/5的议席，从上届近50个议席猛增到140多席，取得历史性突破和胜利。在德国，成立仅3年的右翼民粹主义政党德国选择党在2016年3月德国州议会选举中，赢得3个州的议会选举，获得最高达24%的支持率，成为一支国家级的政治力量。在2016年12月奥地利总统选举中，极右翼政党自由党总统候选人霍费尔虽然败北，但仍获得了46.7%的选票。此外，诸如意大利五星运动党、荷兰自由党、瑞典民主党、丹麦人民党、芬兰正统芬兰人党等民粹主义政党，也在各自所在国家纷纷崛起，有的甚至成为国内政坛举足轻重的政治力量。在东欧，波兰法律与公正党打着民粹主义的旗号上台执政，匈牙利具有民粹主义色彩的青民盟在联合内阁中占有了一席之地，斯洛伐克的极右政党人民党——“我们的斯洛伐克”在2016年也以8%的得票率进入议会。在欧洲以外的地区和国家，近年来，在总统埃尔多安推动下土耳其出现的伊斯兰化倾向、泰国国内所出现的严重的社会动荡等，都表明民粹主义不仅在欧美迅速崛起，而且正在由发达国家向发展中国家蔓延。

应当看到的是，当前民粹主义的兴起并非偶然，全球化迅速发展所带来的负面影响、国际金融危机的打击、人民生活水平的下降，乃至难民危机对欧洲国家的冲击等，都成为助长民粹主义兴起的不容忽视的因素。从当前民粹主义的主张看，在经济领域，民粹主义主张贸易保护主义，具有反一体化、反全球化的倾向；在政治领域，民粹主义表现为对政府、政治精英、传统主流媒体的不信任与不合作；在社会治理方面，民粹主义表现为盲目排外的反移民倾向。历史的经验已经证明，民粹主义通常所具有的狭隘性、非理性、激进性、情绪化的特征决定了它不可能成为解决经济政治社会问题的灵丹妙药；相反，一旦民粹主义成为社会主流并将其政策主张付诸实施，往往会导致经济停滞、政治失序与社会动荡。特别是如果民粹主义与极端民族主义合流，则将给世界秩序与国际关系带来难以预计的冲击。正因如此，国际社会对于在民粹主义裹挟下的世界政治发展与国际安全演变的前景不能不抱有深深的忧虑，不能不对此保持高度的警惕。

二　大国关系演变：竞争趋强不确定性增多

2016年，大国关系依然延续了近年来总体稳定、竞争合作的特点，但大国之间在安全领域的战略博弈与深层较量趋于激烈，受多种因素的影响，大国关系的走向与前景充满了不确定性。

在世界经济持续低迷，非传统安全威胁日益凸显的大背景下，大国之间的合作仍然得以维系。2016 年中美继续保持了高层对话与磋商的势头，年内中美两国元首三次会晤，中美两国通过第八轮中美战略与经济对话、第七轮中美人文交流高层磋商、G20 杭州峰会，在广泛的领域取得多项重要成果。中日关系方面，习近平主席与安倍晋三首相在 G20 杭州峰会闭幕后举行了双边会晤。11 月，习近平主席同安倍晋三首相在出席亚太经合组织第二十四次领导人非正式会议期间，进行了简短交谈。总体来看，中日领导人的会晤在一定程度上维系了中日双边关系的基本稳定，但中日之间存在的诸多重大政治与战略争端很难在短时期内得到真正意义上的解决，中日关系的改善也很难取得突破性进展。中俄关系在 2016 年继续高水平运转，中国领导人与俄罗斯总统普京一年内会晤了 5 次，中俄两国在国际事务、政治、经济、文化、教育、旅游等各领域的交流与合作得到进一步发展与加强，正如普京总统在 2016 年 12 月 23 日举行的年度记者会上指出："俄罗斯和中国之间的关系达到了非常高的水平，我们已经习惯'俄中是战略上的伙伴'等表述，但就近几年的情况来说，两国已远超上述关系。"[①] 此外，从美俄关系看，在乌克兰问题和叙利亚问题上处于尖锐对抗状态的美俄关系仍处可控范围。在乌克兰问题上，俄罗斯实现了从乌克兰问题参与者到乌克兰内战调停者的重新定位；在叙利亚问题上，美俄也曾一度达成停火协议；美俄之间的高层接触与磋商并未中断，在 G20 杭州峰会期间，普京与奥巴马围绕叙利亚和乌克兰局势问题，举行了一个多小时的会谈。

尽管大国关系在 2016 年保持了总体稳定，但大国之间在安全领域的战略博弈与深层较量并未停止，在军事安全领域出现了某种加剧的趋势。

从美国方面看，为了巩固霸权地位，保持对其他国家的"绝对军事优势"，美国正开启新一轮国际军事竞争，不断加大在信息网络、反导、第五代战机、新型核武器以及新概念武器等关键技术上的投入。《简氏防务周刊》公布的数据显示，2016 年美国的军费开支达 6220 亿美元，占全球军费

① 《普京强调俄非常珍视对华关系》，《人民日报》2016 年 12 月 25 日，第 3 版。

开支的40%，其中1100多亿用于采购军事装备，比上一年度增加150亿美元。针对近年来渐成大国地缘政治博弈中心舞台的亚太地区，美国奥巴马政府加快了推进落实“亚太再平衡”战略的步伐。美国一方面调整和加强在关岛的军力部署；另一方面与韩国达成在韩国部署“萨德”反导系统的协议。“萨德”系统入韩，名义上是针对朝鲜的核开发活动，但由于该系统的X波段雷达能将中国华北和华东地区乃至渤海、黄海和东海的弹道导弹发射都置于其监视之下，其挤压中国战略导弹部队的机动能力和作战空间、威胁中国的核报复能力、谋取对华军事优势的目标十分明显。在南海争端问题上，美国进一步加大了军事介入的力度，以所谓“航行自由”为借口，频频派出作战飞机与军舰进入中国南海新扩建岛礁相邻海域进行所谓“巡航”，严重威胁了中国主权和安全利益，危及了岛礁人员及设施安全，加剧了南海紧张局势。美国在台湾问题上的军事动向也值得高度关注。2016年底，美国国会通过了《2017财政年度国防授权法案》，首次明确要求美国政府与军方提升美国与台湾地区军事交流的层级与频度，而美国总统奥巴马也予以签署确认。这一法案的通过，严重违背了美国长期奉行的一个中国的政策及对美国与台湾地区军事交流的限制，如果将其付诸实施，将对中美关系形成严重冲击。针对俄罗斯，美国也进一步强化军事部署，除了频频举行军事演习外，美国增加了驻东欧的作战部队，计划在2017年把用于欧洲的防卫开支翻两番。美国主导下的北约正式启动波兰境内的美制导弹防御系统，并首次在波罗的海三国和波兰东部部署军队，这是冷战结束以来北约最大的一次兵员调动。

日本的军事动向同样引人注目。在2016年8月公布的《防卫白皮书》中，日本专辟一章为日本突破“专守防卫”政策、解禁集体自卫权的安保相关法案辩护，强调其具有高度的必要性和合宪性，“具有重要的历史意义”。白皮书增加了涉华安全篇幅，极力渲染宣扬“中国威胁论”，在回避直接“指敌”的前提下，事实上将中国定位为安全威胁来源，并且在南海问题上摆出“视情况而随时介入”的姿态。引人注目的是，2016年，日本防卫费用再创新高，达到了5.05万亿日元，与2015年的预算相比增长了

1.5%。其具体列支的内容显示，防卫预算进一步加大了在“确保周边海空域安全”方面的投入。2016 年底，日本内阁会议通过了 2017 年度国防预算，预算又比 2016 年度增加 710 亿日元，达到创纪录的 5.13 万亿日元。这是安倍晋三 2012 年就任日本首相以来，日本军费预算连续第 5 年上涨。国际舆论普遍认为，安倍政权在扩军道路上的“暴走”完全是针对中国。

从 2016 年国际格局的演变及一些主要大国内政外交的变化看，未来一个时期大国关系的不确定性将明显上升。

首先，国际力量对比将继续发生深刻变化。2016 年，在世界经济总体低迷的情况下，中国经济仍然维持了 6.7% 的较高增速，综合国力进一步提升，美国将进一步加强对中国的防范与制衡，并为此进行相应的战略调整。作为中国近邻的日本，面对中国的崛起，其自甲午海战以来对华建立起来的优越感及心理优势正在消散，取而代之的则是前所未有的战略焦虑与不适应感，这不仅可以解释安倍再次出任首相以来何以凸显其战略围堵中国的“鹰派”色彩，也预示着未来中日关系的走向不会一帆风顺。

其次，美、日等国领导人的执政理念与国内政治走向也会对大国关系产生重要影响。特朗普当选美国总统后，在对外事务方面打破常规，语出惊人，如频频向俄罗斯示好，与蔡英文通电话，明确要求盟国承担更多防务费，扬言退出《跨太平洋伙伴关系协定》（TPP）等，都给未来的中美关系、美俄关系以及美欧、美日同盟关系带来新的不确定性。日本国内政治右倾化加剧。2016 年 7 月，日本自民党赢得参议院大选，主张修宪的势力在议会中占据了多数。自民党就修改党章已基本达成一致。该修改方案决定将自民党总裁的任期由“两届 6 年”改为“三届 9 年”。此举使安倍有可能连任三届党总裁，并在 2018 年大选中再次当选首相直到 2021 年，为安倍推行包括“修宪”在内的右倾化政策提供有利的条件与充足的时间。值得关注的是，2017 年，欧洲的法国、德国、意大利均要举行大选，这些国家的极右翼政党也摩拳擦掌试图乘民粹主义兴起之势上台执政。尽管从正常情况看，这些极右翼政党上台“变天”的可能性不大，但有英国脱欧与特朗普当选这样的“黑天鹅事件”在先，不能排除这些小概率事件意外成真的可能性。即

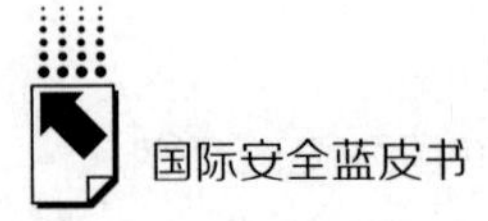

使极右翼政党不能上台，他们所代表的“民意”及民粹主义的政策主张也必然会对本国政府形成压力并对国家内外政策的走向产生影响。

三 地区安全走向：缓和与动荡并存

2016 年，地区安全形势动荡与缓和并存。在国际社会的努力下，一些地区安全热点问题的解决取得进展，或得到有效控制，或趋于缓和。但一些地区热点问题仍未降温，甚至有所恶化，对国际安全构成的威胁不容忽视。

2016 年下半年，南海争端形势出现降温和缓和，是地区安全热点问题得到控制的一个亮点。近年来，由于菲律宾前政府不顾中国政府的坚决反对，一意孤行坚持通过国际仲裁否定中国在南海的领土主权和海洋权益，致使中菲关系跌入谷底，南海形势高度紧张。2016 年 7 月，菲律宾举行大选，重视对华友好与对华经济合作、主张搁置南海争议的杜特尔特就任菲律宾总统，并着手调整菲律宾前政府的南海及对华、对美政策。10 月，杜特尔特总统访华，与国家主席习近平等中国领导人举行了富有成果的会谈。中菲双方发表了联合声明，签署了 13 项合作文件。双方重申将通过友好磋商和谈判，以和平方式解决领土和管辖权争议。中菲两国领导人的会晤，不仅使中菲关系重回健康稳定发展的轨道，而且极大地缓解了南海紧张局势。在与南海争端另一个主要声索国越南的关系方面，自 2016 年初越共召开十二大后，连任越共中央总书记的阮富仲，同样希望通过现有的双边机制，解决中越间存在的南海争端。2016 年下半年，越南总理阮春福在访华期间表示，越南“希望同中方不断增进政治互信，推进务实合作，有效管控分歧，推动越中传统友谊和全面战略合作伙伴关系稳定、健康发展”。[①] 在中越政治关系得到改善的同时，中越经贸合作迅速发展，2016 年中越贸易额超过 1000 亿美元，越南已成为中国在东南亚最大的贸易伙伴。特别需要指出的是，2016 年 7 月 25 日，在中国 – 东盟外长会议上，通过了“中国和东盟国家外长关

① 阮春福：《坚持互利共赢推进各领域合作》，《人民日报》（海外版）2016 年 9 月 14 日，第 4 版。

于全面有效落实《南海各方行为宣言》的联合声明”。该声明确认了有关各方通过双边谈判来解决争议这一核心原则，并且在 9 月 7 日举行的中国 – 东盟领导人会议上再次确认了这一原则。这意味着，由菲律宾前政府及美、日等域外大国掀起及鼓动的南海仲裁案已经翻篇，“标志着南海问题重回对话协商解决的正确轨道，意味着有关国家利用南海问题搅乱地区的图谋彻底破产，也为中国与东盟国家进一步深化合作扫除了障碍”。①

但受多种因素的制约和影响，2016 年一些地区热点虽出现降温趋势，但其未来走向仍存变数。

2016 年 1 月 16 日，伊朗与伊核问题六国签署的伊核协议正式生效，伊朗面临的国际制裁被部分解除，而伊朗则同意限制自身核能力开发。自协议生效以来，伊朗石油出口量几近翻倍，国际贸易与境外直接投资均有较大幅度增加，国际货币基金组织（IMF）也上调了伊朗 2016 年经济增速的预期。但美国基于侵犯人权、支持恐怖主义以及弹道导弹项目等事由对伊朗实施的单边制裁并未解除，仍然限制着超过 200 家伊朗企业与外国企业的贸易往来。此外，当选总统特朗普对伊核协议持否定态度，宣称其上台后将会对伊核协议重新进行谈判。针对特朗普的表态，伊朗方面强硬回应，不会就伊朗与美国之间的核能合作协议与特朗普政府重新谈判，协议将按照既定的路线执行。未来伊核问题的走向依然存在不确定性。

处于后危机时期的乌克兰局势在 2016 年没有进一步恶化，但乌克兰东部亲俄武装与乌克兰政府军、俄罗斯与美欧的对峙格局也没有改变，2015 年签署的新《明斯克协议》未能得到有效执行，乌克兰东部地区的武装冲突仍处于“打打停停”的胶着状态，解决的前景依然不明朗。

2016 年，由于国际社会加强打击力度以及俄罗斯的参战，“伊斯兰国”武装在战场上连吃败仗，所控制的一些具有战略意义的地区接连失守，颓势尽显，大势已去。但是，“伊斯兰国”武装仍然具有较强的战斗力和集结能力以及较为充足的武器装备，并可能持有化学武器，仍然会负隅顽抗。此

① 王毅：《2016，中国外交攻坚开拓的重要一年》，《环球时报》2016 年 12 月 5 日，第 14 版。

外，随着战场上节节败退，“伊斯兰国”正在改变策略，号召其追随者在中东以外的地区针对所谓“软目标”开展恐怖袭击，其影响和活动正外溢到叙利亚、伊拉克以外的地区，国际社会彻底铲除“伊斯兰国”并消除其影响的任务依然艰巨。

持续近6年的叙利亚内战在2016年底也取得了积极的进展。在俄罗斯、土耳其、伊朗三方共同努力下，12月29日，叙利亚政府和主要反对派武装签署了包括叙境内全面停火协议，停火从当地时间12月30日零时生效。俄罗斯、土耳其、伊朗将作为担保方监督叙利亚和平进程。此次叙利亚政府和主要反对派武装签署停火协议的一个重要背景是，在俄罗斯的支持下，叙利亚政府军于2016年底完全收复了由叙利亚反对派控制的最大城市阿勒颇。叙利亚反对派在军事上遭受重大打击，在政治上失去了一杆团结人心的“大旗”的形势下，处境艰难，被迫接受停火协议。据报道，停火协议落实后，俄罗斯、土耳其、伊朗、沙特阿拉伯、卡塔尔等国代表以及叙利亚政府和温和反对派将在哈萨克斯坦首都阿斯塔纳举行和平对话。虽然结束叙利亚内战取得了积极的进展，但此次达成的叙利亚全面停火协议还十分脆弱，这不仅是因为此前有关各方多次达成的停火协议大都无疾而终；还因为叙利亚国内有关各方矛盾错综复杂，深度介入叙利亚内战的美国、俄罗斯、土耳其等外部势力在利益和目标上各不相同，相互掣肘。叙利亚和平进程能否顺利开启并取得实质性成果还有待观察。

作为突出的地区安全热点问题，依然处于僵局甚至进一步恶化的仍属朝核问题。2016年1月，朝鲜进行了第四次核试验，并对外声称是首枚氢弹试验。对此，联合国安理会于3月2日通过决议，谴责朝鲜违反联合国决议进行核试验，并对朝鲜追加制裁。但在国际重压之下，朝鲜并未停止核试验的脚步，并于9月9日进行了第五次核试验。从当前及今后一个时期朝核问题演变的趋势看，朝核问题六方会谈已经搁置7年且重启遥遥无期，美韩频频军演对朝施压以及国际社会一再追加对朝制裁并未奏效，朝核问题的解决正陷入恶性循环。朝核问题的根源在于朝鲜半岛和平问题，这一问题得不到解决，朝鲜就不会接受美韩日先弃核、再会谈的解决方案，就不会放弃发展核武器的努力。而朝核问题的旷日持久，无论是朝鲜拥核以对抗美韩，还是美韩以威慑朝鲜为借口部署“萨德”系统，都使中国的国家安全利益严重受损，对此我们必须高度重视，并制定正确的战略予以应对。

国际恐怖主义依然是威胁国际安全的突出问题。2016 年国际反恐形势又出现了一些新特点。第一，重大恐怖袭击频现，如在比利时、美国、法国、土耳其、巴基斯坦等国大城市发生的暴恐袭击，均造成了大量人员的伤亡。第二，在军事上受挫的“伊斯兰国”展开疯狂报复，西方国家尤其是欧洲成为恐怖袭击的重灾区，法国、德国、土耳其、比利时、瑞士等欧洲国家均未能幸免。第三，恐怖袭击活动向非洲、南亚、中亚、东南亚等脆弱地带转移，这些地区发生恐怖袭击的频次与烈度均出现上升态势。第四，恐怖主义的袭击方式与活动特点出现新的变化，“独狼”式恐怖袭击增多，致使打击和防范的难度在增加，互联网及社交平台在恐怖活动中的作用日趋上升，已经成为恐怖组织进行联络、策划恐袭、传播极端思想及招募恐怖分子的重要途径。此外，中国面临的反恐形势依然不容乐观。中国新疆地区的恐怖袭击事件仍时有发生，境外的恐怖主义活动对中国的海外利益、人员安全，特别是“一带一路”倡议的实施与推进构成了严重威胁。针对当前全球恐怖活动整体上升，并呈现出全球化、本土化、碎片化、网络化的严峻态势，国际社会必须同心勠力，密切合作，既注重防范与打击，更要致力于消除滋生恐怖主义的土壤，标本兼治，使反恐斗争取得切实的成效。

四　中国国家安全：总体稳定面临挑战

2016 年中国国家安全形势总体稳定。在对外关系领域，中国秉持构建人类命运共同体的理念，积极发展与世界主要大国、周边国家、发展中国家的友好关系，取得了丰硕成果，有效维护了国家利益。在国内，面对错综复杂的国内外经济形势和风险挑战，在全国人民共同努力下，中国经济社会保持平稳健康发展，经济安全保持总体平稳、良好的态势，实现了“十三五”经济发展和经济安全的良好开局。中国社会保持了总体稳定和谐的局面。

这些成果的取得，得益于近年来中国政府高度重视安全治理以及在国家安全理论与实践领域的不断创新。概而言之，中国国家安全理论的创新集中表现为总体国家安全观的提出；中国国家安全的实践创新，则表现为以新《国家安全法》颁布实施为标志的国家安全立法的迅速进展，以中央国家安全委员会设立为标志的国家安全体制机制的初步完善，以政治局审议通过《国家安全战略纲要》为标志的国家安全战略文本的出台，以“4·15”国家安全教育日为标志的国家安全宣传教育活动的开展。2016 年，在总体国家安全观的指导下，中国开展了第一个国家安全教育日活动，开始实施《反恐怖主义法》，颁布了《境外非政府组织境内活动管理法》和《网络安全法》，审议通过了《关于加强国家安全工作的意见》，发布了第一个《国家网络空间安全战略》。从国家安全法治的视角来看，2016 年中国在国家安全重要立法领域取得突破，丰富了总体国家安全观框架下的法律体系的内容，在维护国家安全的实践方面又迈出了重要的一步，对于维护国家的长治久安具有重要而深远的意义。另外，当前中国的安全法治还存在着立法质量有待提升、对安全价值与公民权利的平衡关系处理有待改进、执法与司法尚未跟上立法的速度等问题与不足。未来中国国家安全法治的发展应注重法律规范的有效执行和法律规范体系的缺漏填补与及时修订，可以鼓励地方立法通过实验立法积累立法经验。

尽管中国国家安全形势总体稳定，但我们还必须清醒地看到当前中国国家安全仍面临诸多严峻的挑战。这些挑战既有来自中国外部的领土争端、核扩散、美国在中国周边强化军事部署、世界经济发展存在不确定性等的挑战；也有随着国家经济社会发展及非传统安全威胁的扩散，来自国家内部的安全挑战。从 2016 年国内安全面临的挑战看，中国除了依然面临着全球气候变暖、国际恐怖主义、环境污染、水资源匮乏、粮食安全等具有全球性的非传统安全威胁以外，下列问题也较为突出不容忽视。

从公共卫生安全看，2016 年发生的寨卡疫情、抗微生物药物耐药性问题、空气污染对人类健康的影响成为中国和全球重点关注的公共卫生安全威胁。中国作为负责任的大国，正在加强国内公共卫生安全相关的立法、执法；规划指导健全防控体系，开展多部门协同治理；加大科研攻关，提升卫生体系的应急响应能力；在全球公共卫生安全治理等方面采取切实行动，取得积极进展。但是，中国还存在着公共卫生安全在国家安全战略中的地位不够突出、国内公共卫生安全体系建设尚存在诸多短板、公共卫生安全能力建设有待提高、主动通过全球卫生治理引领全球公共卫生安全议程的能力不足等问题，不断完善与加强公共卫生安全体系和能力建设，仍将是摆在中国政府面前的一个重要课题。

从网络空间安全看，当前网络安全威胁日益凸显，已成为维护国家安全的极为重要的一个方面。近年来，在中央的高度重视下，中国的网络安全治理体系已初步建立并逐步完善。但根据有关网络空间安全国际指数的比较研究，中国在网络安全法律法规、网络安全标准体系建设等领域与领先国家仍存在一定差距。这就要求我们在吸收有关国家网络空间安全治理经验的基础上，积极构建完善国家网络安全战略体系，科学布局信息安全技术产业，积极参与和推进国际合作与交流，以切实维护国家网络空间安全。

从城市安全看，城市安全是一个综合性的概念，包含了自然灾害类、人为事故类、技术灾害类、袭击破坏类和生态安全类五个主要类型。近年来中国城市安全形势的特点是：地震、火山爆发等自然灾害类城市安全事件没有集中爆发的现象和趋势，人为事故类城市安全事件得到较好的控制，杀人类刑事案件、交通事故死亡人数、火灾死亡人数、生产安全类事件死亡人数等都呈逐年降低趋势。但是，技术类灾害出现新特征，土地塌陷、工程塌陷等事件较为突出，化工厂、危化品事故出现了大规模伤亡事件，土壤污染、水污染和大气污染等环境安全事件频繁出现，发生了极端分子在城市发动恐怖袭击的恶性事件。上述趋势表明，随着城市化进程的加快和城市生活方式的多样化，在传统城市安全问题得到较好管理的同时，城市安全问题又呈现出一些不容忽视的新特点，城市安全问题更加复杂化。这警示我们，必须建立完善的城市安全规划体系，完善灾害前后的预防和应对机制，以更先进的技术和多元主体的参与来应对城市安全挑战。

从控制公共市场与公共资源交易改革所面临的风险看，2015 年以来，伴随着转变政府职能、发挥市场在资源配置中的决定性作用等深化改革战略部署的实施，国务院和各部门出台了“取消行政审批”“加强国资管理”“推广政府和社会资本合作模式”“加快公共资源交易电子化建设”等一系列改革措施。这无疑是对几十年来一贯以政府为主角的公共市场进行的一次重大改革，是触及机制体制的深度变革。公共市场的改革创新，打破了固有的行政性市场藩篱；权力和利益的重新调整，极大地考验着各级、各地政府的执政能力、管理能力和灵活应对能力。可以说，公共市场的改革创新激发了市场活力，也给政府带来新的风险和考验。从目前情况看，这些风险大体包括公共市场安全管控的风险、公共资源交易契约缺陷的风险、监督和诚信管理空白的风险、信息及数据资源滥用及标准混乱的风险。对于这些安全风险，需要政府及早制订应对方案，以防止新的问题膨胀激化上升为国家安全问题，为实现国家长期战略发展目标铺平道路。

五　结语

2016 年国际安全形势总体稳定。但受多种因素的影响，国际安全形势的发展演变出现一些具有深远影响的新问题、新特点、新趋势，并由此给国际安全带来严峻挑战。以英国脱欧与特朗普当选美国总统为标志的两个事件，反映了民粹主义势力在欧美的迅速崛起，国际安全形势面临新的不确定性。大国安全战略调整向纵深发展，大国战略竞争的一面明显上升。地区安全形势动荡与缓和并存。南海问题重回对话协商解决的正确轨道，紧张局势趋缓。朝鲜继续大幅高调推进其核计划，美国放弃“战略忍耐”政策，朝鲜半岛局势面临重大变化。叙利亚内战与乌克兰问题出现一定程度的缓和，但有关各方的博弈仍在持续，问题解决的前景不明。在非传统安全领域，全球恐怖活动整体上升，呈现出全球化、本土化、碎片化、网络化的态势，“伊斯兰国”虽遭受重创但其活动和影响正在外溢。中国国家安全形势总体稳定。在总体国家安全观的指导下，中国继续推进国家安全理论与实践创新，特别是在国家安全战略与立法领域取得了一系列突破。在应对公共卫生安全、网络空间安全、核电安全、城市安全、控制公共市场与公共资源交易改革中面临的风险等问题上，中国政府采取有针对性的措施，取得了积极进展，但同时还不同程度地存在着不足与短板，仍需继续加强相关安全体系与能力的建设。

全球安全：风险与治理

Global Security: Risk and Governance

B.2
大国安全战略的调整与安全博弈

陈向阳*

摘　要：国际格局多极化进入多层化阶段，当今世界七大力量中心分属三个层次，中国被视为“世界第二”。各方为争取更有利地位竞相强化国家安全战略运筹，深化战略调整。美国为维持霸权力求兼顾非传统与传统安全挑战，地缘战略重点加速转向亚太，领域安全侧重网空与气候。俄罗斯实施新版国家安全战略，直面北约与美国挑战，对外进取性与地缘拓展更加突出。日本安倍政权顽固推行右倾化，谋求政治军事大国目标，“倚美抗中”更加固化。西方与新兴大国博弈更激烈，竞争面明显扩大。美俄矛盾激化，美欧联手压俄力不从心。中美角逐加剧，美日企图合伙抑制中国。西方大国加强抱团，

* 陈向阳，中国现代国际关系研究院危机管理研究中心主任，研究员，博士生导师，研究方向为国际战略、全球治理、中国外交与国家安全。

中俄战略协作助推新兴大国协调。中国的战略主动权增强，但也面临复杂严峻的挑战。

关键词: 国际格局多层化　一超六强　大国战略调整　竞合博弈　集群博弈

2016年国际战略环境异常复杂多变，世界与地区秩序深刻重塑引发失序无序，国际格局演变呈现“一超六强”与三个层次，美、俄、日等加紧调整国家安全战略，力争全球或地区安全主导权，西方与新兴大国博弈激烈、竞争加剧，美俄矛盾激化，中美角力增多，中国国际战略主动权增强。

一　国际格局多极化多层化催生大国战略新调整

当今的国际格局演变更趋复杂，既有两大“集群”（发达经济体与西方大国、新兴经济体与新兴大国）之间的此消彼长，新兴市场和发展中经济体国内生产总值（GDP）的全球占比现已高达57.6%，而发达经济体仅占42.4%（购买力平价标准，按2015年计）①，更有主要力量之间的升降分化，如英国脱欧公投过关导致欧盟内部分化加剧、对外影响力削弱，“金砖国家”之一的巴西政治紊乱、经济衰退、“含金量”锐减。2016年是冷战终结25周年与金融危机八周年，国际格局“多极化”步入“多层化”的新阶段，大国力量对比新的“排行榜”浮出水面，美国、中国、俄罗斯、欧盟、英国、日本、印度依次成为当今世界七大力量，七大家分属三个层次，堪称“一超六强”或“1-3-3”格局，其中：

前面的“1”指独居“第一梯队”的美国，其综合国力仍独占鳌头，但相对优势明显减少，以至于焦虑不安，主张“美国优先”“让美国再次伟

① *World Economic Outlook*，http：//www. imf. org/external/pubs/ft/weo/2016/02/index. htm.

大”的政治外行特朗普因此异军突起，当选新总统。

中间的“3”指同属“第二梯队”的中国、俄罗斯、欧盟。中国胜在综合国力与巨大潜力；欧盟尽管少了一个英国，但仍胜在经济规模与软实力；俄罗斯胜在军事、外交及其自然资源与地理空间；而三家也都有联合国安理会常任理事国席位。

后面的“3”指同处“第三梯队”的英国、日本、印度三国，英国脱欧后虽更加自由，但也势单力薄，只因其还是安理会常任理事国，故在“第三梯队”中排第一。日本、印度均受制于国际政治影响力有限。

而在世界主要力量新的“排行榜”中，中国已被外界普遍视为综合实力仅次于美国的“世界第二”。

对于当今国际格局演变，美国知名战略学者斯蒂芬·布鲁克斯（Stephen G. Brooks）与威廉·沃尔弗斯（William C. Wohlforth）在重量级国际战略刊物《国际安全》（2015/2016 冬季号）上联名发文《21 世纪大国的崛起和衰落：中国的崛起与美国的国际地位》①，认为尽管中国的崛起有目共睹，但美国仍将长期维持唯一“超级大国”地位，因为中国在军事、科技以及经济实力上均与美国有较大差距。二人还将中国单独作为一类，认为其虽比德国、日本、俄罗斯等更强，但仍远远落后于美国。二人指出当今世界已从“一超多强”的“1 + X”体系，转变为美国作为唯一的“超级大国”、中国作为“新兴的潜在超级大国”的“1 +1 + X”体系，其中的前两个“1”分别是“一超”美国和“一潜超”中国，而“X”则指其他“多强”②，这其实也是一种“三层次”或“三梯队”。

简言之，1991 年苏联解体与冷战终结后形成的“一超多强”格局，经过 25 年的演变，特别是经过 2008 年国际金融危机的洗牌，到 2016 年该格

① Stephen G. Brooks and William C. Wohlforth, “The rise and fall of the great powers in the Twenty-first century: China's rise and the fate of America's global position,” *International Security*, Vol. 40, No. 3 (winter 2015/2016).

② 《卡内基中国透视》（总第 119 期），2016 年 5 月，http: //carnegieendowment. org/2016/05/31/zh－63704/。

局虽大体继续维持，质变尚未发生，但局部变化与量变业已发生，即不仅“一超”（美国）变弱了，而且“多强”变多了，当初的“一超四强”变成了如今的“一超六强”与“1-3-3”格局，“多强”从当年的欧盟、日本、中国与俄罗斯四强，演变成当今的中国、欧盟、俄罗斯、英国、日本、印度六强，并且“多强”之间的排序有了明显的变化，中国被视为“多强之首”，且与“一超”的差距正在迅速缩小，中美实力更加接近，两国均属于国内生产总值（GDP）总量在10万亿美元以上的“超重量级”单一经济体。中国提前成了“世界第二”，也使得“一超”倍感压力。

面对当今国际格局多极化加快与多层化加深，主要大国无不加紧调整各自的国家安全战略，力争更为有利的大国座次，并为此展开了更加激烈复杂的大国博弈。

二 大国安全战略调整新动向

本文选取了美国、俄罗斯、日本三个大国的安全战略调整作为“标本”有以下考虑。一来限于篇幅，难以对诸大国一一解析；二来美俄日三国分属国际格局多层化的三个不同层次，具有很强的代表性：美国仍是头号强国；俄罗斯属于“战略型大国”，普京总统堪称“国际战略象棋大师”①，擅长战略运筹，使近年来俄罗斯的国际安全影响力大幅提升，令人刮目相看；日本则是第三大单一经济体，加之安倍本人对二战结局不满，对中国崛起不服，在外交与安全领域很不安分，动作频频，值得世人高度警惕。三来之所以没有选取欧盟及其大国以及印度，原因是欧盟在安全与外交政策上对成员国的整合有限，而英国脱欧导致其“自废武功”，法国、德国又疲于应付国内反恐与难民问题；至于印度，其经济实力仍有限，影响力也主要限于南亚与印度洋。

① 《日媒称普京在中国受热捧很“危险”》，参考消息网，http://column.cankaoxiaoxi.com/g/2014/0807/453073.shtml。

（一）美国加紧落实既定战略　力图维系“一超”霸权

2016年，奥巴马总统进入执政末年，美国国家安全战略调整的重点是落实与深化业已出台的既有战略。

奥巴马政府于2015年2月6日发布任内第二份《国家安全战略》（有效期为四年），关于“近忧”，根据对安全威胁的判断列出了五大类：（1）强调“还有挑战，需要美国继续发挥领导作用”，包括大规模杀伤性武器特别是核武器的潜在扩散风险；（2）“基地”组织更加分散的网络，“伊斯兰国”以及附属组织的威胁，暴力极端主义分子利用西亚北非的动荡；（3）脆弱和受冲突影响的国家催生传染病、武器泛滥和毒品走私者以及破坏稳定的难民潮；（4）破坏性甚至毁灭性的网络攻击危险；（5）全球经济增长再度放缓的风险等。其对安全任务的部署也列出了五项：（1）声称“当前复杂时期表明了美国在世界上不可或缺的领导力量和核心地位”；（2）对抗俄罗斯的侵略，削弱并最终击败“伊斯兰国”；（3）从源头抑制埃博拉病毒；（4）制止核武器材料的扩散；（5）减少全球碳排放。[①]

关于“远虑”，这份《国家安全战略》指出“一些历史性的转变将在今后几十年里展开”，特别是最近的“五场转变”：（1）“国家之间的力量更加充满变数。”二十国集团（G20）影响增大反映了经济力量对比的演变，力量对比既带来机遇又带来风险，印度的潜力、中国的崛起和俄罗斯的侵略都对大国关系的未来产生重大影响。（2）“力量正在民族国家内部和民族国家以外转移。”这可能鼓励狂暴的“非国家行为者”，并造成不稳定。（3）“全球经济日益增强的相互依存以及快速的技术变革，正在以前所未有的方式把个人、团体和政府联系在一起。”这会造成共同的弱点，因为相互关联的系统和部门易受气候变化、恶意网络活动、流行性疾病以及跨国恐怖活动和犯罪的威胁。（4）“一场权力斗争正在西亚北非多国之间及其内部展开。”这

---

① https：//www. whitehouse. gov/sites/default/files/docs/2015_national_security_strategy_2. pdf.

一进程将继续带来麻烦。（5）“全球能源市场发生了巨变。”美国目前是世界上最大的天然气和石油生产国，虽然中东和其他地区的生产对全球市场仍然非常重要，但是美国增产正在帮助保持市场的充足供应和有利于经济增长的价格，而俄罗斯利用能源达到政治目的的意愿则加剧了能源安全问题。《国家安全战略》据此认为“今天的战略环境令人捉摸不定”。对于这一判断，一年之后，美国国家情报总监詹姆斯·克拉珀（James Clapper）于2016年2月，在参议院军事及情报委员会听证会上给予了类似评判，他坦言：“我们今天所面对的危机和挑战是我在情报界50多年来最复杂的。”①

依据《国家安全战略》调整的四个维度②，2016年美国的安全战略调整与落实内容包括以下四个方面。

第一，在传统安全挑战（大国中的主要对手与“假想敌”、地缘战略的“主攻方向”）与非传统安全挑战（各类非国家行为体、反恐与网络安全等）之间，美国力图兼顾二者，一方面注重反恐与打击“伊斯兰国”、网络安全、气候变化等，另一方面也更加强调对国家行为体尤其是新兴大国的防范，更加突出地缘政治与地缘经济因素，如着力推进“亚太再平衡”战略与《跨太平洋伙伴关系协定》（TPP）。美国2017财年国防预算继续高位运行，声称聚焦所谓“五大挑战”（俄罗斯、中国、朝鲜、伊朗和“伊斯兰国”）③，便反映了对二者的兼顾。

第二，在地缘战略各重点方向（亚太、中东、东欧等）之间，美国虽也尽量兼顾“三者”，但因自身实力下降与亚太利益明显上升，奥巴马明显侧重于亚太方向，包括极力插手南海争端、力推TPP等，其主要目标是“围堵”中国。而对东欧与中东的投入则相对减少，并更多地依赖于当地盟

① 《美国家情报总监：本土极端分子发动袭击是美国今年主要安全威胁》，《联合早报》2016年2月11日，http：//www. zaobao. com/special/report/politic/attack/story20160211 –580189。

② 其一，能否以及如何兼顾传统安全挑战与非传统安全挑战？其二，能否以及如何兼顾地缘战略各重点？战略重心何在？其三，能否以及如何兼顾诸多功能性问题领域？其四，能否以及如何兼顾传统常规武力与高新军事科技？

③ 《美称面临中国等五大威胁 将成国防预算支出焦点》，人民网，http：//military. people. com. cn/n1/2016/0204/c1011 –28110090. html。

友或“代理人”。

第三，在诸多功能性问题领域（反恐、网络、气候、疾病、经济金融能源安全等）之间，奥巴马政府也是大致兼顾，同时更加重视网络安全与气候变化，包括批准了《巴黎协定》，对利用网络黑客“干预”美国总统大选的俄罗斯施加驱逐其外交官等的制裁。

第四，在传统常规武力与高新军事科技（核、太空、网络、深海、极地等）之间，美军力求兼顾二者，一面加快部署新式战斗机、军舰等，一面加紧研发“空天飞行器”（X－37B）与网络武器等，竭力维持“军备霸权”。

（二）俄实施新国家安全战略　反制西方威胁并拓展地缘利益

2015 年 12 月 31 日，俄罗斯总统普京签署命令，批准新版《国家安全战略》（简称“新战略”）（每六年更新一次）。相较于 2009 年版《国家安全战略》提出的“把俄联邦变成一个世界大国”，新战略转而强调“巩固俄联邦作为世界领导者之一”地位。新战略明确了九大优先方向：（1）国家防御；（2）国家安全和社会安全；（3）提高俄罗斯公民生活质量；（4）经济增长；（5）科学、技术和教育；（6）卫生；（7）文化；（8）生命系统的生态和合理使用自然资源；（9）战略活动和平等的战略伙伴关系。新战略称，俄在国际安全领域仍坚持优先使用政治和法律手段、外交机制及维和力量，只有当这些措施无法保护国家利益时，才可使用军事力量。新战略对国际安全环境的评估更为严峻，并在俄面临威胁的判定上突出了北约与美国因素，俄罗斯认为“在新的多中心全球治理模式形成的同时，国际和地区冲突不断增多，武力因素在国际关系中的地位并未下降”。[①] 俄罗斯指责北约扩展力量、行使“全球职能”对俄国家安全构成威胁，美国谋求军事优势“实质性地降低了维护全球和地区稳定的可能”，“西方阻碍欧亚一体化进程并在欧亚地区制造冲突策源地”影响了俄国家利益。对于俄维护国家安全的争

① 《俄新版国安战略透露哪些信息》，环球网，http：//world. huanqiu. com/hot/2016－01/8399867. html。

取与合作对象，新战略强调首先发展同独联体、集体安全条约组织、欧亚经济联盟国家的关系是俄外交政策的关键方向，其次加强在金砖国家机制、俄中印对话机制、上海合作组织、亚太经合组织、二十国集团框架内的合作。新战略更加重视中国，将俄中全面战略协作伙伴关系视为保持全球和地区稳定的关键因素，同时也赋予与印度的特惠战略伙伴关系以重要作用。①

针对此次俄国家安全战略修订的背景，俄安全会议秘书帕特鲁舍夫强调是因为“近年出现了对国家安全的新挑战和新威胁”。他明确指出美国意欲维持其在全球事务中的主导地位，并企图限制俄奉行独立的内外政策。与北约军事行动有关的威胁正在不断加剧，北约致力于在包括俄周边提升攻击能力，部署新型武器，建立全球反导系统，这正在侵蚀全球安全构架。与此同时，世界人口状况、环境和粮食安全问题也变得越来越复杂，淡水匮乏和气候变化的后果日益显现，流行病正在蔓延。

依据美国《国家安全战略》调整的四个维度，2016 年俄罗斯的安全战略调整与落实内容包括以下四个方面。

第一，在传统安全挑战与非传统安全挑战之间，俄更加关注前者，即关注西方大国、北约与美国对俄罗斯的压制、围堵乃至渗透颠覆，并加强对前者在地缘战略上的反击甚至反攻，在东欧与中东均取得了显著进展。

第二，首先在地缘战略各重点方向之间，俄罗斯继续以欧亚地区（独联体）为战略重心，优先“搞定”东欧，消化应对乌克兰危机的战果。其次对中东“乘虚而入”，加大战略投入，不仅一举扭转了叙利亚战局，而且重塑中东格局，其中东影响力后来居上。最后参与亚太，借由与中国、印度等的合作维护自身利益。

第三，在诸多功能性问题领域之间，俄罗斯更加重视自身相对突出的问题，包括反恐、经济与能源安全等，以减少西方对俄经济金融制裁的影响，力争早日摆脱经济衰退。

① 《俄罗斯出台新版国家安全战略》，凤凰网，http：//news. ifeng. com/a/20160102/46918137_0. shtml；《俄罗斯国家安全战略亮点丰富》，半月谈网，http：//www. banyuetan. org/chcontent/sz/hqkd/201625/181910. shtml。

第四，在传统常规武力与高新军事科技之间，俄罗斯坚持“扬长避短”，侧重加快核武器升级换代，同时加紧抢占北极这一“未来制高点”。

（三）日本顽固推行右倾化路线　加紧谋求政治与军事大国地位

日本安倍内阁继续以落实所谓的“积极和平主义”为口号，打着“为世界和平稳定贡献力量”的幌子，一方面，强化日美军事政治同盟，借由邀请奥巴马总统访问广岛原子弹爆炸遗址、安倍回访珍珠港以实现二战后日美关系的“彻底和解”；另一方面，利用美国对其“松绑”、放任之际，以中国与朝鲜为主要目标，加快扩军备战步伐，加强利用军事安全手段为外交服务，进而实现政治大国野心。

安倍政权加紧实施2015年强行通过的“新安保法案”①，军事战略已从“专守防卫”变为“攻守兼备”，加快向海外派兵并允许使用武器，图谋行使“集体自卫权”。日本2016财年、2017财年军费连续增长并且均突破5万亿日元，迭创新高，以“应对中国军力威胁”和加强“西南诸岛”防卫，还妄图军事介入南海。日本防卫大臣于2016年12月29日公然参拜供奉二战甲级战犯的靖国神社，得以满足其“夙愿”，进一步暴露其错误史观与现实野心。而安倍本人的对华表态依旧口是心非、阳奉阴违，实则执迷不悟、负隅顽抗。

安倍政权还在东海及钓鱼岛问题上对中国倒打一耙、栽赃斗狠，并为最终修改和平宪法而一再炒作、不断翻新“中国威胁论”。日本2016年版《防卫白皮书》对中国在东海和南海的海洋战略说三道四，指责中国“试图凭借力量改变现状，稳步推进既成事实化”。针对中国海军舰艇继续以较高频率进入太平洋，《防卫白皮书》称中国“正寻求提升在外海的部署能力”和“单方面升级在周边海域的行动”。指责中国在南海“大规模填海造地”，

① 日本“新安保法案”其实是两项法案：《国际和平支援法案》与《和平安全法制整备法案》。《国际和平支援法案》是为日本自卫队支援多国军队提供依据的一项新法案，《和平安全法制整备法案》是修改原有的安保相关法案，由十个小法案构成。参见 http://theory.people.com.cn/n/2015/1209/c136457-27906573.html。

《防卫白皮书》称“海上通道稳定利用的风险增大”，同时也指出朝鲜核试验与导弹发射是“对本地区和国际社会安全的重大且迫切的威胁”。[①]

除了重点强化日美军事同盟与自身军事实力，安倍政权还推行更为“活跃、进取”的外交政策，为“围堵中国”而极力拉帮结派，包括深化与印度的海洋安全合作，对越南等南海“声索国”加大援助，以经济开发为诱饵拉拢俄罗斯，利用朝鲜核威胁趁机改善与韩国关系、签署《日韩军事情报保护协定》，继续与印度、德国和巴西绑成“四国集团”，力图联手跻身安理会常任理事国之列。

依据美国《国家安全战略》调整的四个维度，2016 年日本的安全战略调整与落实具体表现为以下四个方面。

第一，在传统安全挑战与非传统安全挑战之间，日本显然是以前者为主，并以中、朝为主要“假想敌”，以亚太尤其是东海、南海为“主攻方向”，极力维持对钓鱼岛的所谓“实际控制”，极力确保制海权。

第二，在地缘战略各重点方向之间，日本的军事投入与军力建设是以“西南方向”为重，目标直指中国。

第三，在诸多功能性问题领域之间，日本较为重视网络安全、气候变化、自然灾害、资源与能源安全、核安全等。

第四，在传统常规武力与高新军事科技之间，日本极力引进美国最新战斗机 F－35，并在海洋开发与太空利用上持续加大投入、唯恐掉队。

（四）大国安全战略调整的五点共性

第一，高度重视国家安全战略谋划与顶层设计，因为大国竞争在相当程度上就是“战略竞争”“智慧 PK”。包括适时调整或定期更新相关战略，强调前瞻性与准确的安全环境评估，注重忧患意识与危机管理。

第二，战略手段运用升级换代，普遍借重盟友与伙伴，综合运用硬软实

---

① 《日本 2016 防卫白皮书强化对中国担忧》，日经中文网，http：//cn. nikkei. com/politicsaeconomy/politicsasociety/20804－20160802. html。

力，强调软硬兼施的“巧实力”，注重对国际规则的运用和参与，力争国际秩序重塑的制高点。

第三，战略重点与战略布局统筹兼顾，包括兼顾“安内”与“攘外”、兼顾安全与发展、兼顾地缘地域与问题领域、兼顾不同地缘方向、兼顾传统与非传统安全挑战。

第四，地缘战略角逐与军事武力运用被重新倚重。各大国战略调整均呈“再平衡”，即在兼顾非传统与传统安全挑战的同时，重新正视传统安全挑战，更加看重地缘战略利益。西方国家与新兴大国地缘角逐加剧，“围堵”与“反围堵”斗争激烈。各大国为此无不加大军费投入，致使军事竞争水涨船高。美国以所谓“第三次抵消战略”谋求对中国与俄罗斯的军事新优势，加快构建全球反导系统，频繁举行军事演习，拟于2020年前将六成海空军力部署到亚太地区；俄罗斯推进军备升级与军事改革，优先发展“撒手锏”装备，包括具有突防能力的战略核武器、网络攻防能力、防空反导与反卫星装备等。

第五，各方着力争夺太空、网络、深海、极地等“全球公域”与“新边疆”，争抢未来战略制高点。其中太空竞赛持续升温，以美国为首、多国加大投入，太空开发着眼于军民两用，“军事化”程度不断提高，“武器化”暗流涌动；网络空间争夺愈演愈烈，多国出台网络安全战略，美国提升网军实战能力，图谋“网络霸权”。俄军针对美军实施的“网络中心战”，重点发展非对称性的“网络破袭战”；围绕专属经济区与大陆架划分、海洋资源、海上战略通道、海上战略打击力量建设等，各方角逐加剧，亚太海洋争端因此“高烧”不退，“印太”战略地位行情看涨，美国极力维护“海洋霸主”地位；全球变暖加剧凸显北极战略价值，俄北方联合战略司令部已运转两年，被指“事实上相当于在北极设立了拥有陆海空部队的第五军区”①，美国智库更预言下一场北约－俄罗斯危机可能发生在北极。

① 《看俄罗斯如何角力北极》，http：//h. wokeji. com/jbsj/seb/201501/t20150127_ 949533. shtml。

三　大国安全战略博弈新态势

围绕欧亚大陆三大地缘“板块”，自西、由中、向东，两组大国三角博弈同时进行，美欧同盟（北约）与俄罗斯角逐东欧、中东，美日同盟与中国角力亚太，而背后真正的“大三角”则是中美俄，欧盟及日本只是“战略配角”。2016 年，西方大国与新兴大国博弈复杂、竞争加剧，美俄、中美战略角逐尤为激烈，中美俄三角中，美同时对中、俄施压导致中俄加强联合，西方战略界对此惊呼“大国竞争时代回来了”。[①]

（一）美俄激烈较量　美欧“联手压俄”力不从心

俄罗斯与西方的矛盾进一步激化，彼此地缘战略角逐从乌克兰扩展到整个东欧，还延伸至叙利亚与中东地区，与此同时，双方舆论战与网络空间攻防激烈，而美俄矛盾仍是其主要矛盾。

2016 年，美俄关系斗多合少，并且数度剑拔弩张、势不两立。彼此既有地缘利益之争，也有干涉内政与反干涉内政之争，甚至相互干涉、互有攻防，还有对冷战后欧洲、中东乃至国际秩序的重大分歧，其根源主要在于，冷战后美国一贯推行“弱俄、冷俄、挤俄”政策，美国战略界对俄罗斯持“傲慢与偏见”，奥巴马政府也对俄“严重低估”与“不尊重”，并因此而接连受挫，包括在叙利亚乃至中东近乎丧失“主导权”。反观俄罗斯总统普京，其应对美国冷静务实、相当老练、有勇有谋。进入下半年后，美俄对抗愈演愈烈，双方在叙利亚问题上针锋相对，俄罗斯协助的政府军力压西方扶植的反政府武装，一举收复北部重镇阿勒颇，俄罗斯还联手土耳其、伊朗另启政治谈判，美国则被晾到一边。双方角力更从地缘战场延伸至美国大选与网络空间，奥巴马政府指责俄罗斯以网络黑客攻击影响民主党总统候选人希

① 《大国竞争时代回来了》，http：//www. ftchinese. com/story/001069845。

拉里的选情[①]，致使“亲俄”的特朗普胜出，并于2017新年前夕宣布制裁俄情报机构及驱逐35名俄外交官，同时强化在乌克兰问题上的对俄经济制裁，美俄关系跌入谷底。

欧俄矛盾受制于美俄矛盾，美国继续炒作“俄罗斯威胁”，极力操控欧俄矛盾，但客观形势令欧俄矛盾有所缓和。首先，2016年7月召开的北约华沙峰会决定加大北约在中东欧的存在，在波兰、立陶宛、爱沙尼亚和拉脱维亚共部署4个营的部队，由美国、德国、英国和加拿大分别承担驻军的领导责任，该计划于2017年开始实施。而欧俄之间也延续了乌克兰危机后的相互制裁，欧盟将针对俄罗斯的经济制裁再度延长6个月，直到2017年1月底。其次，当前欧盟反恐压力巨大，俄罗斯便趁机利用军事打击“伊斯兰国”来分化美欧和争取欧盟，法、德两大国对俄强硬立场趋于松动。

（二）中美博弈竞多合少　美日“联手抑中”不加掩饰

美国奥巴马政府对外着力推进“亚太再平衡”战略，已不再掩饰其针对中国的一面，重点是大肆利用南海争端，为菲律宾所谓“仲裁案”推波助澜、摇旗呐喊，极力颠倒黑白、喧宾夺主，还一再派舰机强闯中国南海岛礁临近水域空域，实施所谓“自由航行与飞跃行动”，企图围堵乃至围困中国，继续把持亚太安全秩序主导权。

在此期间，美国防部部长卡特先是登上横行南海的航母以对华施压，后又在新加坡“香格里拉亚洲安全对话会”上对中国放狠话。美国“太平洋司令部”司令、日裔将领哈里斯一再口出狂言，妄图恫吓中国。就在菲律宾所谓“仲裁案”裁决即将出炉之际，美国还在南海临近海域罕见举行“双航母军演”，同时派出多艘军舰巡弋南海，一再耀武扬威，极力为菲壮胆。美国海军作战部部长理查森还倒打一耙，诬蔑中国“在南海大规模填海造地以及将人工岛礁军事化”，意图“提升封锁该区域的能力”，强调“他国不可对此坐视不理，必须加以应对”；并公然声称美国的反应“是向

① 《美国情报界领导人驳斥特朗普》，http：//www1. ftchinese. com/story/001070885。

该区域注入重重阻力，要使中国的每一步走得更加困难”。①

面对美国的挑衅施压，中国外交部部长王毅正告美国国务卿克里，严正指出所谓的“南海仲裁案”在程序、法律、证据适用方面牵强附会、漏洞百出，明显扩权和越权的仲裁庭根本就没有管辖权，罔顾法律和事实的裁决自然也就没有约束力。而中国依法“不参与、不接受”该仲裁正是在维护国际法治和规则，维护“智慧PK”的严肃性和完整性，强调“仲裁庭的这场闹剧该收场了”。他敦促美方恪守在有关领土争议问题上“不持立场”的承诺，谨言慎行，不采取任何损害中方主权和安全利益的行动。在2016年7月12日“南海仲裁案”非法裁决出炉前后，针对美国等的鼓噪异动，中国的三大舰队还在南海进行了大规模联合军演，有力地震慑了有关各方。

正当双方在亚太安全竞争加剧的同时，中美经济与气候等的对话合作亦有进展，反映了在全球化与多极化时代，中美博弈更加复杂，竞争与合作并存交织、互有消长。如在2016年6月7日闭幕的第八轮中美战略与经济对话（SED）上，双方达成广泛共识并取得积极成果。其中战略对话就推进中美“新型大国关系”建设、妥善管控分歧与敏感问题、处理好中美在亚太的关系、加强双方在重大国际地区和全球性问题上的沟通合作等进行了深入探讨，达成了100多项具体成果，包括继续就气候变化国际谈判加强沟通协调，推动《巴黎协定》的落实。此外，中国海军也应邀参加了美国主办的“环太平洋军演”。

在中美“竞合”博弈激烈复杂的同时，中日关系则是停滞不前，双方在钓鱼岛与东海海空域展开了高强度、持续性的执法力量及军事较量。针对日本防卫省发表颠倒黑白的2016年度《防卫白皮书》，中国国防部新闻发言人专门发表谈话，予以坚决批驳；强调其涉华内容妄议中国正当合理的国防和军队建设，无端炒作南海、东海等问题，满篇充斥着对中国军队的恶意、对中国与邻国关系的挑拨和对国际社会的欺骗；表示中国军队对此强烈

---

① 《海军首长理查森：美两航母东亚军演是为吓阻军事化企图》，《联合早报》2016年6月22日，http://www.zaobao.com/special/report/politic/southchinasea/story20160622-631941。

不满和坚决反对，并向日方提出严正交涉；批评日方在南海问题上极尽挑拨离间之能事，妄图把南海的水搅浑，想浑水摸鱼，从中渔利；奉劝日方停止错误言行，以免“搬起石头砸了自己的脚”；强调钓鱼岛及其附属岛屿是中国固有领土有着充分的历史和法理依据；并一针见血地指出，日方所作所为的根本目的是为其大幅调整军事安全政策、大力扩充军备，甚至为修改和平宪法制造借口，强调该动向值得国际社会高度关注与警惕。①

为了“共同抑制”中国崛起，美日加紧相互利用。美国不惜为日本右倾化“松绑”，支持安倍为加快解禁“集体自卫权”而实施《新安保法》，修改《美日防卫合作指针》，针对中国强化美日军政同盟。奥巴马访日还首次造访广岛原子弹爆炸遗址，力促二战后的美日和解进程，并在钓鱼岛问题上继续偏袒日本。

（三）“西方大国集群”加强抱团但貌合神离

为共同压制新兴大国以联手把持国际体系主导权，西方大国“三管齐下”欲增强合力：政治上，重新重视“七国集团”（G7）外长会与峰会机制，针对中国与俄罗斯反复说三道四，2016 年会议的东道主日本一再“塞私货”、极力将南海问题列入 G7 议题；军事上，强化北约与美日同盟，分别针对俄罗斯与中国加快推进反导系统部署，加强前沿军力；经济上，美日强推《跨太平洋伙伴关系协定》（TPP），美欧加紧《跨大西洋贸易与投资伙伴关系协定》（TTIP）谈判，企图重塑并主导全球经贸规则体系，竭力排挤新兴大国。

西方大国的抱团也面临诸多挑战：英国脱欧公投过关，欧盟离心力增大；北约华沙峰会宣布将在波兰与波罗的海三国增加对俄军力部署，俄罗斯对此强势反弹势必加深北约内部裂痕；驻冲绳美军劣迹斑斑、安全事故不断，“占领军”引发当地民众强烈不满，美日关系的“主从结构”更面临安倍政治军事大国野心的挑战。

① 《国防部新闻发言人吴谦就日本发表 2016 年版〈防卫白皮书〉发表谈话》，新华网，http：//news. xinhuanet. com/world/2016 -08/02/c_ 1119325351. htm。

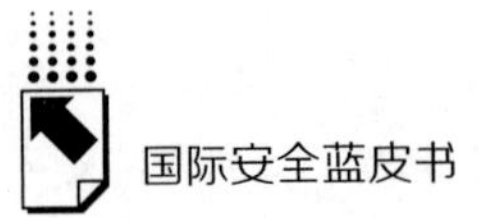

（四）中俄战略协作稳扎稳打　力促“新兴大国集群”大协调

面对美国及其盟友的地缘围堵、经济排挤、政治渗透乃至“颜色革命”图谋，中俄合作多措并举、顺势而上，彼此借重、共同应对挑战。2016 年，中俄两国元首数度会晤，扎实推进战略互信与协作。

2016 年 6 月 25 日，习近平主席在同俄罗斯总统普京会晤时，强调中俄双方要在涉及彼此核心利益问题上相互支持，不断巩固和深化政治和战略互信，推进两国发展战略对接和“一带一路”建设同“欧亚经济联盟”建设对接合作，推进更广泛的区域经济合作。他首次强调中俄要维护“共同周边安全”，加强在重大国际和地区热点问题上的协调和配合。普京表示俄方愿同中方在各自核心利益和重大关切问题上相互理解和支持。中俄两国元首会后共同签署了《关于加强全球战略稳定》等多个联合声明①，不点名地批评“个别国家和军事－政治同盟”谋求在军事和军技领域获得决定性优势，以便在国际事务中毫无阻碍地通过“使用或威胁使用武力”来实现自身利益；批评“他们”公然无视各国安全不受减损的安全基本原则，企图以牺牲他国安全换取自身安全；批评“域外力量”以臆想的理由为借口，在欧洲部署“岸基宙斯盾系统”，计划在东北亚部署“萨德”系统，强调这将严重损害包括中俄在内的域内国家战略安全利益，中俄两国对此强烈反对。②

2016 年 9 月 4 日，习近平主席在杭州会见来华出席 G20 峰会的俄罗斯总统普京，强调中俄双方要更加紧密地加强全方位战略合作，坚定支持对方维护国家主权、安全、发展利益的努力，推进基础设施建设、能源、航空、航天、高新技术等领域务实合作，加强军事交流和安全合作。

---

① 《中华人民共和国和俄罗斯联邦联合声明》《中华人民共和国主席和俄罗斯联邦总统关于协作推进信息网络空间发展的联合声明》《中华人民共和国主席和俄罗斯联邦总统关于加强全球战略稳定的联合声明》。

② 《中华人民共和国主席和俄罗斯联邦总统关于加强全球战略稳定的联合声明》，外交部网站，http：//www. fmprc. gov. cn/web/zyxw/t1375312. shtml。

正值南海“多事之秋”，中俄两国海军还于2016年9月12～19日，在广东湛江以东海空域举行“海上联合－2016”军事演习，演习科目包括“联合立体夺控岛礁”等。

与此同时，尽管“金砖五国”（中国、俄罗斯、印度、巴西和南非）面临经济走势分化与西方大国挑拨离间，但仍然体认彼此战略取向大同小异，并致力于求同存异、聚同化异。第八次“金砖五国峰会”于2016年10月15～16日在印度果阿举行，五国一致认为，当今世界正在经历深刻变革，并向着以联合国发挥中心作用、尊重国际法为基础，更加公平、民主、多极化的国际秩序转变。五国谴责违反国际法和普遍认可国际关系准则的“单边军事干预”和“经济制裁”，强调“安全不可分割”的独特重要性，任何国家都不应以牺牲别国安全为代价加强其自身安全。①

四　结语

面对美国及其盟友的地缘围堵、经济排挤、政治渗透乃至“颜色革命”图谋，回望2016年，大国安全战略调整向纵深发展，大国战略博弈的竞合交织性、集群分野性、高强度性突出，中国的战略主动权增强；展望2017年，随着当选总统特朗普打开美国战略大调整的“潘多拉盒子”，以及英国正式启动脱欧进程等，国际战略环境充满变数，中国的机遇与挑战此消彼长，“世界第二”的特殊位置更易招致前后夹击。我们须强化国家安全战略运筹，为中共十九大胜利召开和中国崛起主动塑造有利的国际安全环境。

① 《金砖国家领导人第八次会晤果阿宣言》（印度果阿），2016年10月16日，外交部网站，http：//www.fmprc.gov.cn/web/zyxw/t1406098.shtml。

B.3

局部动荡起伏　大国博弈加剧

——2016年国际军事形势分析

唐永胜　李 薇*

摘　要：　2016年是国际局势发生重要转折的年份，重大事变明显增多，国际军事形势发展变化中的不确定性趋向上升。主要大国注重获取军事优势，加快战略调整，其中应对传统安全领域的挑战仍然占有重要位置，美俄尤其侧重防范大国战略竞争及其潜在冲突。随着新型领域科技装备的快速发展，世界军事革命的新一轮浪潮正在到来，新型领域已经成为军事斗争的重要空间和新疆域，围绕新型领域大国展开日趋激烈的战略博弈。军事冲突向政治、经济领域扩散和渗透的效应日益明显，这种外溢效应在中东和欧洲地区的冲突中表现得尤为突出。当前国际体系正在经历重大的历史变迁，国际力量结构和国际关系的性质均在发生重大变化，原有的秩序已显露出疲态甚至是危机重重，已经不可能为世界各国的安全和繁荣提供必要的条件和足够广泛的空间，而且这一变化至今也没有显示出积极明朗的前景。在变动的世界中，即使是主要国家也需要重新界定自己的地位，国家间关系更加复杂，世界局势虽然能够保持总体上的动态平衡，但同时也呈现出到处充满矛盾、动荡乃至冲突的特征。

* 唐永胜，国防大学战略教研部副主任，教授，研究方向为国家安全战略、国际战略；李薇，国防大学博士研究生，研究方向为国家安全战略。

关键词：　国际军事形势　军事冲突　战略调整　新型安全领域　大国竞争

2016 年的国际军事形势维持着总体稳定的基本态势，但局部动荡和冲突仍然保持在较高水平，在一些国家和地区局势趋向严峻，大国关系酝酿重大调整、战略博弈加剧深化，国际安全中现实风险和潜在风险呈现出较为明显的增加趋势，未来发展的不确定性有所增强。国际军事形势构成全球政治演变的重要组成部分，并反映出国际体系正经历着深刻变迁，同时也对全球政治局势的走向产生独特而重大的影响，全球政治与军事形势相互影响、相互作用，两者之间的联系日渐紧密。从这样的视角观察，2016 年的国际军事形势主要表现出以下几个突出特点。

一　竞争与合作同步发展　地缘竞争有所加剧

2016 年是国际局势发生重要转折的年份，重大事变明显增多，国际军事形势发展变化中的不确定性趋向上升。[①] 国际军事合作有所发展，但竞争的一面也在加剧。实际上，当前国际体系正在经历重大的历史变迁，国际力量结构和国际关系的性质均在发生重大变化，原有的秩序已显露出疲态甚至是危机重重，已经不可能为世界各国的安全和繁荣提供必要的条件和足够广泛的空间，而且变化至今一直没有显示出积极明朗的前景。在变动的世界中，即使是主要国家也需要重新界定自己的地位，国家间关系更加复杂，世界局势虽然能够保持总体上的动态平衡，但同时也呈现出到处充满矛盾、动荡乃至冲突的特征。一些国家的战略忧虑有所增加，防范心理上升，相互竞争也在加剧，谁都不想在竞争中失去主动，围绕有关地缘要点和枢纽地区的

① “不确定性”成为认识当前国际局势的一个重要视角。实际上，在国际体系演变过程中，必须照顾到新现实和原有逻辑的平衡，更多要素发挥作用，使得国际局势趋向复杂。

博弈尤其激烈。美国继续推进“亚太再平衡”战略，强化在西太平洋的军事存在和战略布局，成为地区地缘局势紧张的主要推手。中美日俄大国之间深度互动，相互关系在磨合中演进，在朝鲜半岛、东海、南海等方向表现得尤为突出。发生在中美之间的竞争是全方位的，却又伴有经济合作的深化和在许多国际问题上的合作。“美国不时交替变换对中国的战略运用，包括权力焦虑、联盟制衡、竞争和合作等手段，中国也报以相似的回应。”① 然而，美国过于维护自身利益的战略设计很难适应国际政治和大国关系发展的现实需求，效果不佳且必然遭到反制。何况全球政治和地区安全不可能按照单一逻辑发展，一些国家更加认清了亚太的地缘政治现实，意识到伴随大国较量可能给自身带来的巨大风险。正是在这样的大背景下，菲律宾总统杜特尔特加强了与中国的协调，避免被强权绑架，这无疑是明智的选择。相比以往，中小国家的生存条件已经得到实质性改善，不一定要选边站队，可采取更为灵活的政策而趋利避害，在大国之间进退有据，避免成为大国竞争的牺牲品。

美国为巩固霸权地位，既不可能轻易改变重心东移的战略取向，也不可能完全放弃对其他一些地区，尤其是对欧洲和中东等地区的关注，否则必将动摇其霸权信誉。2016 年北约仍在谋求推进东扩进程，与黑山签订了加入北约的协定，北约与俄罗斯关系持续紧张；美国仍在介入中东，美俄等国在中东的博弈时有紧张出现。为应对更加放任和不可预测的俄罗斯，北约强化在中东欧的军事部署，加强对俄前沿的威慑与制衡。② 在 2016 年 7 月的北约华沙峰会上，北约与欧盟签署了一份旨在加强合作的联合声明，确立了双方在军事上优先合作领域。同年 5 月，美国和北约启动设在罗马尼亚的反导系统，随后又开始在波兰进行反导系统建设。面对来自美国和北约的战略压力，俄罗斯进行了针对性反制，已计划在加里宁格勒部署“伊斯坎

① 刘鸣：《二战后东北亚秩序：延续、遵从、权力转移与挑战》，《国际关系研究》2016 年第 3 期。

② “NATO leaders bolster collective deterrence and defence,” http://www.nato.int/cps/en/natohq/news_133280.htm?selectedLocale=en.

德尔”导弹系统，重启部署在塞瓦斯托波尔的“第聂伯”导弹预警系统雷达站，俄罗斯甚至表示，不排除推出《新削减战略武器条约》的可能性。[①] 另外，其他大国也在强化军事调整和布局，新安保法案正式生效是日本在军事上的重要动向，其谋求“正常国家”的努力取得了实质性进展。而印度的大国雄心也越来越清晰显现出来，在积极经略印度洋的同时加大对太平洋方向的关注，并且由于其特殊的地理位置，印度已成为美俄等国多方借重的对象。

长期以来，有些大国尤其是霸权国家习惯通过“代理人战争”获取特定的地缘战略利益，2016 年这一特点表现得尤其明显。比如在叙利亚国内战争中，美欧一些国家以及部分中东国家将反政府武装作为实现自己利益的代理人，通过公开或秘密军事援助、外交造势、资金情报支持甚至直接军事干预等诸多手段，以期颠覆什叶派阿萨德政权，叙利亚也因此成为美俄之间以及逊尼派和什叶派之间竞争博弈的重要战场。俄罗斯虽然在阿勒颇等地取得积极进展，但总体僵局短期内仍然难以打破。有专家指出，普京的中东政策已在堪称新地区混合战争中赢得主动，但所面临的挑战依然严峻。[②] “代理人战争”往往带来局势更加动荡、社会危机深重、政治派别冲突甚至国家碎片化的严重后果。不仅如此，“代理人战争”也可能外溢，对地区形势带来破坏性影响。2016 年，乌克兰局势虽有缓和，但实际上暗流涌动。乌克兰东部战火难熄，一直处于打打停停的状态，一度甚至出现失控和升级的风险。乌克兰在处理东部问题上虽然有进有退，但面对大国角力，还是显现出无奈的一面。通过渲染俄罗斯威胁，美国进一步强化了北约职能，意在达到拉住欧洲、削弱俄罗斯的目的。

英国脱欧属于地缘政治的重大事件，必将对国际安全形势产生相应影响。传统上，英国在美欧国家中扮演着重要的协调者和平衡者角色，由于脱欧，英国这种协调和平衡作用将被严重削弱，从而可能使美欧矛盾进一步增

---

① 《俄罗斯强硬回应美国反导系统部署》，http://news.xinhuanet.com/world/2016-05/15/c_128983272.htm。

② 毕洪业：《叙利亚危机、新地区战争与俄罗斯的中东战略》，《外交评论》2016 年第 1 期。

加。欧盟与美国的关系在冷战后的多维世界中经受着越来越多的考验，在保持盟友关系的同时竞争一面更多表现出来。较长时期以来，英国善于在欧美之间巧妙周旋发挥作用，既维护着英美特殊关系，也融入欧盟一体化进程，可谓左右逢源，使其得以凭借相对下滑的二流国家实力发挥了广泛的国际影响。而美国的霸权离不开与欧洲的协调，面对不断扩大的欧盟，美国只有依靠北约的不断东扩来拓展自己的影响，也才能拉住离心力不时强化的欧盟。如果未来缺少英国的有力策应，美欧矛盾将更多地表现出来。北约东扩和欧盟扩大曾一度相互配合，在压缩俄罗斯的地缘空间方面，欧美之间表现出了较多的合力。但挤压东欧、挤压俄罗斯必然产生反向作用，那就是整个欧洲也会受到挤压，科索沃战争、伊拉克战争、俄格冲突以及乌克兰危机等诸多地缘政治事件的进程都可以证明这一点。再考虑到俄罗斯在格鲁吉亚和乌克兰做出的坚决回击，可以做出一个基本判断：北约东扩及美国在欧洲的强势已触及某种极限，难以为继。而特朗普当选美国总统，将使美欧关系增加更多变数，其欧洲政策需要时间检验。

二　主要大国注重推进军事战略和作战理论的调整和创新

2016 年世界经济增长依旧不振，然而许多国家不仅没有削弱军事投入，而是向军事安全领域有所倾斜，军费保持高额开支。在全球军费经历多年下滑和停滞之后，2015 年达到 1.676 万亿美元，占全球生产总值的 2.3%，2016 年军费开支继续增长，其中占全球军费开支 1/3 的美国军费达到 6220 亿美元。[①] 美国政府明确表示，要重振美国核武军备和增加海军投入。这种现状至少可反映出有关大国之间缺少足够的战略互信。尽管全球化的迅速发展曾经给大国合作带来了机遇，但相互间的矛盾也更多地显现出来。如在亚太地区，这种情况就比较突出，甚至存在“经济依存与安全戒备”并存的

① Les Echos, le janvier 2017.

悖论。[①] 英国脱欧、特朗普当选并非偶然现象，实际具有国内国际基础性背景和条件。在国际关系现实中，一些原本并非主导因素的作用变得越来越难以忽视，比如“民族主义以及或多或少夹杂着宗教的、历史的和心理因素的道德和精神价值观的冲突。这些分歧一旦同各国掌权精英的国内政治利益牵扯到一起，其破坏力将更大”。[②] 在美国一些人也承认，现如今美国人生活在两个世界中。[③]

主要大国注重获取军事优势，加快战略调整，其中应对传统安全领域的挑战仍然占有重要位置，美俄尤其侧重防范大国战略竞争及其潜在冲突。美国发布的《2017 年国防态势声明》，就明确将俄罗斯、中国等国家视为美国“最紧迫的竞争对手”，强化对俄中的防范和限制。[④] 日本的调整也迈出较大步伐，为提升岛屿作战能力，加紧构建加强“联合机动防卫力量”，强化在西南方向的军事存在。美日同盟继续强化，其中联合遏华一面进一步突出。2016 年 3 月 29 日，日本新安保法正式实施，解禁了基于《和平宪法》第九条不允许行使的集体自卫权，“专守防卫”政策彻底终止。自此，日本自卫队海外行动范围和作战任务大大拓展，海外派兵将不受地理条件限制，国会可授权自卫队与美国以外其他国家实施海外作战行动，未来日本将得以更多介入地区和全球事务。2016 年 11 月 23 日，韩日签订《军事情报保护协定》，美日韩军事一体化得以强化，给本已紧张的半岛局势增加了新的复杂变量，并引起俄罗斯和中国的警觉。日本有关军事化举措，不仅将恶化其自身安全环境，引起邻国更多担忧，也可能助推东亚地区军备升级。作为美国“亚太再平衡”战略的重要支点，日本有意借助所谓“中国威胁论”发展自身军力并多方设局限制中国。但美日之间不平等的依附关系仍实质存在，新

---

① 李滨：《东亚悖论：经济依存与安全戒备》，《国际观察》2016 年第 4 期。

② 〔俄〕普里马科夫世界经济与国际关系研究所：《转折中的全球体系：通往新常态之路》，陈余译，《俄罗斯东欧中亚研究》2016 年第 6 期。

③ Philip Bump, “Americans now live in two worlds, each with its own reality,” *Washington Post*, October 15, 2016.

④ 有研究提出，“中美关系进入一个缺乏宏观战略共识指导的新时期”。参见达巍、张昭曦《中美关系新阶段中的战略“失语”与战略稳定探索》，《国际安全研究》2016 年第 5 期。

安保法实施后日本军事发展，也将导致美日之间防范限制与摆脱束缚矛盾的加深。

除了美日，俄罗斯总统普京早在2015年12月31日发布了新版《2020年前俄罗斯国家安全战略》，对军事方针做出重要调整，明确将美国及其盟友界定为"政治对手"，并将北约东扩视为国家安全的最主要威胁，把巩固和加强国防作为国家安全的最优先方向，强调军事在国家安全中的主导地位。新的安全战略深刻反映出俄罗斯所面临的地缘政治问题和挑战，俄将更加重视在全球化和信息化背景下的国家安全，加强国家安全体制机制的立法建设，进一步推进整个国家安全体系的进一步演变。①

军事创新在大国角逐中发挥重要牵引作用。主要国家在先进军事技术开发方面加大投入，其中尤其加快推进武器装备的创新发展，而无人化、隐形化和网络化则构成主要方向。美国习惯于将作战理论创新与军事技术发展紧密结合起来，以带动作战能力的不断跃升，并在实际作战行动中加以检验。美俄等国为提高作战效能，正在积极推动形成集约程度高、能力更强大的力量体系。2016年5月，美空军发布《2016～2036年小型无人机系统飞行规划》，明确重点发展小型无人机平台、提高人机编队协同作战能力。美国海军完成了无人机集群技术突防"宙斯盾"系统演示验证工作。从美俄等国军事理论发展的动向看，这些国家明显强化了一种倾向，就是更注重依托武器改造升级和新的武器系统研制以创新和发展作战理论。

三　新型领域成为大国博弈的战略新空间和制高点

随着新型领域科技装备的快速发展，世界军事革命的新一轮浪潮正在到来，新型领域已经成为军事斗争的重要空间和新疆域，围绕新型领域大国展开日趋激烈的战略博弈。新型领域蕴含着新的战略优势，谁能取得重大突

① 刘再起、魏玮：《〈俄罗斯联邦安全法〉的演进及国家安全体系改革趋势》，《俄罗斯东欧中亚研究》2016年第6期。

破，谁就更可能取得战略主动，世界范围的战争实践和大国兴衰的历史可以清楚地证明这一点。科学技术取得重大突破的迹象已经出现，战略空间将不断向新型领域延展。

鉴于新型领域在国家安全及未来战争中的极端重要性，近年来主要国家都将新型领域视为新的战略高地并予以高度重视加大投入。目前，各大国对新型领域的投入和竞争已进入全面发力阶段，从发展情况发展看，主要呈现出以下几种趋势。①

第一，加强战略设计，围绕新型领域主导权的竞争日趋激烈。战略设计已经成为新型领域竞争的首要环节，主要大国纷纷出台太空、网络、海洋、极地等领域的战略和政策文件，以图引领新型领域战略能力提升和规则制定。在这方面，美国启动最早，力度最大，类型更为全面，其目的就是谋求新型领域的绝对优势，确保世界霸主地位。俄罗斯也不甘落后，尤其在太空、海洋、极地等领域更为积极主动，表现比较强势，意在与美形成竞争之势，保持其世界军事强国地位。

第二，快速推动力量建设，新型军兵种形成步伐加快。目前，新型领域力量建设的规模不断扩大，组织指挥体系更趋完善，专业化程度迅速提升，正从低层级边缘力量向高层级骨干力量上升，从传统支援力量向主体作战力量转变，从分散化、配属化的组织形态向融合成军、独立成军方向发展。比如，美国正在酝酿将战略司令部下属的网络司令部，升格为与战略司令部平级的一级职能司令部，全面建设具有全面作战能力的专业化网络部队。美军已建立无人机部队，正在筹划建设深海无人作战部队。俄罗斯已将空军与空天防御兵合并为空天军，成立北极战略司令部，组建相应的北极部队。

第三，积极推进实战化运用，新型领域对抗程度加深。围绕新型领域对抗，美俄等大国已经进行多次实战化演习，制定了作战条令和交战规则，积极探寻新型领域的作战样式和战法。在太空、网络领域的较量愈演愈烈，实际上，新型领域的军事行动已经在进行。2016 年 3 月，美军曾宣布对“伊

① 张仕波：《战争新高地》，国防大学出版社，2017，第 4、5 页。

斯兰国”实施了网络攻击，并达到了预期目的，这意味着网络攻击已经作为美军军事行动的重要组成部分。另外，俄罗斯在格鲁吉亚、乌克兰、叙利亚等战争行动中也都实施了网络作战。在华沙峰会上，北约宣布“将网络空间作为军事作战域”，强调提高应对网络攻击的防御水平。①

第四，加快在新型领域的力量部署和基础设施建设，推进在太空、深海、极地领域发展颠覆性技术，以期占据先机获得优势。而一旦形成重大突破，就可大大提升战略威慑力量和战略打击力量。这种威慑打击能力主要来自技术上的超越发展和其巨大的破坏力、杀伤力。凭借新型领域技术优势和跨域优势，可以实施强大战略威慑。2016 年，美俄等军事强国都在大力发展新型领域的颠覆性技术。美国正在研发的高技术军事装备包括“全球即时打击武器”，其中 X-51A 高超声速飞行器，速度达 5~20 马赫，预计能在 1~2 小时之内打击地球上任何一个目标。美国的 X-37B 空天飞机，能够长期在轨飞行，既可用作天基指挥控制平台，也可用来反卫星，还可发射导弹和激光实施对地快速打击。美军估计，全球快速打击系统一旦完成部署，将具备摧毁俄罗斯绝大部分战略力量的能力，其巨大战略威慑效应由此可见。2016 年 4 月，俄罗斯则成功测试了高超声速无人飞行器 Yu-71，这种飞行器可携带核弹，打击美国纽约只需 40 分钟左右，而且可机动变轨，具有极强的突防能力。这些技术的开发运用，将颠覆传统武器的杀伤机理，改变现有战争时空观念和战争规则，具有日益突出的战略心理战威慑能力。

四　军事冲突外溢效应明显　跨地区跨领域渗透

2016 年，军事冲突向政治、经济领域扩散和渗透的效应日益明显，特别是这种外溢效应在中东和欧洲地区的冲突中表现得尤为突出。到 2016 年，乌克兰危机总体上虽然有所缓和，但其深远而持续的影响远远没有消散。危

① “NATO leaders bolster collective deterrence and defence,” http://www.nato.int/cps/en/natohq/news_133280.htm?selectedLocale=en.

机已在实际上造成了欧洲地缘版图的断裂，想要重新拼凑起来绝非一朝一夕能够实现。危机后果仍在持续发酵，不仅拖累欧盟、俄罗斯，美国也将背上较沉重的负担。对比乌克兰，中东乱局更难以消解。2016 年在中东的反恐军事行动取得积极进展，其中“伊斯兰国”受到多方打击。然而中东局势依然不见根本好转，因为影响中东局势的因素众多，内在矛盾错综复杂，动荡的局势对地区经济、社会和政治发展带来严重冲击，而且不仅限于中东地区本身，不断地向外扩散和渗透，其中对欧洲所形成的影响和冲击非常明显。严重的难民问题和频繁的恐怖袭击说明，欧洲的政治生态已经发生重大变化。欧洲一体化进程遭遇严重危机，除了英国脱欧外，在很大程度上来自这种扩散和渗透的冲击。欧洲如何克服危机，如何破解困局可谓任重道远。中东乱局根源深远，短期更不会得到有效转变，主要大国如果达成不了基本共识，形成不了有效的区域治理和全球治理，其外溢效应还会持续。

2016 年，全球武装冲突和局部战争对有关地区安全局势造成了深刻影响，阻碍乃至破坏了有关国家和地区的经济发展和社会稳定。外部势力干涉、领土主权争端、宗教民族矛盾以及国家治理失效等因素诱发的局部战争和冲突保持在较高水平，一些恐怖组织在联合打击下加速向周边地区扩散和渗透，由此带来的外溢效应对地区安全造成严重冲击。与此同时，全球还面临二战结束以来最大规模的难民危机，其带来的影响和冲击始料未及。中东局势动荡而产生的难民潮，不仅加重了欧洲国家的经济负担，更重要的是在欧洲内部出现了严重的政治和社会分裂。一些国家内部政治分歧加重，相互之间也存在许多矛盾难以妥协。如西欧、北欧一些国家指责中东欧国家没有安置好难民，致使大批难民涌入整个欧洲；而中东欧国家则批评一些欧洲大国忽冷忽热的难民政策导致了危机加重。由于缺乏社会接纳、福利保障和获得工作的机会，部分非法难民被迫走上犯罪道路。在此背景下，极端组织极易乘虚而入，加大渗透力度。虽然 2016 年流入欧洲的难民人数已经大为减少，但所面临的压力并没有减轻，2016 年在地中海死亡和失踪的难民人数实际上远远超出 2015 年的水平。

面对军事冲突及其扩散威胁，一些大国过于自我的利益追求越来越显示出其局限性，更广泛的国际合作与协调变得日益重要，其中联合国能够发挥更大作用。实际上，联合国维和行动正在发生一些积极而重大的变化，职能已从传统的监督停火、隔离冲突等军事方面，扩大到保护平民、接触前战斗人员武装、援助与监督大选、改革军队、组建安全机构、强化法制建设和恢复经济发展等，联合国在非洲实施的维和行动就突出了维护有关国家安全稳定的职能，已经发展成为由多个层面、多个角色组成和持续的行动。[①] 只是联合国有关行动目前大多还集中在非洲地区，近年不论是在维和人员数量上还是在维和行动年度预算上，在非洲的投入都超过了 80%。[②] 2016 年，动荡的国际安全局势对联合国提出了新的紧迫要求，不仅要不断完善维和行动机制，还要更充分发挥当地国家与地区组织的积极作用。值得注意的是，一些发达国家近些年明显减少了对维和行动的参与。从目前看，形成更加广泛的国际共识以及实现更加有效的全球治理仍然面临重重困难。

五　全球军事形势发展变化对中国军事变革提出新需求

全球军事形势发展十分迅速，世界新军事革命不断深入，主要国家的军事战略调整也不断取得成效，加上国家安全需求的发展变化，都对中国军事变革提出迫切需求。近年来，中国特色军事变革成就显著，强军兴军迈出新步伐。[③] 一方面，中国的和平发展为维护国家安全提供了更为广阔的空间，而随着国家实力的不断提升，维护国家安全的能力也在持续增强；另一方面，中国面临的安全风险也不容低估。随着中国经济社会持续发展和深刻变革，各种矛盾和问题相互交织相互作用，国际因素中的不确定性也显著增强。“我国面临对外维护国家主权、安全、发展利益，对内维护政治安全和

---

① 有关维和行动的进展及讨论可参见 Folke Bernadotte Academy，International Forum for the Challengers of Peace Operation：Designing Mandates and Capabilities for Future Peace Operation，Sweden，2014。

② 有关数据根据 2015 年、2016 年联合国有关维和行动统计报告的统计计算得出。

③ 《总体国家安全观干部读本》编委会：《总体国家安全观干部读本》，人民出版社，2016，第 99 页。

社会稳定的双重压力，各种可以预见和难以预见的风险因素明显增多。”[①]在新的历史条件下，要有效维护国家安全，就必须加强国防和军队现代化建设，切实优化和完善现代军事体系，拓展军事力量的运用形式，建设强大军队和巩固国防。

2016 年 1 月 1 日，中央军委发布《关于深化国防和军队改革的意见》，确立了“军委管总、战区主战、军种主建”的原则，成立陆军领导机构、火箭军、战略支援部队，将原来的四总部改为军委 15 个职能部门，将七大军区调整为东部、南部、西部、北部、中部五个战区，实现了军队组织框架的一次历史性变革。按照规划，在 2020 年前国防和军队改革将取得突破性进展，尤其要构建和完善能够打赢信息化战争、有效履行使命任务的军事力量体系，不断改进中国特色的社会主义军事制度。不仅如此，改革还注重推进经济建设和国防建设融合发展。“坚持富国与强军的统一，实施军民融合发展战略，形成全要素、多领域、高效益的军民深度融合发展格局。”[②]

国防和军队改革是一场革命。不断创新军事战略指导和作战思想是改革和强军的突出特点。为此需高度关注新的作战领域和作战样式，将战略指导重心进一步前移，“整体运筹备战与止战、维权与维稳、威慑与实战、战争行动与和平时期军事力量运用，注重深远经略，塑造有利态势，综合管控危机，坚决遏制和打赢战争”。[③] 要强调综合运用战场建设、兵力部署、部队演练、军事外交等手段，在各战略方向形成有利的军事态势和外交态势，及时消除潜在安全威胁，更好地预防危机，维护整体战略环境的稳定。

国家安全与发展战略的实施需要强大实力支撑，这就要求大力推进军队组织形态现代化，健全有利于联合作战的体制机制。为此，应根据提高现代化条件下联合作战能力的需要，建立健全联合作战指挥体制、联合训练体

① 习近平：《关于〈中共中央关于全面深化改革若干重大问题的决定〉的说明》，《中共中央关于全面深化改革若干重大问题的决定》辅导读本，人民出版社，2013，第 82 页。

② 《中共中央关于制定国民经济和社会发展第十三个五年规划的建议》，《人民日报》2015 年 11 月 4 日。

③ 《总体国家安全观干部读本》编委会：《总体国家安全观干部读本》，人民出版社，2016，第 102 页。

制、联合保障体制，推进作战要素融合集成。海外军事力量运用已成为军队面临的时代性课题，也是一个全新课题。为此要进一步解放思想，更新观念，应以国家利益的需求为指引，积极探索军事力量海外运用的新方式，在战略规划、预案设计、指挥体系、编制体制、装备发展、情报信息、国际法规运用等各方面下功夫，切实拓宽中国人民解放军海外行动的领域和范围，实现军事力量“走出去”的要求。与此同时，还要将核心战斗力的生成融入海外行动。海外行动涉及的环节众多，实施条件复杂，是提高和检验军队核心战斗力的良好机会。要加强规划与指导，有意识地创造条件，使海外行动成为我军核心战斗力生成的重要方面。

随着国际军事形势发展，中国周边各热点、各战略方向之间的联动效应不断加强，经济、政治、安全利益相互交织，国家安全与发展战略的全局性和整体性进一步凸显。这在客观上要求进一步统筹各大战略方向的军事斗争准备，“要统筹应对威胁和挑战，保持战略全局平衡和稳定”。[①] 要从实际出发科学系统评估各战略方向，始终将主要战略方向放在对我国家安全与发展威胁最大、爆发冲突可能性最大的方位。在坚持抓好主要战略方向军事斗争准备的同时，适度加大对其他战略方向军事斗争准备的力度，做到主要矛盾和次要矛盾之间的协调与统一。要关注各战略方向军事斗争准备的关联性和统一性，要关注各方向军事斗争准备的差异性和互补性，大力推动符合各战略方向军事斗争特点的各项准备工作，不同方向之间做到相互支撑又相互补充，各有侧重又整体协调。

军事理论创新的重要性不可低估。为此需要紧紧围绕军队建设和能打仗打胜仗的要求，加强对军队建设和军事斗争准备等重大现实问题的研究，发展战争理论，创新战略战术，积极构建和不断完善符合现代战争和现代军队建设规律、具有中国特色的军事理论体系。军事理论要突破传统思维，适应机械化战争形态向信息化战争形态加速转变的新趋势。要深入研究信息化战

① 《总体国家安全观干部读本》编委会：《总体国家安全观干部读本》，人民出版社，2016，第 102 页。

争的特点和规律，敢于突破勇于创新，紧跟世界新军事革命的潮流，努力推动国防和军队建设理论的发展，在诸如积极防御的国防政策、军事外交、海外军事存在、军事力量的非战争运用等方面实现理论和观念的创新。

六　结论

国际军事合作有所发展，但竞争的一面也在加剧。未来一段时期，国际军事局势将维持总体稳定的基本态势，但局部动荡和冲突仍将保持在较高水平，国际安全中现实风险和潜在风险呈现增加趋势，不确定性增强。国际体系正在经历深刻变迁，在变动的世界中，即使是主要大国也必须重新确立自己的定位，国家间关系将更加复杂，防范竞争趋于上升，但协调合作必不可少，软实力作用与影响更为有效。围绕有关地缘要点和枢纽地区的博弈持续展开。大国注重获取军事优势，强化军事战略和作战理论的调整和创新，网络、太空、深海、极地等新型安全领域日益成为竞争博弈的战略新空间和制高点。军事冲突外溢效应明显，跨地区向经济社会和政治领域扩散。国家治理体系的变革与创新，将从根本上决定国家在国际竞争中的基本态势。

B.4

当前国际安全乱象与国际安全治理的困境与出路

林利民　袁 考*

摘　要：　国际安全治理是全球治理的主体与核心。从广义上看，国际安全治理与全球治理在一定程度上大体可以画等号。一般认为，国际安全包含传统安全与非传统安全两大类。冷战结束后的相当长一段时间，就世界范围而言，非传统安全威胁呈上升趋势，而传统安全威胁则呈下降趋势。然而，2016 年以来，国际安全形势“乱象丛生”，非传统安全威胁与传统安全威胁同时上升，这增大了国际安全治理的难度，人们对国际安全治理的疑虑也重新增多。不仅如此，冷战后曾一度高调倡导全球治理的美欧等西方国家热度急剧下降，由国际安全治理的倡导者变成阻力，这尤其增加了国际安全治理前景的不确定性。

关键词：　国际安全　全球治理　困境

一　国际安全形势乱象丛生

对于 2016 年的国际安全形势，有人以“乱云飞渡”“乱象丛生”来概

* 林利民，国际关系学院国际政治系主任、教授，研究方向为国际安全治理与中国安全与外交、地缘政治、大国关系与国际格局、军事战略等问题；袁考，中国现代国际关系研究院博士研究生，主要研究中国国家安全及台港澳问题。

述，这是有道理的。[①] 2016 年国际安全形势的“乱云飞渡”“乱象丛生”，呈现出不少需要特别关注的新特点。

（一）地缘政治冲突急剧反弹　有朝“新冷战”方向回潮之势

2016 年，传统地缘政治冲突，尤其是大国间的地缘政治冲突急剧反弹，世界大有朝“新冷战”方向回潮之势。

在中东：自 2016 年 7 月 15 日土耳其发生未遂军事政变后，土与美欧关系急转直下。[②]土方批评美军方与中情局（CIA）卷入政变，要求引渡居住在美的土“持不同政见者”费特胡拉·居伦（Fethullah Gulen）。美为挽救美土关系危机，于 2016 年 8 月 24 日派副总统乔·拜登（Joe Biden）出访土耳其。但美拒绝承认其卷入政变，拒绝引渡居伦，并联合欧盟对土施压，要求土“尊重人权”，对政变分子“从宽处理”。[③]总之，美是居高临下，其结果是，土耳其不理睬美欧压力，对政变分子采取了严厉的处罚措施，逮捕、撤换了数以万计卷入政变的军官及各类公职人员，并决定在外交与战略上靠拢其传统地缘政治对手俄罗斯及伊朗。[④] 在此背景下，中东局势出现新的变数，各相关大国围绕中东的地缘政治争夺有再度全面展开之势。[⑤]

在欧洲：美俄关系以及俄欧、俄与北约出现新的紧张关系。一是围绕克里米亚问题及乌东问题的冲突继续发酵、升级。2016 年 6 月，美国奥巴马政府以保护“波罗的海国家”和波兰、土耳其、罗马尼亚、保加利亚等“黑海国家”为由，推动欧盟和北约同意在靠近俄罗斯边境的东欧派驻 4 个战斗营，每营约 1000 人；美军还计划派驻各约 5000 人、配备重型坦克

---

① 苏格：《乱云飞渡仍从容——2016 年国际形势回顾与展望》，《当代世界》2017 年第 1 期。

② Istanbul, “Turkey and the West: Don't lose the plot,” *The Economist*, August 27, 2016, pp. 11 – 12.

③ F. T. , “A diplomatic dilemma in dealing with Turkey,” *Financial Times*, August 10, 2016.

④ Neil MacFarquhar, “Russia and Turkey Vow to Repair Ties as West Watchs Nervously,” *The New York Times*, August 10, 2016.

⑤ Istanbul, “Turkey' anger at the West: Al-Malarkey,” *The Economist*, August 27, 2016, pp. 45 – 46.

和野战炮的3个“装甲旅”予以战场支持。美国及北约不顾俄罗斯反对，在波兰部署针对俄罗斯的反导系统。[①] 二是北约战机与俄战机不断在双方毗邻的空域玩“猫鼠游戏”，北约称俄军机靠近北约边界飞行的次数增加了70%，而北约战机升空应对“超过400次”。[②] 三是美欧在对俄继续实行经济制裁的同时，又以反对滥用兴奋剂为由对俄运动员参加里约奥运会施行“禁赛”惩罚。[③] 四是奥巴马政府指责俄以“网络战”方式介入美2016年总统大选，直接影响了美大选结果，并以此为由驱逐了35名俄驻美外交官。[④] 尽管特朗普自称是普京的“粉丝”，走马上任后表示要努力改善美俄关系，普京也有意接“橄榄枝”[⑤]，但美欧及北约与俄在地缘政治、全球“战略稳定”等问题上的矛盾很难化解。2017年新年以来，乌克兰东部局势反弹，战乱大有卷土重来之势，更给特朗普任内的美俄关系走向增加了新的不确定性。

在亚太：奥巴马政府借口朝鲜2016年两次进行核试验以及南海局势，加大贯彻其“亚太再平衡”的力度，包括与日本等国草签《跨太平洋伙伴关系协定》（TPP）[⑥]；派海军战舰、战机到中国所属的南海岛礁附近搞所谓“航行自由”活动，直接威胁中国领土、领海与主权安全[⑦]；美在香格里拉年会上联合日、欧等对中国施压，企图迫使中国接受“海牙常设仲裁法院”对南海问题的仲裁结论，借以打击中国不断增长的国际威望，并试图

---

① Steven Erlanger, “Test by Russian, NATO struggles to maintain its credibility,” *The New York Times*, June 1, 2016.

② Brooks Tigner, “Nato mulls more deterrents for eastern allies,” *IHs Jane's Defence Weekly*, February 3, 2016, p. 6.

③ Moscow, “Russia's Olympic ban,” *The Economist*, June 25, 2016, p. 40.

④ Kathrin Hille, Courtney Weaver, “Putin hold fire and waits for Trump,” *Financial Times*, December 31/ January 1, 2017.

⑤ Kathrin Hille, Courtney Weaver, “Putin hold fire and waits for Trump,” *Financial Times*, December 31/ January 1, 2017.

⑥ David Nakamura, “12 Nations Formally sign Trans-Pacific Partnership,” *The Washington Post*, February 4, 2016.

⑦ Ben Bland, “Beijing defies South China Sea critics,” *Financial Times*, June 7, 2016.

孤立中国①；美韩不顾中俄朝强烈反对，达成在韩部署“萨德”系统的协议，并紧锣密鼓地付诸实施②；美还与韩日举行大规模军演，推动美日韩三方军事合作与情报交流，派 B-2、B-52 轰炸机分别到南海及朝鲜半岛上空巡航、示威。③ 凡此种种，导致中美关系面临新变数，美遏制中国崛起的意图更趋明朗。

亚太大国关系中的传统地缘政治冲突因素增长还因日本与英国推波助澜而更加突出。种种迹象表明，日本安倍政府已经下定决心以遏制中国崛起为其国际战略的灵魂与主线，在外交上正在致力于打造针对中国的“统一阵线”，包括不惜以在农产品等问题上大幅让步换取美国等国同意草签 TPP④；千方百计与韩达成有关“慰安妇”问题的和解协议，借以拉韩制中⑤；不惜低声下气数度与普京会谈，谋求以经济援助换取俄在北方四岛问题上满足日领土诉求；积极介入南海争端，向越、菲等国提供军事与经济援助，挑拨南海国家与中国的关系。⑥ 对美国，日本更是不遗余力地采取一系列主动行动，拉美国奉行更积极、更强硬的对华遏制战略。日本甚至在七国集团（G7）峰会上提出所谓中国军舰“入侵钓鱼岛”议题及中国在南海“造岛”问题，企图拉所有的西方大国联合对中国施压。⑦

英国在亚太沉寂多年后，突然于 2016 年派飞机到亚太与美日一起搞联

① Ben Bland, “US and China exchange barbs over contested waters,” *Financial Times*, June 6, 2016.

② Julian Ryall, “US mulling deployment of more THAAD units to South Korea,” *IHs Jane's Defence Weekly*, July 27, 2016, p. 16.

③ Sebastien Falletti, “US/RoK drills include targeting of NK leadership,” *IHs Jane's Defence Weekly*, March 16, 2016, p. 4; “Japan, US, South Korea conduct joint missile-tracking exercise,” *IHs Jane's Defence Weekly*, July 6, 2016, p. 5.

④ Jamil Anderlini, “A shaky trade pact that signals American decline,” *Financial Times*, October 6, 2016.

⑤ Tokey, “Saying sorry for sex slavery,” *The Economist*, January 2, 2016, p. 17.

⑥ Jake Maxwell Watts and Alastair Gale, “Japan's Abe shores up Manila ties,” *The Wall Street Journal*, January 13, 2017.

⑦ Robin Harding, “Beijing risk Tokyo as navy enters disputed waters,” *Financial Times*, June 10, 2016.

合军演①，并在七国集团东京峰会上要求力压中国削减钢铁产能。这是冷战后的第一次，堪称2016年大国关系中的一个“黑天鹅事件”。虽然英国这样做的实际战略影响有限，但它突出说明2016年的大国地缘政治冲突关系加强，美日英等西方国家搞“新冷战”同盟的意识在增强。

传统地缘政治冲突，尤其是大国地缘政治冲突严重抬头，这是冷战结束二十多年来国际政治与国际关系的一个新现象，其如何发展以及其地缘政治影响如何，国际社会决不可以掉以轻心。

（二）非传统安全冲突与地缘政治冲突相交织　国际安全局势乱象丛生

2016年，在传统地缘政治冲突反弹的同时，非传统安全冲突继续上升，且各种非传统安全冲突因素相互交织、转换，并与传统地缘政治冲突相互交织、转换，呈现出前所未有的复杂性、危险性，也使局势乱上加乱。

美国以打击“伊斯兰国”（IS）、推进国际反恐和维护人权的名义介入叙利亚内战，誓言要推翻叙利亚巴沙尔政权（Bashar al-Assad），却最终重新陷入中东的地缘政治争夺；而俄罗斯则以反恐为名，冷战后第一次派海、空军直接卷入中东，全力支持巴沙尔政权，其实质是“要以叙利亚为平台，恢复俄21世纪大国地位”②；伊朗一方面以打击“伊斯兰国”为由恢复其在中东地区的影响力，同时也借此打击西方，摆脱在核开发问题上所承受的战略压力。

最戏剧化的变化发生在土耳其。土原本与叙利亚巴沙尔政权势不两立，与伊朗也矛盾重重，与俄更因争夺里海、黑海及中东地区的影响力而互为“天敌和历史性对手”。③ 尤其是2015年土空军击落俄军机后，俄土关系更

① Tim Ripley, “UK global operations Evolve,” *IHs Jane's Defence Weekly*, November 30, 2016, p. 22.

② “The war in Syria: Smoke and chaos,” *The Economist*, August 27, 2016, p. 41.

③ Istanbul, “Turkey' anger at the West: Al-Malarkey,” *The Economist*, August 27, 2016, p. 46.

是陷入新的紧张状态。[①] 然而，2016 年 7 月，土耳其未遂政变驱使其立场发生了重大变化。土耳其开始转向与俄罗斯、伊朗合作，也开始改变对巴沙尔政权的敌视立场，并明显疏离美欧。[②]

目前，美国、俄罗斯、欧盟及伊朗、土耳其以及沙特等地区大国虽然还抓住反"伊斯兰国"大旗不放手，但其反恐大旗背后不再有多少反恐内容，而是转换成赤裸裸的地缘政治争夺。其结果必然是：已经持续 5 年之久、枉死 50 万无辜平民的叙利亚内战仍难结束，平定中东乱局更加遥遥无期，中东恐怖主义祸源也更难根除。[③]

从 2016 年的态势看，尽管冷战后，尤其是"9・11"事件后，美国确实以反恐为其国际战略的主要目标，并为之投入了大量的资源，国际社会也普遍支持美反恐，但国际恐怖主义却愈演愈烈，恐怖主义袭击活动及其造成的人员、物资损失以及政治效应都呈增势。

统计显示，2015 年 1 月到 2016 年 6 月，世界各地共发生各类恐怖袭击 2063 次，死难者达 28031 人，发生恐怖袭击最频繁的国家包括中东的伊拉克、阿富汗、巴基斯坦、土耳其以及非洲的埃及、尼日利亚等，恐怖袭击方式千奇百怪，花样不断翻新。[④] 这其中，仅 2016 年 6 月，全世界就有 1749 人死于恐怖袭击，创当年上半年新高。[⑤] 2016 年"黑七月"的第一周，沙特连续遭到"伊斯兰国"的 4 次恐怖袭击，袭击对象包括美国领事馆等，在这 4 次恐怖袭击中死亡者接近 600 人。[⑥]

值得注意的是，近年欧美也开始成为恐怖袭击高发地。2015 年 1 月到

---

① "The war in Syria: Smoke and chaos," *The Economist*, August 27, 2016, p. 41.

② "Turkey and the West: Don't lose the plot," *The Economist*, August 27, 2016, pp. 11 – 12; Istanbul, "Turkey' anger at the West: Al-Malarkey," *The Economist*, August 27, 2016, p. 46.

③ "The war in Syria: Smoke and chaos," *The Economist*, August 27, 2016, pp. 41 – 42.

④ Lazaro Gamio and Tim Meko, "How terrorist in the West compares with terrorism everywhere else," *The Washington Post*, July 17, 2016.

⑤ Lazaro Gamio and Tim Meko, "How terrorist in the West compares with terrorism everywhere else," *The Washington Post*, July 17, 2016.

⑥ Liz Aly, "Attacks in Saudi Arabia extend global wave of bombings," *The Washington Post*, July 5, 2016.

2016年6月，欧美共发生恐怖袭击46次，死亡人数达573人。继当年6月12日美国奥兰多（Orlando）发生恐怖袭击、死者达49人后，7月“巴士底日”法国尼斯又发生大规模恐怖袭击，死亡人数更达84人。[①]

在核不扩散方面，朝鲜于2016年进行了两次核武试验和多次导弹试验，且其核武技术及远程投送技术明显取得了新进展，朝并按其既定步骤继续进行核导开发计划。[②] 五角大楼在向国会提交的报告中警告：“朝鲜导弹极有可能已经具有抵达美国本土的能力”，国际上认为到2020年，朝将积聚足以制造100枚核弹的核材料。[③] 在伊朗核问题上，虽然世界主要大国与伊朗达成核协议，但变数依然很大。特朗普当选美国总统后，多次批评奥巴马政府在伊朗核问题上对伊朗让步太多，提出要废除“伊核协议”，并采取了不少挑衅性行动，而伊朗也针锋相对地做出强硬反应。朝核、伊核问题陷入困境又引起其他一些“核门槛”国家蠢蠢欲动，东北亚的日本、韩国内部“核武装论”尤其呈高涨之势。

此外，在世界范围内，数以百万计的难民跨界流动、传染性疾病流行、水旱灾害及其他恶性自然灾害频发、毒品走私等跨国犯罪继续肆虐。以艾滋病危害为例。据2016年7月在南非召开的“21世纪国际艾滋病大会”报告，全球迄今有3500万人死于艾滋病。虽然有1700万艾滋病患者正在治疗，但每年仍然有200万人新感染艾滋病毒。要控制艾滋病，就要有足够的资金，而资金明显不足。虽然联合国方面宣称要在2030年消灭艾滋病，但受限于各种因素，这一目标显然难以实现。[④]

2016年非传统安全威胁上升还表现在发达国家所面临的非传统安全威胁全面上升。在美国，枪杀案及其他形式的凶杀案屡屡发生；在欧洲，来自

---

① Lazaro Gamio and Tim Meko, “How terrorist in the West compares with terrorism everywhere else,” *The Washington Post*, July 17, 2016.

② Choe Sang-Hun, “North Korea says it plans to test long-range missile,” *The New York Times*, January 2, 2017.

③ William J. Broad, “Experts worry north is perfecting skills that could extend nuclear reach to U. S.,” *The New York Times*, September 10, 2016.

④ Andrew Green, “Fears of lost progress follow $1 billion drop in global AIDS funding,” *The Washington Post*, July 26, 2016.

中东及非洲的国际难民大量涌入，给欧洲带来安全上的大麻烦。7月发生的尼斯恐袭案表明欧洲已经成为非传统安全威胁的重灾区。[①] 一向自认为是西方发达国家安全岛的日本，2016年也不安宁。7月26日，有歹徒在东京街头行凶，导致15人当街死亡。[②]

以上种种情形，构成了冷战后非传统安全威胁继续全面回升的悲观画面，也凸显冷战后的国际安全治理成效有限，在某些领域甚至出现倒退。无论西方还是非西方，都成了非传统安全威胁上升的直接受害者。

（三）世界经济持续低迷　国际安全治理阻力重重

2016年，世界经济低迷并将继续低迷，这既是国际安全形势复杂化、各种国际矛盾尖锐化的根源，也给推进国际安全治理带来新的阻力和不确定性。据统计，2016年世界经济增长率为2.4%[③]，其中欧元区及美国的经济增长率为1.6%，日本为0.7%。主要大国中，仅印度与中国2016年经济增长率较高，分别为7.2%和6.7%，但也较上年为低。还有一些重要国家经济呈负增长，如俄罗斯增长率为－0.5%，巴西为－3.4%，委内瑞拉甚至为－13.7%。[④] 与此相应，世界贸易增速下滑，低至2%左右，算是勉强维持增长；物价普遍下跌，大宗商品价格可谓“跌跌”不休，跌幅几乎是“腰斩”；债务问题困扰各国，国际货币基金组织2016年10月示警全球：各国债务总额已经高达152万亿美元之巨，相当于全球国内生产总值（GDP）总和的225%，并称这将引发金融危机，从根本上损害全球经济增长前景[⑤]；低利率

① James McAuley, “Scandal worsens over security flaws in Nice attack,” *The Washington Post*, July 26, 2016.

② Anna Fifield, “At least 15 killed in knife attack in Japan,” *The Washington Post*, July 26, 2016.

③ 陆娅楠：《稳字当头，质效提高：国民经济实现“十三五”良好开局》，《人民日报》2017年1月21日；Shawn Donnan, “Catch-up of emerging nations wet back ‘decade’,” *Financial Times*, June 8, 2016.

④ Economic data, “Economic and financial indicators,” *The Economist*, December 17, 2016, pp. 76－77.

⑤ Claire Jones, “IMF warns record debt of $152tn poses threat to global economy,” *Financial Times*, October 6, 2016.

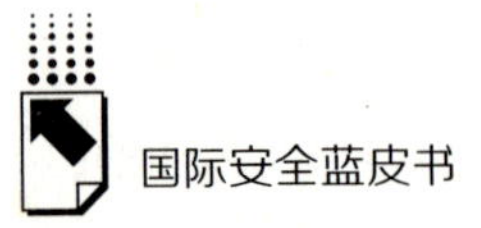

则是困扰世界经济的另一个因素，欧日等世界主要经济体仍然基本维持“零利率”。[①]

在世界经济低迷及前景不乐观的大背景下，保护主义在世界范围内普遍抬头，反精英、反建制、反全球化思潮潜滋暗长，在美欧等西方国家尤其高涨，甚至有形成社会运动之势。英国公投脱欧、美国特朗普上台、右翼势力在欧洲一些主要国家甚嚣尘上，都与经济和贸易下滑、民众收入降低、中产阶级衰败有关。[②] 西方国家出现的新变化，使它们普遍从驱动全球化的积极立场倒退，甚至由全球化的动力变成了全球化的阻力，也从全球治理和国际安全治理的倡导者和积极因素变成阻力和消极因素。

不仅如此，这一轮世界经济低迷还有一个尤其不容乐观的新现象，这就是非西方国家的绝对贫困化有回升之势，全世界有10%的人口日均收入不到1.9美元。[③] 与此同时，非西方国家较之西方国家的发展差距在冷战后有一段时间曾明显缩小，但在2008年世界金融危机以来的近10年间，又呈拉大之势。据世界银行的相关报告分析，在2008年世界金融危机爆发前，新兴市场国家一度被认为有望在42.3年内达到美国的人均收入水准，但到了2015年，这一时间跨度被拉长到67.7年；越南、加纳等所谓“前沿市场国家”（frontier markets）达到美国人均收入水准的时间则从平均43.1年被拉长到109.7年；而世界上那些“最低收入国家”（low-income countries）要达到美国的人均收入水准甚至需要230年。[④]

凡此种种，包括世界经济低迷及其前景不乐观、发达国家在全球化和全球治理问题上的立场倒退以及发展中国家绝对贫困化和相对贫困化同时发生、与西方发达国家发展差距重新拉大等，不但导致传统安全威胁以及各种非传统安全威胁，如恐怖主义、跨国犯罪等呈明显上升趋势，更给通过国际

① “The low-rate world,” *The Economist*, September 24, 2016, p. 9.

② Philip Stephens, “How the west has lost the world,” *Financial Times*, October 14, 2016.

③ Shawn Donnan, “Catch-up of emerging nations wet back ‘decade’,” *Financial Times*, June 8, 2016.

④ Shawn Donnan, “Catch-up of emerging nations wet back ‘decade’,” *Financial Times*, June 8, 2016.

安全治理解决反恐、难民、跨国犯罪、传染性疾病以及恶性自然灾害、环境治理等，带来新的困难与阻力。

（四）国际军备竞赛进一步抬头　国际军事安全竞争更加激烈

2016 年，国际军备竞赛进一步抬头，美俄日英等大国也开始卷入新一轮国际军备竞赛，成为新一轮军备竞赛的直接驱动因素，以武力作为贯彻国家政策工具的传统安全思维与安全模式有死灰复燃之势，国际军事安全竞争更加激烈。其具体表现是：第一，美国直接挑起了这一轮国际军备竞赛浪潮，且明确以应对俄罗斯“侵略”和中国实力“增强”为主要依据，应对朝鲜、伊朗等地区威胁则在其次，应对恐怖主义和“伊斯兰国”威胁又次之。美国防部向国会提交的 2017 年度国防预算总额为 5827 亿美元，其中用于打击“伊斯兰国”的费用仅为 75 亿美元。[①] 2016 年 4 月，美众院军事委员会在审核时把美 2017 年国防预算增至 6105 亿美元，犹嫌不足，又宣称需在 2017 年 4 月以后再由“下一任总统及国会”追加 180 亿美元。[②] 尽管如此，特朗普并不满意。他在竞选期间宣称要大大强化美军事力量，包括在现有国防开支的基础上，再年增 900 亿美元，保证美国陆军增员 9 万，使之达到 54 万兵员；海军新增 75 艘新战舰，使之达到 350 艘以上；空军也要大量采购新战机，并要求其盟友如北约、日韩等都要增加国防开支，为美国分担军事安全义务。[③]

第二，各大国纷纷参与，不甘落后。为支持在东欧的对俄威慑行动，欧洲议会于 2016 年 11 月 22 日以压倒多数票通过决议，呼吁建立一个以欧盟为后盾的“欧洲防务联盟”。[④] 欧盟成员国中，有 16 个在 2016 年增加了国

---

① Zechary Fryer-Biggs, “Carter previews USD582. 7bn defence budget, describing five focus areas,” *IHs Jane's Defence Weekly*, February 10, 2016, p. 11.

② Daniel Waxxerbly, “US defence budget scheme approved,” *IHs Jane's Defence Weekly*, February 10, 2016, p. 11.

③ Ashley Parker and Matthew Rosenberg, “Trump proposes vast expansion of U. S. military,” *The New York Times*, September 8, 2016.

④ Brooks Tigner, “European Parliament calls for defence union,” *IHs Jane's Defence Weekly*, November 30, 2016, p. 13.

防开支。[①] 俄罗斯虽然近年经济呈负增长，经济极为困难，仍然采取措施使国防开支呈两位数增长，并在重整军备方面下大力气，且取得不少进展。[②] 日本安倍政府则以应对朝鲜核威胁及中国在东海问题上的强硬立场为由将其年度军费增至510亿美元，防务重点调向正对中国的“西南方向”，以中国为“头号假想敌”的战略谋划昭然若揭。[③]

第三，亚太地区成为这一轮国际军备竞赛的重灾区。根据瑞典斯德哥尔摩国际和平研究所（SIPRI）数据：2010年以来，全球军费开支总体呈下降趋势，但亚太保持“逆向”增长，平均增长率约为5%，年防务开支总额则超过4000亿美元，高于欧洲军费开支；亚太占全球军费开支的比重已由2020年的1/5左右增至2015年的1/4左右，并预测到2020年将增至全球比重的1/3左右；2016年，亚太各国军费开支普遍增加，其中印度与菲律宾2016年军费开支增长率在亚太最高，均达两位数增长，例如菲律宾，军费增长率为16.3%，当年军费开支约达38亿美元；韩国2016年新增军费10亿美元，澳大利亚增速也很高；与此同时，亚太各国普遍大量增购各种新军事装备，如战舰、战机等。[④] 亚太军备竞赛还有一个特别值得关注的新特点是，核军备竞赛潜滋暗长，核弹头数量持续呈增长态势。其中，印度核弹头2016年增至100～120枚，巴基斯坦增至110～130枚，朝鲜增至约10枚。且印巴朝核导技术也在不断取得进展。这又驱动日韩等“核门槛国家”在核武开发问题上蠢蠢欲动。[⑤]

---

① Steven Erlanger, "Test by Russian, NATO struggles to maintain its credibility," *The New York Times*, May 4, 2016, p. 10.

② Craig Caffrey and Fenella Mcgerty, "Rode to recovery," *IHs Jane's Defence Weekly*, February 10, 2016, p. 26; Editor, "Asian Defence Yearbook," p. 42; Editor, "Annual Defence Report 2015: Asia Pacific," *IHs Jane's Defence Weekly*, December 9, 2016, pp. 26 – 31.

③ Anna Fifield, "Hard-liner who could become Japan's next prime minister will make her debut in Washington," *The Washington Post*, September 14, 2016.

④ Craig Caffrey and Fenella Mcgerty, "Rode to recovery," *IHs Jane's Defence Weekly*, February 10, 2016, pp. 26 – 27; Editor, "Asian Defence Yearbook," pp. 42 – 45; Editor, "Annual Defence Report 2015: Asia Pacific," *IHs Jane's Defence Weekly*, December 9, 2016, pp. 26 – 31.

⑤ Gabriel Dominguez and Karl Dewey, "Asia countries continue to prioritise nuclear deterrence," *IHs Jane's Defence Weekly*, June 22, 2016, p. 4.

第四，这一轮国际军备竞赛打上了所谓“第二个核时代”① 印记。2016年，奥巴马在其8年总统任期行将结束之际，竟然公开废弃其初任总统时所做出的“无核世界”承诺，宣布要在“下一个10年”，每年投入350亿美元用于更新美国核武库。② 其中，600亿美元用于制造642枚新型陆基洲际导弹，1000亿美元用于新造12艘核潜艇，550亿美元用于制造100架新型轰炸机，300亿美元用于制造1000枚新型巡航导弹，500亿美元用于更新“反应更快、更灵敏、更安全的指挥控制系统”，800亿美元用于打造保障美在更长时期内保持美核技术优势的“核试验基地”。③ 特朗普当选后虽然提出要否决奥巴马的不少政策“遗产”，但对其更新美国核武库的计划却是全盘照搬，甚至有加码之势。④

美国如此大规模更新核武库，无异于开启所谓“第二个核时代”，从而引起了俄罗斯的“核反弹”。俄罗斯历来把维持美俄间的“战略稳定”及核力量平衡视为生命线。针对美欧及北约在东欧靠近俄罗斯边境部署北约战斗部队，俄罗斯反应强烈，毫不退让。⑤ 及在波兰部署反导系统，俄罗斯决定部署反导系统予以反制，还公开宣称“必要时将使用战术核武器进行反击”。对此，欧盟与北约也是针锋相对。北约秘书长斯滕尔伯格（Stoltenberg）明确回应称：“只要世界上还存在核武器，北约就是一个‘核联盟’”，必要时将以核武器回击任何攻击。⑥ 美欧及北约与俄罗斯之间公开以“必要时将使用核武器”相威胁，这在冷战结束以来的20多年来尚属首次，充分说明传统安全威胁和大

① Mac Thornberry and Andrew F. Krepinevich, Jr., “Preserving primacy: A defense strategy for the new administration,” *Foreign Affairs*, September/October 2016, p. 32.

② Fred Kaplan, “Rethinking nuclear policy: Taking stock of the stockpile,” *Foreign Affairs*, September/October 2016, p. 18.

③ Fred Kaplan, “Rethinking nuclear Policy: Taking stock of the stockpile,” *Foreign Affairs*, September/October 2016, pp. 21 – 22.

④ Carol Morello, “Trump says the U. S. must ‘strengthen and expand its nuclear Capability’,” *The Washington Post*, December 23, 2016.

⑤ Kathrin Hill, “Russia round on NATO over Baltic Defences,” *Financial Times*, July 11, 2016.

⑥ Steven Erlanger, “Test by Russian, NATO struggles to maintain its credibility,” *The New York Times*, June 1, 2016.

国地缘政治冲突不但在上升，而且有重新成为国际政治与国际关系主要议题的趋向。

二　国际安全治理的困境与出路

2016 年国际安全形势的“乱云飞渡”“乱象丛生”及其种种新特点，一方面反映出迄今为止的国际安全治理效果不佳，国际安全治理不但陷入了新的困境，而且出现了一定程度的倒退；另一方面，也对推进国际安全治理提出了更高、更新、更迫切的全面要求。

（一）国际安全治理的主体

探讨国际安全治理，首先要探讨治理的主体，即由谁来治理，亦即何者是国际安全治理的主体。

全球治理（因以安全治理为主体，广义言之，全球治理也可以说是国际安全治理）是冷战结束后迅速传播开来的一种国际理念，最初对全球治理特别上心的是自认为已经进入所谓“后现代”的欧洲人。换言之，最初提出全球治理理念的是以欧洲人为前锋的西方国家，包括其学术界、战略界及一些政治家。全球治理由此也成为西方国家对非西方国家指手画脚、颐指气使的口实和理论依据，这在冷战后七国集团对全球事务的大包大揽和自私性干预中有诸多具体表现。

然而，时过境迁。近年来，随着全球化的推进、非西方世界的发展与觉醒，尤其是环太平洋的中国、印度、巴西等非西方大国的崛起以及亚太开始成为世界地缘政治中心，欧美等西方国家已开始失去过去数百年间逐步累积、形成的优越感。进而，随着其经济表现不佳，在全球范围内压倒性的经济、贸易和技术优势下降，其内部民粹主义、孤立主义抬头，以及其前期主导的全球治理成绩不佳，西方国家开始失去其对全球治理的垄断性话语权、主导权，并开始对全球治理失去信心，正在从其一度雄心勃勃的全球治理立场后退。英国脱欧、欧洲右翼势力崛起、美国“特朗普主义”大行其道，均说明西方国家已经不再也没有能力充当今后以国际安全治理为主要使命的全球治理的排头兵，更不足以主导全球治理进程。①

今后，全球治理尤其是国际安全治理的主导权，无疑将从西方向非西方转移，非西方国家尤其是包括中国在内的非西方大国，将在全球治理尤其是全球安全治理过程中扮演越来越重要的角色，中国及非西方国家，将不仅是国际规则的“遵守者”，也将成为国际规则的“制定者”。②

（二）国际安全治理的客体

如果说国际安全治理由谁治理即治理主体是什么的问题，是第一个理论思考点的话，则第二个理论性思考点就是治理谁、治理什么，即什么是国际安全治理的客体。

冷战后由西方国家主导的全球治理和国际安全治理，有意无意地把西方国家当成治理的主体，而把占世界人口绝大多数的非西方国家当成治理的客体。国际安全治理中“医者”与“患者”的对立统一关系变成了西方与非西方的对立关系，这其中西方国家是医生，而非西方国家变成了病人。由西方主导的全球治理与国际安全治理，其本质是西方对非西方的治理、修理。美欧等西方国家尤其打着全球治理和国际安全治理的旗号，把西方价值观、人权观、民主观和发展模式强加于非西方国家，以确保西方国家十余亿人对全球大多数人的经济、政治、文化优势和优越感的永恒性，确保西方国家对全世界统治的永恒性。

例如，在西方主导全球治理和国际安全治理过程中，西方国家常常把治理的显微镜对准非西方国家的环境问题、“良治”问题、腐败问题、恐怖主义问题及大规模杀伤性武器扩散问题，等等，但对于美国的枪支泛滥成灾、毒品流行、种族歧视以及西方国家也普遍存在的腐败现象，如最近揭露的国

---

① Edward Wong, “China's President seeks to carve bigger global role in first visit to Davos,” *The New York Times*, January 11, 2017.

② Jane Perlez and Yufan Huang, “At Group of 20 Economic Meeting, host aspires to a bigger role in global affairs,” *The New York Times*, August 31, 2016.

际奥委会腐败案，以及对西方国家“高消费、高浪费”导致的资源与环境压力问题等，则视而不见。这种由一部分人治理另一部分人的全球治理、国际安全治理，不但不能解决各种全球性问题，而且不断产生新的不公平、不公正和新的问题。

今后的全球治理及国际安全治理，应以全球、全世界为治理对象。其治理主体，既应包括西方发达国家，也应包括非西方不发达国家和新兴国家；治理客体，也既应包括非西方不发达国家和新兴国家，也必须包括西方发达国家，包括最发达的美国。

（三）国际安全治理的路径

有关国际安全治理的第三个理论思考点是如何治理，应秉持什么样的治理理念。这是国际安全治理的关键，也是21世纪国际安全治理的创新点。

在21世纪，国际安全治理的目标是把全球范围内所有影响国际安全的问题——无论非西方国家的问题还是西方国家的问题，统统纳入国际安全治理的篮子里，在全球范围内统一治理，以求建设一个公平、公正、大小国家平等、西方与非西方国家平等、各种发展模式和政治管理模式兼容并蓄、各国共存共荣、和平合作、繁荣、发展、和谐的新世界。[①]

国际安全治理的内容，除应纳入国际上普遍存在的安全问题，如恐怖主义、大规模杀伤性武器扩散、环境气候、自然灾害、毒品种植贩运、海盗、跨国犯罪、难民、地区冲突和军备竞赛等问题之外，还有诸如在美国流行的民间枪支泛滥、种族歧视、警察乱执法、美俄之间新一轮核军备竞赛、当前蔓及西方国家的民粹主义、贸易保护主义、文化价值观和政治制度优越论等，也应被纳入国际安全治理的范畴。

在实施国际安全治理的过程中，公平、公正、西方与非西方平等、治理标准必须统一原则是必不可少的。冷战结束以来的二十多年间，由美国及西

① 参见习近平《在二十国集团领导人峰会上的闭幕辞》，《人民日报》2016年9月6日；习近平《共同构建人类命运共同体——在联合国日内瓦总部的演讲》，《人民日报》2017年1月20日。

方国家主导的全球治理及国际安全治理活动之所以成效不彰，甚至使世界越治越乱，除其在治理主体、客体及治理内容等方面不对头外，一个重要原因是其在治理过程中采用双重标准，不公平、不公正，打着全球治理和国际安全治理的旗号，谋求西方少数国家、少数人的利益。

例如，核不扩散问题一直是美国及西方国家主导的全球治理和国际安全治理的主要议题和主要目标之一，这是正确的，符合实现国际和平与稳定的需求。但是，在全球治理和国际安全治理中却出现以下问题：第一，美国与西方国家在治理核扩散问题时，采用了双重标准。它们对朝鲜、伊朗核武器开发应用核不扩散标准，对以色列及印度的核武器开发却听之任之，甚至或明或暗地鼓励日韩等国开发核武，这就促使朝鲜与伊朗的不服气、不服从。第二，美国及西方国家一方面压朝鲜、伊朗等放弃核武开发，另一方面其自身又保持着远远超过安全与威慑需要的大量核武器。如美国拥有2080枚现役核弹头，另有5180枚储备核弹头，其核弹头数量接近世界总量的一半，质量更是高居其他国家之上。① 奥巴马刚任美国总统时，曾高调宣布美要致力于打造“无核世界”②，但其离任前却高调宣布要用3500亿美元更新美核武库，把世界拉入“第二个核时代”和新一轮核军备竞赛。③ 这不但使作为被治理对象的朝鲜和伊朗等倍感不安全、受威胁，也使世界各国感觉不安全、不踏实。第三，美国及西方在压朝鲜、伊朗等放弃核武开发及治理国际核扩散问题时，每每乘机贩卖西方盛行的民主价值观、人权观和经济政治发展模式，每每要求朝鲜、伊朗等放弃其价值观和发展模式，甚至不惜对其搞“政权更迭”等。④ 其结果是，尽管冷战后美国及西方在全球治理和国际安全治理过程中主打反扩散牌，但国际核扩散问题不但未能得到解决，反而更加严重。

① Geoff Dyer, “Nuclear upgrade raises arms race fears,” *Financial Times*, April 1, 2016.

② Fred Kaplan, “Rethinking nuclear policy: Taking stock of the stockpile,” *Foreign Affairs*, September/October 2016, p. 18.

③ Mac Thornberry and Andrew F. Krepinevich, Jr., “Preserving primacy: A defense strategy for the new administration,” *Foreign Affairs*, September/October 2016, pp. 26 – 35.

④ Charles Clover, “China stance on N Korea faces Security Council challenge,” *Financial Times*, February 15, 2016.

又如，国际气候变化与环境治理问题，也是冷战后由美国及西方主导的全球治理及国际安全治理的主要内容和主要议题之一。在这方面，自认为是“后现代”国家的欧洲国家、欧盟尤其一马当先。早在冷战前，西方人主导的“罗马俱乐部”就提出了“发展极限论”，其主要观点是世界资源、环境的容纳能力有限，世界经济不能无限制发展。① 冷战结束后，欧美等把这一理念贯彻于国际环境、气候治理，但它们主要是针对非西方国家，尤其是中印等新兴大国的“赶超型”发展进程，宣称中国是世界上最大的污染物排放国，印度则居第三，要求严格限制中印等发展中国家的工业化、现代化进程。② 它们不提人均排放标准，不提美欧“高消费、高浪费”及由此引起的人均高排放对世界环境和资源造成的危害，更不提如何采取有力措施调降美欧等西方国家持续多少代人的“高消费、高浪费”生活标准与方式，而是把矛头指向发展中国家。它们宣称全球每年因环境污染造成数万亿美元的经济损失以及数百万人死亡，而这一后果一半以上要归因于“东亚及南亚国家”，“59%归因于中低收入国家”。③

事实上，美欧等西方国家的长期“高消费、高浪费”积累，才是造成全球环境污染的真正罪魁祸首。以美国为例，美国人口只占全球人口的4%，却消耗了占全球消费量25/%以上的石油及能源，人均排放居全球之首，远远超过世界平均标准。欧洲国家的人均排放标准也大体如此。美欧还反复宣称，世界能源与环境只能承载“一个美国”，不能再承载“另一个美国”。言下之意，就是要固化目前美欧等西方国家10多亿人享有全球一半以上GDP的国际经济现实和发展不平等，其实质是要挥舞国际气候、环境治理及能源、资源承载力有限的大棒，阻止非西方国家以“赶超”为导向的现代化、工业化进程。以这种美欧“高消费、高浪费”

① 〔美〕德内拉·梅多斯等：《增长的极限》，李涛、王智勇译，机械工业出版社，2008，第XII～XIII页。

② Gardiner Harris, “India's leader tells congress of new moment in relations with U. S. ,” *The New York Times*, June 9, 2016.

③ Shawn Donnan, “World economy chokes on $5tn cost of pollution as premature deaths soar,” *Financial Times*, September 9, 2016.

和西方“例外论”的论调、理念主导全球气候、环境治理，当然不会得到非西方国家的认同，也难以有效解决国际环境、气候治理难题。

再如反毒问题，菲律宾总统罗德里戈·杜特尔特（Rodrigo Duterte），上任后全力开展反毒行动，打击毒品犯罪及贩毒、制毒毫不手软。然而，美国及西方不但不支持，反而诬其独裁、不民主、侵犯人权，甚至煞有介事地要求以谋杀罪对其进行起诉、调查。①

西方国家在主导全球治理和国际安全治理过程中的治理标准、理念及其对治理议题与内容的选择与规定性，这本身就说明其全球治理主张的狭隘性、自私性，“是20世纪下半叶的产物”，已经不能适应新的国际现实。②这也决定了由西方主导的全球治理与国际安全治理必然一事无成，甚至使冷战后世界“越治越糟”。

总之，当前全球治理及国际安全治理的困境不在于国际安全环境“乱云飞渡”“乱象丛生”。不论国际安全形势有多少“乱局”、国际安全治理的议题与内容有多复杂，都不属于全球治理和国际安全治理困境的范畴。国际社会“乱象丛生”只能说明全球治理和国际安全治理内容庞杂、任务艰难、使命光荣。当前全球治理与国际安全治理真正的困境在于治理主体、客体以及治理理念、原则和议题被严重扭曲，严重偏离国际现实。国际社会要走出当前全球治理及国际安全治理的困境，只能从根本上调整治理主体、治理客体以及治理的理念、原则和议题、内容等，使之回归国际现实。唯此，才能消除国际乱局，使世界走向和平、稳定和繁荣。

三　国际安全治理与中国

改革开放三十多年来，中国经济、外贸及对外经济活动都取得空前发

① Felipe Villamor, “Duterte defends a crackdown on drugs”, *The New York Times*, October 1, 2016; Nick Cumming-Bruce, “U. N. official urges murder inquiry into Filipino President,” *The New York Times*, December 21, 2016.

② Philip Stephens, “How the west has lost the world,” *Financial Times*, October 14, 2016.

展，全球“印迹”不断增多、增大并不断加深。据国家统计局数据，2016年，中国GDP首次迈上“70万亿元”新台阶，达到74.4万亿元人民币，稳居世界第二，并进一步缩小了与美国的差距；当年中国对世界经济增长的贡献率达33.2%，居世界第一；外贸总值虽然较2015年略有下降，但也居世界第一；对外投资存量与流量都显著增大，在世界各大洲都有大量投资与人员存在；每年出国从事旅游、商务及其他活动的人员更是过亿。[①]

然而，在全球化时代，中国海外利益及人员的安全问题也受到越来越多的挑战。英国《金融时报》的研究团队根据经合组织（OECD）和世界银行数据撰写的一份报告称，中国海外投资主要投资于世界高风险地区，2013~2015年海外投资的平均风险指数为5.33，大大高于世行平均4.35的投资风险指数。例如，2013~2015年，中国在世界上投资风险程度最高的委内瑞拉、巴基斯坦、阿根廷、埃塞俄比亚、苏丹、赞比亚六国的投资总额达378亿美元，而差不多同期，世行仅在巴基斯坦与埃塞俄比亚两个高风险国家投资131亿美元。自2007年以来，中国在委内瑞拉更是累计投资达650亿美元，而委只有3100万人口，政局严重不稳定，年度通胀率甚至达到800%。[②] 这份报告的数据虽然不一定精确，但考虑到《金融时报》在国际传媒界的信誉与声望，其主要观点还是可信的。这突出说明中国海外投资利益及相关利益的风险有多大！解决这类风险仅靠“金融外交”显然不够。

2016年以来，中国游客在南非遇袭案、海外留学生遇害案、马来西亚游船失事引起中国游客遇难案，以及欧美等国不时对中国产品征收花样百出的“反倾销税”等，突出说明中国海外利益与人员安全问题正在集中爆发，解决这些问题已非凭中国一国之力单打独斗所能达到目的。从这样的视角看问题，全球治理尤其是国际安全治理确实已经与中国的和平与发展利益息息

① 陆娅楠：《稳字当头，质效提高：国民经济实现“十三五”良好开局》，《人民日报》2017年1月21日。

② James Kynge, Jonathan Wheatley, Lucy Hornby, Christian Shepherd and Andres Schipani, “Beijing' huge commitments in overseas funding have turned sour in countries such as Venezuela. As the debt pile grows, officials are being forced to rethink the policies behind its global financial diplomacy,” *Financial Times*, October 14, 2016.

相关。

毋庸置疑，如何维护中国在海外不断扩大的国家利益和人员安全是一个战略性难题。中国不能也不应像殖民时代的西方国家那样，用“治外法权”、强权政治等方式解决这些问题；更不应也不可能采用100年前西方国家在海外所采取的“炮舰政策”来解决这些问题。只能通过全球治理，尤其是国际安全治理方式，争取以制度化和国际合作的方式来解决这些问题。因此，中国不能满足于做全球治理和国际安全治理的看客，而要主动投身其中，积极和主动参与，并争取主导全球治理和国际安全治理。

针对当前全球治理、国际安全治理活动在治理主体、客体及治理理念、议题与内容方面的错位，中国要有自己的主张，并运用中国正在成长的国家实力和国际威望，发挥应有的影响力。[①]

第一，在治理主体方面，不能再由美欧等西方国家垄断全球治理和国际安全治理的话语权和决策权。中国不但自己要采取行动积极参与并争取主导全球治理和国际安全治理，还要动员、鼓励、支持非西方国家，如印度、印尼、巴西等新兴大国以及广大发展中国家积极参与全球治理和国际安全治理，真正成为全球治理和国际安全治理主体的一部分。为此，在全球层面，中国应该并已经开始推动联合国及G20等全球性国际组织在全球治理和国际安全治理方面发挥更大的作用，使之最终能完全替代、覆盖由美欧主导的“G7”。[②] 同时，在地区层面，则要发挥上合组织、APEC、“东盟+”等在区域安全治理方面的作用。当然，美欧等西方国家也是全球治理以及国际安全治理的合作对象。只有西方国家与非西方国家、大国与小国同等参与，全球治理和国际安全治理，才真正具有全球性、国际性，才有希望克服困难，取得成功。

---

① Fu Ying, “The American world order is a suit that no longer fits,” *Financial Times*, January 7, 2016.

② Chen Shilei and Wang Haiqing, “China help G20 find solution to improving global governance,” *The New York Times*, September 21, 2016; Fu Ying, “The American world order is a suit that no longer fits,” *Financial Times*, January 7, 2016.

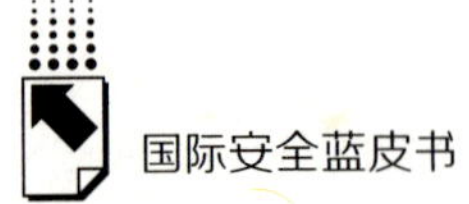

以美国为例。美国是受艾滋病危害很大的国家之一，美国也为国际上防治艾滋病做出了一定贡献，如全球每年防治艾滋病的数十亿美元经费中有大约 2/3 源自美国。但由于美在出资问题上“赖账”，2016 年国际上防治艾滋病的经费就出现了大约 10 亿美元的缺口。① 如果转向“美国优先”的特朗普政府拒绝在这方面承担义务，则国际防治艾滋病的事业就会遇到很大障碍。此例说明，西方国家科技发达，综合实力强，在全球治理和国际安全治理过程中，尤其在应对各种非传统安全威胁方面，必须也有能力承担更多的义务，发挥更大的作用。

第二，在治理客体方面，冷战后美欧等西方国家单方面以非西方国家为治理对象的治理模式必须调整。只有站在全球安全视角，对所有的全球性问题、国际性问题进行综合治理，治理才真正具有全球性、国际性，才有合法性和可操作性，才能取得成效。如“良治”问题，不但非西方国家存在，西方国家也存在。美国的枪支泛滥、每年死于枪杀案的人数多于车祸死亡人数，并殃及旅居美国的外国人，就不完全是美国国内安全问题，也是国际问题，属于“良治”范畴，就可以被纳入全球治理范畴。② 又如国际毒品泛滥问题，虽然毒品种植主要在阿富汗、缅甸以及中美洲国家，但其消费地却主要在美欧日等发达国家。只对毒品种植地搞治理而不对消费地搞治理，是很难有成效的。必须产、销、运一起治理，才能真正解决全球性毒品泛滥问题。再比如国际难民问题，虽然难民流出国主要是利比亚、叙利亚、阿富汗等非西方国家，流入国主要是欧洲国家，但国际上公认的唯民产生的原因是美欧等西方国家滥用武力，打击这些国家原有的合法政府和秩序，造成这些国家的动荡以及民众流离失所，其源头在于美国及西方国家滥用武力。用堵的方式治理国际难民问题，也是难以从根本上解决问题的。

第三，在全球治理及国际安全治理的理念和目标方面，中国应该并已经

---

① Andrew Green, “Fears of lost progress follow $1 billion drop in global AIDS funding,” *The Washington Post*, July 26, 2016.

② William Marsden, “U. S. gun problem is creeping into Canada,” *The Washington Post*, February 16, 2016.

开始力倡治理的公正性、公平性、全球性，力倡包容、合作、共赢，力倡经济政治发展模式及价值观、人权观、发展观的多样性、多元性。世界各国，无论西方还是非西方，无论发达国家还是发展中国家，无论大国还是小国，在全球治理和国际安全治理过程中都具有同等的权利与义务。[①] 以阿富汗为例。美国打垮塔利班后，主导阿重建，投入不可谓不大。据统计，国际社会对阿援助数额曾一度达到阿 GDP 的 105%。然而，阿并没有实现和平、稳定与发展，仍战乱频仍、经济困难、腐败丛生，其原因就在于美国及北约在主导阿重建过程中，不适当地强行贯彻西方三权分立那一套，当然是药不对症，不会有成效。[②]

第四，中国应身体力行，在全球治理和国际安全治理过程中具有一个发展中大国应具有的权利、义务与责任。在 G20 峰会期间，中国与美国就气候变化问题达成协议，这在国际上无疑起到了示范效应。[③] 中国计划在 2016～2020 年投入 3600 亿美元用于发展可再生能源则是中国承担全球气候治理义务与责任的一项具体行动。[④] 此外，中国积极参加联合国维和、出动海军护航编队赴印度洋水域打击海盗、为各国商船队护航以及提出“一带一路”倡议等，都是主动为国际和平、安全与繁荣提供“公共产品”，也是在为全球治理和国际安全治理做出中国应有的贡献。

---

① 习近平：《在二十国集团领导人峰会上的闭幕辞》，《人民日报》2016 年 9 月 6 日；习近平：《共同构建人类命运共同体——在联合国日内瓦总部的演讲》，《人民日报》2017 年 1 月 20 日。

② Geoff Dyer, “Afghan corruption worse after US aid effort, says watchdog,” *Financial Times*, September 15, 2016.

③ Wang Haiqing and Jiang Hanlu, “International community lauds Chinese-U. S. ratification of Pauis Agreement,” *The New York Times*, September 21, 2016.

④ Edward Wong, “China's transparency is wild card for climate pact,” *The New York Times*, January 11, 2017.

地区安全：动荡与缓和

Regional Security: Turmoil and Mitigation

B.5

中国周边安全外交的推进及其挑战

孟晓旭　贺紫豪*

摘　要：2016年，中国积极开展周边安全外交，深化合作、稳定周边，周边安全态势总体稳定。周边安全外交主要包括深化大国关系，增进与大国在周边安全议题上的互信与合作；在多边和国际场合，就周边安全议题积极阐释中国政策；反对个别国家别有用心地“炒作”和介入南海问题；推进“一带一路”倡议，倡导合作促进安全；倡导“亚洲新安全观”，提出构建亚洲特色安全治理模式等。同时，周边安全外交仍面临着一些挑战，需要进一步深化与巩固。

关键词：中国周边　安全外交　安全挑战

---

* 孟晓旭，国际关系学院国际政治系副教授，研究方向为日本问题、周边安全、中国外交等；贺紫豪，国际关系学院2016级硕士研究生。

周边对中国的生存和发展具有极为重要的战略意义。在与周边联系更加密切、周边安全形势更为复杂且重要的当下，安全外交也成为中国外交非常重要的部分和致力的方向。[①] 2016 年，中国积极开展周边安全外交，加强安全互信，深化安全合作，妥善处理安全热点和难点问题，继续推进中国关于地区的安全主张，维护周边的稳定。

一　深化大国关系增进在周边安全上的互信与合作

大国是中国周边安全关系中的主体，也是影响中国周边安全环境的主要变量。深化和稳定与大国的关系，加强与大国的安全交流和安全合作，增进与大国的安全互信，是中国实现和平稳定的周边安全环境的关键。在奥巴马政府“亚太再平衡”战略下，中国周边安全环境更面临着美国及其同盟体系的压力，周边安全议题无不与美国相关。同时中美在周边安全上又存在很大的合作空间，需要中国积极开展外交活动加以应对。另外，中俄全面战略协作伙伴关系处于历史最好水平，推动与俄罗斯在周边安全议题上的合作也是中国周边安全外交的重要内容。

（一）增进与美安全互信　达成系列安全共识

继续深化与美国的安全关系。2016 年 3 月，在第四届核安全峰会期间，习近平指出：“中美共同利益远远大于分歧，中美合作可以办成许多有利于两国和世界的大事；中方愿同美方一道努力构建新型大国关系，实现不冲突不对抗、相互尊重、合作共赢”，而“美方重申欢迎一个和平、稳定、成功的中国崛起；双方在亚太拥有广泛的共同利益，愿同中方一道建设性地管控分歧”。[②] 2016 年 6 月，在第八轮中美战略与经济对话和第七轮中美人文交流高层磋

① 孟晓旭：《中国周边安全外交的新进展》，刘慧主编《中国国际安全研究报告（2016）》，社会科学文献出版社，2016，第 29 ~ 40 页。

② 《习近平会见美国总统奥巴马》，http：//www. fmprc. gov. cn/web/ziliao_ 674904/zt_ 674979/dnzt_ 674981/xzxzt/xjpcxhaq_ 686048/zxxx_ 686050/t1352415. shtml。

商联合开幕式的发言中，习近平强调："中美双方要坚持不冲突不对抗、相互尊重、合作共赢的原则，坚定不移推进中美新型大国关系建设。无论国际风云如何变幻，我们都应该坚持这个大方向，毫不动摇为之努力。"①

与美国在周边安全议题上达成广泛共识。2016 年 9 月，二十国集团（G20）杭州峰会期间，中美就台湾问题和西藏问题达成共识，总共达成 35 项合作成果，双方同意"继续共同努力构建中美新型大国关系，一道把握方向、增进互信、拓展合作、管控分歧"。② 在阿富汗问题上，双方也达成帮助阿富汗加强反恐能力建设，同意在阿巴中美四方协调组等机制下为推进"阿人主导、阿人所有"的和解进程做出切实努力等共识。③ 在 2016 年 11 月利马 APEC 会议期间，两国又共同强调"合作是双方唯一正确的选择；积极拓展务实合作，追求双赢、多赢；坚持建设性管控敏感问题"。④

同时，中国也积极处理与美国在周边安全问题上的矛盾。对于美国在南海问题上的挑衅，中国采取外交的方式表达反对立场，呼吁美国多做有利于地区和平的事情。在避免与美国产生冲突的同时，中国也积极捍卫主权。2016 年 10 月 21 日，美国海军"迪凯特"号驱逐舰擅自进入我西沙领海，中国海军"广州"号导弹驱逐舰和"洛阳"号导弹护卫舰当即行动，对美舰进行识别查证，并予以警告驱离。中国外交部严正指出"美军舰在未经中方批准情况下擅自进入中国领海，严重侵犯中国主权和安全利益，严重违反中国相关法律和国际法，破坏有关海域的和平、安全和良好秩序，我们对此坚决反对并予以强烈谴责"。⑤ 2017 年 2 月，对于美国航母群巡航南海，

---

① 《习近平：为构建中美新型大国关系而不懈努力》，http：//politics. people. com. cn/n1/2016/0606/c1024 -28414728. html。

② 《二十国集团领导人杭州峰会——中国理念和中国方案的世界意义》，http：//www. fmprc. gov. cn/web/wjbzhd/t1401741. shtml。

③ 《中美元首杭州会晤中方成果清单》，http：//www. fmprc. gov. cn/web/ziliao_ 674904/zt_ 674979/dnzt_ 674981/xzxzt/xjpzxzcg20_ 687489/zxxx_ 687491/t1394413. shtml。

④ 《习近平会见美国总统奥巴马》，http：//www. fmprc. gov. cn/web/ziliao_ 674904/zt_ 674979/dnzt_ 674981/xzxzt/xjpcfegdwbl_ 688230/zxxx_ 688232/t1416888. shtm。

⑤ 《外交部发言人华春莹就美国军舰擅自进入中国西沙领海答记者问》，http：//www. fmprc. gov. cn/web/fyrbt_ 673021/t1407844. shtml。

中国外交部继续呼吁美国尊重中国与东盟国家的和平努力。对于特朗普上台后在南海问题和台湾问题上的不当言论，中国稳住阵脚，冷静观察和分析，打出组合拳，基本稳定住了中美关系发展的大局，确保中美关系继续沿着正确轨道健康稳定前行。

（二）深化中俄关系　广泛开展安全合作

2016 年是中俄签署《中俄睦邻友好合作条约》15 周年和中俄战略协作伙伴关系建立 20 周年。并且在这一年，中俄两国元首签署了关于加强全球战略稳定的联合声明，中俄关系进一步深化。中俄在周边安全议题上达成共识与增进合作具有重要的意义，既对稳定周边起重要作用，也对美日等激化地区安全议题具有重要的抵制效应。

在朝鲜半岛问题上。2016 年 3 月，在第二次中俄东北亚安全磋商中，两国一致认为应坚持维护半岛和平稳定，推动半岛无核化，通过对话协商解决问题；双方对美韩推动在韩国部署“萨德”反导系统坚决反对，一致认为美韩此举将加剧地区紧张。[①] 2016 年 4 月，中俄再就朝鲜半岛局势达成共识，一致认为“实现半岛无核化、维护半岛和平稳定、通过对话协商解决各方合理关切，符合包括中俄在内的各方共同利益”，并就“萨德”部署问题“表示严重关切”，呼吁“有关国家应切实尊重中俄的严肃立场和正当关切”。[②] 2016 年 9 月，中俄进行第十二轮战略安全磋商，在朝鲜半岛议题上，双方一致认为，朝鲜核试验不利于半岛和平与稳定，要努力防止半岛局势升级甚至失控，同时坚决反对美国在韩国部署“萨德”反导系统。[③]

在南海问题上。2016 年 4 月，外交部部长王毅与俄罗斯外长拉夫罗夫会谈，就南海问题达成重要共识：“南海有关争议应在尊重历史事实和国际

---

① 《中俄举行第二次东北亚安全磋商》，http：//www. fmprc. gov. cn/web/wjb_ 673085/zzjg_ 673183/yzs_ 673193/xwlb_ 673195/t1345254. shtml。

② 《王毅：中俄双方就朝鲜半岛形势形成新的共识》，http：//www. fmprc. gov. cn/web/zyxw/t1359733. shtml。

③ 《杨洁篪主持中俄第十二轮战略安全磋商》，http：//www. fmprc. gov. cn/web/wjb_ 673085/zzjg_ 673183/dozys_ 673577/xwlb_ 673579/t1396887. shtml。

法基础上，由直接当事国通过协商谈判加以和平解决，国际社会尤其是南海域外国家应为维护南海和平稳定发挥建设性作用，而不是把局势搅乱。”① 2016 年 6 月 25 日，在普京对中国进行国事访问期间，习近平强调双方要在涉及彼此核心利益问题上相互支持。“核心利益”指的是领土完整等不能让步的国家利益。普京回应，俄方愿同中方在各自核心利益和重大关切问题上相互理解和支持。②

在恐怖主义治理上。2016 年 6 月，普京访华，中俄发表联合声明决心继续加强反恐合作，主张摒弃政治化和“双重标准”，发挥上合组织作用打击恐怖主义，打击阿富汗境内的恐怖主义。2016 年 11 月，中俄总理第二十一次定期会晤联合公报也提及反对恐怖主义的议题。

二　积极应对热点问题　阐明安全政策与立场

2016 年中国周边安全外交自信活跃，主动破除热点、难点问题，赢取相关国家信任，就安全议题在多边及各种国际场合积极阐释中国政策，使国际社会和周边国家了解中国的政策和立场，降温安全热点炒作，稳定周边安全环境。

（一）南海问题与外交博弈

由于个别国家利用国际场合和多边场合在南海问题上挑起事端，中国通过外交据理力争，阐明立场，澄清事实。在中国积极的安全外交的努力下，南海问题重新回到协商对话的双轨思路上。2016 年 3 月，王毅在“两会”记者会上表达了中国比任何国家都希望南海和平稳定和航行自由的意愿，他还不点名地批评了某些国家兴风作浪、炫耀武力的行为。③

---

① 《中俄就南海问题达成重要共识》，http://www.fmprc.gov.cn/web/wjdt_674879/wjbxw_674885/t1359729.shtml。

② 《境外媒体：俄就南海问题展现“偏向中国”姿态》，http://www.cankaoxiaoxi.com/china/20160627/1208033.shtml。

③ 《王毅谈南海问题：历史将证明谁是过客谁是主人》，http://www.fmprc.gov.cn/web/zyxw/t1345908.shtml。

2016 年 7 月 12 日，南海仲裁案仲裁庭做出了“最终裁决”后，中国政府多次郑重声明，指出菲律宾单方面提起仲裁违背国际法，仲裁庭裁决是非法无效的，中国不接受、不承认。[①] 在 2016 年 7 月的亚欧首脑会议上，针对个别国家想借南海仲裁后的首个重要国际场合炒作南海问题，中国直面挑战，积极阐释并赢得了各方的支持，展现了中国周边海洋安全外交的魅力。7 月 15 日，李克强总理在乌兰巴托应约会见日本首相安倍晋三，分别就南海问题和东海问题严正表达了中国立场。就南海问题，李克强指出：“中方自始至终没有参与菲律宾南海仲裁案，也不接受、不承认所谓裁决。这既是行使国际法赋予的权利，也是维护国际法的尊严。中国在南海的领土主权和海洋权益在任何情况下不受仲裁影响。中方坚持与直接有关当事国在尊重历史事实的基础上，根据国际法，通过对话协商解决南海有关争议，维护南海地区和平稳定局面。”[②] 在东海问题上，李克强强调双方应根据四点原则共识精神，继续通过对话磋商加强沟通，防止误解误判。

2016 年 7 月 26 日，在第六届东亚峰会外长会上，王毅强调南海问题的解决继续坚持“双轨思路”，即具体争议由直接当事方和平协商解决，南海的和平稳定由中国同东盟共同维护，指出这完全符合《南海各方行为宣言》的规定，符合以《联合国宪章》为代表的国际法原则，符合本地区国家的共同愿望和利益。[③] 会后，11 位外长共同发表了全面有效落实《南海各方行为宣言》的联合声明。各方通过声明承诺回到由直接当事方协商解决具体争议的正确轨道，对外发出了中国东盟共同维护南海稳定的积极信息。会议期间，针对美日澳发表涉及南海局势的三方声明，王毅还据理予以严正驳

① 《菲南海仲裁案所谓最终裁决公布 中方强调不接受不承认》，http：//news. xinhuanet. com/world/2016 - 07/12/c_ 1119207812. htm。

② 《李克强出席第十一届亚欧首脑会议非正式会议并发言》，http：//www. fmprc. gov. cn/web/ziliao _ 674904/zt _ 674979/dnzt _ 674981/lzlzt/lkqfwmgbcxd _ 687186/zxxx _ 687188/t1382134. shtml。

③ 《王毅：继续坚持处理南海问题的“双轨思路”》，http：//www. fmprc. gov. cn/web/wjbz_ 673089/zyhd_ 673091/t1384003. shtml。

斥。而针对有个别国家外长在发言中提及南海仲裁案，王毅再次阐述了中方立场，表示中国从一开始就不参加仲裁案也不接受其所谓裁决，这样做具有充分的法理依据。①

2016年9月，在第十一届东亚峰会上，李克强再次阐述中国在南海问题上的原则立场，为南海问题的和平解决进一步铺路。第一，根据《联合国海洋法公约》，缔约国中国“拥有首先选择直接对话协商方式和平解决争端的权利。中方不接受、不参与仲裁等第三方解决程序是在行使国际法和《公约》赋予的权利”。第二，按照中国与东盟国家达成的《南海各方行为宣言》规定，“南海有关争议应由直接当事方通过谈判协商和平解决，这是既符合国际法、又有效管用的办法。单方面提起仲裁，引入第三方，违背了《宣言》，使问题变得更加复杂，搅乱了以规则为基础的地区秩序，损害本地区和平稳定”。第三，“中方与东盟国家正积极推进‘南海行为准则’磋商，在争议解决之前管控分歧、化解矛盾、推进合作。中国和东盟国家完全有智慧、有能力处理好南海问题。域外国家应当理解支持地区国家所做的积极努力，而不是渲染分歧，扩大甚至制造矛盾”。②

在中国积极外交的作用下，在中国与东盟的共同努力下，南海问题终于实现“软着陆”。

（二）地区安全合作与恐怖主义治理

在地区安全议题上，中国继续深化同各方的对话与合作，致力通过协商对话和平解决争端和争议。在G20杭州峰会期间与安倍的会谈中，对中日在领土争端上面临的困境，习近平强调，中方致力于改善发展中日关系的基本立场没有改变。两国关系现在正处于爬坡过坎、不进则退的关键阶段，双方应该增强责任感和危机意识，努力扩大两国关系积极面，抑制消极面，确

---

① 《王毅东亚峰会外长会阐述中方立场》，《解放日报》2016年7月27日。

② 《李克强：推动东亚合作稳步向前 促进地区和平稳定持久繁荣》，http://www.fmprc.gov.cn/web/ziliao_674904/zt_674979/dnzt_674981/lzlzt/lkqcxdyhzldrhy_67612/zxxx_687614/t1396076.shtml。

保两国关系稳定改善。习近平强调两国要管好老问题，防止新问题，减少“绊脚石”。习近平指出，中日双方应该根据四点原则共识精神，通过对话磋商加强沟通，妥善处理东海问题，共同维护东海和平稳定。安倍对此也表示要改善关系。

在朝鲜核问题上，中国态度明确，要求各方全面完整执行联合国安理会有关决议，坚持实现半岛无核化，坚持维护半岛和平稳定，坚持通过对话协商解决问题，坚决反对任何可能加剧地区紧张局势的做法。2016 年 1 月和 2016 年 9 月，朝鲜分别进行了两次核试验，对于棘手的地区安全问题，中国多次表明中方坚定维护国际核不扩散体制的立场，对朝鲜不顾国际社会反对进行核试验，表明了严正立场。[①] 另外，中国也努力呼吁各方不要再激化事态，争取把半岛形势拉回和平的状态。2016 年 9 月 G20 杭州峰会期间，习近平在会见韩国总统朴槿惠时也再次表达反对美国在韩国部署“萨德”反导系统的立场。同时，中国还前所未有地采取相关措施，双管齐下应对半岛问题。针对朝鲜的导弹发射问题，中国自 2017 年 2 月 19 日开始全面暂停进口朝鲜的煤炭，以履行联合国安理会做出的相关制裁决议。目前，中国还提出“双轨并进”思路，将实现半岛无核化和建立半岛和平机制结合起来，同步对等地解决各方关切，争取最终找到半岛长治久安的根本之策。

打击恐怖主义是全人类共同的责任，也是周边安全中的一个重要议题。在恐怖主义问题上，中国明确表明政策和立场。2016 年 4 月，中俄印外长第十四次会晤，在反恐问题上，中方表明了“打击一切形式的恐怖主义，努力消除恐怖主义滋生土壤；进一步加强双多边反恐务实合作，共同维护国际和地区安全稳定”的立场。[②] 在 4 月末的亚信会议外长会上，中国也明确表明了反恐立场。5 月，刘结一大使在联大和平与安全问题高级别辩论会

① 《王毅：中方坚定维护国际核不扩散体制》，http：//www. fmprc. gov. cn/web/wjbzhd/t1329921. shtml。

② 《王毅出席第十四次中俄印外长会晤》，http：//www. fmprc. gov. cn/web/wjbz_ 673089/zyhd_ 673091/t1356491. shtml。

上，提及应对恐怖主义应加强国际合作，采取协调一致行动。[①] 7月，外交部副部长张业遂在第五届世界和平论坛的讲话中，提出“中国坚决反对各种形式的恐怖主义，主张反恐应综合施策、标本兼治，反对搞‘双重标准’，反对将恐怖主义同特定的国家、民族或宗教相联系”。[②] 7月末，外长王毅在第六届东亚峰会外长会上表示“合作应对非传统安全挑战，必须高度警惕，形成合力，加大联手打击，遏制极端恐怖主义蔓延势头”。[③]

三 持续推进“一带一路”倡议 通过合作促进安全

通过“一带一路”深化和促进与周边国家的安全关系是当前中国周边安全外交的重要特点。中国周边外交的基本方针是坚持以邻为善、以邻为伴，坚持睦邻、安邻、富邻，突出体现亲、诚、惠、容的理念。[④] 2016年，中国大力推进“一带一路”倡议，通过合作促进发展、促进安全。

2016年初，习近平访问中东地区，签署了52项合作文件，为新一年推动“一带一路”开局。2016年6月，习近平出访塞尔维亚、波兰、乌兹别克斯坦三国。这三国既是第一批积极响应“一带一路”倡议的国家、沿线的重要支点，又分别处于中亚、中东欧的核心地带。其中，波兰、乌兹别克斯坦是丝绸之路经济带上新亚欧大陆桥的重要环节。塞尔维亚所处的巴尔干半岛则是实现丝绸之路经济带与21世纪海上丝绸之路联通统筹的关键。这次访问被认为是“一带一路”建设的提速之旅，对增强中国与周边国家的安全互信具有重要意义。习近平同三国领导人一致同意加强国家发展战略对接，通过“16+1合作”，把中东欧地区打造成“一带一路”倡议融入欧洲经济圈的重

---

① 《常驻联合国代表刘结一大使在联大和平与安全问题高级别辩论会上的发言》，http://www.fmprc.gov.cn/web/wjdt_674879/zwbd_674895/t1362512.shtml。

② 《外交部副部长张业遂在第五届世界和平论坛午餐会上的讲话》，http://www.fmprc.gov.cn/web/ziliao_674904/zyjh_674906/t1382146.shtml。

③ 《王毅出席第六届东亚峰会外长会》，http://www.fmprc.gov.cn/web/wjbz_673089/zyhd_673091/t1384725.shtml。

④ 习近平：《习近平谈治国理政》，外文出版社，2014，第297页。

要承接地；以上合组织为丝绸之路经济带与欧亚经济联盟对接合作的重要平台，共同促进中亚地区发展繁荣。[①] 在上合组织峰会期间，习近平主持中俄蒙三国元首第三次会晤，提出围绕中方丝绸之路经济带建设、俄方发展战略特别是跨欧亚大通道建设、蒙方“草原之路”倡议对接这条主线，积极推进三方全面合作。[②] 2016 年 7 月，李克强总理出访蒙古并出席亚欧首脑会议，与蒙古领导人以及亚欧会议各国领导人进行广泛的交流沟通，特别是就“一带一路”建设与蒙古的“草原之路”的对接与加强合作达成了很多共识。[③]

2016 年 10 月，习近平访问柬埔寨、孟加拉国，并赴印度果阿出席金砖国家峰会，推动了“一带一路”倡议与柬埔寨“四角战略”和“环孟加拉湾多领域经济技术合作倡议”实现对接，孟中印缅经济走廊建设得以推进。[④] 同月，国家副主席李源潮出席泰国亚洲合作对话第二次领导人会议，强调中国倡导“一带一路”建设，旨在同亚洲和其他沿线国家分享发展机遇、实现共同繁荣，得到大多数亚洲国家的支持和参与。2016 年 11 月，习近平出席 APEC 领导人峰会，强调把亚太作为开放的优先方向，表示“一带一路”的大门向亚太国家敞开。

目前，“一带一路”倡议已经得到世界上 100 多个国家的响应，先后和沿线国家签订了将近 50 份的政府之间的合作协议和 70 多份与包括一些国际组织在内的部门之间的合作协议。推动共建了一批标志性的合作工程。中国对“一带一路”沿线国家的对外投资也已超过 500 亿美元，且项目进展良好。2017 年 1 月，在世界经济论坛 2017 年年会上，习近平发表主旨演讲时宣布，中国将在北京主办“一带一路”国际合作高峰论坛，共商合作大计，

① 《外交部部长王毅谈习近平主席访问塞尔维亚、波兰、乌兹别克斯坦并出席上海合作组织成员国元首理事会第十六次会议》，http://www.fmprc.gov.cn/web/ziliao_674904/zt_674979/dnzt_674981/xzxzt/xddcfyslsh_686824/zxxx_686826/t1375253.shtml。

② 《习近平主持中俄蒙三国元首第三次会晤》，http://www.fmprc.gov.cn/web/ziliao_674904/zt_674979/dnzt_674981/xzxzt/xddcfyslsh_686824/zxxx_686826/t1374783.shtml。

③ 郑启荣：《“一带一路”在周边的新进展和新问题》，《世界知识》2016 年第 21 期。

④ 苏格：《“乱云飞渡仍从容”——2016 年国际形势回顾与展望》，《当代世界》2017 年第 1 期。

共建合作平台，共享合作成果，为解决当前世界和区域经济面临的问题寻找方案，为实现联动式发展注入新能量，让“一带一路”建设更好造福各国人民。[①] 这必将再次掀起“一带一路”倡议下通过合作促安全的新高潮，也是中国利用“一带一路”的合作理念推动中国的安全外交的新契机。

四 继续倡导“亚洲新安全观” 构建亚洲特色安全治理模式

亚洲安全问题复杂，地区热点问题、敏感问题突出，应对这些安全挑战的关键是秉持什么样的安全观。中国坚持“亚洲新安全观”，构建亚洲特色安全治理模式，应对亚太安全挑战。当前亚太地区在某些方面“安全困境”十分严重，传统安全与非传统安全问题不断凸显，新威胁和挑战不断生成。“亚洲新安全观”倡导合作促进安全，中国愿与亚太国家实现共同发展，分享中国崛起的红利，共同维护亚太的和平与稳定。“亚洲国家需要建立一个覆盖整个地区的、由亚洲国家自己主导的安全合作机制，亚洲新安全观为其提供了精神引领。”[②] 因此，坚持亚洲新安全观，构建亚洲特色安全治理模式，对于开展中国周边外交，维护国家安全，具有重大意义。

中国一直倡导并坚持亚洲新安全观。在 2014 年亚信峰会上，习近平倡议树立共同、综合、合作、可持续的亚洲安全观，走出一条共建共享共赢的亚洲安全之路。2015 年 11 月，习近平在新加坡演讲时说：“亚洲各国人民要践行亚洲安全观，协调推进地区安全治理，共同担当和应对传统和非传统安全问题，坚持以和平方式通过友好协商解决矛盾分歧，坚持发展和安全并重，共谋互尊互信、聚同化异、开放包容、合作共赢的邻国相处之道。”[③]

① 《习近平：中国将于今年 5 月在北京主办“一带一路”国际合作高峰论坛》，http://news.xinhuanet.com/2017-01/17/c_1120330936.htm。

② 李文：《习近平主席的亚洲新安全观》，《中国周边外交学刊》2015 年第 1 期。

③ 《习近平在新加坡国立大学的演讲（全文）》，http://news.xinhuanet.com/politics/2015-11/07/c_1117071978.htm。

2016 年 4 月，在亚信第五次外长会议上，习近平提出："维护地区安全需要大家共同努力，要坚持和践行亚洲安全观，凝聚共识，促进对话，加强协作，推动构建具有亚洲特色的安全治理模式，共创亚洲和平与繁荣的美好未来。"① 习近平强调今后需要努力的方向："第一，把握方向，构建亚洲命运共同体。第二，夯实基础，推动不同文明交流互鉴。第三，互谅互让，坚持对话协商和平解决争议。第四，循序渐进，探讨建立符合地区特点的安全架构。"同时，习近平在亚信第五次外长会议上提出："欢迎域外国家为亚洲和平与发展贡献正能量，同亚洲国家一起促进亚洲安全稳定和发展繁荣。亚洲稳定了、发展了，对世界有利；亚洲混乱了、衰落了，对世界不利。"②

2016 年 7 月 26 日，王毅在第六届东亚峰会外长会上强调聚焦发展与合作，提出应深入探讨如何创新安全理念，完善安全架构，整合现有安全架构设想，构建反映地区现实、符合各方需求的新型地区安全架构。③ 2016 年 10 月，李源潮副主席出席泰国亚洲合作对话第二次领导人会议，提出"亚洲命运共同体是安全共同体"，强调亚洲国家山水相连、安危与共，和平安全是地区人民的共同期盼。亚洲新安全观具有一定的推进基础。亚信会议成立 24 年来，努力凝聚共识、加强协作，推动构建具有亚洲特色的安全治理模式；上海合作组织成立 15 年来，不断深化政治互信，有力维护了地区安全稳定；东盟地区论坛等其他机制也发挥着建设性作用。

五　周边安全外交面临的挑战

中国周边安全外交在持续推进和不断取得成果的同时，也面临着一些挑战，需要我们进一步完善和深化。

① 《习近平在亚信第五次外长会议开幕式上的讲话（全文）》，http：//news. xinhuanet. com/2016 -04/28/c_ 1118761158. htm。

② 《习近平在亚信第五次外长会议开幕式上的讲话（全文）》，http：//news. xinhuanet. com/2016 -04/28/c_ 1118761158. htm。

③ 《王毅出席第六届东亚峰会外长会》，http：//news. xinhuanet. com/politics/2016 -07/26/c_ 129180320. htm。

首先，中国倡议的亚洲新安全观如何更广泛地得到周边国家的认同，还需要进一步地推进。周边国家对于亚洲新安全观的反应是这一问题的关键。从建构主义国际关系理论而言，这是一个观念认同和秩序建构的问题。但是由于历史、文化以及大国战略和地缘政治等现实因素，中国的国际话语权并没有达到与国家实力相称的地位。[①] 目前，并不是所有的周边国家都接受中国倡议的亚洲新安全观，还有一些国家坚持同盟安全的对抗理念。中国需要进一步积极努力，通过各种方式让这一安全观融入地区并被广泛接受。

其次，“一带一路”倡议在周边安全外交中如何扎实推进。周边国家对“一带一路”的认知和反应不同。有的国家政府相关部门对“一带一路”倡议抱有积极的认知与反应，而知识界精英则普遍保持谨慎、怀疑甚至批评的态度。[②] 同时，中国周边许多国家仍然处于政治转型时期，国家治理能力有限，国内政治派别与利益集团众多，对华关系的立场与观点差异较大。这些国家往往因为国内政治问题（如缅甸的国内政治转型）而影响“一带一路”进程。“一带一路”沿线的一些国家自身也存在严重的非传统安全问题，例如恐怖主义泛滥等。如何通过周边安全外交，与周边国家共同解决这些安全问题又是一个新的课题。

再次，中国周边安全外交缺乏紧急事态应急机制。美国及其盟友在亚太早已建立了外长防长“2+2”机制。2016年12月，日本首相安倍晋三与俄罗斯总统普京举行会谈，双方一致决定重启因乌克兰危机而中断的日俄外长防长磋商。[③] 比较而言，中国与其他国家特别是周边国家在安全对话与安全磋商中缺乏高层次的机制。中国也可以考虑构建类似“2+2”这样的机制应对周边紧急事态。在一些具体的安全问题上，也要通过对话形成管控，例如可以进一步推进中日海空联络机制的建立等，来应对双边的突发紧急事态。

---

① 左凤荣：《中国国际话语权：实力与理念的协调并进》，《理论视野》2016年第4期，转引自杨洁勉《中国特色大国外交和话语权的使命与挑战》，《国际问题研究》2016年第5期。

② 米拉、施雪琴：《印尼对中国“一带一路”倡议的认知和反应述评》，《南洋问题研究》2016年第4期。

③《日俄首脑同意重启外长防长磋商在安全领域合作》，http://world.huanqiu.com/hot/2016-12/9820564.html。

最后，如何巩固周边安全外交的效果。2016 年南海仲裁案所谓的“最终裁决”出来后，美国、日本等域外国家搅局炒作，导致南海形势乌云密布，国际舆论一度对华不利。中国展开了积极的安全外交并取得了显著的成果。但也应看到，南海问题还存在再次炒热的可能与潜在危机，美国特朗普政府目前在南海问题上态度也比较强硬，日本在南海不断开展以“金元外交”为特点的“俯瞰地球仪外交”，试图继续炒作南海问题等周边热点问题。如何巩固成果，防止菲律宾等周边国家左右摇摆也是个现实问题。此外，如何让朝核问题不再反复激化也是中国周边安全外交面临的严重考验。

六 结语

周边是中国的安身立命之处，也是中国的战略依托所在。周边安全外交既服务于周边安全，也是中国周边外交的一部分，有利于中国的崛起所需的良好周边环境。中国要把解决争端与区域合作密切结合，注重提升中国在周边的影响力与可接受性，在地区秩序的构建中发挥更大的积极作用，为中国外交的总体目标服务。总的来看，2016 年中国周边安全外交积极活跃，一些热点难点问题得到了缓解，周边安全态势总体稳定。即使存在很多挑战和不足，周边安全外交也需要继续深入开展下去，并在这个过程中不断完善和改进，为地区和世界的和平稳定做出中国的贡献。

B.6 叙利亚内战第六年：多方力量博弈

李大光　杨燕南*

摘　要：2016年是叙利亚内战的第六年。一年来，叙利亚的内战之火仍然在燃烧，国内各派打打停停，加之国际社会各种力量和势力介入叙利亚内战，使叙利亚国内各种矛盾和争斗相互叠加，叙利亚问题异常复杂，叙利亚坠入持续动荡状态。在叙利亚内战的背后，其实是大国在进行战略博弈，叙利亚成为美俄两大国博弈的角力场。特别是俄罗斯出兵叙利亚更是一箭多雕，意在赢回俄罗斯在叙利亚的传统利益。鉴于叙利亚在中东地缘战略的重要地位，围绕叙利亚问题的地缘战略博弈仍将延续下去。在叙利亚的军事存在意在显示俄罗斯大国崛起。因此，美俄在中东又展开新一轮的地缘战略博弈，最终要解决叙利亚问题还需美俄共管。

关键词：叙利亚内战　美国－俄罗斯博弈　中东安全局势　地缘战略

2016年，由国内危机导致的叙利亚内战进入六个年头。持续六年的叙利亚内战，地区恐怖势力的交织，给叙利亚造成千疮百孔的局面，民众颠沛流离。国际社会各种力量和势力介入叙利亚内战，世界大国和地区大国相互

* 李大光，国防大学军事后勤与军事科技装备教研部教授，研究方向为国家安全、国际政治、中东问题；杨燕南，国防大学科研部国家工程实验室助理研究员，研究方向为中美关系、中东地缘政治、反恐问题。

争斗叠加，使叙利亚问题积重难返。2016 年仍然是战火纷飞、社会动荡的一年。

一 2016：战火纷飞社会动荡的一年

多年来，随着国内各类矛盾的累积以及国外霸权势力、宗派势力博弈，2011 年 1 月 26 日，叙利亚爆发了国内危机，随后反政府示威活动逐渐升级并演变成武装冲突，3 月 15 日以后武装冲突升级为内战，中东动荡的多米诺骨牌倒向叙利亚，巴沙尔政权陷入旋涡中心。2016 年，叙利亚内战之火仍在燃烧，彻底解决叙利亚危机之路，仍然遥远而充满艰辛。

（一）叙利亚仍然处在危机之中

国内危机导致叙利亚长达六年的内战，使叙利亚乃至整个中东地区处于人道主义危机和地区秩序混乱之中。联合国秘书长叙利亚问题特使德米斯图拉于 4 月 21 日在接受瑞士广播电台 RTS 采访时表示，自 2011 年以来，叙利亚冲突已造成 40 万人死亡，400 万人沦为难民。①

叙利亚在继埃及和利比亚政权运动之后爆发了危机。席卷阿拉伯国家的“阿拉伯之春”运动，导致中东地区一些国家政权更替，推翻了本国执政多年的铁腕统治者。叙利亚危机正是“阿拉伯之春”的连锁反应。危机刚刚开始的时候，叙总统巴沙尔·阿萨德和德拉省的持不同政见者坐在谈判桌两头。正如许多叙利亚官员所说，巴沙尔比任何人都清楚叙利亚动荡之后的图景和叙利亚危机将给整个地区带来什么样的灾难。当时，动荡的伏笔早已埋下：在国内，政府机构腐败问题未见解决，改革停滞不前；经济增长迟缓，失业率攀升；社会问题不断积聚，下层民众积怨加深。在国外，中东地区逊尼派与什叶派矛盾冲突加剧；一些国家长期培植反对派势力，反对派力量连点成线；中东多国政局动荡产生示

① 赵怡蓁：《联合国：叙利亚冲突 5 年间造成 40 万人死亡》，http：//world. huanqiu. com/。

范效应，抗议浪潮迭起，政府应对乏力，边境管控松懈，外国势力渗透。谈判桌前的异见人士逐渐变成一心想改天换地的枪手武夫，甚至是无所不用其极的极端分子。从示威游行到武装冲突，从政府官员叛逃到官兵哗变，从“叙利亚自由军”出现到“伊斯兰国”异军突起，脱轨的列车在危机的道路上狂奔疾驰。

叙利亚内战为恐怖组织滋生和蔓延提供了有利的土壤，国际社会组成反恐大军打击极端组织“伊斯兰国”。自 2014 年 8 月起，美军在伊拉克境内开始轰炸“伊斯兰国”目标，于当年 9 月在叙利亚组建了打击“伊斯兰国”的国际联盟，并于当月主导国际联盟对“伊斯兰国”发起空袭。2015 年 9 月 30 日，俄罗斯总统普京应叙政府邀请，打着“反恐”的旗号，迅速出兵叙利亚，俄空天部队装备着巡航导弹的远程轰炸机以迅雷不及掩耳之势投入战斗，开始对叙利亚境内“伊斯兰国”等极端组织进行空袭。此后，空天部队完成了作战飞行 9000 多架次，消灭了 2000 余名恐怖分子，炸毁了 200 多个采油炼油设施和近 3000 辆石油运输车，进而切断了从叙利亚境内“伊斯兰国”占领区向土耳其运输原油的主要通道，也基本上切断了恐怖分子的后勤和资源保障。在促成叙利亚各武装派别实现停火后，俄继续通过情报机关、侦察卫星和无人机有效地监督停火。在俄军支持下，叙利亚政府军收复了 400 个居民点和 1 万多平方公里国土。①

叙利亚危机历时六年，整个国家仍然笼罩在战火之中。自俄罗斯军事介入以来，叙利亚战场形势开始向有利于政府军的方向发展。“俄军在对叙极端组织的猛烈空袭行动中战果不断，消灭了 2000 多名极端分子，摧毁了‘伊斯兰国’多个据点，协助叙利亚政府军收复大片失地，被指彻底扭转了叙利亚反恐局面。”② 然而，叙利亚国内仍然是政局动荡，经济面临崩溃，百姓死伤无数，国家面临分裂，整个国家处在危机之中。

---

① 盛世良：《俄罗斯撤军推动叙利亚政治进程》，http：//submit. banyuetanorg/chcontent/sz/hqkd/2016413/191319. shtml。

② 《俄罗斯从叙利亚撤军：并不是停止在叙反恐!》，http：//mil. chinaso. com/gdxw/detail/20160318/1000200032732801458256278417021765_ 1。

（二）叙利亚内战之火仍未停息

2016 年的叙利亚，整个国家仍然到处是绑架、暗杀、轰炸、迫击炮弹袭击、汽车炸弹爆炸袭击、大批城镇化为一片焦土……每一个家庭都有一个支离破碎的故事，每一个夜晚都在静谧之中隐藏着死亡的气息。与此同时，国际社会的调停与斡旋从未停止，西方国家的干涉与制裁更是持续不断。

从 2016 年上半年开始，在俄军的支持和帮助下，叙利亚政府军基本上稳固了大马士革、霍姆斯、哈马、塔尔图斯一线，叙利亚纷飞了六年的战火平息了一大半。自 2016 年 3 月以来，在俄罗斯和美国的斡旋下，政治解决叙利亚内战的进程出现了积极迹象，叙利亚冲突各方达成了停火协议，各方最终执行了这个“脆弱的停火协议”。鉴于叙利亚冲突各方同意停火，俄罗斯总统普京于 2016 年 3 月 14 日下令，将俄罗斯主要军事力量自 15 日起撤出叙利亚。然而，进入 7 月以后，由于反对派与政府军不时交火，“脆弱的停火协议”最终执行失败。进入 9 月以来，在俄罗斯空天部队、伊朗和黎巴嫩真主党的地面部队及一些亲政府的地方武装的帮助下，叙利亚政府军加大了军事打击力度，逐步收复东部地区，并开始对阿勒颇的围攻。自 2012 年开始，叛军控制了叙利亚第二大城市阿勒颇并将其作为与政府军对抗的堡垒。

2016 年 9 月 12 日，美俄酝酿已久的停火协议生效。然而，此次停火协议却因美军的轰炸而失效。就在停火期内的 9 月 15 日，美军两架 F－16 战斗机和两架 A－10 攻击机空袭了叙利亚政府军的基地，导致至少 83 人死亡，100 多人受伤。这是自美国主导的国际联盟 2014 年 9 月在叙利亚对“伊斯兰国”发起空袭以来，已知的第一起空袭叙政府军事件。美国国防部认为，一连串沟通不畅、情报错误和人为失误导致了美国领导的联军在叙利亚误杀 83 名政府军士兵的空袭。9 月 19 日，联合国车队遇袭，各方互相指责，紧接着的就是疾风暴雨般的对攻，酝酿谈判了几个月的停火仅持续一个星期就宣告结束，各方继续开打。美国官方数据显示，美国主导的打击“伊斯兰国”军事行动自 2014 年发动以来已造成 173 名平民死亡。截至

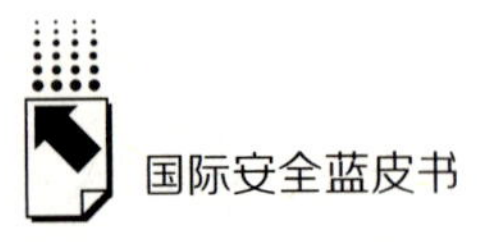

2016年11月17日，国际联盟总共在叙利亚和伊拉克实施了超过1.2万次空袭。[①]

为了收复失地，叙政府军于2016年11月15日开始了旨在彻底收复阿勒颇的新攻势。随着叙政府军对阿勒颇围攻态势的形成，政府军步步推进并把阿勒颇东部的反政府武装包围在一个南北走向的狭长地带内。从11月下旬开始，政府军加大了对反政府武装的军事打击力度，迫使阿勒颇的反政府武装分子龟缩在该市东南部约2平方公里的区域内。在历经四周针对叛军的毁灭性攻势后，叙利亚政府军已占据阿勒颇市98%的区域。12月13日，叙利亚第二大城市阿勒颇彻底落入叙利亚政府军及其盟友之手。阿勒颇是反对派离开的最后一个城市据点。12月22日，阿勒颇内剩余的反政府武装人员已全部撤出。12月23日，叙利亚政府军完全收复北部战略要地阿勒颇，从而彻底掌握了叙利亚内战主动权。

收复阿勒颇成为2011年叙利亚内战爆发以来，叙政府军在战场上取得的最大成果。由国内危机转变为内战的六年来，阿勒颇东部一直是反政府军的大本营，反对派希望从这里开始终结巴沙尔的统治。收复阿勒颇，意味着巴沙尔政权进一步稳固，政府军以绝对的优势控制了叙利亚国内局势，反对派完全失去了推翻政府的可能性。然而，重新夺回对阿勒颇的控制权虽然是叙利亚政府取得的重大胜利，但如果要想彻底结束叙利亚内战依然是前路漫漫。

（三）叙利亚坠入持续动荡状态

在中东国家中，叙利亚本来是一个业者有其产、居者有其屋的富裕国家。然而，连年内战让这个本来较富裕的国家山河破碎、生灵涂炭。联合国宣布，自2011年以来，“阿拉伯之春”抗议运动已经使中东地区损失了6140亿美元，这个数字相当于2011～2015年中东地区国内生产总值

---

① 陆佳飞：《美国国防部承认国际联盟近期行动炸死54名平民》，http：//www.81.cn/big5/jwgz/2016－12/02/content_ 7389062. htm。

（GDP）总额的6%。[1]

叙利亚成为动荡的中东地区的重灾区。在俄军的空袭配合下，叙政府军采取攻势行动，先后在大马士革郊区、中部的霍姆斯和哈马省以及北部的伊德利卜省等地发动地面攻势，围剿反政府武装分子，夺回了反政府武装分子占据的绝大多数城镇。俄罗斯突然的军事介入，令以美国为首的西方国家措手不及。美国批评俄罗斯的擅自行动，但对俄空袭“伊斯兰国”又说不出反对的理由，毕竟反恐是世界各国的共同任务。奥巴马只是淡淡地说俄罗斯的做法是“巨大错误”，西方国家则抱怨俄此举将会使叙局势“更乱”。“正如叙政治分析师奥萨马·丹努拉所说，俄罗斯此时‘挺身而出’，既是出于保护其在叙的利益，也搅乱了美国及其盟友利用‘伊斯兰国’和反对派武装消耗并推翻巴沙尔政权的计划。”[2] 然而，叙利亚本国人民积极欢迎俄罗斯的军事干预。随着中东难民的大量涌入，加之俄罗斯对叙危机的深度介入，叙利亚局势发生了巨大变化，也迫使美国和西方重新审视叙利亚问题。美国和西方国家政策的调整，为重启解决叙利亚问题政治进程提供了必要条件；叙政府军在反恐地面战中所起的重要作用和胜利成果，无疑也增加了巴沙尔在未来叙政府中存在的筹码。

由此可见，叙利亚内战之所以延续六年而难以结束，其背后有域外大国和域内势力的角逐与博弈，叙利亚乃至中东地区也因此持续成为全球关注的焦点。随着叙军逐渐掌握战场主动权，特别是俄罗斯航母编队投入叙利亚战场，俄海军的多维度海空联合打击越发炽烈，从而深刻地影响了整个叙战局走向。

二　叙利亚内战背后的大国战略博弈

在叙利亚内战酣战不休的背后，还有一场秘密的战争也在进行。在叙利

① 赵菲菲编译《联合国：5 年动乱令中东损失 6000 多亿美元》，《参考消息》2016 年 11 月 17 日。

② 《俄罗斯从叙利亚撤军：并不是停止在叙反恐!》，http://mil.chinaso.com/gdxw/detail/20160318/1000200032732801458256278417021765_1。

亚内战中，挑起内战的西方国家、介入战争的俄罗斯、附和参与的中东各国以及叙利亚巴沙尔政权本身都是这场“内战”的主角。叙利亚内战越发表现为一场大国操纵的代理人战争，美俄两国的身影在叙利亚危机中挥之不去，幕后呈现出大国的战略博弈。

（一）叙利亚成为大国博弈的角力场

冷战时期，中东是美苏博弈的角力场。冷战结束后的今天，叙利亚仍然是美俄博弈的角力场。利用叙利亚内战的乱局，俄罗斯乘美国等西方国家不备，突然进兵叙利亚，发动对“伊斯兰国”的大规模空袭，此举再次吸引了国际社会的眼球，受到叙利亚军民的热烈欢迎，但遭到了美国等西方国家的指责。

自2015年9月30日俄罗斯军事介入叙利亚内战以来，俄凭借空天军超强的对地攻击和精确打击能力，在打击叙境内敌方武装方面发挥了关键的作用，同时美国支持的叙利亚反对派武装也遭到了沉重的空中打击。“据不完全统计，截至2015年10月14日，俄军对叙境内恐怖分子进行了约280次空袭，摧毁其地面目标300多个，消灭300余名武装分子。叙境内超过40%的‘伊斯兰国’设施被摧毁，武装分子将武器装备向居民区转移，并以平民做人盾保护自己。”[①] 随着俄罗斯对“伊斯兰国”打击力度的加大，俄军也突袭了叙利亚境内的由美国等西方国家支持的反巴沙尔政权武装，如由美国支持并提供训练的叙利亚自由军的一处无线电信号和通信发射塔就遭到空天军的重点打击。针对俄罗斯出兵叙利亚及其对反政府武装的突袭，以美国为首的西方国家强烈质疑其动机。

美国和俄罗斯的军队同时出现在叙利亚同一个战场上，明显增强了对中东争夺的力度。美国2014年8月就组建了打击“伊斯兰国”国际联盟，并笼络了60多个国家参加。然而，美国领导的国际联盟一年多的空袭成果寥

---

① 唐继赞：《俄美博弈，叙利亚危机向何处演进?》，https：//www. 360doc. cn/article/1680289_508138214. html。

寥，西方国家在叙利亚的军事行动让人大失所望。这与俄罗斯半个月的空袭战果形成鲜明对照，也让美国大生醋意。本来是在叙利亚同一个战场上打击“伊斯兰国”，美国却采取不配合态度，不仅拒绝与俄罗斯共享在叙利亚的军事情报，还拒绝了俄罗斯要派团赴美共商叙利亚事宜的提议。在与美国的博弈中，俄罗斯显然抢占了反恐道义高地，博得了国际舆论的称赞。

土耳其作为叙利亚邻国，也介入了叙利亚内战。2016 年 8 月 24 日，土耳其军队发动了打击“伊斯兰国”的“幼发拉底盾牌”行动，在叙利亚反对派参与下夺取了叙利亚北部边境城市贾拉布鲁斯，并继续向西南方向进攻。土耳其总统埃尔多安明确表示，土军行动的目的是将恐怖分子从 5000 平方公里地域上清除，并在此设立安置难民的安全区。2016 年 11 月 29 日，埃尔多安更是明确声称，土耳其军队进入叙利亚的目的是推翻俄罗斯支持的巴沙尔政权。他还指责巴沙尔推行恐怖主义，并导致了成千上万人死亡。

中国积极参与解决叙利亚问题。为了妥善解决叙利亚问题，中国政府罕见地分别在 2011 年 10 月、2012 年 2 月、7 月和 2014 年 5 月四次动用安理会常任理事国的否决权，与俄罗斯一起否决有关在叙利亚设置禁飞区的决议草案。在 2016 年 10 月关于同样内容的投票中，中国投了弃权票。尽管叙利亚问题谈判暂时陷入停滞，但中方为促进各方恢复对话、推动叙问题政治解决的努力始终没有停歇。2016 年 12 月 5 日，在联合国安理会就叙利亚阿勒颇局势的有关决议草案进行表决过程中，中国与俄罗斯“两常”再次对草案进行了“双否”。2016 年 12 月 7 日，叙利亚副总理兼外交部部长穆阿利姆在会见到访的中国叙利亚问题特使时表示，叙方赞赏中国在联合国安理会就有关阿勒颇局势的决议草案的立场，并对此表示感谢。一直以来，中国在叙利亚问题上都是公正客观的，当前叙局势处于关键、敏感时期，中国政府正努力凝聚共识，保持团结，形成合力，避免制造矛盾争端。

（二）俄罗斯出兵叙利亚意在一箭多雕

作为一个传统大国，俄罗斯的行为一贯是出其不意夺取战略主动。为了争夺中东利益，俄罗斯以“遏制战争”为由突然向叙利亚派出军事力量是一举多得之策，实现了一箭多雕。

1. 保护俄罗斯在叙利亚乃至中东的地缘战略利益

叙利亚地处中东核心地带，地缘战略地位极其重要，无论是冷战时期还是冷战结束以后，都是苏联/俄罗斯的重要海外基地，特别是冷战以后，叙利亚成为俄罗斯在海外唯一的军事基地，因此俄罗斯与巴沙尔政权有着深厚的外交、贸易和防务关系。

在叙利亚爆发危机之前，叙利亚是俄罗斯的重要贸易伙伴，俄对叙投资总额达200亿美元；俄叙双方近年来签订的军事合同总额达40亿美元，叙仅2010年就向俄购买了价值7亿美元的武器。此外，俄在叙的塔尔图斯港是它在独联体以外唯一的军事基地。[①] 可见，叙利亚对俄罗斯的重要性。俄罗斯不能失去叙利亚，一旦失去叙利亚，俄罗斯将失去在地中海地区最重要的战略支点。因此，俄罗斯出兵叙利亚的最根本的目的，就是强力保护其在中东的地缘战略利益。出于这一战略目的，俄罗斯利用国际社会不满西方打击“伊斯兰国”不力之机，及时出兵叙利亚，向国际社会展示俄罗斯的国际责任。在这一背景下，俄罗斯在短时间内获得巨大战果，不但稳定了巴沙尔政权，而且保住了俄罗斯在叙利亚的战略利益。俄罗斯再次让国际社会看到其作为昔日大国继承者正在重担国际道义责任。

自2015年强势介入叙利亚内战以来，俄罗斯已经在战略布局上成功地在中东撕开口子，凭借叙利亚这个支点逐步扩大自身在中东地区的影响力。对于俄罗斯而言，叙利亚不仅是目前需要坚守巩固的中东前沿阵地，也是为进一步推进“南下战略”所必须经营的大后方。因此，俄罗斯在军事上不遗余力地支援叙利亚巴沙尔政权清剿反对派；在政治上也为叙利亚政府扛住各种舆论压力。可见，俄罗斯出兵叙利亚，既稳住了叙利亚失衡的力量天平，又改变了中东地缘战略格局。

---

① 唐继赞：《俄美博弈，叙利亚危机向何处演进?》，https：//www.360doc.cn/article/1680289_508138214.html。

2. 转移在乌克兰问题上受到的国际社会压力

俄罗斯利用乌克兰危机一举收回克里米亚。这一举动让俄罗斯收获了巨大的战略利益，也使俄罗斯遭到美国等西方国家的严厉制裁。两年来的制裁给俄罗斯造成极大的压力，导致国内民生凋敝，更使俄罗斯在国际社会处于很大的被动之中。

为了转移国际社会视线，减轻美国等西方国家在乌克兰问题上给俄罗斯的压力，普京于2015年果断决定出兵叙利亚，目的是以叙利亚问题为突破口着力经营中东，利用介入叙利亚内战消弭美国等西方国家的压力，维护俄罗斯在叙利亚的地缘战略利益。冷战结束后，北约坚持的“门户开放”政策继续东扩，除确定黑山成为第29个成员外，还把格鲁吉亚及巴尔干半岛国家马其顿、波黑列入重点“发展对象”。俄罗斯认为，北约东扩抢占“冷战胜利的果实”，挤压和侵蚀俄罗斯的地缘战略空间。无论是2008年的“俄格战争”，还是2014年在乌克兰危机中夺回克里米亚，很大程度上都是俄罗斯反击北约无止境扩张的结果。作为战略“突围”的要点与通道，俄罗斯在叙利亚战事中全力采取“攻势”，取得与西方国家战略博弈中的出奇制胜效果。俄军迅速进驻叙利亚后，一方面使用军事手段猛烈打击“伊斯兰国”等极端组织，开战后就迅速取得辉煌战果；另一方面快速组建由解决叙利亚内战的四个当事国——俄罗斯、叙利亚、伊拉克和伊朗组成的联合信息中心，成为独立于以美国为核心的西方反恐阵营外新的国际反恐组织，一下子将国际社会的眼珠吸引到中东，吸引到叙利亚，从而减轻了国际社会在乌克兰问题上给俄罗斯制造的压力。

3. 在叙利亚战场上检验俄军精锐武器与战力

利用出兵叙利亚军事打击“伊斯兰国”，俄罗斯一方面保障和扩大了其在中东的影响力，另一方面展示和检验俄罗斯最新的精锐武器，向世界展示俄罗斯赖以重获世界大国地位的物质基础。此外，还进一步锻炼了经过“新面貌”改革后的俄军，用以检验俄军的战斗力。

叙利亚战场成为俄军精锐武器的试验场。叙利亚危机以来，应叙利亚之邀俄罗斯为叙利亚提供军备，向叙利亚提供坦克、战机等武器装备，此外还派去军事顾问和技术人员，在拉塔基亚建造空军基地等。2015 年 9 月 30 日开始的军事行动，更是向世人展示了俄罗斯先进的精锐武器。10 月 7 日凌晨，俄罗斯首次在叙利亚使用“口径”巡航导弹。俄军常备里海区舰队 4 艘战舰发射 26 枚“口径 – NK”巡航导弹。导弹飞行约 1500 公里，摧毁了叙利亚境内“伊斯兰国”武装所占领的目标。此后，俄军在叙利亚还首次使用了“平台 – M”和“暗语”等作战机器人参加地面作战行动。2015 年 12 月，在俄军作战机器人和特种部队的支援下，叙利亚军队成功攻占武装分子控制的位于拉塔基亚郊区的 754. 5 战略高地。其间，共有 6 部“平台 – M”和 4 部“暗语”作战机器人参加了行动。[①] 2016 年 2 月 15 日，俄罗斯向叙利亚派驻了最新型图 – 214R 侦察机，这被认为是自 2012 年以来俄罗斯投入使用的第二架最先进侦察机。[②] 2016 年 11 月 15 日，俄“库兹涅佐夫”号航母参与了在叙利亚的作战行动。这是俄航母有史以来首次参加实战。俄罗斯各种武器装备和导弹不断亮相叙利亚，令世人对俄罗斯的新锐武器装备刮目相看。

三　围绕叙利亚问题的地缘战略博弈仍将延续

持续六年的叙利亚内战，在 2016 年末因政府军收复阿勒颇而得到初步解决。然而，叙利亚内战远非叙利亚一国之事，地区乃至世界大国的介入使叙利亚问题更加复杂，解决叙利亚问题涉及政治、安全、宗教等多重因素。因此，围绕叙利亚内战的中东地缘战略博弈仍将持续，并对世界安全格局产生重要影响。

（一）在叙利亚的军事存在意在显示俄罗斯大国崛起

普京高举着“反恐”大旗，以迅雷不及掩耳之势突然介入叙利亚内战，

① 柳玉鹏：《俄军开始在叙利亚首次使用作战机器人作战》，《国防报 · 军事特刊》2016 年 2 月 23 日。

② 方一：《俄罗斯图 – 214R 侦察机“掘地三尺”寻目标》，《广州日报》2016 年 2 月 26 日。

并以超级强硬的态度应对美西的反对和质疑，甚至不惧美国战争调门的升高而强硬反应。从俄方一系列动作可以看出，俄方空袭“是从乌克兰到叙利亚的短途旅行”，传递“俄罗斯回来了”的信号。这个信号意味着俄罗斯作为一个大国的重新崛起。

从展示大国地位上看，一是俄罗斯从未在叙利亚危机中的大国地位上缺位。无论是联合国安理会上的否决票，还是化学武器危机时的俄美协议，或是这一次与叙军的“协调行动”，俄罗斯向世界释放的信号是俄罗斯具有大国的世界影响力和解决危机的能力。作为叙利亚的“铁杆”盟友，俄罗斯应叙利亚政府的请求，突然出兵叙利亚，成为叙利亚问题中新的“中东仲裁者”。从长远来看，俄罗斯绝不是在叙利亚“刷存在感”这么简单，“惊人之举”有其深层意图。俄罗斯一方面想保障或扩大其在中东的影响力，另一方面也在寻求重获世界大国地位。在俄罗斯的世界政治版图上，叙利亚是一个重要的据点，打好这张牌，俄罗斯的全球战略就能进一步推进。其中首要一步，就是要确保在叙危机引发的地缘政治版图变动中，俄罗斯能够保持自己的中东势力范围。

二是俄罗斯利用出兵叙利亚，采取速战速决、快打快撤的闪电战策略，让世界看到一个重新崛起的世界大国新貌。俄罗斯收回克里米亚后，没想到西方快速反应，打压油价，挤压俄罗斯经济发展空间，对俄实施经济制裁，原油价格下跌，令俄罗斯经济发展难以为继。在这种情况下，普京做出快速反应，通过支持叙利亚，确保俄罗斯在那里的军事基地，在背后对美国和北约集团施加压力，迫使它们在乌克兰问题上让步，同时将战火引到叙利亚。俄罗斯利用诱发危机拉升油价，缓解经济问题。为此，俄罗斯选择了出兵叙利亚，并表现出不凡的战绩。目前，俄罗斯已在这个油气资源丰富的地区占据关键地位，并寻求利用这种有利态势显示作为一个大国的俄罗斯的重新崛起。

（二）美俄在中东展开新一轮地缘战略博弈

叙利亚地处中东核心地带，是美俄大国在中东争夺的重要目标。随着俄罗斯出兵叙利亚，美俄两国军队在 2016 年同时出现在叙利亚战场上，两国在叙利亚危机问题上新招频出，围绕叙利亚问题在中东地区展开冷战后的新一轮地缘战略博弈。

1. 美俄争夺地缘战略利益　寻求在叙问题上的主动权和领导权

冷战结束以来，美国一直主导着中东事务，也是最早介入叙利亚问题的国家。2014 年 8 月，美国笼络了 60 多个国家参加由其组建的国际联盟，用以打击“伊斯兰国”，但一年多的空袭成果让人大失所望。因此，奥巴马政府在叙利亚问题上也逐渐采取收缩战略。而欲重返中东的俄罗斯却抓住机遇，突然于 2015 年 9 月 30 日出兵叙利亚，以打击恐怖主义为名对叙利亚内战进行直接干预，从 2016 年下半年开始从根本上改变了叙利亚内战双方对抗态势，帮助叙政府军收复大片失地，并稳定了岌岌可危的巴沙尔政权。同时，俄罗斯也给予“伊斯兰国”极端组织以沉重打击，获得了国际社会的赞誉和好评。因此，在这一轮美俄中东地缘战略博弈中，俄罗斯明显占了上风。而美将驻伊拉克军力增加到近 5000 人，北约在伊拉克也集结了 100 多架飞机。[①] 另外，应叙利亚政府的请求，俄还派出唯一现役航母“库兹涅佐夫”号奔赴叙利亚，以显示其在叙利亚周边的军事存在。在联合国车队遭袭和美国“误炸”叙政府军据点等事件上，美俄两国相互指责、各不相让，在解决叙利亚问题上难以达成一致。多次达成的停火协议不是因为政府军和反对派武装重新部署和交火而失效，就是因为美俄的军事打击和“误炸”而作废。而每次停火失效，叙利亚各方和美俄则又相互指责对方是再次交火的制造者。特别是 2016 年 9 月中旬停火协议的失效，美俄双方相互指责对方破坏停火协议甚至开始公开“翻脸”，在叙利亚危机中的斗争从幕后走到台前。

2. 叙利亚内战表现为非典型的代理人战争

在叙利亚内战对抗的各方中，冲在前面的是叙利亚政府和形形色色的叙利亚反对派，然而其背后却是美国和俄罗斯以及沙特阿拉伯、伊朗和土耳其等地区大国，其中影响最大且起主导作用的当然还是美俄两个大国。在解决

① 关键斌：《俄罗斯为什么力挺阿萨德》，〔俄〕《青年参考》2012 年 2 月 8 日。

叙利亚问题上，美国执意尽快推翻巴沙尔政权，支持和帮助叙利亚反政府力量；而俄罗斯则给予巴沙尔政权绝对的支持和帮助，打击反政府军和各种反对派，特别是在收复阿勒颇的作战行动中，在俄罗斯空中掩护以及伊朗革命卫队和黎巴嫩真主党民兵的支援下，叙利亚政府军捷报频传，并于2016年底收复了被反政府武装长期占领的阿勒颇。

3. 安理会通过叙利亚新停火协议

2016年11月21日，为了推进叙利亚问题的快速解决，美国总统奥巴马与俄罗斯总统普京在利马参加亚太经济合作组织（APEC）峰会期间进行了短暂谈话，敦促加强终结叙利亚战乱的努力。同年12月31日，联合国安理会就叙利亚问题举行闭门磋商后，对俄罗斯和土耳其起草的叙利亚停火决议草案举行表决，一致通过第2336号决议。决议重申，安理会坚定致力于维护叙利亚的主权、独立、统一和领土完整，对俄罗斯和土耳其为协助叙利亚实现停火而开展的调解努力表示赞赏。决议强调，解决叙利亚当前危机的唯一可持续办法，是启动一个以2012年6月30日《日内瓦公报》、安理会相关决议以及叙利亚国际支持小组相关声明为基础的，由叙利亚主导且包容各方的政治解决进程。第2336号决议体现了联合国和国际社会对叙利亚实施全面停火和政治解决叙利亚问题的支持，有助于叙利亚问题冲突各方积累互信，推进政治进程，有助于缓解叙境内的人道危机局势，有助于打击恐怖主义。

（三）美俄将共管解决叙利亚问题

虽然美俄围绕叙利亚问题进行地缘战略博弈，但出于各自利益需求、双方都注意保持斗而不破的局面。同时，鉴于叙利亚复杂的地缘战略环境和国内各种复杂势力争斗，结束叙利亚内战并非易事，因此美俄还要在这个博弈平台上长时间存在下去。2017年1月20日，特朗普接替奥巴马出任美国新一任总统。在中东政策上，特朗普曾多次批评奥巴马在中东反恐不利，质疑美国同时打击巴沙尔政权和“伊斯兰国”不合乎逻辑。未来特朗普在叙利亚问题上将会调整奥巴马政府时期的政策。与此同时，俄罗斯将作为一个重新崛起的大国与美国共同管理叙利亚问题，并且在一定程度上还要发挥主导性作用。

1. 叙利亚内战使美俄走上直接对话而非对抗之路

自俄罗斯2015年9月参与叙利亚战事以来，叙利亚成为俄罗斯力图重申其在中东影响力的核心要素。从那以后，俄罗斯对叙利亚反对派武装的轰炸与围困，以及由黎巴嫩、伊拉克和阿富汗什叶派武装发动的一系列军事行动，使叙当局得以巩固其防御态势并保持政权稳定。目前，在中东，俄罗斯的行动已不再局限于反对美国霸权的“战术突围”，而是正在重新背起与强国地位相应的繁重责任。相较于俄罗斯利用叙利亚问题的强劲崛起，美国的影响力则已经无可置疑地在中东地区衰退。在此前很长时间里，人们都认为，中东地区的每次风吹草动都有美国的授意，这虽是一个不争的事实，但自叙利亚内战爆发后，美国处理叙利亚问题的表现表明了美国在中东的力量局限性，这种窘境迫使美国不得不倾向于与俄罗斯合作解决叙利亚问题。可以预见，美俄在叙利亚问题上仍会展开激烈博弈，但为了避免冲突与摩擦，在竞争中协调立场、试探彼此合作的可能性成为双方今后互动的主要内容。

2. 俄罗斯、土耳其、伊朗三国会谈叙利亚问题

在叙利亚问题上，俄罗斯正在一定程度上发挥主导作用。2017年1月24日，由俄罗斯、土耳其和伊朗联合在哈萨克斯坦首都阿斯塔纳举行叙利亚问题会谈。三国代表团发表联合声明表示，将建立叙利亚停火联合监督机制，目的是巩固和延长叙政府和反对派于2016年底达成的停火协议。会谈的成果主要体现在三个方面：一是俄土伊三国将建立叙利亚停火联合监督机制，以保证停火协议的全面实施；二是会谈决定将叙利亚反对派武装与极端组织“伊斯兰国”和“征服阵线”分割开来，坚持共同打击极端组织；三是阿斯塔纳会谈让叙利亚反对派武装加入谈判进程，这样就让谈判进程变得更加具体和更有前途。俄土伊三国阿斯塔纳会谈虽然取得上述三项成果，反映了俄罗斯在一定程度上发挥的主导作用，但鉴于叙利亚局势的复杂性，能否走上和平之路仍然有许多不确定因素。

未来，叙利亚问题将在以美国为首的西方集团和俄罗斯等大国的干预下通过政治谈判来解决，但很难在短时间内迅速和彻底结束。尽管美国等西方国家实力相对下降，在中东地区力有不逮，但并不甘心就此收场，势必会扶植各种“代理人”搅乱局势，保留祭出后续手段的权利。叙利亚在多股力量的冲撞比拼甚至对决之下，已很难把握自身的命运与前途，叙利亚谋求真正和平的前路仍然漫长。

四　结语

持续六年的叙利亚内战，以政府军收复阿勒颇为标志，表明内战之火逐渐减小，但要想达到完全消灭还需时日。彻底解决叙利亚问题，既取决于叙利亚巴沙尔政权与国内各派力量的政治和谈，也取决于国际社会特别是美俄两个大国的努力，还取决于国际力量对国际恐怖势力特别是“伊斯兰国”的有力打击。

B.7

后危机时代的乌克兰问题

罗英杰　张景铖*

摘　要：乌克兰危机爆发至今三年有余，尽管《第二次明斯克协议》依然有效，但囿于其本身的脆弱性，加之执行不力，导致乌克兰局势持续紧张。如今乌克兰危机正朝着乌克兰问题转变。2016年，美国、北约、欧盟和俄罗斯围绕乌克兰问题的博弈仍在持续，这对未来乌克兰问题的解决产生了重要的影响。克里米亚归属问题、乌克兰外交政策选择及其国家发展走向等重要问题的难解将严重困扰着乌克兰局势的发展。乌克兰问题是一场难以终结的多方复杂博弈过程，未来它仍将继续在“老问题”和“新形势”的背景下演进。

关键词：乌克兰危机　乌克兰问题　俄罗斯　克里米亚　经济制裁

一　乌克兰危机与《第二次明斯克协议》

自2013年11月底乌克兰危机爆发至今已经三年有余。乌克兰危机从国内政治冲突逐步上升为集国内政治冲突和国际争端为一体的复合危机，其演变过程异常复杂。

---

* 罗英杰，国际关系学院教授，研究方向为俄罗斯问题、中俄关系、大国关系；张景铖，北京大学国际关系学院硕士研究生。

（一）乌克兰危机的演变

乌克兰危机于2013年11月底爆发，其后经历了四个发展阶段。

第一阶段（2013年12月至2014年4月）：危机的生成。2013年11月29日，乌克兰前总统亚努科维奇拒绝与欧盟签署旨在加强双边政治及经贸合作的联系国协议，导致国内爆发大规模游行示威且局势不断升级，政府总理辞职，议会撤销对抗议活动的禁令，亚努科维奇逃往俄罗斯。2014年3月，俄罗斯开展军事行动进入克里米亚，依据公投结果将克里米亚并入俄罗斯。[①] 乌克兰东部的顿涅茨克州和卢甘斯克州也宣布建立政权与基辅对抗。随后，美国和欧盟通过发起经济制裁介入危机。

第二阶段（2014年4～8月）：危机的升级。2014年4月25日，乌克兰政府发动“反恐行动”，对乌东部地方武装发动进攻，并迅速使反对派陷入了困境。从当年8月起，俄罗斯开始介入乌东军事冲突，大量俄罗斯人道主义车队进入乌克兰。此后战局逐渐扭转，乌政府“反恐行动”转为防御，双方进入相持阶段。

第三阶段（2014年9月至2015年2月）：危机的反复。乌克兰政府军与乌东部民间组织激烈的军事对抗以2014年9月5日各方在明斯克会议上签署停火协议而暂时告一段落。但是各方矛盾并未得到妥善解决，军事行动难以停止。2015年1月，顿巴斯战事再启，造成大量人员伤亡，冲突一直持续到2015年2月《第二次明斯克协议》的签署。[②]

---

① 《克里米亚公投委宣布最终结果：96.77%赞成入俄》，http://www.chinanews.com/gj/2014/03-17/5959999.shtml。

② 2015年2月11日，俄罗斯、乌克兰、德国、法国四国领导人以及“顿涅茨克人民共和国”和“卢甘斯克人民共和国”代表在白俄罗斯首都明斯克举行会谈，最终于2月12日达成《第二次明斯克协议》（Minsk II）。根据欧洲安全与合作组织发布的《第二次明斯克协议》的文本，其内容可以归纳为四个方面。一是关于停止冲突，协议对全面停火、撤离重型武器、撤出外国武装与雇佣军以及相应的监督方式设置了具体的标准；二是关于乌克兰国家未来走向，包括顿巴斯地区的自治地位与地方选举、乌克兰恢复对边境管理、各方进行对话并启动宪法改革等条款；三是关于保障人权的条款，包括免除对事件相关人员的处罚、交换人质、进行人道主义援助；四是关于相关机制的设置，规定加强“乌克兰问题三边联络小组”（Trilateral Contact Group on Ukraine）框架下各方的对话，由“欧安组织”监督协议的执行。

第四阶段（2015 年 2 月至今）：各方军事行动锐减，但是背后的政治经济军事博弈依然剧烈。

（二）执行不力的《第二次明斯克协议》

《第二次明斯克协议》的达成对乌克兰危机的缓和意义重大，但是对协议维持和平的能力和对乌克兰问题的深远影响需要加以客观分析。

1.《第二次明斯克协议》的脆弱性

尽管《第二次明斯克协议》的签署对乌克兰危机的管控具有重要作用，但是从协议文本的内容到各方的反应，均暴露出该协议的脆弱性。

第一，从制定协议的明斯克会议本身来看。会议召开之时，东部武装正在杰巴利采沃地区围困大量的乌克兰政府军，占据优势的地方武装并不希望此时立即停火。[①] 此外，危机的相关方并未全部参与到谈判和协议的签署中来。美国在此次危机中扮演着重要角色，相比于主张对话的德国和法国，美国在支持乌克兰、制裁俄罗斯方面表现得更为积极。美国并未参与到谈判与协议的签署中来，很大程度上不利于共识的达成和协议的执行。

第二，协议的脆弱性还来源于它的内容与第一次明斯克协议有着极大的相似度。从文本来看，第一次明斯克协定同样规定了停火、撤出重武器、恢复边境管理、解散非法武装力量、保障人权等内容。[②] 第二次明斯克协议只是在前文的基础上将具体内容进行细化，明确了各个条款，这确实有助于提升协议的可操作性，但是两个协议之间没有本质区别也埋下了隐患，第二个协议有可能重演前一协议被破坏的悲剧。

第三，协议签署后，直接冲突各方的消极态度也不利于协议的维持。《第二次明斯克协议》达成后，“右区”领导人德米特里·亚罗什在 2016 年 2 月 14 日便称该协议违反乌克兰宪法并宣布保留采取军事行动的权力，“乌克兰志

---

① “Putin tried to delay Ukraine ceasefire deal, EU summit told,” *The Guardian*, February 13, 2015, https://www.theguardian.com/world/2015/feb/13/ukraine-service-personnel-killed-minsk-ceasefire.

② OSCE, “Minsk Protocol,” http://www.osce.org/ru/home/123258? download=true.

愿军”（Ukrainian Volunteer Corps）将一直战斗到“乌克兰全境从俄罗斯占领者手中获得解放”。[①] 而“顿涅茨克人民共和国”领导人扎哈尔琴科也宣布“停火协议”不适用于杰巴利采沃地区，而这一地区的战斗将持续。[②]

2.《第二次明斯克协议》执行不力

除了协议自身的脆弱性，各方未能严格执行协议的各项规定也使依靠《第二次明斯克协议》维持和平极为困难。在停火方面，协议规定在2015年2月15日零时停火，但是到了规定的停火时间，冲突和交火依旧在持续。尤其是由于东部武装对杰巴利采沃的停火提出了保留，当地的冲突依旧继续。[③] 冲突各方直到2月24日才开始按照协议的要求后撤重型武器。[④] 从近两年的情况看，尽管该协议在一定程度上约束了各方行为，避免了大规模武装冲突的可能，但是真正意义上的“全面停火”从未得以实现。根据联合国人权高级专员办事处2016年12月12日发布的报告，自2014年4月冲突开始至2016年11月中旬，已有9758人在武装冲突中丧生，而冲突依旧在持续。分析其原因主要有以下几点。

第一，各方立场的对立。乌克兰政府与东部两州是直接发生冲突的双方，前者力图实现统一，要求尽快恢复对乌克兰边境的控制；后者要求实现自治，保持在乌克兰国内的特殊地位。双方都不打算轻易改变自身立场，从而形成了武装对峙。此外，直接冲突双方背后的大国角力因素也不可忽视。

第二，各方约束自身冲突行为的能力有限。即使各方高层认同全面停火

① “DmytroYarosh：‘Right Sector’ to fight until complete liberation of Ukraine from Russian occupants,” Euromaidan Press, http：//euromaidanpress. com/2015/02/14/dmytro – yarosh – right – sector – fight – complete – liberation – ukraine – russian – occupants/#arvlbdata.

② “Quieter, but guns of war still not silent, on first day of cease-fire in Donetsk,” *Kyiv Post*, February 15, 2015, http：//www. kyivpost. com/content/ukraine/quieter – but – guns – of – war – still – not – silent – on – first – day – of – cease – fire – in – donetsk – 380736. html.

③ “Over 100 Ukrainian troops, 50 civilians killed during ceasefire：DM,” Xinhua News Agency, http：//news. xinhuanet. com/english/2015 – 06/08/c_ 134308193. htm.

④ “Ukraine begins artillery withdrawal, recognising truce is holding,” Reuters, February 26, 2015, http：//uk. reuters. com/article/2015/02/26/uk – ukraine – crisis – idUKKBN0LU1E720150226.

的必要性，他们也很难对前线的行为施加绝对的控制，民间武装团体的卷入增加了实现停火的困难性。

第三，停火监督的技术问题难以解决。停火遭受破坏的事实很容易被发现，但是破坏停火的真凶却难以察觉，冲突后往往出现的是双方相互指责，这种状况极大地降低了违规成本。尽管欧安组织向乌克兰派出了700名负责监督停火的观察员，但是出于安全考虑，观察员与冲突地区保持了一定距离，欧安组织秘书长赞涅尔2016年5月提出的向冲突地区派遣武装警察团的设想也最终搁浅。

除了持续不断的武装冲突，推动达成两次明斯克协议的“诺曼底四国”（法国、德国、俄罗斯和乌克兰）机制也面临失效的危险。尽管2016年5月“诺曼底四国”元首在电话磋商中就严格遵守停火协议、赋予欧安组织特别监察团更多权力并巩固停火制度监控与协调联合中心等问题取得了共识，但是各方在协议条款的具体执行问题上相持不下，相互指责对方没有落实协议的相关规定。此外，乌克兰问题三方联络小组（乌克兰、欧洲安全与合作组织、俄罗斯）的工作成绩也不尽如人意。如该小组在2016年12月21日就冲突双方在12月24日实现停火达成一致，然而仅一个月后，2017年1月30日，乌克兰东部再次发生自明斯克协议签署以来最血腥的冲突。可见，《第二次明斯克协议》及其他机制有很大的局限性，这使乌克兰东部地区冲突很可能以“低烈度、长时段”的形式持续下去。

二 2016年围绕乌克兰问题的大国博弈

《第二次明斯克协议》签署后，乌克兰危机开始朝着乌克兰问题转变。进入2016年，围绕乌克兰问题的大国博弈进入了一个新的阶段。

（一）美国及北约

1. 在经济上继续对俄罗斯进行制裁

美国对俄制裁始于2014年3月克里米亚并入俄罗斯之后，此后制裁范围不断扩大，制裁期限也一再延长。2014 年 3 月 16 日，奥巴马颁布 13661 号行政法令，宣布对俄进行外交制裁，涉及 20 名俄政府官员和 1 家俄银行。[①] 此后，制裁很快扩大到经济领域，奥巴马于 2014 年 3 月 20 日发布 13662 号行政法令，将制裁的对象指向包括俄能源企业在内的众多经济实体。[②] 2016 年 3 月 2 日，奥巴马签署命令，以"当前乌克兰局势仍对美国国家安全和对外政策造成严重威胁"为由将对俄制裁再延长一年至 2017 年 3 月 6 日。此外，2016 年美国商务部和财政部还多次将数十家俄公司和组织机构加入制裁名单。

相比欧盟，美国在制裁俄的问题上表现得更为积极，但美与俄经济关系并不密切，其制裁效果有限，同时美国对于制裁的期望是通过制裁对俄施加经济压力，进而转化为对普京施加政治压力，制裁背后大国博弈色彩更浓。

2. 在军事上加大与乌克兰的合作，对俄罗斯实施战略包围

第一，通过新战略渲染俄罗斯的威胁。2016 年 1 月 26 日，美国欧洲司令部（EUCOM）公布了最新战略，其中把"遏制俄罗斯侵略"确定为自己的首要任务。该文件把俄视为主要威胁，认为俄"不尊重自己欧洲邻国的主权"、在北极增兵，并且在美国欧洲司令部负责范围之外行动，包括在叙利亚。该文件还强调："俄罗斯对我们各地区的盟友和伙伴构成严峻挑战，这是全球问题，需要在全球内做出回应。"[③] 值得注意的是，与 2012 年发表的战略中将俄视为潜在伙伴，与俄"在关键领域构建关系"的表述相比，新战略的对俄立场发生了重大变化。

---

① Executive Order—Blocking Property of Additional Persons Contributing to the Situation in Ukraine, The White House—Office of the Press Secretary, https：//www. whitehouse. gov/the - press - office/2014/03/17/executive - order - blocking - property - additional - persons - contributing - situat.

② Executive Order—Blocking Property of Additional Persons Contributing to the Situation in Ukraine, The White House—Office of the Press Secretary, https：//www. whitehouse. gov/the - press - office/2014/03/20/executive - order - blocking - property - additional - persons - contributing - situat.

③ 《美国欧洲司令部（EUCOM）把"遏制俄罗斯侵略"确定为自己的首要任务》，http：//sputniknews. cn/politics/201601271017858701/。

第二，强化在中东欧的军事部署。2016 年 2 月，北约防长会议就加大在中东欧的军事存在达成一致，决定新组建一支部署在中东欧地区的多国部队。6 月 14 日，北约秘书长斯托尔滕贝格宣布，北约决定在爱沙尼亚、拉脱维亚、立陶宛波罗的海三国和波兰部署四个营的多国部队，同时他还强调，北约加强防御和威慑是全方位的，包括常规军事力量以及核力量、网络防御等内容。[①] 2017 年 2 月，美国陆军第十航空旅的 UH－60“黑鹰”和支奴干直升机经海路运抵德国不来梅港，同时到港的还有军用卡车及其他辅助设备，官兵总人数达 2000 人。根据因“俄罗斯入侵乌克兰”开展的北约行动计划，上述装备及人员将在 9 个月内在德国和欧洲东部的军事基地轮换部署。同月，450 余名德国机械化步兵营士兵和后勤设备抵达立陶宛。对此，俄外交部评论称，这是美国航空旅在冷战结束后首次出现在欧洲，这样的局势绝对不是俄所愿意看见的。[②]

第三，频繁与乌克兰等国举行联合军事演习。2016 年乌克兰军队参加了 10 次多国军事演习，4 次在乌克兰境内，6 次在境外。其中，乌美“快速三叉戟－2016”战术演习和“枫拱－2016”（Maple Arch）多国联合军演在乌克兰的利沃夫州举行。“快速三叉戟”军事演习是在乌克兰与北约签订的“和平伙伴关系计划”（Partnership for Peace）框架下，自 2006 年开始在乌克兰亚沃里夫斯基训练场举行的。“快速三叉戟－2016”军事演习持续 25 天，美国和北约其他成员的近 2000 名官兵携带包括 5 架飞机和 10 架直升机在内的武器军备获准进入乌境内。[③] 7 月 24 日，美国和北约主导的“海风－2016”国际海军演习的海上阶段在乌敖德萨举行，乌国防部部长波尔托拉克、美国驻乌大使帕耶特和负责欧洲一体化问题的副总理伊岑查采出席了相关仪式，包括乌海军旗舰“萨盖达奇尼指挥官”

① 《北约决定在波罗的海三国和波兰部署部队》，http：//world. people. com. cn/n1/2016/0615/c1002－28447013. Html。

② 《美国为遏制俄罗斯向欧洲调遣约 50 架直升机》，http：//sputniknews. cn/military/20170215102186l761/。

③ 《年初以来最大规模军演“快速三叉戟－2016”在乌启动》，http：//sputniknews. cn/military/201606271019857110/。

号护卫舰和1000名官兵全程参与了演习。[①] 为了给跨国联合军演提供便利，2017年1月，乌最高拉达（议会）高票通过一项法律，允许其他国家的武装力量部队2017年在乌境内参加多国演习，演习包括2017年将举行的乌美“海风”海上军演和“快速三叉戟”演习。这样，在多国演习框架下，乌将允许美国和其他北约成员国部队在乌境内停留365天，从2017年1月至12月。[②] 这些措施无疑将对俄构成极大的军事威胁。

第四，加强对乌克兰的军事援助。2016年7月9日，北约－乌克兰委员会在北约华沙峰会期间举行会议，会上通过了一揽子对乌改革的安全援助方案，包括已设立的网络防御、后勤保障和伤兵康复信托基金等。按照此方案，北约将在40个方面对乌予以物质援助，主要涉及安全和防卫领域。10月，北约驻欧联军最高指挥官参谋部军事伙伴关系局局长彼得森与乌海军司令沃龙琴科会晤时又称：“我们刚开始加强对乌克兰的援助，而且以后将会进一步巩固和扩大。”[③]

（二）欧盟

与美国和北约不断增强其在乌克兰问题上的军事博弈筹码不同的是，欧盟的手段主要包括经济制裁俄罗斯及加强与乌克兰的经济和人文合作。

1. 对俄罗斯经济制裁

在对俄罗斯的制裁问题上，欧盟与美国虽然同属西方阵营，但是实际上各有打算，表现各异。欧盟对俄制裁和美国几乎同期开始。2014年3月17日，欧盟公布了第一批制裁名单[④]，包括21名俄罗斯的官员，对他们进行

① 《乌美“海风2016”演习海上阶段在敖德萨拉开序幕》，http：//sputniknews. cn/military/201607241020257594/。

② 《乌最高拉达批准外国部队到乌克兰参加演习》，http：//sputniknews. cn/military/201701201021655564/。

③ 《北约将扩大对乌克兰防务改革的援助》，http：//sputniknews. cn/military/201610261021030385/。

④ “Council Decision 2014/145/CFSP of 17 March 2014 concerning restrictive measures in respect of actions undermining or threatening the territorial integrity, sovereignty and independence of Ukraine,” http：//eur－lex. europa. eu/legal－content/EN/TXT/HTML/? uri＝OJ：L：2014：078：FULL&from＝E.

资产冻结和旅行限制。[①] 但俄是欧盟第三大贸易伙伴，俄国内对外直接投资（FDI）中的75%来自欧盟成员国。[②] 欧盟－俄罗斯贸易中能源占有重要地位，欧盟成员国对俄能源依存度较高，欧盟2015年发布的《能源、交通与环境指标》显示，2013年，欧盟进口能源中33.5%的原油和39.0%天然气进口来自俄。[③] 因此，欧盟对俄最初的制裁尽量避开了经济领域，在不影响能源供应的条件下展开。然而2014年7月17日的马航MH17航班坠机事件导致欧盟对于能源供应的关注转移到了对于安全问题的担忧，欧盟随即加强了对俄制裁并将其扩展到能源与金融领域。[④] 2016年7月1日，欧盟宣布将对俄经济制裁延长6个月至2017年1月31日。由于欧盟与俄经济联系密切，因此欧盟的制裁效果较为明显，但是欧盟内部也一直对制裁问题存在不同声音。2016年8月30日，法国总统奥朗德在巴黎表示："法国和整个欧洲像俄罗斯一样，有意尽快退出制裁机制，使与俄关系正常化。"[⑤] 法国领导人的表态无疑给未来欧盟对俄制裁增添了变数。

2. 与乌克兰的经济和人文合作

第一，建立"欧盟－乌克兰自贸区"。2014年6月，乌克兰与欧盟签署了乌欧联系国协定的经济部分，其中包括建立自由贸易区。经过一年半的努力，2016年1月1日，欧盟－乌克兰自贸区协定正式生效。对此，乌总统波罗申科赞扬这是推动乌欧一体化的重要步骤。欧盟委员会则称自贸区的启动是欧乌双边关系发展的里程碑，将为双方带来经济上的收益。根据协议，未来10年内，乌欧将逐步相互取消关税。考虑到乌经济相对落

---

① "Council of the European Union: Foreign Affairs Council," http://www.consilium.europa.eu/en/meetings/fac/2014/03/17/.

② "Why Europe will balk at Russian sanctions," CNN, http://money.crm.com/20I4/03/04/news/economy/europe－russia－ukraine/index.html.

③ "Eurostat: Energy, transport and environment indicators—2015 edition," http://ec.europa.eu/eurostat/web/products－statistical－books/－/KS－DK－15－001.

④ "Council of the European Union: Council takes action following the downing of flight MH17," http://www.consilium.europa.eu/en/meetings/fac/2014/07/22/.

⑤《法国总统：欧洲希望尽快取消对俄制裁》，http://sputniknews.cn/economics/201608301020620288/。

后，乌欧双方互相开放市场的进程将采取向乌倾斜的不对等原则，如2016年欧盟将对90%从乌进口的产品取消关税，乌方则取消70%从欧盟进口的产品关税。此外，乌还将开始将其产品标准与欧盟标准相统一，以适应欧盟市场要求。欧盟委员会主管贸易的委员马尔姆斯特伦说，自贸区协定的生效“为乌克兰提供了特别机遇，使其经济能够实现平稳化和多样化发展，最终惠及乌所有民众”。[①]

然而尽管自贸区协定生效之初，欧盟方面声称该协定将有利于乌，将使乌企业更有竞争力，但是从协议执行一年的结果来看并不乐观。据统计，2016年乌对欧盟出口额仅占欧盟对乌出口额的1/9，为2.43亿欧元。有专家认为，乌欧贸易逆差（欧盟对乌出口大于乌克兰对欧出口）对基辅不利，可能导致近年内乌外债增加和经济崩溃。[②]

第二，对乌克兰公民入境欧盟国家实行免签制度。2017年2月28日，欧洲议会新闻处官员对外宣布，欧洲议会和欧盟委员会的代表同意对乌克兰人入境欧盟国家实行免签政策。欧洲议会表示，从事商业、旅游或家庭活动的乌克兰人，可携带电子护照在任意180天内在欧盟国家停留90天。欧洲议会针对乌公民的免签制度对于加强欧盟国家与乌的交流与合作具有至关重要的意义，这说明了欧盟对乌的接纳立场，也使乌更加坚定了向西靠拢的信心。[③]

（三）俄罗斯

尽管莫斯科一再宣称，俄罗斯不是乌克兰内部冲突的参与方，但是作为乌克兰问题背后的主要博弈方，其立场和举动直接影响该问题的走向，值得重点关注。

---

① 《欧盟—乌克兰自贸区协定正式生效》，http：//news. xinhuanet. com/world/2016 -01/01/c_128588729. htm。

② 《欧盟通过对乌贸易比基辅有利得多》，http：//sputniknews. cn/politics/201702251021953104/。

③ 《欧洲议会支持对乌克兰人入境欧盟国家实行免签》，http：//world. huanqiu. com/exclusive/2017 -03/10227882. html。

1. 在乌克兰问题上俄罗斯依然保持强硬立场

针对西方，尤其是美国和北约对俄的一系列军事打压措施，俄的立场依然强硬。2016 年 6 月 18 日，俄安全会议副秘书卢基扬诺夫在圣彼得堡国际经济论坛期间表示："俄方对北约的任何行动都会做出应对，其中主要是同等的回应。因此，对此不用特别担心。回应是同等的、有效的。"① 2017 年 2 月初，俄常驻北约代表处在推特上发表声明称："给乌克兰强大的政治和实际支持只会煽动基辅爆发战争，相反，北约应对乌克兰政府施压，以便全面地、无条件地落实明斯克协议，终结顿巴斯地区武装挑衅，遵守现有的停火协议和冲突政治解决方案。"② 同年 3 月 16 日，俄总统新闻秘书佩斯科夫表示，俄不会为换取解除西方制裁就克里米亚做任何交易，举行第二次公投的可能也已排除。③ 值得注意的是，尽管面对北约在中东欧和波罗的海的军事部署俄做出强势回应，但是偶尔也释放希望对话的善意。2016 年 4 月 19 日，佩斯科夫表示："我们（俄罗斯）注意到北约在俄边境附近扩大军力的十分不友好的行动，我们认为，它们对俄国家利益与安全构成威胁，尽管对话会不容易，但俄永远都愿意进行对话。"④

2. 反制西方制裁

面对西方持续的经济制裁，俄罗斯采取了积极的回应措施。在 2016 年 7 月 1 日欧盟宣布延长对俄制裁之后，俄几乎同时实施反制措施。6 月 29 日普京签署指令，对实施反俄制裁国家的食品禁运延期至 2017 年 12 月 31 日，以回应西方制裁。该指令中称："根据《有关采取个别特殊经济措施保障俄罗斯联邦安全》的俄罗斯总统令，个别特殊经济措施的有效期将从 2016 年 8 月 6 日延期至 2017 年 12 月 31 日。"⑤

---

① 《俄安全会议：俄将对北约任何加强东部军力的行为做出同等有效的应对》，http://sputniknews.cn/politics/201606181019732710/。

② 《俄常驻北约代表处：北约支持只会煽动基辅爆发战争》，http://sputniknews.cn/politics/201702031021763797/。

③ 《俄总统新闻秘书：俄不会为换取解除西方制裁就克里米亚做任何交易》，http://sputniknews.cn/politics/201703161022108129/。

④ 《俄总统新闻秘书：北约威胁俄国家安全 但俄愿意对话》，http://sputniknews.cn/politics/201604191018904061/。

⑤ 《普京延长了对西方国家的食品禁运》，http://sputniknews.cn/economics/201606291019895805/。

三 乌克兰危机后的遗留问题

《第二次明斯克协定》签署之后的近两年时间里，总体上看各方基本上认同对话解决分歧的方式，危机已经暂时降温。但是一些遗留问题依然在危机后困扰着整个地区的局势，如果这些问题得不到妥善解决，地区局势难以走出困局。

（一）克里米亚归属问题

克里米亚归属问题是乌克兰问题的症结，关于此问题的外交口水仗和军事博弈延续至今。

2014 年 3 月 18 日，俄罗斯与克里米亚签署了后者作为联邦主体加入俄罗斯的条约，由此克里米亚回归俄罗斯。尽管国际社会不予承认，但是普京多次强调克里米亚属于俄的历史依据与现实合理性。2016 年，俄进一步加强了本土同克里米亚的联系。首先，面对来自乌克兰能源封锁的威胁，俄于 2016 实现了克里米亚天然气系统的并入，普京于 12 月通过视频连线亲自启动了向克里米亚供应天然气的系统。在军事上，俄继续通过军事存在高调宣示对克里米亚的所有权，2016 年 9 月的“高加索 - 2016”军事演习在克里米亚举行，俄国防部部长绍伊古亲抵克里米亚视察。其次，乌克兰方面没有改变对克里米亚的声索，并更加强调军事力量的作用。2016 年 2 月，乌总统波罗申科宣布加强黑海沿岸的军事部署，之后又在 8 月下令提高临近克里米亚行政边界的所有部队的战备级别。

对于领土问题的坚决态度使克里米亚成为双方矛盾的焦点。2016 年 8 月和 11 月，均上演了俄罗斯安全部门抓获在克里米亚从事破坏袭击的乌克兰情报人员的“罗生门”事件。而同年 12 月乌在克里米亚附近进行的导弹演习也遭到了来自俄的强烈回应，尽管最终这一争端以乌方重新划定演习禁飞区的妥协告终①，但是这一事件再次说明，俄乌双方对领土问题的不让步

① 《俄乌关系龃龉不断》，《人民日报》2016 年 12 月 2 日，第 21 版。

将使克里米亚继续成为双边关系短期内难以改善的决定性因素，两国的直接矛盾很可能以此为由不断强化。从目前的情形来看，俄在克里米亚问题上占有较大优势，两国爆发直接冲突的可能性很低。

从国际舆论上来说，美国与欧盟尽管都在克里米亚公投后对俄罗斯进行了制裁，但是两者的态度是不同的。美国一再强调制裁俄罗斯的原因是后者用战争方式改变了领土版图，要求俄归还克里米亚。欧盟虽然在发起对俄制裁时也是针对克里米亚问题，但是后来加大制裁的力度的原因却是马航坠机事件引起的对自身安全的担忧，后来延长制裁期限给出的理由则是俄未能严格履行《第二次明斯克协议》的相关规定。由此可见，欧盟制裁俄的目标相对于美国更加现实——维护地区的和平稳定，对于克里米亚的归属欧盟的立场并不像美国一样强硬。

（二）乌克兰的对外政策选择

危机之后，乌克兰倒向西方寻求安全保护与经济合作成为必然。但是需要明确的问题是乌克兰会分别与欧盟和以美国为首的北约进行什么程度的合作以及对方是否准备以及在多大程度上愿意接纳乌克兰。

乌克兰和欧盟的关系在2016年更加密切，欧盟先是支持为乌公民提供免签政策，又承担了向乌提供能源的重任，双边的贸易也有所提升，但是乌欧关系仍然面临着欧盟内部不同声音的挑战。以乌欧联系国协定为例。乌克兰和欧盟于2014年3月和6月分别签署了联系国协定的政治部分和经济部分，欧洲议会和乌克兰议会于9月同步批准了该协定，但是协定还需得到欧盟所有成员国批准方可生效。但该协定在2016年4月被荷兰投票否决，这对乌克兰加入欧盟无疑是一个重大打击。此外，2016年3月初欧盟委员会主席容克明确表示乌克兰在未来20～25年内不能成为欧盟和北约成员国的表态彻底击碎了乌当局迅速融入西方政治、经济和军事体系的幻想。①

① 《欧委会主席容克：20至25年内乌克兰不能加入欧盟、北约》，http：//world. huanqiu. com/hot/2016－03/8655120. html

出于自身安全的考虑，乌克兰在加入北约的问题上也表现出极大的兴趣。乌“民主倡议”基金会的民调显示，有近80%的乌克兰人支持乌加入北约。危机爆发后，乌拉达于2014年12月对《对内对外政策原则法》进行了修改，放弃了之前的“不结盟”原则，随后，波罗申科一再表示乌的目标是加入北约，并在军事上加强与北约尤其是美国的合作。2015年至今，美国、北约与乌克兰的军事合作有增无减。如上文所述，2016年度美国、北约和乌克兰共举行了10余次联合军事演习，频率远远超过往年。然而除了这些军事合作以外，难以看到北约对乌克兰入约的表态。尽管美国国务卿克里在2016年7月访问乌克兰时对乌加入北约表示欢迎，但是外界仅将此理解为美国安抚乌克兰的外交手段而已。事实上，考虑到北约接纳乌入约势必极度刺激俄罗斯并引发强烈的外交军事反应，以及特朗普上台后是否会一如既往地在这一问题上支持乌政府具有很大的不确定性等因素，乌加入北约的愿望在短期内不可能实现。

（三）乌克兰国家走向

《第二次明斯克协议》规定了在乌克兰国内进行“宪法改革”和基于顿涅茨克和卢甘斯克“特殊地位”的自治权。但是在乌克兰国家的未来走向，尤其是统一问题方面，各方一直都没能达成一致。

在东部地区地位问题上，乌克兰议会2015年3月17日根据协议要求，给予了顿巴斯地区“特殊地位”，但这一举措没有得到任何一方的认可，国内激进政客表示反对，顿涅茨克和卢甘斯克代表认为乌克兰修改了协议的要求，俄罗斯外长拉夫罗夫批评其背离了协议。①

此外，在自治地区的选举问题上各方也多次爆发冲突。2015年7月，东部两州又决定提前独立发起地方选举，与乌克兰政府发生争执，“诺曼底四国”不得不再次会晤，最终达成一致将东部地区的地方选举推迟到2016

① “Ukraine parliament offers special status for rebel east, Russia criticizes,” Reuters, http://www.reuters.com/article/2015/03/17/us-ukraine-crisis-status-idUSKBN0MD1ZK20150317.

年2月[①]，使这一问题被搁置。乌克兰的统一问题后来索性被各方束之高阁，基辅方面要求先恢复对国家边界的控制，再讨论东部地区的地位，而东部地区看法恰恰相反，双方进而陷入持续的武装对峙中。

四　结论

由上可知，2016年乌克兰的紧张局势依然没有缓解，几个核心问题悬而未决，严重影响着乌局势的发展方向，受此影响，乌克兰问题的前景并不乐观。对此，目前可做几点基本预测。

第一，乌克兰危机的总爆发及演变导致乌克兰中央政府与东部地区在政治上被撕裂，俄罗斯与乌克兰两国在危机中结仇，西方与俄罗斯的关系在危机后变得难以调和，这些使乌克兰问题短期内不存在解决的可能性。

第二，《第二次明斯克协议》对冲突双方都难以有效制约，导致该协议脆弱不堪，显然难以承担解决乌克兰危机深层次矛盾的重任，只是权宜之计。克里米亚的主权归属之争，西方与俄罗斯的制裁与反制裁，未来乌克兰国家政治体制的走向乃至统一或分裂等不是这一协议能解决的。在大规模军事冲突结束后，乌克兰问题这一场难以终结的多方复杂博弈将继续在“老问题”和“新形势”的背景下继续展开。

第三，除了旧的矛盾未解决之外，新问题的出现也给乌克兰问题增添了更多变数，其中包括俄罗斯对叙利亚局势的介入，欧洲难民危机的爆发以及美国政权更迭，这些也给乌克兰局势带来了多种不确定性因素。

① “Ukraine crisis：Pro-Russian rebels ‘delay disputed elections’,” BBC News，http：//www.bbc.com/news/world－europe－34457317.

非传统安全：威胁与应对

Non-traditional Security: Threat and Response

B.8

外源性非传统安全威胁与中国国家安全

余潇枫*

摘　要：　人类社会的不断发展，导致了越来越严重的“资源性困境”，引发了越来越多的跨越国界的非传统安全问题、威胁与危机。建构非传统安全分析的理论视角，关切与评估非传统安全威胁的现实影响，是每一个国家确定其国家安全方略所必需的。非传统安全在本质上是一种“场域安全”，具有“复合性”与“不对称性”。“外源性非传统安全威胁”是一种源起于全球、地区或国外继而经过扩散影响本国的安全威胁，应对这种威胁又需要多国行为体共同携手，通过“共商、共建、共享”以达成“共治”。外源性非传统安全威胁中的一类是全球性的，另一类是以国际性或区域

* 余潇枫，浙江大学公共管理学院教授，浙江大学非传统安全与和平发展研究中心主任，研究方向为非传统安全理论。

性为主要特征的，但可以转化为全球性或国家性的，这些威胁对国家安全有着重大影响。在中国面临的非传统安全挑战中，外源性非传统安全威胁约占30%，但其具有更高的复杂性、综合性及不易控性，其在目标、手段、过程中大多具有与军事相交织的特征，因此我国亟须加强解决复合性非传统安全问题的跨国治理能力建设。

关键词： 非传统安全　场域安全　国家安全　和合主义

进入21世纪以来，人类安全环境的最大变化是自然的和人为的“资源性困境”加剧进而导致“非传统安全威胁”不断增大，全球气候变暖、国际恐怖主义、大规模移民难民、普遍性能源和水资源危机等，使人类面临的全球性挑战日趋严重。除了饥荒、瘟疫和战争之外，饮食过量、网络黑客与随机性的暴恐越来越成为人类社会的新威胁与“人类新议题”。[①] 21世纪第二个十年的后期，日常生活中的生存性焦虑带来的本体性不安全感超过了以往任何时代。特别是2016年，世界各地“黑天鹅”事件迭出，“逆全球化”现象普遍，许多学者认为这些“黑天鹅”事件和“逆全球化”现象均源自世界性“民粹主义”的“复兴”，而“从根本上说，民粹主义的来源是人们普遍的不安全感。这种不安全感并非来自战争和暴恐行为的威胁，而是来自相对收入下降、社会福利无保障、教育机会和医疗待遇不平等、失业或不得不频繁换工作、交通拥堵、环境污染等同切身利益相关的问题”。[②]

非传统安全威胁是一种非战争性质的且给人类社会带来普遍威胁的

---

① 〔以色列〕尤瓦尔·赫拉利：《未来简史：从智人到神人》，林俊宏译，中信出版集团，2015，第1~58页。

② 王缉思：《民粹主义的深厚基础与强烈冲击》，《国际战略研究简报》第45期，2016年12月28日，第4页。

“场域安全”[①]，它比军事安全更具有全时空、多变量的“整体性”“交织性”“强弱性”“动态性”特点，由于非国家行为体的参与，非传统安全威胁的形成与危害具有与传统安全不同的“不对称性”“不单一性”“不确定性”“不易控性”，因而建构非传统安全分析的理论视角，关切与评估非传统安全威胁的现实影响，是每个国家确定其国家安全方略所必需的。

按照“场域安全”理论，非传统安全威胁可以分为四大类型：第一，源起于国内继而“溢出”国界而影响他国和本国的“内源性非传统安全威胁”，如国内的食品安全问题，引发跨国间的贸易危机，继而造成对国内的经济不安全。第二，源起于全球或国外继而经过扩散影响本国的“外源性非传统安全威胁”，如国际金融危机，直接影响一个国家的正常发展，甚至引发次生危机。第三，源起于国内和国外继而影响利益相关国的“双源性非传统安全威胁”，如跨界水资源危机，会影响利益相关国的生存状况。第四，源起于多国并与传统安全威胁相互交织的“多源/元性非传统安全威胁”，如国家运用军事武力反恐，出动海军反海盗等。[②] 本报告将重点考察对中国国家安全产生重要影响的“外源性非传统安全威胁”。

外源性非传统安全威胁的主要特征是：“安全问题的发生源在国外，因此对问题原发端的可检测性、可控性都比较低；原发端对受动端的影响通过全球化的实际过程和客观影响而实现；受动端采取的应对举措一般难以从根本上清除问题本身；问题的有效应对需要多国、多类行为体开展跨国联动；应对不当会产生涟漪危机，甚至需要军事介入而转为多源/元性非传统安全威胁；问题受动端的负面影响反过来会加剧安全问题本身的整体性危害。”[③]

外源性非传统安全威胁大体可以分为两类：一类是以全球性为主要特征的非传统安全威胁，主要包括气候变暖威胁、恐怖主义威胁、太空非传统安全威胁、水资源安全威胁、公共卫生安全威胁、粮食安全威胁、人口安全威

① 余潇枫主编《非传统安全概论（第二版）》，北京大学出版社，2015，第69～74页。

② 余潇枫、魏志江主编《中国非传统安全研究报告（2015～2016）》，社会科学文献出版社，2016，第3页。

③ 余潇枫主编《非传统安全概论（第二版）》，北京大学出版社，2015，第78页。

胁；另一类是以区域性为主要特征的非传统安全威胁，主要包括移民难民问题、跨国有组织犯罪、外来有害生物威胁、“海外安全”威胁、网络空间安全、极地安全威胁等。

一　全球性非传统安全威胁

人类对非传统安全威胁的关注是在20世纪中叶以降，最早进入安全研究视野的是生态环境恶化、人口发展失当、经济发展失衡、贫困严重、资源匮乏等，进入21世纪后，恐怖主义问题、气候变暖问题、能源资源危机、经济金融危机、粮食危机、核扩散危机、网络信息安全问题等成为安全研究的重要议题。当然，许多非传统安全问题在形式上似乎“古已有之”，但全球化浪潮的冲击与影响，使以往的安全问题在时空上有了从未有过的拓展与延伸，“使得这些问题的发生根源、过程、影响等超过国家地理边界而走向区域与国际，甚至演化为全球性、普遍性的安全问题，对全局性的、跨时代的人类产生普遍的冲击或威胁”。[①] 全球性非传统安全威胁的核心特征是给人类带来普遍性威胁且需要多行为体共同合作与治理。对中国有直接影响的全球性非传统安全威胁包括全球气候变暖威胁、国际恐怖主义威胁、太空非传统安全威胁、国际水资源安全威胁、国际公共安全威胁、全球粮食安全威胁、全球人口安全威胁等。

（一）全球气候变暖威胁

全球气候变暖指的是地球大气温度在二氧化碳温室效应的作用下逐渐升高的情况。自工业革命以来，人类活动导致的全球暖化已经达到了过去80万年以来的最高水平。根据政府间气候变化专门委员会的报告，世界变暖的速度在不断加快，较之过去的100年，未来100年全球平均气温可能上升

① 余潇枫主编《中国非传统安全研究报告（2011～2012）》，社会科学文献出版社，2012，第25页。

1.4～5.8摄氏度，人类生存环境的相应变化蕴藏着极大的不确定性。

人类近百年来在工业、农业、畜牧业和林业等领域的生产活动激增是全球变暖的最重要原因。全球气候变暖是一种外源性非传统安全，它来源于人类所居住的外部环境（地球大气层），具有“高渗透性”“广泛性”“不可预测性”“附带后果性”等特征。首先，气候变暖的影响具有高渗透性。全球气候危机很容易引发其他几乎所有跟自然密切相关的领域的危机，比如海平面上升、冰川融化、环境难民等安全问题。其次，气候变暖的影响具有广泛性。气候变暖对几乎各个领域都会产生直接或间接的影响，比如气候暖化导致的冰川融化，将会带来相邻国家之间对淡水资源的争夺。再次，气候安全存在不可预测性。全球气候变暖带来的自然变化、自然灾难的爆发往往具有突发性，其爆发的地点也无法准确预测，给气候问题的有效治理带来严峻挑战。最后，全球变暖是人类进步的附带性结果，具有易忽略性。气候危机并非人与人之间的相互威胁，而是源于人类对于自身的一种“看不见”的威胁。当人类在大规模排放二氧化碳的时候，很难直接感受到是在给自身制造一种致命的威胁。直至二氧化碳在大气层中的累积增多，温室效应逐渐显现之后才会被人类所认知。

全球气候变暖令人类居住的地球正面临“末日”式的挑战：土地荒漠化、生物多样性减少、极地冰雪融化、海平面上升、极端气候频发、环境难民人数增多等。2016年，澳大利亚大堡礁的珊瑚礁因气候变暖出现了历史上最大规模的白化死亡现象。一些权威研究机构的研究也证明全球气候变暖在短期内无法得到有效抑制，比如美国国家大气研究中心最新研究表明，未来十年全球海平面上升速度将超过预期。若国际社会无法将气温升高控制在2摄氏度以内，海洋面积的大幅增加和陆地面积的退缩将会重新绘制国家形态。更为可怕的是，大量极端气候事件可能会给人类带来毁灭性的结果。

当前国际社会在气候安全治理上正逐步取得一些突破。比如，世界各国都在努力推进绿色经济转型，其中包括鼓励新能源的开发与使用；鼓励清洁能源交通工具的开发和使用；设立绿色基金，扶助欠发达国家的节能减排；制订国家行动计划，积极自愿减排等措施。2014年11月12日，《中美气候

变化联合声明》强调，“中华人民共和国和美利坚合众国在应对全球气候变化这一人类面临的最大威胁上具有重要作用。该挑战的严重性需要中美双方为了共同利益建设性地一起努力”。[①] 随后在2016年3月31日的《中美元首气候变化联合声明》中强调“中美气候变化方面的共同努力将成为两国合作伙伴关系的长久遗产”。[②]《巴黎协定》于2016年11月正式生效，它把全球气候治理推向了具有历史性的实施准备新阶段。即使美国的特朗普政府想退出全球气候治理，但世界各国共同治理全球气候变暖的趋势已定。

当前，中国走在全球气候安全治理的前沿。中国推出的国家自主行动计划的目标是：争取2030年二氧化碳排放达到峰值，并逐步提高非化石能源在能源消费中的比重。2016年9月，中国向联合国交存《巴黎协定》批准文书，展示了中国与世界共同应对全球性问题的雄心和决心。中国正在大力发展太阳能、风能，并采取积极举措推广新式交通工具如新能源汽车、高铁等的投入使用。面对全球气候变暖这一共同威胁，包括中国在内的国际社会的共同努力，将给人类以最基本的期望。

（二）国际恐怖主义威胁

2016年被国际媒体称为“恐怖之年”。2016年给人类社会造成普遍心理阴影的是以“伊斯兰国”为主的国际恐怖主义在世界各地的频繁袭击，无论是作为政府官员的俄罗斯驻土耳其大使，还是普遍平民；无论是处在战火边缘的中东地区，还是处在和平中心的法国巴黎，恐怖主义的反人类行为成为当今世界挥之不去的暴行。

《中华人民共和国反恐怖主义法》给恐怖主义下的定义是：通过暴力、破坏、恐吓等手段，制造社会恐慌、危害公共安全、侵犯人身财产，或者胁迫国家机关、国际组织，以实现其政治、意识形态等目的的主张和行为。从本质上说，恐怖主义是出于政治目的，有特定组织形式，以伤害无辜平民为

---

① 《中美气候变化联合声明》，《人民日报》2014年11月13日。

② 《中美元首气候变化联合声明》，《人民日报》2016年4月2日。

手段的暴力活动。虽然恐怖主义在不同地区与国家的旗号、政治目标、活动区域、人员构成等情况各异，但都是以血腥暴力为最本质的特征。目前，“伊斯兰国”组织依然是国际社会面临的主要恐怖威胁。而随着现代科学技术的发展，恐怖分子充分利用现代先进科学技术不断升级其活动方式，拓宽其活动范围，网络恐怖主义、生物恐怖主义、核恐怖主义等都具有典型的现代性特征，并使国际社会打击及根除恐怖主义的难度大大增加。

据不完全统计，2016 年有 59 个国家受到“伊斯兰圣战”的恐怖袭击，共达 2476 次，造成 21239 人丧生、26677 人次受伤。[①]

国际恐怖主义对中国的威胁同样存在。2016 年 8 月 30 日，中国驻吉尔吉斯斯坦使馆遭自杀式汽车爆炸袭击，造成使馆 3 名人员轻伤。据吉安全部门调查，恐袭源自“叙利亚的、属于‘努斯拉阵线’的维吾尔恐怖组织。该组织的使者对执行者下达了对中国驻吉尔吉斯斯坦大使馆的恐袭命令，并对该行动提供了资助”。[②] 2016 年 9 月 1 日，联合国安理会发表媒体声明，以最强烈的言辞谴责此次恐怖袭击事件，并称该事件“令人发指”，强调必须将袭击者绳之以法。

恐怖主义本质上是反人道、反人类的，因而是国际社会的公敌。在不断恶化的恐怖主义威胁中，中国同样是恐怖主义的受害者。近年来，境内外“三股势力”加快与国际恐怖组织“基地”塔利班及“伊斯兰国”的勾连，其暴恐行径有融入国际“圣战”的趋势。境外“三股势力”向中国境内不断渗透，中国国内“三股势力”不断有人偷渡出逃境外参加“圣战”，一些“三股势力”头目甚至跻身“基地”组织核心领导层，如“东突”势力与国际恐怖组织交融趋势加快，这给中国的反恐斗争带来严峻挑战。

（三）太空非传统安全威胁

太空安全威胁除了自然性的陨石、彗星等“近地威胁”，还有越来越多

① 《2016 伊斯兰恐怖袭击列表》，https：//thereligionofpeace. com/attacks/attacks. aspx？ Yr = 2016。

② 《吉安全部：叙利亚恐怖组织下令　东突分子袭击中国大使馆》，http：//www. dqdaily. com/guoji/2016 – 09/07/content_ 3955421. htm。

的人为性的废弃卫星、卫星残骸等太空环境恶化的威胁。“科学家认为某一阶段突然增强的宇宙射线很有可能破坏地球臭氧层，增加地球环境的放射性，导致物种的变异，甚至灭绝。”[①] 人类赖以生存的地球一直面临着决定人类命运的“近地威胁”，随着人类走向太空与利用太空的步伐加快，太空安全被越来越多的国家纳入国家安全的战略议程，太空的安全威胁与治理亦越来越被人类所重视。

21 世纪以来，太空战略地位日渐上升，太空国际竞争愈演愈烈。世界主要国家正在加快发展太空军事力量，大力研发太空攻防手段，组建太空作战部队，配套完善太空作战法规，围绕取得太空利用与反利用、控制与反控制力量优势的较量持续升温。[②] 由此，太空安全威胁也越来越突出。据上海哲社项目“太空国际新竞争研究”成果，至 2016 年 1 月 1 日，全球共有 1381 颗卫星在轨运行；有几万个较大碎片在太空漂浮，太空的拥挤与竞争成了“新常态”；目前除了欧洲空间局外，全球有 11 个国家拥有独立发射卫星能力，有 15 个国家及地区具有把物体发射到亚轨道的能力，还有 60 多个行为体包括中国台湾和香港以及一些国际组织拥有卫星。“以现有的太空技术和实力，中国无法独自解决太空新秩序所面临的主要问题，但是作为塑造太空新秩序的一支重要力量，没有中国参与，太空新秩序的塑造是不可能的。”[③]

国际社会尚未对太空治理展开全面合作，虽有共同利益，但存在外部强制力不足、基本理念和道义准则存异以及权力分配结构失衡等困境。[④] 国际社会为太空安全问题提出的“五个治理倡议”[⑤] 在诸多方面存在差异，要达

---

① 张津铭、闻新：《探索宇宙射线》，《太空探索》2016 年第 12 期。

② 《太空军事力量将改变战争形态　中国面临太空安全威胁》，http：//military. people. com. cn/n/2014/0619/c1011 - 25173274. html。

③ 何奇松：《国际太空新秩序与中国的责任》，《世界经济与政治》2016 年第 8 期。

④ 徐能武：《太空安全外交努力的困境及其思考》，《外交评论》2007 年第 3 期。

⑤ 五个治理倡议分别为中俄提出的禁止太空武器化条约草案（PPWT）、欧盟提出的太空行为准则（CoC）、美国提出的国际太空准则（ICoC）、联合国外空委科技小组委员会提出的太空可持续利用倡议（LTSSA）、联合国专家小组提出的太空透明与信任建设机制（TCBMs）。具体参见孙雪岩、何奇松《太空安全治理的五个倡议刍议》，《北京理工大学学报》（社会科学版）2013 年第 4 期。

成国际太空治理的共识还需要国际社会可持续的共同努力。2016 年 5 月 10 日，中美在华盛顿举行首次外太空安全对话，会议由中国外交部军控司司长王群与美国国务院助理国务卿罗斯共同主持，对话的重点是国家的外太空政策、中美双边外太空安全合作、外太空安全多边倡议等。目前，中国已经研制出了太空机械臂，可以全方位进行目标捕获和操作，执行太空碎片清理、在轨加注推进剂与维修等太空任务。①

（四）国际水资源安全威胁

21 世纪被称为“水的世纪”。联合国粮食及农业组织指出，世界正经历着水资源危机，美国、中国、印度及其他大型经济体的关键水资源供应都在急剧减少，全球水资源安全面临的威胁远比普遍认为的更糟糕。水资源安全问题不仅是生存性安全问题，同时也是发展性安全问题。对于全球农业、工业、运输和能源生产来说，水资源的获取都是至关重要的，同时也是经济增长的动力。

人口增长、城市化和经济发展引发水资源紧张，跨国水资源安全日益凸显。到 2050 年，世界人口将达到 91 亿，其中有 70% 的人口住在城市里，因而粮食需求将要增加 70%，这给水资源安全带来新的挑战。土壤和地下含水层中蕴含的地下水总计占了全球用水的 1/3，是逾 20 亿人口的主要水源。在部分最干旱地区，地下水资源被抽取得太过迅速，导致它们很难再以自然方式得到补充。② 多数大陆的许多最大地下含水层都被开采。由于缺乏可持续再生的地下水资源储备，全球水资源安全面临的风险远远高于人们当前的认识。另外，随着城市化、工业化发展和人口增长，各国对于跨界水资源的利益诉求更加迫切，是造成地区性冲突的重要因素之一。

水是人类社会越来越短缺却无法替代的生存性资源，在世界某些地区，水资源不仅是居民生活保障的必需品，更是国家安全保障的重要支柱，水资

① 赵晶：《中国成功研制太空机械臂，可全方位进行目标捕获》，http://mil.eastday.com/m/20140918/u1a8347122.html。

② 《世界面临严峻水资源威胁》，http://news.xinhuanet.com/world/2014-11/04/c_127176042.htm。

源被国家作为战略资源而受到特别重视，跨境的界河、界湖的水资源冲突常被执政者看成“一场战争”。亚洲是跨界河流湖泊相对较多的地区，根据联合国 2002 年统计数据，全球 263 条国际跨界河流中，亚洲就有 57 条，由于亚洲水资源的可利用率极低，因此亚洲成为世界水危机的中心，中国、印度、韩国和越南这些世界上经济发展最快速的国家都处在或接近水资源紧张的状态中。《水：亚洲的新战场》是这样概括水资源冲突的：昨天人们为土地而发动战争，今天人们正在为能源而战，然而在明天人们将为水而战。该书作者特别指出：“水将是亚洲国家之间新的战争分界线，需要通过预防性外交来避免即将来临的亚洲水战争，而亚洲今天所遭遇的水战争危机，恰恰是其他国家明天所要面对的。”①

中国与周边国家拥有 80 多条国际河流，其中主要的有 16 条，涉及 14 个与中国毗邻的接壤国，5 个非毗邻的周边国家，影响人口约 30 亿，占全世界人口的 50%。② 目前，中国与周边国家在水资源安全关系上呈现出非对称性的相互依赖关系，具体表现为“低冲突 - 低合作”的结构状态。而周边国家出于本国利益，基于水资源安全联合域外国家形成制约中国的“潜在联盟”，由此加剧了我国的水资源安全挑战及带来其他相关安全威胁。如何妥善解决跨国水资源争议以及利用水资源合作打造“亚洲命运共同体”是安全领域的重要议题。

联合国教科文组织发布了题为《2016 年世界水资源发展报告——水与就业》的报告，认为通过协调政策和投资来处理水 - 就业的纽带关系，是发展中国家和发达国家实现可持续发展的首要任务。③ 对于中国而言，国际上对于水资源安全领域的拓展和衍生也影响着中国在水政策、技术、投资领域的发展。目前，全球劳动力或世界上 78% 的工作依赖水资源，中国作为

---

① Brahma Chellaney, *Water: Asia's New Battleground*, Washington, D. C. : Georgetown University Press, 2011, p. 7.

② 李志斐：《中国周边水资源安全关系之分析》，《国际安全研究》2015 年第 3 期。

③ 《2016 年世界水资源发展报告——水与就业》，http://www.h2o-china.com/news/243246.html。

最大的发展中国家支持经济发展的主要基础行业都依赖水资源。因此，水资源短缺、水污染严重还是当前最大的问题。在中国，除了农业和工业，其他高度依赖水资源的行业还包括林业、内陆渔业和水产业、矿业和资源开采业、供水和卫生服务，以及大部分类型的发电企业。同时，健康护理、旅游和生态环境管理等也有与水紧密相关的工作。中国应根据本国资源、潜能和发展重点，确定和制定特定的、协调一致的水资源安全战略、计划和政策，在保证水资源和环境可持续发展的前提下实现行业平衡。为各经济行业分配水资源和提供水服务将在很大程度上决定国家和地区层面高质量工作的增长潜能。国家或者地区能够将重点放在与环境可持续和创造就业紧密相关的经济行业将是成功的关键。实现这些目标需要水、能源、食品和环境政策的协调一致，以确保激励手段一致有效地服务于所有利益相关者。同时与国际社会一道通过制定水、卫生、相关工作和可持续发展的长期目标，为各国制定发展目标行动框架指明方向。

（五）国际公共卫生安全威胁

全球人流、物流、信息流的快速流转，放大了各种传染性疾病、各类自然灾害、各式公共卫生安全事件的侵入性和破坏力，对全人类的健康构成严重威胁。特别是多种新出现的传染病和不明原因的疾病，以其独具的生物学特性，引发公共卫生安全危机。2014 年暴发并肆虐至 2015 年末的埃博拉病毒、2015 年在韩国迅速扩散的亚洲中东呼吸综合征（MERS）、2015 年在中南美洲流行并于 2016 年波及包括中国在内的 34 个国家的寨卡病毒（ZIKA）均对我国乃至世界的公共卫生安全构成了严重威胁。

2016 年入冬以来，全球受到气候异常等多种因素的负面影响，动物禽流感疫情出现了高发态势，而且涉及面甚广，亚洲、非洲、中东的 40 多个国家和地区受到影响。“在这种态势下，我国不仅 H7N9 疫情发生早，就连普遍的季节性流感疫情也较往年提早了一到两个月。”① H7N9 病毒是流感病

① 李宁：《新一轮 H7N9 疫情较往年来得早》，《中国人口报》2017 年 2 月 21 日。

毒的一种，2016 年我国的 H7N9 病例较之 2013 年有 H7N9 疫情以来最多，但到 2017 年初，“报告 H7N9 病例数较前期已经有明显下降。2017 年 2 月 6～12 日全国报告 H7N9 确诊病例 69 例，而 2 月 13～23 日这 11 天时间共报告病例 35 例，从平均每日 10 例降到了每日 3 例，说明前期防控工作取得了成效”。①

公共卫生问题与政治问题具有高度的相关性，当今世界“因病相连”，人类社会面对的是一个“微生物世界的一体化”趋势，“一方面，全球化使得各种传染病随着交通迅速向世界各地传播，微生物不需要携带护照，也无须跨越主权国家的地缘政治边界，便足以削弱单个主权国家对公共卫生的控制能力。另一方面，全球化使得一国内部的个人和公共卫生事务越来越成为全球的公共性事务，加剧了国际社会在生物安全方面存有的共同脆弱性”。②公共卫生问题的“外部性”决定了公共卫生安全的全球公共产品性质，需要多种行为体的联合参与应对。我国在全球公共卫生治理方面也贡献了自己的力量，特别是西非暴发埃博拉疫情后，我国迅速决策，部署了国内防控和援非抗疫两条战线，完成了国内“严防控、零输入”和援非“打胜仗、零感染”目标，彰显了大国形象与责任担当。

（六）全球粮食安全威胁

近年来，全球粮食消费量一直高于产量，再加上气候变化、能源危机等其他非传统安全威胁的叠加影响，全球粮食安全挑战仍然严峻，主要有饥饿（长期食物不足），贫困人口数量大，营养不均衡而导致多种疾病（糖尿病、心血管疾病）高发，气候变化对农业的冲击等。根据联合国粮食和农业组织（FAO）、国际农业发展基金（IFAD）和世界粮食计划署（WFP）推出的一年一度联合国饥饿报告《2015 世界粮食不安全状况》，“全球仍约有 7.95 亿人遭受食物不足的困扰；‘天灾人祸’使得已成功减贫的国家逆转

① 李冰：《专家：H7N9 疫情防控已经取得成效》，《中国人口报》2017 年 2 月 27 日。

② 〔加拿大〕马克·扎克、塔尼亚·科菲：《因病相连：卫生治理与全球政治》，晋继勇译，浙江大学出版社，2011，主编序第 2 页。

‘返贫’现象时有发生；全球范围的营养不足和营养不均衡现象仍会持续存在”。[①]“2015 年 9 月的联合国发展峰会确定，以 2030 年为期，粮食安全的目标是消除饥饿和贫困人口。”[②]

对资源大规模、高强度的开发利用使全球陷入资源危机的恐慌中。根据世界自然保护基金会 2002 年发表的《活着的地球》报告，目前人类对自然资源的利用超出其更新能力的 20%，如果各国政府不予重视以及再不进行干预，那么 2030 年后人类会面临整体生活水平下降的可能。[③] 水资源问题日趋严峻。“2015 年联合国发布的《世界水资源开发报告》中指出，到 2030 年，全球 40% 的人口将面临供水‘赤字’问题；土壤退化问题不容乐观，联合国粮农组织的统计数据表明，世界人均耕地面积已从 1970 年的 0.38 公顷减少到 2009 年的 0.2 公顷，预计到 2050 年将降至人均 0.15 公顷。”[④]

中国粮食至 2016 年连续 12 年增长，粮食安全问题正在从重视量转向重视质，在粮食生产保证自给的基础上，粮食安全的战略重点将是粮食品种结构与品质安全，农业供给侧结构改革将促进绿色生态可持续农业目标的实现。“‘民以食为天’已经不是指吃饭问题的重要性，而是农业和粮食市场化对社会的稳定性及至政权的合法性提出挑战的最后边界。”[⑤]“产粮有增”与“藏粮于市”是我国粮食安全方略的两大重点。

（七）全球人口安全威胁

世界人口问题仍受到全球关注，“人口危机”时代似乎尚未结束。目前世界人口大国排名前三的是中国、印度、美国，到 2050 年印度将超过中国，美国仍位列第三，而俄罗斯、欧洲、日本以及其他发达国家将陷入人口减少

① 《2015 世界粮食不安全状况》，http：//www.fao.org/3/a－i4646c.pdf。

② 《全球粮食安全挑战仍存》，http：//www.gov.cn/zhengce/2015－12/30/content_5029678.htm。

③ 陈须隆：《世界面临的 14 个全球性问题　失业难题将引发恶性循环》，http：//opinion.hexun.com/2015－10－19/179917587.html。

④ 《农业》，http：//www.fao.org/3/a－i0765c/i0765C08.pdf。

⑤ 卢良恕：《粮食安全》，浙江大学出版社，2007，第 171 页。

的困境。目前，发达地区生育率低、世界人口老龄化、人口总数增长过快成为主要的人口安全问题。低生育率会带来生产力下滑，经济竞争力减弱；人口老龄化和人口总数增长过快不仅使环境和资源问题日趋严重，而且也带来与之相交织的各类严重社会问题，进而给世界可持续发展与可持续安全带来负面影响。联合国发布的《世界人口展望2015修订版》报告指出，如果目前的生育率保持在预期水平，世界人口将在2050年前超过90亿，并到本世纪末突破100亿大关。[①] 而人口增长集中于最贫穷国家，这会给这些国家带来更多挑战，让减贫、消除不平等、应对饥荒和营养不良以及拓展教育和医疗系统等变得更加困难。另外，全球60周岁或超过60周岁的人口数量到了2050年将翻番，而到了2100年则可能比当前多出3倍。

我国的人口发展态势则进入了“后人口转变时期”，“今后5年人口变动的主要趋势包括，总人口将在2030年前后达到峰值，劳动年龄人口波动下降，老龄化程度不断加深，人口流动活跃”。[②] 我国《“十三五”全国计划生育事业发展规划》确定了“十三五”发展目标：到2020年，全国总人口在14.2亿左右，年自然增长率在6‰左右，出生人口性别比下降到112以下。[③]《国家人口发展规划（2016～2030)》指出：到2030年，人口自然均衡发展态势基本形成，人口与经济社会、资源环境的协调程度进一步提高，全国总人口达到14.5亿人左右。

二　区域性非传统安全威胁

区域性非传统安全威胁的“区域性”有很大的相对性，它的要素与影响的不断“外溢”可以使其成为全球性的非传统安全威胁，如国际移民难

---

① 《联合国发布修订版〈世界人口展望〉报告》，http：//www. un. org/chinese/News/story. asp? newsID = 15517。

② 任远：《人口战略和政策的调整应注意几个转变》，《中国人口报》2017年2月20日。

③ 张红：《〈“十三五”全国计划生育事业发展规划〉发布》，《中国人口报》2017年2月7日。

民问题应该说是全球性的问题，但对 2016 年的“难民危机”来说，它可以算作以欧洲为主要地区的区域性问题；再如网络空间安全威胁，应该说也是全球性问题，但鉴于网络尚未在全世界普及，暂可把它归类在区域性非传统安全威胁中。从与中国有紧密联系的角度看，以区域性为主要特征的非传统安全威胁有移民难民问题、跨国有组织犯罪、外来有害生物威胁、“海外安全”威胁、网络空间安全威胁、极地安全威胁等。

（一）移民难民问题

移民难民问题涉及“安全与自由”的深层次问题。从个体的角度来看，移民难民的权利需要得到保护，但从群体的角度来看，当一个国家接纳过量的移民难民之后，会出现一系列的安全问题。首先，产生移民难民的主要根源是军事战争、国内政治动乱等，同时还有非传统安全威胁的根源如宗教迫害、环境恶化、传染病蔓延等。其次，移民难民潮为接受国带去了来自经济、社会、认同等方面的威胁。2015 年进入欧洲的移民和难民超过 100 万人，“其中绝大部分是为逃避战火的叙利亚、阿富汗和伊拉克等国家的难民”。[①] 目前，欧洲面临二战以来最大规模难民潮的挑战，难民问题在一定程度上甚至成为英国脱欧的重要因素。难民危机对欧洲的冲击主要表现在四个方面：一是增加了当地政府财政负担；二是冲击社会稳定，刺激排外情绪；三是削弱欧洲团结，影响政治互信；四是潜藏恐怖威胁，影响安全环境。[②]

移民难民造成的普遍性冲突是认同冲突。“一部分人因战乱或贫穷而远离家乡，客居完全陌生的他国；另一部分人则发现在自己熟悉的城镇和社区突然出现了大批在种族、宗教、文化上完全不同的人群。这些群体之间的隔阂和相互碰撞的程度是史无前例的，需要长时间甚至几代人的磨合，才能处理好相互关系，形成新的社会认同。尤其在所在国经济低迷、政局不稳的情况下，大规模移民和难民的涌入愈发加深了原有的社会矛盾，引发骚乱和暴

① 颜颖颛：《中国正式加入国际移民组织　未来需要接受难民吗》，http：//www.china.com.cn/guoqing/2016－07/06/content_ 38818332.htm。

② 黄海涛、刘志：《试析欧洲难民危机》，《现代国际关系》2015 年第 12 期。

力活动。”①

联合国国际移民报告称，亚洲每年增加170万名国际移民，2000~2015年增加了2600万名国际移民；欧洲每年增加130万，北美每年增加90万。②2015年，在恐怖主义的催化下，移民安全在欧洲及全球许多国家已经提升至国家安全的高度。根据联合国的《国际移民报告（2015年修订版）》，2015年全球国际移民人数已达到2.44亿，国际难民人数达到2000万。移民问题并非一个国家、一个区域所面临的安全问题，它同时牵扯到移民输出国、移民输入国以及移民中转国，因此，移民问题是一个国际性的难题，需要一个全球方案来解决。2016年3月，在布鲁塞尔举行的移民危机特别峰会等，都在推进移民问题的解决，但是要找到解决移民危机的长久方案仍然任重道远。

2016年，中国正式加入国际移民组织，成为移民组织第165个成员。“根据联合国相关统计数据，全世界共有2.32亿国际移民和7.4亿国内移民，中国近年来的国际移民总量和国内移民人口持续增长。2000~2013年，中国的国际移民总量增长超过50%。截至2013年，中国的海外移民已达933.4万人，成为全球第四大移民输出国；在国内移民方面，2010年中国的国内移民人口超过2.2亿。”③ 所以，中国加入国际移民组织，有利于中国参与全球治理，也有利于中国解决境内外的人口流动问题，并且对海外领事保护工作的开展和海外华侨合法权益的保护都有非常积极的意义。

（二）跨国有组织犯罪

《联合国打击跨国有组织犯罪公约》将跨国有组织犯罪分为17类，即洗钱、恐怖行动、盗窃文物和艺术品、侵犯知识产权、非法买卖武器、劫机、

---

① 王缉思：《民粹主义的深厚基础与强烈冲击》，《国际战略研究简报》第45期，2016年12月28日。

② *International Migration Report 2015*, United Nations, 2016, p. 6.

③ 颜颖颛：《中国正式加入国际移民组织　未来需要接受难民吗》，http://www.china.com.cn/guoqing/2016-07/06/content_38818332.htm。

海盗、抢劫地面交通工具、骗保、计算机犯罪、生态犯罪、贩卖人口、人体器官交易、非法贩卖毒品、虚假破产、参与非法经营、贪污受贿与行贿。

跨国有组织犯罪对国家公共安全具有极大的破坏力，目前不断向全球化态势发展，甚至对一些国家的安全和主权构成越来越大的威胁。2016 年 6 月 4 日，上海合作组织成员国元首理事会会议发布新闻公告，强调“切实落实 2010 年 6 月 11 日签署的《上海合作组织成员国政府间合作打击犯罪协定》十分重要”，认为“打击跨国有组织犯罪和现代信息技术犯罪，巩固边境安全，联手打击非法移民、人口贩运、洗钱、资助恐怖主义和经济犯罪，仍是上合组织迫切议题”。①

（三）外来有害生物威胁

“目前，全球生物安全威胁日趋普遍，危害严重，治理困难。”② 以中国为例，“目前我国已成为全球遭受外来入侵最严重国家之一，入侵的外来生物达 544 种之多，其中有 100 多种扩散面积大、危害特别严重；全球 100 种最具威胁的外来物种中，入侵中国的就有 50 多种，其中危害最严重的有 11 种，这每年给我国造成大约 600 亿元的损失”。③

2016 年，我国截获外来有害生物 6305 种、122 万种次，检出不合格进口食品 1 万余批，检出进口不合格商品 9.8 万批。④ 中国的国门安全形势严峻，且正向着“场域安全”全方位延伸与多方面溢出。如 2016 年 4 月 18 日北京再次截获全球毒性最强物种之一的“箭毒蛙活体”，据称“其 1 克蛙毒可致 15000 人死亡”。⑤

生物危害防护能力建设已被多数国家提升到国家安全战略层面。美国、

① 《上海合作组织成员国元首理事会会议新闻公报》，http：//world. huanqiu. com/exclusive/2016 -06/9081396. html。

② 贺福初、高福锁：《生物安全：国防战略制高点》，《求是》2014 年第 1 期。

③ 麦文伟：《筑牢“铜墙铁壁”防范外来物种入侵》，《中国国门时报》2013 年 4 月 17 日。

④ 赵毅：《强化底线意识　确保质量安全》，《中国国门时报》2017 年 2 月 17 日。

⑤ 《北京再次截获全球毒性最强物种之一箭毒蛙活体》，http：//news. xinhuanet. com/legal/2016 -04/18/c_ 128907030. htm? location =35

英国、意大利、日本、韩国、捷克等国家将生物防御体系建设与国防建设进行统筹规划，并在研发、建设和数字化方面达到“同步化”。[①] 中国已初步认识“生物疆域”这一概念，但在生物安全管理上，特别是生物威胁防御能力建设方面，我国需要加大投入，追赶国际先进水平。

（四）“海外安全”威胁

“海外安全”包括中国企业、机构和公民在“国外”的人身安全、财产安全和其他生存与发展保障等内容。中国海外安全事件的前十类有：抢劫、偷窃、抢夺，交通事故，溺水、海难、空难，恐怖袭击、绑架，自然灾害（海啸、地震等），非法入境、偷渡，商业限制，劳务纠纷，警察执法不公，留学诈骗。[②] 海外中国公民受到传统安全问题与非传统安全问题的双重威胁，但非传统安全因素对中国公民和法人的危害更明显。一方面，一些国家的政治冲突、民族对立、宗教纷争导致传统战争和武装冲突，危及在这些国家的中国法人和公民的海外权益，尤其是中资企业的经济利益和劳工安全问题更为突出；另一方面，非传统威胁对中国海外权益的影响也呈现五花八门的特征，像地震、沉船、空难等突发性灾难给遍布世界各个角落的中国海外公民安全带来了威胁。

“根据商务部、外交部、公安部等相关数据统计，2015 年我国内地居民出境人数突破 1.2 亿人次，预计到 2020 年，人数将超过 1.5 亿人次；境外中资企业机构超过 2.2 万家，中国企业境外总资产逾 1.6 万亿美元。随着国际形势的复杂多变以及我国人员和资金跨境流动的井喷式增长，中国海外公民和企业主要面临政局动荡、恐怖袭击、自然灾害、社会治安、劳务纠纷、意外事故等多种安全威胁。”[③] 中国公民海外安全主要风险大致可以分为两

---

① 曹务春、赵月峨、史套兴：《应对突发生物事件应急保障能力建设的对策研究》，《中国应急管理》2009 年第 10 期。

② 李晓敏：《非传统安全威胁下中国公民海外安全分析》，人民出版社，2011，第 64 页。

③ 余潇枫、魏志江主编《中国非传统安全研究报告（2015～2016）》，社会科学文献出版社，2016，第 22 页。

类：一类是重大安全事件，例如2011年利比亚战争，为保障中国公民的安全，中国政府运用国家力量进行公民保护的撤侨行动，其他还包括恐怖袭击、人质绑架、包括海盗等的跨国有组织犯罪、重大复合性自然灾害等。另一类是日常性领保案件，如中国公民在海外遭歹徒抢劫、受恶意侵袭、意外死亡、重大财产损失等。从已发生的不安全事件来看，主要是抢劫、绑架、枪杀等劫财型犯罪事件和自然灾害、交通事故、空难、意外伤害等事件。

海外安保产业的发展对海外安全的维护具有十分重要的意义。据统计，中国有3969家企业在阿富汗—巴勒斯坦—萨赫勒的“不稳定弧”（arc of instability）地区落户①，许多企业的海外安全保护问题频出，甚至出现了一定程度的“安全真空”的风险状态。

（五）网络空间安全威胁

“一旦国家把网络纳入自己的军事与国防的战略内容，以特别的网络军事力量展开对抗性活动”②，网络安全威胁就凸显为网络空间安全威胁，成为一种特殊类型的多源/元性非传统安全威胁。目前，网络空间备受各国重视，“在世界上美军率先成立了网络空间司令部，随之俄、日、德、印等国也都公开成立了各自的网军”。③ 美国陆军网络司令部第二集团军发布2014年绿皮书，强调美国“已经在执行、集成和协同陆军网络空间作战并实现任务指挥方面取得了巨大的成就”，并且“在联合参谋部和美国网络司令部的指示下，各个军种总共会建设133个网络任务分队、4个网络联合部队总部、1个网络国家任务部队（Cyber National Mission Force），到2016财年底，它们将具备初始作战能力”。④

---

① “Terror overseas：Understunding China’s evolving counter-terror strategy，” http：//www. ecfr. eu/publications/summary/terror_ overseas_ understanding_ chinas_ evolving_ counter_ terror_ strategy7160.

② 余潇枫主编《非传统安全概论（第二版）》，北京大学出版社，2015，第87页。

③ 余潇枫主编《非传统安全概论（第二版）》，北京大学出版社，2015，第87页。

④ 《美国陆军网络司令部第2集团军发布2014年绿皮书》，http：//mil. sohu. com/20141103/n406189835. shtmlhttp：//mil. sohu. com/20141103/n406189835. shtml。

互联网恐怖威胁的存在，致使“世界范围内侵害个人隐私、侵犯知识产权、网络犯罪等时有发生，网络监听、网络攻击、网络恐怖主义活动等成为全球公害”。[①] 由此，中国政府倡议：国际社会应该在互信基础上加强合作，共同构建“和平、安全、开放、合作”的网络空间，建立“多边、民主、透明”的全球互联网治理体系。[②]

中国也一直从战略的高度重视国家网络空间安全的维护，重视参与国际网络空间的合作和制定相应的规则等。2015 年 6 月，第十二届全国人大常委会第十五次会议初次审议了《中华人民共和国网络安全法（草案）》。该法凸显了“网络空间主权”的概念，强调了保障网络安全与维护国家安全的关系，确定了促进经济社会信息化健康发展的目标。同年 12 月，习近平在第二届世界互联网大会上强调：国际社会共同构建的网络空间应该是和平的、安全的、开放的与合作的，全球互联网络治理体系应该是多边的、民主的和透明的[③]，并分别提出了推进全球互联网治理体系变革的“四点原则”[④]及构建网络空间命运共同体的“五点主张”。[⑤]

（六）极地安全威胁

极地包括由海洋和陆地组成的南北两极地区，极地公域地理位置独特、

---

① 《习近平在第二届世界互联网大会开幕式上的讲话》，http：//news. xinhuanet. com/world/2015 - 12/16/c_ 1117481089. htm。

② 《习近平在第二届世界互联网大会开幕式上的讲话》，http：//news. xinhuanet. com/world/2015 - 12/16/c_ 1117481089. htm。

③ 《习近平在第二届世界互联网大会开幕式上的讲话》，http：//news. xinhuanet. com/world/2015 - 12/16/c_ 1117481089. htm。

④ 推进全球互联网治理体系变革的四点原则：尊重网络主权、维护和平安全、促进开放合作、构建良好秩序。具体参见《习近平在第二届世界互联网大会开幕式上的讲话》，http：//news. xinhuanet. com/world/2015 - 12/16/c_ 1117481089. htm。

⑤ 构建网络空间命运共同体的五点主张：第一，加快全球网络基础设施建设，促进互联互通；第二，打造网上文化交流共享平台，促进交流互鉴；第三，推动网络经济创新发展，促进共同繁荣；第四，保障网络安全，促进有序发展；第五，构建互联网治理体系，促进公平正义。参见《习近平在第二届世界互联网大会开幕式上的讲话》，http：//news. xinhuanet. com/world/2015 - 12/16/c_ 1117481089. htm。

自然环境恶劣、气候敏感、生态脆弱，但极地公域的“海洋地理连通性、战略威慑有效性、资源的丰富性、大国的集聚性以及气候变化和卫星通道的枢纽性”[①]，使该公域成为各国战略争夺的焦点。

在极地安全的发展态势中，传统安全领域与非传统安全领域相互交织，既可以相互促进，又可能相互制约。以北极为例，“在非传统安全领域，北极国家具有较多的共同利益，成为北极地缘政治合作的重要基础。但是，北极国家在传统安全领域的基本矛盾依然在深层次制约着非传统安全关系的发展。北极地缘战略关系在不同领域的不平衡，尤其是在传统安全领域与非传统安全领域之间的不对称，将在未来很长时间中保持。其中，非传统安全领域将领跑北极地缘战略关系”。[②]

维护极地安全是人类社会的新使命，也是中国“极地外交”的新课题。对中国来说，极地的环境变化存在不确定性，极地事务发展态势尚难以预测，但中国在极地的利益成长是十分明显的。中国经过担任近七年“临时观察员”，于2013年以“正式观察员”身份加入北极理事会，中国作为北极事务的利益相关方受到北极理事会的承认，中国可以在北极事务中进一步发挥自己的积极作用。

2017年初，中国完成第33次对位于地球最南端的、被称为“天然实验室”的罗斯海区域的考察，“罗斯海还是南极环境保护区体系最完备的区域，对于研究气候变化对南极乃至全球的影响具有重要价值”。[③] 中国科协主席万钢认为，目前“南极考察正逐渐从单一科学研究向服务国家战略需求转变，我国在国际海底区域、极地等新疆域开展科学考察与开发利用，有利于提升我国在海洋领域的基础研究和科技创新能力，加快我国从海洋大国向海洋强国转变，为人类共同的发展做出贡献”。[④]

① 张侠：《极地公域与国际安全问题》，《世界知识》2015年第18期。
② 陆俊元、张侠：《中国北极权益与政策研究》，时事出版社，2016，第41页。
③ 兰圣伟：《南极罗斯海考察完成优化选址》，《中国海洋报》2017年2月16日。
④ 兰圣伟：《加大创新力度提升南极科考综合实力》，《中国海洋报》2017年1月24日。

三 结语

人类面临的安全威胁从“传统”走向越来越多的“非传统”，人类的中心安全议题也随之改变。“21 世纪会有哪些议题取代饥荒、瘟疫和战争呢？其中一项中心议题是要保护人类和地球不被人类自己的力量所害。”①

外源性非传统安全威胁属于一种输入性威胁，无论从“地源”还是“源头”方面来理解，其应对都需要更多地依靠涉外手段来实现。因此，如何有效地针对各类外源性非传统安全威胁开展“非传统安全外交”，进而提升参与全球治理能力至关重要。

非传统安全挑战有一个“问题—威胁—危机—灾难”的不断升级的量变到质变过程，很多非传统安全威胁作为问题早已存在，但人们对其可能造成的危害尚缺乏认识，或者这些问题本身又是社会发展自身过程所带来的，当非传统安全问题从性质与程度上变成了威胁，即从低度威胁转向中度、高度甚至紧急威胁或重大危机时，会引发国家军事力量的介入，使非传统安全与传统安全相互交织而形成新的质变。或者说，外源性非传统安全威胁的程度上升会转变为消解国家主权与安全的“非传统战争”，如“金融战”“贸易战”“生化战”“能源战”“信息战”“质量战”“标准战”等，更有可能会直接导致传统战争爆发。对于这一非传统安全的情境性与转化性语境，我们必须要有充分的认识。

笔者在社科基金重大项目“中国非传统安全威胁识别、评估及应对研究”中对内源性、外源性、双源性、多源/元性这四类非传统安全威胁进行过按类排序（见图 1）。②

图 1 反映出，在中国当前所面临的非传统安全威胁中，内源性非传统安

① 〔以色列〕尤瓦尔·赫拉利：《未来简史：从智人到神人》，林俊宏译，中信出版集团，2015，第 17 ~18 页。

② 余潇枫主持，社会科学重大项目“中国非传统安全威胁识别、评估及应对研究”，2016 年 11 月 1 日获结题证书（批准号：12&ZD099；证书号：2016&J068）。

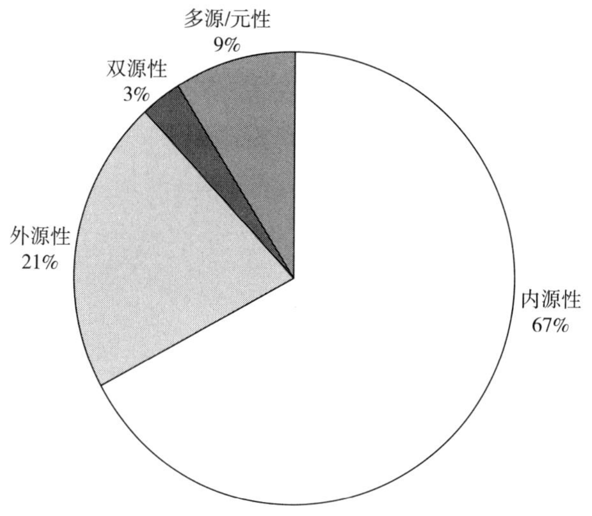

图 1　中国四类非传统安全威胁重要性总排序

全问题占近 7 成（67%），这些问题大致包括食品安全、资源安全、土地安全、能源安全、生态安全、科技安全、信息安全、文化安全、人口安全、社会公共安全等。从这些非传统安全问题的性质、特征及其挑战看，这些问题在很大程度上反映了我国应全面加强国家自身能力建设和解决本国安全问题的能力。除此，外源性和多源/元性这两类非传统安全问题也较为重要，占总量的 30%，除了本文介绍的，还有金融危机、生态安全威胁、能源安全威胁、粮食安全威胁等，这些安全问题大多具有更高的复杂性、综合性及不易控性，且与内源性非传统安全问题相比，这两类非传统安全问题在目标、手段、过程中大多具有军事特征，因此也进一步说明，我国亟须加强复合性非传统安全问题的跨国综合治理能力。

中国参与全球安全治理需要在“和合主义”的方略下进行设计与考量。对一个崛起中的大国来说，国际社会的安全共治面临着十分特殊的情境：或者被占有发展先机的大国“恶意安全化”，传播“中国威胁论”；或者被有着利益冲突的国家“过度安全化”，制造“中国扩张论”；或者被其他发展中国家误解，在不得不承认中国崛起的同时，表现出对中国发展的顾虑、担

心、猜疑乃至恐惧，甚至跟着域外大国“起哄”与捣乱，这些极易使中国陷入“互疑”“互斗”“互冲”的“安全化陷阱”。2017 年，中国排序优先的安全领域是：政治安全、经济安全、国土安全、社会安全、网络安全等，这些安全领域不仅涉及外源性非传统安全，还涉及内源性、双源性和多源/元性非传统安全威胁，因此中国“要积极塑造外部安全环境，加强安全领域合作，引导国际社会共同维护国际安全”。[①] 特别是中国在“一带一路”倡议推行中，要探索与开创“非传统安全外交”的新路子。“和羹之美，在于合异”[②]，中国必将通过“和合共赢”“共建共享”的安全合作，给世界带去新机遇、新范式与新动力，努力为构建人类命运共同体做出表率。

① 《习近平主持召开国家安全工作座谈会》，http：//cpc. people. com. cn/n1/2017/0217/c64094 - 29089833. html。

② 《“和羹之美，在于合异”习近平八句古语畅谈共同构建人类命运共同体》，http：//news. cnr. cn/native/gd/20170121/20170121_ 523515405. shtml。

B.9

网络空间安全国际指数研究（2016）

吕欣 李阳 毕钰*

摘 要： 当前，信息技术飞速发展，各个国家和地区均高度重视网络空间的竞争与合作，网络空间安全亦成为各个主权国家的战略要地。本文通过建立网络空间安全国际指标体系，从网络安全宏观管理指标、网络安全国际治理指标、网络安全产业指标与网络安全态势指标4个方面（包含13个二级指标），评判各个国家的网络空间安全状况，并运用该指标体系对9个代表性国家的网络安全态势进行分析评估。评估结果显示，中国在9个国家中位居第7，在网络安全法律法规、网络安全标准体系建设等领域与领先国家存在一定差距，需要进一步落实网络安全战略体系，科学布局信息安全技术产业，逐步推进国际合作、协作与交流。

关键词： 网络安全 保障能力 指标体系 国际比较 量化计算

一 网络空间安全的竞争压力激增

中共十八大以来，党中央高度重视网络空间安全保障，习近平总书记指

* 吕欣，博士，研究员，国家信息中心处长，安全大数据开发与治理中心秘书长，主要研究方向为网络安全评价体系、网络安全战略、网络空间安全体系结构；李阳，博士，国家信息中心高级工程师，主要研究方向为社交网络、信息安全、数据挖掘；毕钰，硕士，国家信息中心助理经济师，主要研究方向为信息安全、大数据、智慧城市。

出，没有网络安全就没有国家安全。在信息化引领社会转型发展的新时代，网络空间已经成为各个国家和地区参与国际竞争的战略要地，如何应对网络空间安全风险与挑战也成为重要难点。当前，世界各国纷纷推出网络空间安全战略，力图将信息技术创新发展作为提升网络空间竞争力的重要战略举措，并通过信息技术的快速发展推动经济转型升级，从而提升综合国力和国际地位。

近年来，主要国家和国际组织都很重视网络空间安全评价相关研究，相继推出网络空间安全指标体系，对如何评价一国信息化进程与网络安全状况做出了有益探索。在2014年世界电信发展大会上，国际电联（ITU）和ABI Research公司联合推出全球网络安全指数（GCI），该指数旨在测度一国网络安全状况；2015年1月，商业软件联盟（BSA）发布了欧盟网络安全指示板（EU Cyber Security Dashboard），该指标体系覆盖五大领域，包含25项具体指标，为欧盟成员国评估其网络空间安全状况提供了一定指导；2015年2月，美国弗吉尼亚州马可研究所推出网络空间就绪度指标（CRI），并运用该指标度量了125个国家和地区的网络安全基本要素就绪情况；此外，澳大利亚战略政策研究所（ASPI）对亚太地区网络成熟度进行研究，发布了2014年与2015年年度报告。在国际标准方面，国际标准化组织（ISO）早在2009年就发布了信息安全管理测量标准（ISO/IEC 27004：2009），该标准从方针策略、信息安全、风险管理、控制目标、控制措施、过程和规程等维度对信息安全状况进行测量。

首先，本文在充分吸收其他国家和国际组织网络空间安全评价方面研究成果的基础上，制定网络空间安全国际指标体系，用于评估一国的信息技术发展情况与网络空间安全保障能力。其次，本文选取9个国家作为样本，运用该指标体系对比分析国家网络空间安全保障能力。最后，通过构建与运用网络空间安全国际指标体系，对我国网络空间安全工作提出几点启示。

二　网络空间安全国际指数介绍

本文构建了网络空间安全国际指数，其评价过程如下。

第一，设定指标。组织专家组对反映一国网络空间安全状况的因素进行充分讨论，确定指标体系的具体构成情况。第二，确定权重。召集专家对各项指标的重要程度进行排序，并进一步确定各指标的权重。第三，量化计算。对各国网络空间安全状况进行量化，总体得分为各细化指标得分的加权平均，并转化为百分制。指标体系如表1所示。

表1　网络空间安全国际指数指标体系

一级指标	二级指标	三级指标
网络安全宏观管理	网络安全战略规划	网络安全战略规划制定情况
		网络安全战略规划的实施情况
	网络安全法律法规	网络安全法律法规制定情况
		网络安全法律法规执行情况
	网络安全标准体系	制定国内网络安全标准情况
		参与制定国际网络安全标准情况
	网络安全人才培养	网络安全的院校教育情况
		网络安全的社会专业技术培训情况
	网络安全信息共享	政府部门间网络安全信息共享情况
		公私部门间网络安全信息共享情况
	网络安全组织管理	网络安全管理机构建设情况
		网络安全管理机构间协同联动情况
	网络安全宣传教育	网络安全宣传教育
		公民网络安全意识
网络安全国际治理	国际规则制定参与	互联网基础设施管理机制建设参与情况
		网络安全国际规则参与情况
	国际合作协作	网络安全双边合作参与情况
		网络安全区域性(多边)工作机制参与情况
	打击网络犯罪	联合打击网络犯罪制度建设情况
		联合打击网络犯罪制度实施情况
	网络安全国际应急机制	国际网络安全应急机制建设参与情况
		国际网络安全应急工作参与实施情况
网络安全产业	网络安全产业	网络安全产业能力
网络安全态势	网络安全态势	网络安全防护策略
		网络安全防护水平

该指标体系包含13个二级指标与25个三级指标，既反映各国网络空间安全的宏观管理情况，又突出网络空间国际治理、网络安全产业与网络安全态势对一国网络空间安全的重要影响。这些指标均可通过各国官方文件或其他公开资料进行打分，具有一定的可操作性与准确性。指标权重如表2所示。

表2　网络空间安全国际指数指标体系权重

一级指标	一级指标权重	二级指标	二级指标权重
网络安全宏观管理	4	网络安全战略规划	1.8
		网络安全法律法规	1.8
		网络安全标准体系	1.3
		网络安全人才培养	1.6
		网络安全信息共享	0.7
		网络安全组织管理	1.8
		网络安全宣传教育	1.0
网络安全国际治理	2	国际规则制定参与	2.5
		国际合作协作	2.5
		打击网络犯罪	2.5
		网络安全国际应急机制	2.5
网络安全产业	2	网络安全产业	1.0
网络安全态势	2	网络安全态势	1.0

三　评价结果分析

（一）总体情况分析

截至2016年，部分国家网络空间安全指数排名及得分情况如表3所示，图1和图2为9个国家二级指标的得分情况，图3显示了美国、英国与以色列网络空间安全指数得分情况，图4是德国、法国及日本网络空间安全指数得分情况，图5为中国、俄罗斯与韩国网络空间安全指数得分情况。

表3　部分国家网络安全保障指标评价排名（截至2016年）

排名	国家	网络空间安全国际指数指标体系				总分
		网络安全宏观管理	网络安全国际治理	网络安全产业	网络安全态势	
1	美国	8.44	8.88	9.50	9.03	8.85
2	英国	7.43	7.47	7.50	8.10	7.59
3	以色列	7.56	6.38	7.20	8.25	7.39
4	德国	7.68	7.52	6.00	7.88	7.35
5	法国	7.00	7.19	4.80	8.30	6.86
6	日本	7.35	7.09	4.70	7.58	6.81
7	中国	6.49	6.48	5.00	6.00	6.09
8	俄罗斯	6.53	6.62	4.50	6.18	6.07
9	韩国	6.90	6.20	4.30	5.55	5.97

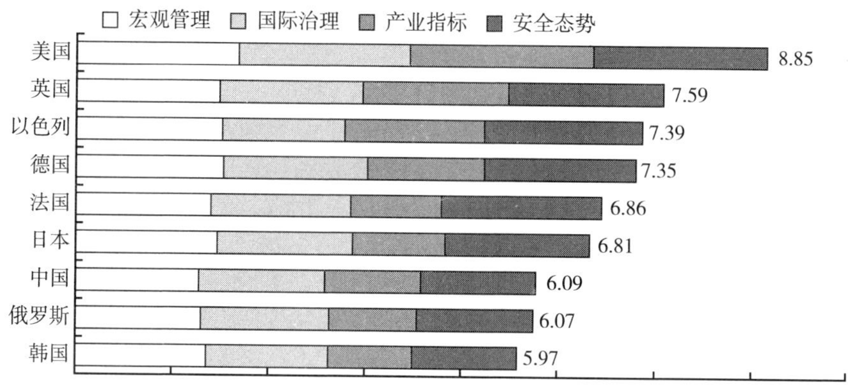

图1　部分国家网络安全保障指标得分情况（截至2016年）

如表3所示，截至2016年，其一，美国在网络安全保障体系建设上具有相对的优势，其各个三级指标得分均处于较高水平，且各指标得分情况比较均衡；其二，英国在国际合作协作、国际规则制定参与、打击网络犯罪等方面表现积极，具备较为完善的网络安全标准体系，位居第二，但在网络安全组织管理与信息共享方面的工作还有不足，仍有较大发展空间；其三，位列第三的以色列在网络安全信息共享、网络安全组织管理、网络安全宣传教

	网络安全宏观管理	网络安全国际治理	网络安全产业	网络安全态势
美国	8.44	8.88	9.50	9.03
英国	7.43	7.47	7.50	8.10
以色列	7.56	6.38	7.20	8.25
德国	7.68	7.52	6.00	7.88
法国	7.00	7.19	4.80	8.30
日本	7.35	7.09	4.70	7.58
中国	6.49	6.48	5.00	6.00
俄罗斯	6.53	6.62	4.50	6.18
韩国	6.90	6.20	4.30	5.55

图 2　部分国家一级指标得分情况（截至 2016 年）

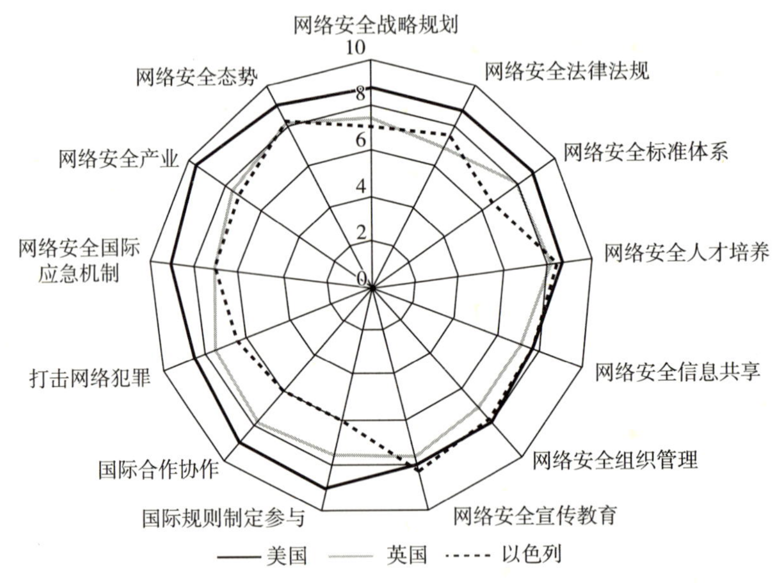

图 3　部分国家网络安全保障指标得分情况（1）

育等方面存在明显的优势，但在国际规则制定参与、国际合作协作等方面表现不积极。

如图 4 所示，其一，德国在各个领域均有较好表现且发展相对均衡，目前位列第四；其二，法国在网络安全态势、网络安全国际应急机制方面的表现较为突出，但是在网络安全法律法规、网络安全标准体系方面存在一定不足；其三，日本在网络安全法律法规、网络安全标准体系的建设以及网络安全人才培养方面表现出较大的积极性，但是在网络安全国际应急机制方面存在一定的上升空间。

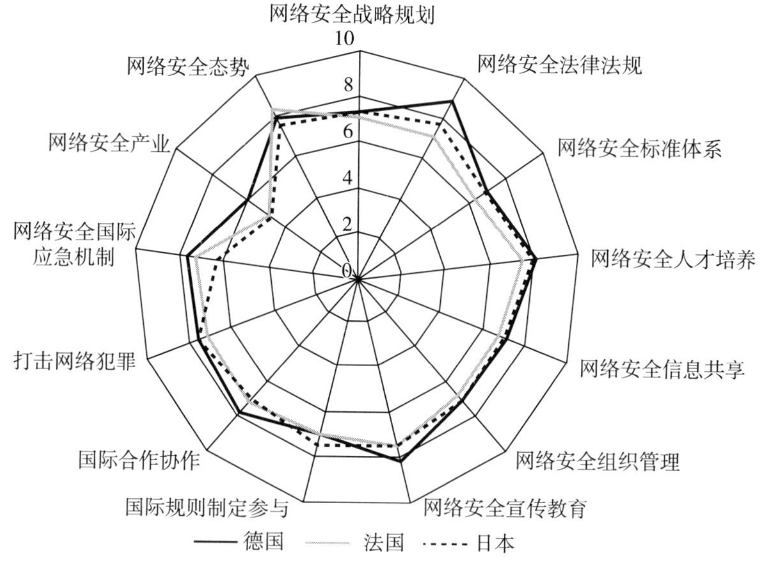

图4　部分国家网络安全保障指标得分情况（2）

如图5所示，其一，中国在网络安全法律法规、网络安全标准体系建设方面还需加强，在网络安全国际应急机制方面表现较为积极；其二，俄罗斯在网络安全国际应急机制方面的工作取得明显成绩，但在网络安全宣传教育、网络安全信息共享方面的发展相对不足；其三，韩国在网络安全宣传教育、网络安全组织管理、网络安全信息共享、网络安全战略规划方面均表现较好，但网络安全产业、网络安全国际应急机制方面与领先国家存在一定差距。

从二级指标得分情况来看，第一，样本国家在宏观管理指标、国际治理指标的表现整体较好。一方面，各个国家在宏观管理指标上的得分差距不大，显示了各个国家都比较重视网络安全保障的宏观管理，而且都采取了相

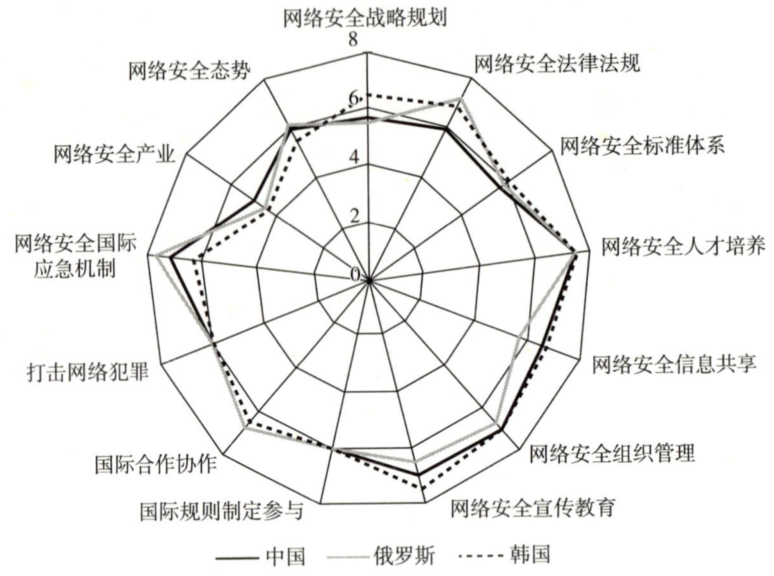

图 5　部分国家网络安全保障指标得分情况（3）

应的措施；另一方面，各个国家在产业指标上的差距较大，美国、英国和以色列的技术产业处于世界领先水平，德国、中国与法国位于中等水平，而日本、俄罗斯及韩国相对落后，还有一定差距，需要在这方面不断加强。第二，各国家在安全态势方面存在一定的差距，其中，中国、俄罗斯、韩国在该方面存在一定的不足，需要进一步加强相关工作。

（二）分项指标比较

下文将对 13 个分项指标分别进行分析评估，并就样本国家的网络空间安全保障方面工作进行归纳总结。

1. 网络安全宏观管理指标

（1）网络安全战略规划。样本中 9 个国家均制定了相关战略，不断健全完善配套政策，并发布相关报告。网络安全战略规划处于较高水平的国家是美国，且遥遥领先于其他样本国家。英国、德国、日本和以色列制定并实施了相应的战略规划，但其战略规划的覆盖范围和实施力度与美国相比还存在一定的差距。韩国也制定了广泛的网络空间安全战略规划，且部分网络安全战略规划和配套政策得到有效实施。近年来，中国与俄罗斯高度重视网络空间安全战略的顶层设计工作，并制定了各自的网络安全战略发展规划，正向着战略的体系化设计发展。

网络空间安全战略的执行。2011 年，美国出台了两个战略——国家安全战略中心发布的《国际网络空间政策》以及代表美国网络威慑战略行动指南的《网络空间运行策略》。美国以这两个战略为指导，对未来的配套政策和网络空间规范进行规划，开始实施网络战，确立了对抗网络攻击的主要思想，同时，美国每年都公布《美国情报界对各国威胁评定报告》①，实现网络空间安全技术从军事层面逐渐过渡到国际对抗层面，将对抗的主要方向由传统型数字威胁逐渐转移至非传统性数字威胁。

战略执行情况有效评估。2013 年，日本政府提出以建设“领先世界的强大而有活力的网络空间”为指导思想，意在实现“网络安全立家”的《网络安全战略》，该战略除了进一步巩固国家基本职能，还出台了相关法律法规以保障网络安全。日本逐年发布网络安全评估报告，评述其在网络空间安全方面获得的新成就，进而准确分析当前网络安全态势和相关政策的执行效果，规划网络空间安全未来发展蓝图。②

网络安全领域精确聚焦。为了成为在国际上具有持久竞争力的“数字强国”，2014 年 8 月，德国联邦政府出台《数字议程（2014 ~ 2017）》，该议程提出了网络安全战略中所涉及的十大核心领域，从而保证德国能够更加精准地执行网络安全战略并达到预期效果。③

（2）网络安全法律法规。样本中 9 个国家在一定程度上加强了网络安全监管力度。与法国等国家相比，德国和美国的网络安全法律法规指标得分

① Homeland Security, *Cybersecurity*, https://www.dhs.gov/topic/cybersecurity, 2016.

② 李婧、刘洪梅、刘阳子：《国外主要国家网络安全战略综述》，《中国信息安全》2012 年第 7 期。

③ Federal Ministry for Economic Affairs and Energy, Federal Ministry of the Interior, Federal Ministry of Transport and Digital Infrastructure, *Digital Agenda 2014 - 2017*, Munich: PRpetuum GmbH, 2014.

处于较高水平，两国均制定了全面、完备的法律法规，并得到了有效实施。日本、以色列、俄罗斯、法国与德美两国相比，在法律法规的全面性与实施的有效性方面，还有待加强。英国与韩国制定了相应的网络安全法律法规，但是关注面较窄，执行力度还存在一定的上升空间。中国制定并发布了相应的网络安全法律法规，明确了网络安全法律法规的执法主体、执法原则、执法手段，部分网络安全法律法规得到有效执行。

法律覆盖范围持续扩大。2013 年之前，美国就已经制定了网络空间安全相关法律，如 2000 年的《网络安全信息法》、2012 年的《网络安全法案》等。2013 ~2016 年，美国每年都发布新的网络空间安全法律法规，其网络安全法律体系逐步得到完善。如 2013 年的《网络隐私强化法案》、2014 年的《联邦信息安全现代化法案》、2015 年的《网络安全信息分享法案》等。在法理层面，这些法案中网络安全均处于核心地位，这些法案规范了政府机构的角色定位，明确了对负责网络安全工作人员的评定方法，还对监控系统进行了改革。[①] 日本近年来也在不断加强立法，除了通过刑法和民法治理网络空间之外，还制定了《禁止不正当接入法》《特定秘密保护法》《电子契约法》《个人信息保护法》等专项法律法规[②]，除此之外，日本内阁还设立了配套的执行机构，如“网络安全战略本部”“网络犯罪中心”“全国性的网络攻击分析中心和安全中心”等机构，不断提高其应急处置能力和网络犯罪分析能力。

组织机构职能逐步明确。欧盟颁布了《欧洲网络与信息安全指令》《欧盟个人数据保护法》《网络犯罪公约》等法律法规，并且不断对其发展改善。与此同时，欧盟针对网络犯罪专门成立了欧洲刑警组织（Europol）和对内事务总司（Directorate-General，DG HOME）；针对跨国网络安全防御，设立了欧洲对外行动署（European External Action Service，EEAS）和欧洲防务局（European Defence Agency，EDA）；针对网络犯罪，成立了欧洲网络犯

---

① 刘勃然：《21 世纪初美国网络安全战略探析》，吉林大学博士论文，2013 年。

② 李婧、刘洪梅、刘阳子：《国外主要国家网络安全战略综述》，《中国信息安全》2012 年第 7 期。

罪中心（European Cybercrime Centre）。

执法机制逐步健全。英国制定了《通信监控权法》《隐私和电子通信条例》《反恐怖法》等有关通信监控、隐私条例和打击网络犯罪的法律法规。2016年6月，英国通过了《欧盟网络与信息系统安全指令》，该指令旨在进一步加强英国与欧盟成员国在关键信息基础设施领域的安全合作。[①] 在完善执法机制方面，英国专门组建了国家预防网络犯罪署（NCCU），该部门主要负责预防网络空间犯罪。此外，英国还成立了网络空间警察部队，开展打击网络犯罪方面的培训。[②] 德国的执法机制也较为完善，设有中央刑事调查业务部，并在2011年成立了国家网络防卫中心，此外，德联邦犯罪警司在2013年也建立了网络犯罪中心。

（3）网络安全标准体系。样本国家在网络安全标准体系方面的发展较不均衡，但各国都对本国网络空间安全标准体系的完善程度以及国际网络空间安全标准体系的制定参与给予一定的重视。美国在网络安全标准体系方面仍处于领先地位，美国相关部门针对本国制定并发布了广泛且全面的网络安全标准，并不断对其进行优化和实施推广，美国的标准体系建设在国际上也具有一定影响力，为其他国家构建国内网络安全标准体系提供了有益参考；英国的网络安全标准体系已基本形成，并得到大力推广与实施，但与美国相比仍存在一定差距，此外，英国积极参与国际网络安全标准的制定。以色列、德国、法国与日本均构建了网络安全标准体系，并且积极地参与国际网络安全标准的制定，但在国际上的影响力相对不足。韩国与中国均初步形成了本国的网络安全标准体系，同时积极响应国际上有关网络安全标准的会议与活动。

标准体系影响力持续增大。最近几年，英国陆续出台了一系列旨在加强

① 由鲜举、田素梅：《2014年〈英国网络安全战略〉进展和未来计划》，《中国信息安全》2015年第10期。

② Federal Ministry for Economic Affairs and Energy, Federal Ministry of the Interior, Federal Ministry of Transport and Digital Infrastructure, *Digital Agenda 2014 - 2017*, Munich: PRpetuum GmbH, 2014.

网络空间安全的标准，例如 ISO/IEC 27032、CCM、ISO/IEC 27035、ISO/IEC 27031、ISO27000：2005 等。目前，ISO27000：2005 已成为全球范围内应用最为广泛的信息安全管理标准之一。与此同时，英国还设立了专门制定网络安全标准的专业化队伍，其中英国标准协会（British Standards Institution，BSI）是世界上权威的标准制定研发和国际认证评审服务提供商之一，该协会定期开展信息安全领域的专项评估，例如在 2013 年发布了《网络安全标准研究报告》。[①]

信息安全标准及时优化。近年来，美国制定发布了一系列关于政府敏感数据保护、云计算安全和智能电网网络安全等领域的文件。例如《NIST 跨机构报告（IR）7628 修订稿 1：智能电网网络安全指南》对新出现的电网安全问题提出了新的安全规范。美国白宫行政管理和预算办公室（OMB）也在不断修改信息安全相关标准，从而不断适应新发布的相关法律。

标准体系架构逐渐形成。为了在信息安全方面制定先进有效的标准，德国联邦信息安全办公室（Bundesamt für Sicherheit in der Informationstechnik，BSI）提供了一系列技术指导，定期优化相关标准并发布更新版本。为了在电子服务领域提供更具有功能性、可操作性和安全性的架构，德国联邦信息安全局制定发布了《电子邮件准则》等标准。此外，德国还是国际标准组织下属 SC27 的成员单位之一，不断在国际标准的制定方面寻求国际话语权。[②]

（4）网络安全人才培养。9 个国家均处于较高的发展水平，美国、中国、俄罗斯、韩国的人才培养发展水平指标得分较高，这些国家都形成了各具特色的人才培养方法与途径，针对人才培养制定了一套较为完备的战略规划与政策方针。美国、英国、德国和以色列 4 个国家均在具有一定教学能力的院校开设了网络安全专业，形成相对完善的人才培养体系，培养出大量优秀的网络安全人才。法国、日本、中国、俄罗斯、韩国 5 个国家在部分院校

① 李晓飞：《试析英国的网络安全治理》，外交学院硕士论文，2014 年。

② 饶日华、刘润生、张丽娟：《智库建言德国网络安全研究战略》，《科学中国人》2014 年第 10 期。

开设了网络安全专业，具备相对完善的教学方案和一定的招生规模，但其教学质量仍有待提升。

人才队伍持续壮大。在2015年发布的美国网络空间安全人才长期培养计划中，美国计划通过开展夏令营等形式，加强网络空间安全知识的普及与人才的培养。美国政府、企业与高校通过举办网络挑战赛等方式，增加社会公众的关注度与积极性，从社会遴选出一批优秀人才。此外，美国军方将网络空间安全放在战略要地，已将其网络安全队伍扩增为原来的5倍。① 日本则主要是通过官产学合作的方式不断壮大其网络安全人才队伍，近年来，日本推出了“正义黑客”计划，制定实施了《信息安全人才培养计划》，开展“黑客大赛SECCON”，建立并不断完善网络安全技术资格认证制度，此外，日本政府还设立了网络攻击特别搜查队、网络攻击防范小组等专业人才队伍。②

人才培养模式逐步优化。英国不断加强行业协会与互联网公司的合作，鼓励企业或学校通过开放式在线课程提供网络安全教育。英国国防部建立了“网络人才储备库”，英国11所大学也设立了“学术卓越中心”，通过广泛招收优秀专业人才，不断加强应对网络空间安全威胁的能力。③ 德国高度重视网络空间安全相关教育培训，出台《数字议程（2014～2017）》，进一步加强数字化研发与社会教育，组织开展了“数字化志愿社会服务年”“数字化论坛”等活动，推动“数字化学习战略”与“职业教育和训练的数字化媒介”战略的实施，鼓励信息安全领域相关课题研究，从而提升德国在信息安全领域的持续竞争力。④

人才培养领域逐渐扩大。法国高度重视年轻专业技术人员的培养，在高

① 刘勃然：《21世纪初美国网络安全战略探析》，吉林大学博士论文，2013年。

② 李婧、刘洪梅、刘阳子：《国外主要国家网络安全战略综述》，《中国信息安全》2012年第7期。

③ 张彬彬：《英国网络安全现状研究》，《中国信息安全》2014年第12期。

④ Federal Ministry for Economic Affairs and Energy, Federal Ministry of the Interior, Federal Ministry of Transport and Digital Infrastructure, *Digital Agenda 2014 - 2017*, Munich: PRpetuum GmbH, 2014.

等教育中开设网络安全课程，促进网络安全产学研相结合，鼓励信息安全产业基地的建设。俄罗斯出台一系列战略规划推动网络安全人才培养，在其发布的《2014～2020 年信息技术产业发展战略及 2025 年远景规划》以及《2018 年信息技术产业发展规划》中，高度重视网络空间安全人才的培养和储备，提出加大 IT 人才培训力度。俄罗斯军方也高速重视信息安全人才培养，在其部分高级和中级军事院校教育中开设信息安全培训课程。[①]

（5）网络安全信息共享。9 个样本国家均设有不同层级、不同范围的信息共享平台。其中，美国与以色列的信息共享平台建设较为成熟，具有相对完善的信息共享机制，逐步实现了跨行业、跨部门、跨区域的信息互联互通。[②] 英国、德国与日本在一定范围内建立起信息的多边共享机制，并积极参与双边对话。法国、中国与韩国已建立了覆盖一定范围的信息共享机制，在部分行业进行双边对话。相比较而言，俄罗斯在信息共享建设方面差强人意，信息一体化的速度还需加快。

着力发展政府与企业间的信息共享。2012 年，德国联邦信息技术安全局和德国信息经济、电信和新媒体协会成立了“网络安全联盟”，旨在加强政府机构与经济界之间的合作；2013 年，英国构建起“网络安全信息共享合作机制”（CISP），为政府和企业搭建起一座信息共享的桥梁[③]；2015 年，美国为进一步增强其网络空间信息开放程度，出台了《网络空间安全信息共享法》。[④]

积极参与构建国际信息共享交换平台。2014 年，欧盟将其纳税者的利息、股息、金融资产销售收入以及账户余额等信息均纳入成员国信息共享范围，并将在 2017 年 9 月之前正式启动欧盟成员国之间的信息共享交换。德国与法国的外交部部长就网络安全问题不定期向北约提出了建议与

① 郝晓伟、陈侠、杨彦超：《俄罗斯互联网治理工作评析》，《当代世界》2014 年第 6 期。

② 王星：《英国网络安全人才队伍建设体制研究》，《中国信息安全》2015 年第 11 期。

③ Department for Business, Energy & Industrial Strategy, *Cyber essentials scheme: overview*, https://www.gov.uk/government/publications/cyber-essentials-scheme-overview, 2014.

④ 刘勃然：《21 世纪初美国网络安全战略探析》，吉林大学博士论文，2013 年。

意见。美国和日本在战略同盟的基础上推动网络空间安全相关信息的交流沟通。英国也与美国、日本、韩国等国家就网络空间安全问题开展多次专题研讨。

（6）网络安全组织管理。9 个样本国家在网络安全组织管理上都构建了比较健全完善的网络安全管理组织结构。美国与以色列在网络安全组织管理方面处于相对领先地位，其他国家的发展水平较为均衡。美国与以色列的优势在于设立了适当的网络安全管理责任机构，同时还具有相对完善的组织机构协同联动机制。英国、德国、日本、韩国与中国建立了网络安全管理机构，具有有效的管理责任制，在网络安全管理方面发挥了一定的作用。法国与俄罗斯均成立了相应的网络安全管理机构，具备明确的管理责任制度，并在一定范围内建立起机构间协同联动机制。

建立专职责任机构，制定管理规章制度。在欧盟框架下，各成员国相应成立了计算机应急响应小组（CERT），例如法国的网络与信息安全局（ANSSI）。英国通过设立网络安全办公室（OCS）来统筹本国网络空间安全战略的规划设计和实施。[①] 2014 年 5 月 4 日，日本设立“内阁信息通信安全官”，安全官担负着统一的指挥职能，“内阁信息安全中心”（NISC）的权限也得到了扩增；同年 7 月 16 日，日本正式组建“网络救援队”。

构建组织机构协同联动机制。2009 年，美国成立的网络空间司令部是保障美国网络空间安全与协调美国网络安全事务[②]的关键组织。2015 年，日本开始组建网络空间防卫队，用于调配各方政府力量和吸纳民间组织力量，并提供一体化的网络空间安全服务。

（7）网络安全宣传教育。9 个国家的得分情况存在一定差异，但各国均在一定程度上重视本国网络安全宣传教育工作。以色列、德国、美国社会拥有良好的网络安全意识，政府、媒体、学术机构和私营部门均对网络安全给予高度重视，积极宣传相关知识。中国、法国、英国、韩国与日本民众的网

① 雷小兵、黎文珠：《〈欧盟网络安全战略〉解析与启示》，《信息安全与通信保密》2013 年第 11 期。

② 刘勃然：《21 世纪初美国网络安全战略探析》，吉林大学博士论文，2013 年。

络空间公共安全意识也在逐渐增强，政府相关部门不断加大网络安全相关知识的宣传教育，大众媒体与社会公众就网络安全问题进行充分的辩论。俄罗斯民众的网络空间安全意识相对薄弱[①]，该国的网络安全宣传教育主要是由媒体和非政府机构引导的。

积极组织宣传教育，引导民众保护个人信息安全。为了提升欧盟成员国公民的信息安全意识，欧盟组织了“加强网络安全日”活动以及欧洲网络安全月活动，并开展欧洲网络安全挑战赛。德国联邦信息安全办公室（BSI）开发网站向公众提供网络安全相关信息，德国还积极参与欧盟组织的意在增强网络安全意识的活动。[②]

全面提供建议指导，确保私营企业数据安全。英国政府发布《保证网络安全10个步骤》等系列文件，协助大中小型企业来应对网络空间风险，推出“安全上网”计划帮助小型企业和广大民众进行网络安全相关决策。[③]。

2. 网络安全国际治理指标

（1）国际规则制定参与。9个国家的参与程度存在一定的差异，部分国家的积极性还有待加强。在双边或多边网络安全法规和专项规则的制定中，美国具有一定的主导性作用。德国、法国、英国与日本积极参与制定国际组织的网络空间安全规则，积极发挥组织、管理、协调等作用，效果良好。以色列、中国、俄罗斯与韩国正逐步参与国际网络安全专项规则制定工作，不断提高国际话语权。

积极推进区域性网络安全相关法案的制定。欧洲议会在2016年6月的全体会议上通过了《欧盟网络与信息系统安全指令》，该指令旨在进一步加强成员国在网络空间安全领域的沟通合作，特别强调了关键信息基础设施网络安全的重要性，该指令涉及包括英国在内的28个成员国。

---

① 李广乾、谢丽娜：《全球化背景的网络安全新思维：他国镜鉴及其下一步》，《改革》2014年第8期。

② 饶晔、刘润生、张丽娟：《智库建言德国网络安全研究战略》，《科学中国人》2014年第10期。

③ 张彬彬：《英国网络安全现状研究》，《中国信息安全》2014年第12期。

积极推动多边研讨会，加强国际立法、司法和执法工作。法国积极参与制定了欧盟、联合国、北约等国际组织网络空间安全战略。[①] 为了保障欧盟成员国网络安全治理工作的开展，欧盟制定发布了《欧盟数据总规》。[②] 此外，在德国柏林召开的第16届欧洲警察大会上，来自60个国家的参会代表就打击网络犯罪、网络动员等做了重点讨论。

（2）国际合作协作。9个样本国家均不同程度地参与技术、政策、权责等层面的国际合作协作。美国的国际合作协作处于最高水平，不仅积极参与地区和国际组织的网络安全合作与协调工作，而且在其中发挥着主导核心的作用。英国、法国、德国与日本均积极参与网络安全国际合作框架与协议的制定工作，并发挥一定的组织、管理、协调作用。中国、俄罗斯与韩国均在一定程度上参与国际网络空间安全合作、沟通与交流，积极参与区域性（多边）合作协作活动。相对而言，以色列的国际合作协作程度不高，有待进一步提高。

网络安全国际合作协作日趋广泛。2015年，英国首相与美国总统就打击网络犯罪方面达成一致并签署了联合法案，通过了共同模拟演习以应对网络攻击的方案，两国的合作有利于增强双方打击网络犯罪与防御网络攻击的能力。同年，美国先后与英国、印度、中国等国家通过建立热线机制等方式达成合作打击网络犯罪的意愿。美国与北约、日本等组织和国家在网络安全层面构建了伙伴关系；针对朝鲜半岛局势问题，美国与韩国制定出台了抵御网络威胁的一体化战略。[③] 日本以《日美防卫合作指针》为基础，在网络安全治理领域与美国、以色列、意大利等国家进行了多次合作。[④] 英国建立了全球网络安全中心、国际网络安全保护联盟等组织机构，推动国际网络空间合作协作。

① 刘权、方琳琳：《法国信息系统防御和安全战略》，《中国信息安全》2011年第10期。

② 周秋君：《欧盟网络安全战略解析》，《欧洲研究》2015年第3期。

③ 陈明奇、姜禾、张娟、廖方宇：《大数据时代的美国信息网络安全新战略分析》，《信息网络安全》2012年第8期。

④ 杨冠天：《日本网络安全战略探析》，吉林大学硕士论文，2015年。

（3）打击网络犯罪。9 个国家的指标得分存在一定的差异，但各个国家均形成一定的制度体系，具有明确的计划、目标与实施方案。美国在打击网络犯罪方面优势明显，侦查处理重大网络犯罪的能力较为突出，而且在双边、多边联合打击网络犯罪的活动和会议中起着主导核心作用。英国、德国、法国与日本在打击网络犯罪方面均实现了与大部分国家双边或多边的合作，并且积极发挥组织、管理、协调作用。以色列、中国、俄罗斯与韩国也建立起打击网络犯罪的专项框架，并形成了一定制度体系。

国际对话与沟通不断深入。2015 年 9 月，习近平总书记在对美国进行国事访问期间，就进行网络安全保护、打击网络犯罪以及其他相关领域的合作达成共识，2016 年中美联合举办了第二次打击网络犯罪及相关事项高级别的联合对话，对以上共识加以落实。为了深化国际网络反恐交流及推动国际合作，2016 年世界互联网大会“网络反恐论坛”以“加强国际合作，共同打击网络恐怖主义”为主题，促进构建目标一致且协同有效的网络反恐国际治理机制。

建立共同打击网络犯罪的机制。加勒比海国家网络战略由英国政府和美洲国家组织联合制定，该战略不仅能帮助加勒比海国家应对网络犯罪，还能大大减少网络犯罪对英国的威胁。为了支持罗马尼亚打击网络犯罪，英国政府与欧洲理事会（CoE）共同协助罗马尼亚成立国家预防网络犯罪中心。

（4）网络安全国际应急机制。9 个国家在这方面的发展相对均衡，基本都建立起应急处置机制应对网络安全威胁，定期进行网络安全演习，并且积极在国际上需求合作。美国在网络安全国际应急机制方面领先于其他 8 个国家，其在双边、多边国际应急机制的制定、开展与实施中起着主导作用。英国、以色列、德国、法国、中国与俄罗斯在该方面的工作也比较完善，与大部分国家建立起双边、多边应急机制，并建立了常态化的工作机制，具有处理重大安全事件的应急能力。与其他国家相比，尽管日本和韩国与一些国家建立了相应的网络安全应急机制，但这方面的工作仍有待加强。

美国的网络反恐能力十分强大，其抵御黑客攻击的机制较为成熟。2015 年，美国与北约共同举办网络安全演习，在举办的若干网络危机处理演习活动中，规模最大的一次为“盾牌2015”行动。美国从2015年开始积极构建全球第一个网络空间风险预警与防御体系。欧盟也跟随美国的战略步伐，欧洲网络信息安全局（ENISA）出台了《CERT队伍建设指导文件》。与此同时，ENISA积极推动各成员国参与网络欧洲系列演习以及北约组织的网络安全演习。德国也建立了包括CERT－BUND、CERT、IT应急响应中心和网络响应中心、IT情况监测中心四大机构在内的较为完善的网络应急处理机制。[①] 日本不断加强与美国、欧盟等国家或国际组织的合作交流，积极参与网络空间安全国际对话及联合演习等活动。与此同时，英美两国联合开展跨大西洋网络安全演习活动，并牵头组织与其他8个欧洲国家的网络犯罪演习活动。法国国防及国家安全总秘书处（SGDSN）每年开展4次主要的网络安全演习，主要针对政府部门与私营合作伙伴之间的信息共享对接安全，其安全演习目标明确、方案完备。

3. 网络安全产业指标

样本9个国家的网络安全产业发展水平存在较大差异，该指标衡量各国企业在网络安全世界500强中的上榜数量和排名情况。美国网络安全产业发展水平遥遥领先，在世界500强网络安全企业中，美国企业的上榜数量为369家，其数量与排名分布均占有绝对优势。与美国相比，英国（31家）、以色列（26家）两国的网络安全产业发展水平逊色不少，但仍稳居世界前列。德国（10家）的网络安全产业在9个国家中处于中上水平。法国（6家）、日本（4家）、中国（6家）、俄罗斯（1家）与韩国（2家）的网络安全产业发展水平稍显不足。

4. 网络安全态势指标

网络安全态势方面，9个国家呈现出多元化的特点。网络安全态势指标综合衡量网络安全防护策略和网络安全防护水平两个因素。美国网络安全态势呈现最佳水平，其优势在于具有全面、强有力的网络安全防护策略，具备极强的攻防能力，并得到持续优化。英国、以色列、德国、法国与日本均发

① 张彬彬：《英国网络安全现状研究》，《中国信息安全》2014年第12期。

布了广泛的网络安全防护策略，并制定了相关配套政策，具有较强的攻防能力。中国、俄罗斯与韩国也制定了网络安全防护策略，但关注面较窄，防护能力有待进一步提高。

美国强大的网络安全基础设施得益于其先进的信息技术与研发团队。2013 年，美国成立了包括保障国防部内部网络的“防卫性”部队、保护重要基础设施的网络部队、协助海外部队策划并施行网络攻击的“进攻性”部队在内的网络部队。同时，国防部的系统升级为具有自我修复功能的云架构。美国政府还加大对网络安全基础设施建设力度，如 2013 年发布的《提升关键基础设施网络安全》行政令与 2014 年发布的《网络空间安全框架》都是有力举措。[①] 英国建立了完善的关键基础设施专项战略及配套政策，设立了国家基础设施保护中心（CPNI），同时，推进关于保护国家关键基础设施的研究，发布《网络安全与英国关键国家基础设施报告》。

德国于 2003 年发布了关键基础设施鉴别方法和保护方法，随后发布一系列专项文件，并适时评估和优化相关战略和方法。欧盟在 2013 年之前就发布了《欧洲关键基础设施保护规划》和《欧洲关键基础设施指令》两个政策文件。在 ENISA 的组织下，欧盟各成员国在泛欧网络安全演习中开展针对关键基础设施的演练，ENISA 在演习的基础上发布报告对关键基础设施保护方法进行评估与更新。

四　对中国网络安全工作的几点启示

通过对这些国家工作经验的归纳总结，对于我国网络安全保障体系建设可以提出如下启示。

（一）积极落实网络安全战略体系

我国已经具备初步完善的网络安全治理体系，但仍需在以下方面进一步

① 刘勃然：《21 世纪初美国网络安全战略探析》，吉林大学博士论文，2013 年。

开展工作。

第一，为进一步健全我国网络空间安全战略体系，需要根据指导方针制定详细的配套政策，将战略规划落到实处，建立起科学可行的战略规划评估机制，对战略政策的实施情况进行定期评估，并不断完善优化。

第二，加快推进我国网络安全法律法规建设，形成以宪法为核心、法律为主干的多层次网络安全法律体系，保护我国各类行为主体网络空间的合法权益，依法治网。

第三，努力构建多维度多层次的信息交换共享机制，构建权责明晰的联动协作机制，不断推进跨部门、跨行业、跨地区的信息开放共享，以逐步实现全国性的信息一体化。

第四，采取多项政策措施增强社会公众网络安全意识，通过多种渠道向民众普及网络安全相关知识，充分调动企业、媒体、高校的积极性，共同营造健康、绿色、和谐、安全的网络环境。

（二）科学规划发展我国信息安全技术产业

1. 整合产业链条　打造规模集合优势

持续推动信息安全中游产业（如杀毒、入侵防范等）发展，与此同时，大力扶持上游核心技术产业（如操作系统安全、关键芯片安全、基础密码算法等）和下游信息安全服务产业，发挥信息安全产业链的协同发展优势。积极发挥信息安全产业联盟的作用，在信息安全主管部门和相关行业协会的指导下，推动信息安全行业的共同发展。

2. 完善产业服务　规范行业发展

研究制定促进信息安全产业发展的配套政策，鼓励优势企业“走出去”，打造一批具有国际影响力与竞争力的信息安全企业。充分发挥国家级产业孵化器的作用，鼓励大众创业万众创新，推动中小信息安全企业的健康发展，做好服务工作。强化行业监管，规范市场秩序，营造自由公平开放的竞争环境，避免企业间的不正当（非理性）竞争。

3. 增加财政支持 撬动社会资本

加大国家对信息安全产业的投资力度，设立产业发展专项基金。在信息安全关键技术的研发和市场化运用等方面，以项目贴息贷款、财政补助、技术奖励等形式进行合理支持，营造优良投融资环境。鼓励风险投资，支持筹集资金渠道多样化，设立产业风险投资基金，充分撬动社会资本投资于信息安全产业。

（三）逐步推进国际合作、协作与交流

1. 建立多层次的双边和多边合作机制

积极推进多方参与、普遍受益的国际网络安全格局的形成，统筹国内、国际两个大局，积极开展网络安全国际合作渠道的拓宽工作，与世界主要国家和地区、国际和区域性组织建立高层互访、安全对话等机制，搭建学术交流与信息共享平台，进一步深化国际交流与合作。

2. 借助国际交流沟通提升影响力

以具有重大影响力的国际组织为媒介和平台，如二十国集团、上海合作组织等，建立或加强与美国、欧盟、俄罗斯等国家和地区的双边、多边合作关系，通过会晤、签订备忘录、召开会议等政府间或民间沟通合作形式，加强网络安全各个领域的协作与交流，创造对我国信息安全有利的国际环境，提升我国在信息安全领域的国际影响力和话语权。

3. 积极参与网络安全国际规则制定

在充分尊重各国主权和政体的基础上，加强网络安全立法、执法的国际合作，加强打击网络违法犯罪行为和网络恐怖主义活动的国际合作。在信息安全技术标准化领域加强与其他国家和地区的合作交流，对于国际信息安全技术标准的制定保持积极态度并大力参与。

五　总结

随着信息技术在社会各个领域的深化应用，网络空间已成为大国间进行

博弈的重要领域，网络资源亦成为关乎成败的重要战略资源，各国政府面临着信息技术带来的新挑战。当前，我国正处于信息化引领社会转型发展的新时代，党中央不断深化推进“互联网+”行动计划、大数据行动纲要以及新型智慧城市建设，网络空间安全问题也成为一大挑战。

本文通过构建网络空间安全国际指数，选取了具有代表性的9个国家，在收集整理各国网络安全保障方面资料的基础上，量化分析了各国在宏观管理、网络治理、安全产业、安全态势4个方面的网络安全状况，并对各国二级指标得分情况进行对比分析。本文从落实网络安全战略体系、科学规划安全技术产业、推进国际合作与交流等方面提出了对我国网络安全工作的建议。

B.10

国际恐怖活动新态势：全球化、本土化与常态化

郑晓明*

摘　要：2016年，国际恐怖活动在不同区域出现新态势：一是“伊斯兰国”在国际反恐力量的强大打击之下，在伊拉克和叙利亚遭到重创。为转移正面战场压力和显示其存在和实力，“伊斯兰国”在全球多地大肆制造恐袭和加紧扩张渗透。二是欧洲成为恐怖袭击的重灾区，“伊斯兰国”的报复、“圣战”分子回流欧洲本土、申根国家的边界开放、欧洲穆斯林移民中的反社会力量等因素使欧洲遭受了新一轮重大恐怖袭击。三是土耳其恐怖活动极其猖獗，这与土耳其政府的国内政策以及叙利亚危机密切相关。四是受“伊斯兰国”等国际恐怖组织扩张渗透的影响，东南亚恐怖势力卷土重来，恐袭事件频发。在国际恐怖活动加剧的情况下，各国只有真正合作，才能有效防范和打击恐怖主义，维护国家安全和国际安全。

关键词：国际恐怖活动　新态势　伊斯兰国　欧洲遭恐袭　土耳其　东南亚

综观2016年国际恐怖主义态势的发展，“伊斯兰国”仍是焦点，虽然

* 郑晓明，国际关系学院国际政治系讲师，主要研究方向为东南亚政治与外交、恐怖主义问题。

在伊拉克和叙利亚受到国际反恐力量的强大军事打击，但其对国际社会的威胁并未减轻。同时，“伊斯兰国”等多个恐怖组织继续在世界各地制造恐袭事件，仅2016年第一个季度，截至3月22日布鲁塞尔恐袭案，80多天里只有9天没有重大恐袭事件。[①] 人们凭直观就能感觉到2016年的恐怖活动加剧，恐怖主义对世界的威胁在加大。2016年国际恐怖活动态势如何？本文拟从不同区域的角度，对2016年国际恐怖活动的一些新态势进行综述和分析。

一 “伊斯兰国”遭重创 恐袭呈全球化态势

“伊斯兰国”自2014年6月出现以来，攻城略地、抢劫绑架、频繁发动恐袭，已成为国际恐怖组织的“老大”，对国际社会造成了巨大威胁。美国、俄罗斯等大国和相关地区国家对“伊斯兰国”展开了军事打击，在2015年11月的巴黎恐袭事件之后，国际反恐联盟对其的打击力度加大。

2016年3月，“伊斯兰国”有多名核心领导人被炸身亡。“伊斯兰国”年内还在各条战线上被动挨打，特别是在其掌控的两座最重要城市——叙利亚的拉卡（“伊斯兰国”的“首都”）和伊拉克的摩苏尔（“伊斯兰国”最重要的指挥中枢），遭到了反恐阵营有力的军事打击。在叙利亚，2016年5月下旬，“叙利亚民主力量”联盟武装开始对拉卡市发动地面进攻。2016年11月6日，美国支持的叙利亚库尔德武装和阿拉伯民兵联军展开了收复拉卡的军事行动。此外，经过多年拉锯战，2016年12月中旬，在俄罗斯的协助下，叙政府军从“伊斯兰国”手中完全收复北方重镇阿勒颇市。在伊拉克，2016年10月17日，总理阿巴迪宣布正式展开对摩苏尔的军事行动，并表示要在年底之前收复该地。摩苏尔是石油主产区之一，被认为是“伊斯兰国”的经济命脉，摩苏尔之役被视为剿灭“伊斯兰国”的决定性战役。到2016年12月10日，伊拉克政府军已收复摩苏尔东部31个街区。2017年

① 《美媒：2016堪称“恐怖之年”至今仅9天无重大恐袭》，http：//www. cankaoxiaoxi. com/world/20160323/1108071. shtml。

元旦之前，阿巴迪修正了之前的目标，表示还需要3个月才能将伊境内所有“伊斯兰国”势力肃清。

从打击结果来看，“伊斯兰国”目前仅剩下1.2万~1.5万名武装分子，而这一数字最多时曾达到过5万人[①]，“伊斯兰国”的控制区域和人口也大幅减少，财政状况恶化，武器弹药短缺。英国国际激进主义研究中心（ICSR）和安永会计师事务所（Ernst & Young）的报告显示，“伊斯兰国”的财政收入从2014年的19亿美元减少至2016年的8.7亿美元。[②] 此外，“‘伊斯兰国’的吸引力已明显下降。在2015年，该组织每月都可招募数千名外国武装分子。自2016年以来，这一数字降至每月几百人”。[③]

“伊斯兰国”在正面战场节节败退，并不意味着威胁的减轻，其在伊拉克和叙利亚进行反扑，制造了多起汽车炸弹袭击和自杀式炸弹袭击等恐袭事件，造成重大人员伤亡。其中，2016年7月3日，距伊拉克政府军从“伊斯兰国”手中夺回费卢杰市仅两周，“伊斯兰国”武装分子就在巴格达南部卡拉达区制造了一起自杀式炸弹袭击，造成292人死亡、200人受伤。除了在伊、叙进行暴恐活动，“伊斯兰国”及其分支机构还在世界多地制造了诸多恐袭，以转移正面战场压力并显示其存在和实力。

“伊斯兰国”战况以及其实施的暴恐活动备受国际社会的关注，同样应受到关注的是其全球扩张和渗透，因为这对国际安全的威胁更加深远。“伊斯兰国”的势力范围已扩至亚洲和非洲更多国家，从2015年的13国增至2016年的18国，并正在埃及、印尼、马里、菲律宾、索马里和孟加拉国这六国扎根。[④] 在东南亚，自2016年1月印尼雅加达爆炸案发生后，雅加达

---

① 《美军官员称“伊斯兰国”仅剩1.2万至1.5万武装分子》，http：//www.chinanews.com/gj/2016/12-15/8094330.shtml。

② 《伊国组织财政收入减半》，http：//www.zaobao.com/special/report/politic/attack/story20170219-726506.

③ 《美军官员称已歼灭5万名“伊斯兰国”武装分子》，http：//www.chinanews.com/gj/2016/12-10/8089529.shtml。

④ 《中东等地恐怖活动节节败退　ISIS势力扩亚非18国》，http：//cati.nwupl.cn/Item/15682.aspx。

警察局总监察表示，“伊斯兰国”正在东南亚加紧活动，涉及国家包括印尼、马来西亚、菲律宾和泰国。[①] 在南亚，“伊斯兰国”向阿富汗渗透，在阿富汗普什图族中招募追随者，与阿富汗塔利班和“基地”组织争夺地盘。“伊斯兰国”还向巴基斯坦塔利班势力相对较弱的巴偏远地区渗透。在非洲，“伊斯兰国”成立后即向利比亚迅速扩张，在利比亚境内的武装人员数量不断增加，曾控制了该国近300公里的海岸线，一度使利比亚成为继叙利亚和伊拉克之后该组织的第三大据点。虽然利比亚政府卫队经过半年多的战斗，于2016年12月从“伊斯兰国”手里完全收复了港口城市苏尔特，但并不意味着“伊斯兰国”势力在利比亚已被清除。2016年，“伊斯兰国”还开始在索马里扩展地盘，侧重在亚丁湾南岸确立若干支撑点，以便与北岸的也门和阿拉伯半岛分支形成呼应。[②] 总之，“伊斯兰国”在中东以外的穆斯林聚居地区的分支机构和追随者不断增多，给相关国家和地区带来了直接的现实威胁和长期的安全隐患。

二　欧洲成为恐怖袭击的重灾区

2016年初，欧洲刑警组织总干事温莱特就表示，在巴黎恐袭事件之后，“伊斯兰国”已经具备了对全球发动袭击的能力，并将集中在欧洲发动更大规模的恐怖袭击。[③] 3月22日，比利时布鲁塞尔市郊的扎芬特姆机场和市内欧盟总部附近地铁站接连发生爆炸，造成至少30多人死亡、300人受伤。比利时官方确认爆炸为自杀式恐怖袭击，并一度将该国的安全警戒级别调至最高级。“伊斯兰国”宣称制造了此次事件。7月14日，在法国尼斯，一辆大型卡车冲入正在观看国庆节焰火的人群中，致死84人，致伤200多人，

① 《东南亚国家如临大敌防恐袭　纷纷提高安保级别》，http：//world. huanqiu. com/exclusive/2016－01/8391276. html。

② 董漫远：《“伊斯兰国”外线扩张：影响及前景》，《国际问题研究》2016年第5期。

③ 《欧洲刑警组织：IS已具备全球攻击能力　将在欧洲发动更大规模恐袭》，http：//world. huanqiu. com/exclusive/2016－01/8445271. html。

“伊斯兰国”的追随者承认制造了这起事件。同月，德国连续发生 4 起恐袭事件，“伊斯兰国”认领了 3 起。12 月 19 日，德国柏林市中心的圣诞市场发生卡车冲撞事件，致 12 人死亡、48 人受伤，伤亡人数为近 40 年来德国本土恐袭之最，“伊斯兰国”宣布对此负责。“2016 年成为欧洲的‘恐袭年’，频次之高，人员伤亡之多为十余年来所仅见。”①

在欧洲发生的此轮袭击有几个特点，一是伤亡惨重；二是单人或小团体实施恐袭，在警方的打击下，“独狼”式袭击已经逐步成为恐怖分子的首选；三是制造袭击的恐怖分子以欧洲本土恐怖分子为主；四是汽车被当作恐怖行动的武器使用，这与近些年来国际恐怖组织的煽动密切相关，“基地”组织和“伊斯兰国”曾公开呼吁其信徒使用手边的任何武器——包括汽车来屠杀敌人，此种袭击简单粗暴而杀伤力大，非常难预测，给防范工作造成了很大困难。

长期处于稳定且治安较好的欧洲国家又发生新一轮烈度如此之大的恐袭案，无疑沉重打击了欧洲的社会秩序和民众心理。根据“德国人的担忧 2016”调查报告，2016 年欧洲一些国家出现的恐怖袭击令德国人的焦虑骤增，73% 的受访者对恐怖主义表示担忧，较前一年增长 21 个百分点。② 国际社会也对欧洲恐袭案的连发和后果感到震惊。为何欧洲成为恐怖袭击的重灾区？其原因如下：第一，以美国为首的反恐联盟对“伊斯兰国”的打击招致“伊斯兰国”的报复性袭击。第二，欧盟国家二代移民受极端思想的吸引前往伊、叙参战，他们中的很多人在战火中受极端思想的熏陶成为“圣战”分子，近年来这些具有实战能力的恐怖分子流回母国，成为欧盟国家极大的安全隐患。中东乱局为恐怖主义的产生和发展提供了土壤，而欧洲已成为中东乱局的最大受害者。第三，《申根协定》成员国之间相互开放边界、取消边界管制，便利了人员流动，但也给了恐怖分子可乘之机，尤其是外部恐怖分子随大量中东难民涌入欧洲之后，更难监管。第四，欧洲的穆斯

① 董漫远：《“伊斯兰国”外线扩张：影响及前景》，《国际问题研究》2016 年第 5 期。

② 《欧洲国家恐怖袭击让德国人紧张：2016 最担心恐袭》，http：//www. chinanews. com/gj/2016/07 - 14/7938629. shtml。

林移民有2000万之多，但迄今未能很好地融入当地社会，很多人处于社会边缘、感觉被社会歧视，这样的群体容易受极端思想的影响而成为反社会力量并在短时间内酝酿实施恐怖袭击。

三　土耳其恐怖活动之猖獗引人关注

2016年12月19日，俄驻土耳其大使卡尔洛夫在安卡拉出席一个展览活动时被一名防暴警察枪击身亡，袭击者在射击时还高喊“别忘了阿勒颇！”俄方将这起暗杀定性为恐怖袭击。这起袭击案进一步加剧了土耳其安全局势的紧张。

2016年，土耳其几乎每个月都发生袭击事件。从遭袭地区来看，已从土叙边境向首都安卡拉和国际大都市伊斯坦布尔扩散，尤其是伊斯坦布尔，在年内已遭受了7次恐怖袭击。

从袭击者来看，多股势力制造了恐袭。以“伊斯兰国”为代表的国际恐怖组织2016年在土耳其实施了多起重大恐袭。1月12日，伊斯坦布尔旅游胜地苏丹艾哈迈德广场遭到自杀性爆炸袭击，造成10人死亡、17人受伤。6月28日，3名恐怖分子在伊斯坦布尔阿塔图克国际机场以枪击和自杀性爆炸的方式发动袭击，造成41人死亡、239人受伤。8月20日，土耳其东南部靠近叙利亚边境的加济安泰普市的一个婚礼现场遭到自杀性爆炸袭击，袭击者是一名少年，爆炸造成至少53人死亡、100人受伤。

库尔德武装也制造了多起重大恐袭案。2月12日，土耳其军车在安卡拉遭到汽车爆炸袭击，29人死亡、61人受伤。3月13日，安卡拉的红新月广场遭到汽车炸弹袭击，37人死亡、100多人受伤。8月18日，位于土耳其东部的安全部门遭遇了3起爆炸袭击，12人死亡、近300人受伤。10月9日，一辆装有5吨爆炸物的卡车冲向土耳其东南部塞姆丁里的一座警察局，造成至少18人死亡，包括8名平民和10名士兵。12月10日，伊斯坦布尔的连环炸弹袭击中，至少44人死亡、155人受伤，死者中大部分是警察。

土耳其恐怖活动之猖獗与埃尔多安政府的国内政策有关。从 2015 年夏天土耳其政府与库尔德工人党的停火协议失败之后，土政府就对库尔德工人党位于伊拉克北部的营地进行越境空袭，在土东南部的库尔德人地区实施宵禁。库尔德工人党随即在土耳其全境展开了大规模报复行动，频繁发动针对土军人、警察和政府机关的恐怖袭击。此外，土耳其的恐袭风险深受叙利亚危机的影响，这从俄大使遇刺案就可见一斑。自从加大对叙利亚局势的介入力度之后，土耳其的恐怖威胁就增大了。2016 年 8 月，土耳其发起代号为“幼发拉底之盾”的军事行动，派兵进入叙北部，以清除“伊斯兰国”和库尔德武装。“伊斯兰国”在伊、叙战场不断遭受重大打击后，进一步加紧对外扩张和暴恐活动以弥补正面战场的损失，土耳其作为邻国而首当其冲。虽然土政府加强了社会管控、加大了对恐怖主义的防范和打击，但陷入了越反越恐的困境。

四　东南亚恐怖势力卷土重来

受“伊斯兰国”等国际恐怖组织扩张渗透的影响，东南亚恐怖势力再度抬头，在东南亚地区的恐怖活动变得频繁起来。印尼过去 20 年来一直是恐怖袭击的重要目标国，也是恐怖分子培训基地之一。随着“伊斯兰国”呼吁追随者在伊拉克与叙利亚以外地区发动更多袭击，印尼的恐怖活动出现了上升趋势。印尼警方数据显示，2016 年印尼共发生 170 起与恐怖主义有关的事件，包括恐怖袭击以及针对恐怖嫌犯的逮捕行动，而 2015 年只有 82 起。[①] 2016 年 1 月 14 日，印尼首都雅加达市中心发生自杀式连环爆炸，袭击者还与警察交火，致 8 人死亡、28 人受伤，“伊斯兰国”很快宣称对此负责。这只是恐怖主义势力 2016 年在东南亚再度抬头的开端。《华尔街日报》称，“雅加达恐袭凸显东南亚新恐怖主义的崛起，IS 正在鼓舞这个地区新一

① 《疑在叙利亚涉恐怖活动　17 印尼公民回国被逮捕》，http：//www. zaobao. com/special/report/politic/attack/story20170123 – 716696。

代恐怖分子的出现”。[1] 8 月，一名“伊斯兰国”狂热支持者闯入印尼苏门答腊一座教堂，刺伤牧师后再试图引爆土制炸弹，这是首次发生在苏门答腊岛的由亲“伊斯兰国”者发起的攻击行为。

在马来西亚，2016 年 6 月 28 日，雪兰莪州发生手榴弹恐怖袭击事件。在菲律宾，2014 年宣布效忠于“伊斯兰国”的菲律宾矛地组织在 2016 年 9 月制造了造成 15 人死亡的纳卯市爆炸案。在泰国南部，与“伊斯兰国”有关的暴力事件更是急剧上升，仅 2016 年 6 月，泰南叛乱组织就发动了 3 起炸弹袭击，致 12 人死亡，该组织的社交媒体账户使用的就是“伊斯兰国”的旗帜和标志。缅甸也发生了恐袭案件。10 月 9 日，缅甸若开邦与孟加拉国边界附近的孟都镇、拉代当镇 3 所边防警察局遭恐怖分子袭击，至少 9 名警察、8 名袭击者在交战中死亡，2 名袭击者被擒。缅甸总统府 10 月 14 日发布公告，确认袭击事件是由名为“阿卡穆尔圣战者”的组织制造，该组织与在孟都活动的恐怖组织“罗兴亚团结组织”有关联，而罗兴亚武装组织可能得到巴基斯坦塔利班的协助与支持，罗兴亚人还是“伊斯兰国”意图拉拢的对象。

从 2016 年东南亚所发生的恐袭事件来看，其规模和造成的国际震荡虽不如欧洲恐袭事件，但数量众多，已对地区安全造成了严重影响，对社会稳定造成了冲击。

东南亚曾经是极端主义和恐怖主义的重灾区，在各国的努力下，东南亚反恐曾取得显著成效。然而东南亚是多元化特点极为突出的地区，各国内部长期存在民族宗教矛盾，极端势力、分离主义势力、恐怖主义势力长期未能被根除，随着国际恐怖组织在该地区的发展，国际恐怖势力和本土各种势力相结合或互相呼应和支持，导致东南亚恐怖势力卷土重来和再度整合。2016 年，一份由印度尼西亚、马来西亚、新加坡和澳大利亚等国撰写的地区性风险评估报告显示，包括“伊斯兰国”在内的一些恐怖组织正通过向东南亚

---

① 《东南亚国家如临大敌防恐袭　纷纷提高安保级别》，http：//world. huanqiu. com/exclusive/2016－01/8391276. html。

运输资金来资助恐怖活动，它们可能通过该地区的慈善机构和非营利集团来支持恐怖活动。[①] 2016 年，菲律宾 4 个激进组织宣布合并且效忠“伊斯兰国”领导人巴格达迪。东南亚的“伊斯兰国”“圣战”分子还通过回流或网络，将极端暴力思想和作战经验及技术等用于所在国，在当地制造恐怖袭击。1 月，雅加达恐袭的策划者就是身在叙利亚的印尼“圣战”分子、“伊斯兰国”马来群岛单位的一个头目，他策划此案目的是呼应“伊斯兰国”的全球恐怖活动。2016 年，东南亚各国还发现了多个打着伊斯兰教旗号的恐怖组织，侦破了多起与“伊斯兰国”有关的恐袭阴谋。2016 年 5 月，马来西亚政府逮捕了 14 名涉嫌暗杀首相纳吉和全国警察总长的“伊斯兰国”成员。

2016 年东南亚遭遇的恐怖袭击情况比上年更为严峻，今后东南亚各国不仅要应对“伊斯兰国”的威胁，更要应对“伊斯兰国”大肆扩张背景下的本土恐怖主义威胁。曾经活跃的一些本土恐怖组织正在暗中积蓄能量，例如，巴厘岛恐怖袭击之后，印尼当局大力反恐并成功粉碎了国内大部分的恐怖组织，印尼伊斯兰祈祷团的数百名领袖和成员被捕入狱，其实力也因此受到沉重打击。然而目前印尼伊斯兰祈祷团正暗中养精蓄锐，悄悄为东山再起做准备，现已拥有 2000 名成员，恢复到了巴厘岛恐袭前的规模。[②]

五　结语

2016 年国际恐怖活动出现了以上一些新态势，需要继续关注其发展。同时还要关注以下几方面：第一，中东仍是恐怖主义肆虐之地，南亚和非洲仍是恐怖活动多发地以及国际恐怖组织扩张和渗透的重要区域，“伊斯兰国”和其他国际恐怖组织今后在这些地区如何发展，这是影响国际安全的

① 《研究称恐怖组织向东南亚运输资金资助恐怖活动》，http：//world. huanqiu. com/exclusive/2016 - 08/9301710. html。

② 《积极招募新人　印尼回祈团拟东山再起》，http：//www. zaobao. com/special/report/politic/attack/story20160216 - 581847。

重大问题。第二，网络越来越成为恐怖组织传播宗教极端思想和恐怖主义信息、招募暴恐成员、筹集资金、策划袭击、传授恐袭技能等的重要平台，恐怖组织将会继续在网络空间扩展势力。而通过互联网受到极端思想影响的居民对本国安全的威胁极大，因为极端组织可能利用他们在本土发动恐怖袭击。第三，随着恐怖主义的发展，在全球范围内，恐怖袭击出现了“常态化”趋势。第四，国际恐怖主义和极端势力的蔓延，愈加威胁到中国的周边安全，并已对中国的“一带一路”建设构成了现实的直接的威胁。

“2016 年，恐怖主义呈全球化、本土化、碎片化、网络化，‘伊斯兰国’和‘基地’两大组织更是摆出竞拼态势，导致全球恐怖活动整体上升。”① 在国际恐怖活动加剧的情况下，谁也不可能独善其身。“极端主义、恐怖主义一旦蔓延，没有谁能成为真正赢家。放下分歧、合力反恐，对于整个世界具有紧迫性和必要性。”② 如何有效反恐，这是包括中国在内的整个国际社会共同面临的巨大挑战和难题。除了各国的内部反恐之外，国际合作必不可少，对此，中央政法委书记孟建柱 2016 年 5 月在俄罗斯车臣出席第七届安全事务高级代表国际会议时，就深化国际反恐合作提出了四点建议：一是求同存异，增进共识。各国应相互理解支持，利用联合国等平台加强对话磋商，形成打击防范恐怖主义一致立场。二是付诸行动，务求时效。各国应建立健全快速高效的情报传递、信息共享机制，加强线索核查等合作。三是加强网络社会治理，打击网络恐怖主义。严防恐怖分子利用网络传播暴恐思想、策划实施恐怖活动。四是完善反恐法律法规，为防范和打击恐怖主义提供制度保障。③ 当前恐怖主义威胁仍在上升，大国需要摆脱博弈困境，只有各国真正合作，才能有效防范和打击恐怖主义，维护国家安全和国际安全。

---

① 《人民日报谈欧洲连发恐怖袭击：放下分歧合力反恐才是正确选择》，http：//news.163.com/16/1221/09/C8Q5G87L000187VE.html。

② 《人民日报谈欧洲连发恐怖袭击：放下分歧合力反恐才是正确选择》，http：//news.163.com/16/1221/09/C8Q5G87L000187VE.html。

③ 《孟建柱赴俄罗斯车臣出席国际反恐会议》，http：//news.xinhuanet.com/2016－05/25/c_129012405.htm。

B.11

国际难民：黑暗中点缀曙光

周谭豪*

摘　要：2016年国际难民问题相较2015年整体相差不大，但也取得了一些局部进展，主要是欧洲难民危机“高烧”暂缓、哥伦比亚和平进程迎来历史性突破及国际社会空前重视难民危机，并就携手应对达成空前共识。但若历史、全面地审视国际难民危机，则不难看出，上述进展仍只能算“黑暗中点缀的零星曙光”，危机实际上还在愈演愈烈。非洲、西亚和东南亚等最主要难民源更趋复杂难消，西方国家却开始“畏难而退”，逃避历史与现实责任，而作为接收难民主力的发展中国家承受度近达极限，国际机构则有心无力，以致难民安置困难重重。就前景而言，由于难民危机并非当前国际社会首要课题，且或日益沦为政治博弈工具，加之国际社会接收难民顾虑增多，难民群体不断丧失对政府及国际组织的信任，未来一个时期，难民危机恐成国际“新常态”。

关键词：国际难民　难民危机进展　危机前景

2014～2015年国际难民①问题显著蜕化为国际难民危机，且危机“雪

---

* 周谭豪，中国现代国际关系研究院欧洲所助理研究员，主要研究方向为法国、欧洲政治和中欧人文交流问题。

① 根据联合国《关于难民地位的公约》，难民是指“因有正当理由畏惧由于种族、宗教、国籍、属于某一社会团体或具有某种政治见解的原因留在本国以外，并且由于此项畏惧而不能或不愿受该国保护的人；或者不具有国籍并由于上述事情留在他以前经常居住国家以外而现在不能或者由于上述畏惧不愿返回该国的人”。但实际上，国际社会出于各自需要，往往做出不同解释，难民数量统计也因此差异较大。

球”越滚越大、越滚越失控、越滚越复杂，不仅难民总量激增，更呈现跨区域流动的态势，尤其从西亚、非洲发展中国家大量涌向以欧洲为代表的西方发达国家，造成巨大“蝴蝶效应”。正如李克强总理总结的，当前全球难民和移民数量之多、增长之快为几十年所未见，关乎世界和平与发展，影响地区稳定。① 法国总统奥朗德（François Hollande）也感叹，以往国际难民问题主要影响非洲、亚洲等地南方国家，未曾想欧洲竟也陷入二战后最严重的难民危机。②

2016 年以来，在相关国家及国际组织共同努力下，难民危机应对状况有所改善，欧洲艰难渡过最危险关口，哥伦比亚政府与反政府武装“哥伦比亚革命武装力量”初步达成历史性和平协议，国际社会也空前聚焦难民问题，通过各种双边多边平台形成系列共识。但总体看，这些初步成果尚远不足以根本扭转危机态势，甚至在全球大多数危机地区，难民问题还在不断深化、发酵、升级、溢出，越来越多相关方从希望转向失望，继而打起“退堂鼓”，危机也因此日显长期化征兆。联合国在回顾 2016 年国际形势时写道：“2016 年众多意想不到的事件直接刺激了人们对于未来不确定性的恐惧和焦虑……其中难民危机是最突出的决定性危机。全球 6500 余万人处于漂泊之中，比去年多出 500 万人，另有超过 1.28 亿人受到冲突、流离失所和自然灾害影响。”③

一　难民问题有所进展

2016 年国际难民问题总体情况较 2015 年变化不大，联合国难民署统

① 《李克强在第 71 届联大解决难民和移民大规模流动问题高级别会议上的讲话》，http：//news. xinhuanet. com/politics/2016 - 09/20/c_ 1119591534. htm。

② «Réfugiés, Syrie, impôts : les réactions aux annonces de François Hollande», *Le Figaro*, http：//www. lefigaro. fr/politique/2015/09/07/01002 - 20150907LIVWWW00040 - en - direct - suivez - la - sixieme - conference - de - presse - de - francois - hollande. php.

③ 《联合国 2016 年终回顾》，http：//www. unmultimedia. org/radio/chinese/archives/274719/#. WLYqFdQUVho。

计，目前全球难民及流离失所者约6530万人，主要分布在西亚北非、撒哈拉以南非洲、亚太、美洲和欧洲，比例依次为39%、29%、14%、12%和6%。叙利亚、阿富汗和索马里是难民头号来源国，53%难民由其产生，接收难民最多的国家则是土耳其（250万）、巴基斯坦（160万）、黎巴嫩（110万）、伊朗（98万）、埃塞俄比亚（74万）和约旦（66万）等国。[①] 但也取得局部进展。

（一）欧洲难民危机“高烧”暂缓

2014~2015年，欧洲受累于周边危机发酵，爆发二战后最大难民潮，难民数量分别较上年猛增51%和500%，数量至少逾百万人。[②] 这一状况在2016年初并未缓解，欧盟难民摊派计划也推进不力，特别是同期德国、瑞典等欧洲国家连曝大规模性侵等涉难民犯罪，震惊各界，令危机更趋复杂激烈。2016年1月，欧洲理事会主席唐纳德·图斯克（Donald Tusk）警告，欧盟只有两个月时间解决难民危机，“否则危机将吞噬28国，申根体系也面临崩溃”。[③] 在此情况下，欧盟决定改变思路、内外并举：一方面，努力加强边境管控。除各国纷纷加强边检外，欧盟各方还艰难化解内部矛盾，达成重要妥协，将危机恶化的主要原因归咎于原有的欧洲边境管理局人手不足、权力有限，不仅无力阻挡西亚、非洲难民大量入欧，更致欧盟各国自行其是，彼此推诿。2016年10月，欧盟将该局“加强式改建”为欧洲边境和海岸警卫局，负责监控、分析难民潮风险，管控外籍难民入境，支持成员国救援难民、遣返非法移民，参与海岸护卫，紧急处置危机，以及对外情报共享、跨界调查与追踪合作等。欧盟移民、内部事务与公民事务专员季米特里斯·阿夫拉莫普洛斯（Δημήτρης Αβραμόπουλος）称，该机

---

① “Figures at a Glance,” UNHCR, http://www.unhcr.org/figures-at-a-glance.html.

② «Plus d'unmillion de réfugiés et migrants sont arrivés en Europe par la mer en 2015 (HCR)», ONU, http://www.un.org/apps/newsFr/storyF.asp? NewsID=36351#.VufKC3ml9j8.

③ “Tusk: EU has two months to control the migrant crisis, or go bust,” Reuters, http://www.euractiv.com/section/justice-home-affairs/news/tusk-eu-has-two-months-to-control-the-migrant-crisis-or-go-bust/.

构启动是欧盟现实应对21世纪安全和移民挑战的里程碑，“从此无论从法律还是行动上，任何成员国的边界都将成为所有成员国的边界”。[①]

另外，加快推动在境外安置难民，增强难民入欧的“合法性”与“可控性”。2016年3月，欧盟与土耳其签署难民协议，规定所有从土入境希腊的非法难民须在希登记后提交避难申请，不履行上述步骤或不满足避难条件的非法移民，均将被遣返回土，同时，土可按“一换一”政策，向欧遣送相等数量的叙利亚难民[②]，最高限额为7.2万名；土还需采取措施，防止非法移民开辟入欧新通道。为落实协议，欧盟将协同成员国、联合国难民署建立针对性机制执行安置进程，作为交换，欧盟将在难民问题上向土落实并追加60亿欧元资金支持，并放宽对土公民签证、土入盟条件。协议一经执行即在标准认定、效果评估及法律效力等方面饱受质疑，如葡萄牙总理安东尼奥·科斯塔（António Costa）认为，即使由土入希线路被封死，难民也会另辟蹊径[③]，中东欧国家更明确拒绝，就连主导协议的德国内部也争论不休。但各方总体本着“边骂、边干、边看”的务实态度，将双边协议执行至今。欧盟还欲“依样画葫芦”，与阿富汗、巴基斯坦、马里、尼日尔、埃及和巴尔干国家达成类似协议。

这一“双管齐下”颇有成效，联合国难民署估计，2016年横渡地中海入欧的难民数量约32.8万，较2015年的101.5万锐减。[④] 欧洲第一大难民接收国德国内政部数据显示，2016年德涌入难民28万，同比锐减2/3。[⑤] 德

---

① “Securing Europe's external borders: Launch of the European Border and Coast Guard Agency”, European Commission, http://europa.eu/rapid/press-release_IP-16-3281_en.htm.

② 难民身份由“联合国相关标准”界定。

③ 赵小娜、孙奕：《难民危机：“土耳其药方”能否救欧洲》，新华社，http://news.xinhuanet.com/world/2016-03/19/c_1118382332.htm。

④ “Mediterranean death toll soars, 2016 is deadliest year yet,” UNHCR, http://www.unhcr.org/news/latest/2016/10/580f3e684/mediterranean-death-toll-soars-2016-deadliest-year.html#_.

⑤ «Compromis à Berlin sur de nouvelles mesures sécuritaires», *La Croix*, http://www.la-croix.com/Monde/Europe/Compromis-Berlin-nouvelles-mesures-securitaires-2017-01-11-1200816387.

国内政部部长托马斯·德迈齐埃（Thomas de Maizière）乐观认为，德及欧盟应对措施正在生效，“运行在解决危机的有序轨道上”。[①]

（二）哥伦比亚和平进程迎来历史性突破

联合国难民署统计，哥伦比亚难民及流离失所者数量至少为750万，长期高居世界前列。[②] 其危机主要源于20世纪60年代以来，以“哥伦比亚革命武装力量”为代表的反政府武装与政府军持续冲突，致死至少26万人，大量民众不得不拖家带口、背井离乡。从2012年起，双方在国际担保和斡旋框架下和谈，这期间虽历经多次反复，但渐次就农业改革、打击毒品、反政府力量政治前途及战争罪行追溯等问题达成一致。2016年1月，联合国安理会决定派遣政治特派团[③]监督核查哥伦比亚停火和停止敌对行动情况，联合国难民署高级专员菲利普·格兰迪（Filippo Grandi）也亲往哥斡旋。2016年6月，双方历史性签署最终停火协议，但不到4个月，哥选民就意外以50.24%对49.76%的微弱差距将其否决，令各方措手不及，和谈濒临功亏一篑。所幸谈判双方顶住压力修改协议，政府也花大力气消除民众担忧，终以议会表决方式通过，并于同年12月正式生效。哥伦比亚总统胡安·曼努埃尔·桑托斯（Juan Manuel Santos）也因此斩获2016年度诺贝尔和平奖。

2017年2月，近7000名“哥伦比亚革命武装力量”成员会聚中部阿瓜博尼塔地区，开始向平民生活过渡。各方还正力促他们协助难民营建设，并创造更多重新融入社会、经济和政治生活的条件。对此，格兰迪高度赞扬冲突双方的“政治勇气和对公民社会伟大贡献”[④]，桑托斯则表示：“哥伦比亚

---

① 彭大伟：《德国官方统计数字显示难民危机“显著缓解”》，http://www.chinanews.com/m/gj/2016/07-09/7933059.shtml。

② 《联合国难民署高级专员强调和平大使的重要角色》，http://www.unhcr.org/cn/6330-un-refugee-chief-highlights-key-role-for-peacemakers.html。

③ 特派团观察员共350人，主要来自拉丁美洲和加勒比国家共同体及英国、挪威、葡萄牙、西班牙、瑞典。

④ 《联合国难民署高级专员强调和平大使的重要角色》，http://www.unhcr.org/cn/6330-un-refugee-chief-highlights-key-role-for-peacemakers.html。

战争结束了……这是受害者了解真相、伸张正义、获得赔偿和不再重蹈战争覆辙的权利首次被置于解决冲突的中心位置。”①

（三）国际社会达成空前共识

国际社会空前重视难民问题，努力协调对话，有效注入改善危机的政治气氛，其中联合国作用举足轻重。2016 年联合国为“调动顶层政治意愿，敦促各国团结应对，制定更负责、更有预见性的蓝图”②，年初即开始任命专人着手跨国、跨部门协调，奠定理论框架，筹划系列行动。2016 年 5 月，联合国在土耳其伊斯坦布尔发起首次“世界人道主义峰会”，125 国元首和政府首脑出席，明确提出“进一步发挥政治领导力，力争 2030 年前把流离失所人数减半”目标。③ 2016 年 9 月，联大历史上首次难民与移民问题峰会大获成功，世界各国元首、政府首脑、部长、联合国系统高官，公民社会、私营部门、国际组织及学界代表济济一堂，推动国际移民组织加入联合国系统，并高调通过《纽约宣言》，承诺两年内制定更清晰、更利于难民和移民的政策，力争 2018 年通过关于移民和难民的两份全球条约，在全球推动落实《2030 年可持续发展议程》，消除民众离家出走的“病灶”。世界主要大国也借峰会平台推进具体行动，如中国向有关国家和国际组织追加 1 亿美元人道主义援助，并将积极研究让中国 - 联合国和平发展基金参与支持发展中国家难民和移民工作，同国际机构和发展中国家开展难民和移民问题三方合作等。美国、加拿大、埃塞俄比亚、德国、约旦、墨西哥和瑞典领导人另办小规模峰会，推动“新的重要承诺”。欧盟也在会后数日与联合国毒品和犯罪问题办公室举办高级别研讨会，宣介峰会成果。联大第 71 届主席彼得·

① 《联合国 2016 年终回顾》，http：//www. unmultimedia. org/radio/chinese/archives/274719/#. WLYqFdQUVho。

② 《联合国难民与移民问题高峰会议通过〈纽约宣言〉》，http：//www. unmultimedia. org/radio/chinese/archives/268630/#. WLjJSFQWpqI。

③ “World Humanitarian Summit：Ban Ki-moon calls for number of refugees to be halved by 2030，” *International Business Times*，http：//www. ibtimes. co. uk/world - humanitarian - summit - ban - ki - moon - calls - number - refugees - be - halved - by - 2030 - 1561567？yptr = yahoo.

汤姆森（Peter Thomson）指出，难民和移民问题是全球挑战，本次峰会正是国际社会携手应对的重要一步。[①] 联合国前秘书长潘基文（반기문）也表示“倍受鼓舞”。[②] 此外，2016 年 10 月，联合国难民署前高级专员安东尼奥·古特雷斯（António Guterres）当选新一届联合国秘书长，也在一定程度上体现了国际社会对难民问题的关注。

国际机构亦致力于拓展有助于世界更全面了解、理解难民危机的新渠道。如国际移民组织加紧研发阿富汗“流离失所跟踪模型”，联合国难民署、国际奥委会等则促成奥运会历史上首个难民代表团[③]，在巴西里约热内卢大放异彩。无怪乎格兰迪感慨，国际发展伙伴、国际金融机构及私营部门更强力、更早地介入危机，能“根本改变游戏规则”。[④]

二　难掩危机愈演愈烈

然而，倘若历史、全面地审视国际难民危机，则不难看出，上述进展仍只能算“聊胜于无”或“缓不济急”，危机实际上还在愈演愈烈。联合国难民署数据显示，2016 年国际难民危机规模再创新高，全球每 113 个人中就有 1 人“迫于冲突和迫害流离失所”，数量超过法国总人口；每天新增难民及流离失所者人数则达 3.4 万，速度为 2006 年的 4 倍。[⑤]

（一）主要难民源更趋复杂难消

作为全球难民问题最主要源头，2016 年以来非洲、西亚和东南亚局势

---

① “Remarks at Leaders' Summit on Refugees,” UN, http: //www. un. org/pga/71/2016/09/20/remarks - at - leaders - summit - on - refugees/.

② 《潘基文在奥巴马召集的难民危机峰会上呼吁增加难民安置和援助资金》，http: //www. un. org/chinese/News/story. asp? NewsID = 26815。

③ 代表团由来自南苏丹、叙利亚、刚果（金）和埃塞俄比亚的 10 名难民组成。

④ 《联合国难民高专格兰迪：应对强迫流离失所挑战需要“多管齐下”的全球性方案》，http: //www. un. org/chinese/News/story. asp? NewsID = 26801。

⑤ “Figures at a Glance,” UNHCR, http: //www. unhcr. org/figures - at - a - glance. html.

并未改善，一些问题甚至恶化。联合国统计，2011～2016 年非洲难民人数从 260 万几乎倍增至近 500 万，尤以局势动荡的萨赫勒和北非国家为甚。[①] 其中，南苏丹危机是非洲头号难民危机，也是很多撒哈拉以南非洲国家难民问题的缩影。南苏丹独立前就盛行贪腐及军人干政，国内各方间积怨已久，其自 2011 年独立后，总统萨尔瓦·基尔·马亚尔迪特（Salva Kiir Mayardit）和副总统里克·马沙尔（Riek Machar）两派水火难容，武装冲突打打停停、不断升级，造成严重的全国性政治和安全危机。2016 年 4 月，双方一度达成妥协，共同参与组建民族团结过渡政府，但 3 个月后再度开战，特别是相对占优势的基尔“得势不饶人”，拒绝联合国增加维和干预。持续冲突还严重引发粮食歉收、货币贬值、物价飞涨，至少逾百万难民加速逃往乌干达、埃塞俄比亚、苏丹和肯尼亚等国，据不完全统计，仅 2017 年 1～2 月就有逾 3.2 万人进入苏丹，而联合国难民署原本预计 2017 年全年才 6 万人。[②] 此外，2016 年 7 月，美国以“保护使馆”为名向南苏丹增兵，令该国局势更趋复杂。[③] 联合国前秘书长南苏丹问题特别代表约翰逊直言，南苏丹和谈不应只是“头痛医头”、其他照旧，而要深入改革，否则即便结束此次冲突，也不过“贴了片创可贴”，无法根除痼疾。[④] 北非国家因其国情及地理位置，难民问题多为内外联动，以利比亚最典型。2011 年卡扎菲（لقذافيمُعمّرا）倒台后，利“并未如愿成为开放、富庶和现代化的迪拜，反倒沦为索马里”[⑤]，陷

① “Severe food shortages hit Africa’s refugees hard, UNHCR and WFP warn”, UNHCR, http://www.unhcr.org/news/press/2017/2/58aad5d44/severe-food-shortages-hit-africas-refugees-hard-unhcr-wfp-warn.html.

② 李紫恒：《难民署：今年以来南苏丹进入苏丹难民增速超预期》，http://news.xinhuanet.com/world/2017-02/28/c_1120546222.htm。

③ 曾爱平：《波云诡谲的南苏丹和平进程》，http://www.ciis.org.cn/chinese/2016-07/28/content_8924725.htm。

④ “Hilde Johnson’s statement on Departure,” Gurtong, http://www.gurtong.net/ECM/Editorial/tabid/124/ctl/ArticleView/mid/519/articleId/15424/Hilde-Johnsons-statement-on-Departure.aspx.

⑤ «Après 3 ans, la Libye qui se voyait Dubaï sombre dans le scénario somalien», AFP, http://www.rtbf.be/info/monde/detail_trois-ans-apres-kadhafi-la-libye-est-plongee-dans-le-chaos?id=8383978.

入无休止内战，“伊斯兰国”等极端组织还乘虚而入，使利陷于“4个政府”并存的奇葩局面。[①] 其中，联合国虽于2016年1月主导组建民族团结政府，并为国际社会广泛承认，但囿于缺乏施政基础和民众支持而有名无实，反而沦为利内战各方加紧争夺主导权的借口和工具。分裂和失控让利不仅产生更多难民，也彻底沦为非法移民活动的“集散地”。各路“蛇头”趁乱将来自西亚、非洲的难民和移民贩往欧洲，甚至当地警方也与之沆瀣。

西亚乱局依旧波谲云诡、望不到头，叙利亚、伊拉克、阿富汗、巴勒斯坦和也门等国战火持续纷飞，危机一再升级。2015年11月，巴黎遭严重恐袭后，法国力推“最广泛的反恐国际联盟”，希望促进美国、俄罗斯、沙特、伊朗、土耳其和以色列等国在危机前相濡以沫，缓和西亚局势，但中道崩殂。2016年7月，土耳其政变失败后，土总统雷杰普·塔伊普·埃尔多安（Recep Tayyip Erdoǧan）改弦更张、疏美近俄，再增各方嫌隙，国际社会愈觉西亚和平“没有未来”。在此背景下，西亚难民源不减反增，一些国际非政府组织和舆论认为，目前叙利亚全国人口“几乎一半在国外流亡，一半在国内待援”。[②]

东南亚罗兴亚人问题亦无好转迹象，2016年以来，罗兴亚人因族群冲突出逃，再被泰国、马来西亚和印尼等邻国拒绝入境的悲剧一再重演，上万人不得不继续漂流海上，笼罩在“沉船灾难重演”的阴影下；孟加拉国难民营中，也还有数万新老难民滞留。与西亚、非洲不同的是，罗兴亚人不被包括缅甸在内的任何政府承认国民地位，是更为棘手的“无头债”。与之相同的则如欧洲政策研究中心高级研究员塞尔吉奥·卡雷拉（Sergio Carrera）所言，难民源地区局势若不能稳定，则无法根本解决难民危机，难民还会源源不断溢出。[③]

---

① “4个政府”分别为位于东部城市图卜鲁格、由国民代表大会支持的“东部政府”，位于首都的黎波里、由宗教势力支持的“救国政府”，联合国主导下成立的民族团结政府，以及位于德尔纳的“伊斯兰国”“政府”。

② “The Syrian refugee crisis and its repercussions for the EU,” European University Institute, http：//syrianrefugees. eu/.

③ 任彦：《难民危机，欧洲抚不平的伤口》，《人民日报》2016年12月5日。

（二）西方国家普遍回缩

2014～2015年，欧洲特别是德国、奥地利和瑞典等西欧、北欧国家在难民问题上率先垂范，向难民“敞开大门”，德国总理安格拉·默克尔（Angela Merkel）更广受赞誉。[①] 但2016年以来，随着欧洲各国局势不同程度失控，各类涉难民案件日增，伊斯兰极端组织趁乱渗透、连造血案，右翼保守、民粹势力亦大肆鼓吹“难民和移民威胁”，促欧洲主流政界、舆论及民意均开始反思并日益质疑“难民”性质，要求收紧难民和移民政策。一贯抵制“门户开放”的中东欧、东南欧国家自不必讳言，西欧、北欧国家风气也显著转向。英国叫停接收未成年难民计划，法国大规模拆除难民营，多地抵制“布基尼”，默克尔也在地方选举受挫后公开追悔开放决定，誓言“不再允许难民大规模涌入”[②]，乃至“支持禁止穆斯林罩袍”。[③] 2016年底开始，欧洲14国先后步入选举季，主流政党为拉选票，不同程度出现民粹化倾向，“基督教保守势力卷土重来”[④]，对难民越发警惕。由此不难发现，前述中欧洲应对难民的“双管齐下”，其实质是“闭关自守”，即竭力收窄难民定义，减少收纳数量，阻止难民大量涌入，最终将欧洲与周边难民危机相隔离。欧洲难民形势的所谓改善，对其周边危机及全球难民问题并无太多裨益，甚至逼迫难民和移民选择更艰险的地中海中路等路线偷渡，大大推高事故率和死亡率。国际移民组织估计，2016年，全球难民和非法移民死亡数量或逾万人，两倍于2015年，其中近半命丧

---

① 《潘基文：默克尔是欧洲“道义之声”》，http：//www. cbfau. com/cbf－201524356. html。

② “Angela Merkel admits mistakes over asylum seekers after disastrous election,” *The Guardian*, https：//www. theguardian. com/world/2016/sep/19/angela－merkel－admits－mistakes－asylum－seekers－election.

③ “Angela Merkel's fellow conservatives push for burqa ban,” Politico, http：//www. politico. eu/article/angela－merkels－fellow－conservatives－push－for－burqa－ban/.

④ «Fillon ou le retour du sacro-saint vote catho en France», *Libération*, http：//www. liberation. fr/elections－presidentielle－legislatives－2017/2016/11/23/fillon－ou－le－retour－du－sacro－saint－vote－catho－en－france_ 1530375.

地中海。[①] 联合国难民署亦沉痛表示，地中海“惨状前所未见”，2015 年每 269 人到达就有 1 人死亡，2016 年则激增到每 88 人中有 1 人丧生。[②] 2017 年 2 月，联合国难民署和国际移民组织点名批评保加利亚、克罗地亚、希腊、匈牙利、塞尔维亚、西班牙和马其顿等国，并呼吁欧盟及欧洲各国“立刻行动，加强介入，保护环地中海地区难民和移民生命，改善赴欧难民和移民困境”。[③]

与欧洲一样，美国对世界上很多难民危机负有不可推卸的历史与现实责任。2016 年美基本完成 8.5 万名难民接收目标，相较 2012 ~ 2015 年均约 7 万人的水平增加不少。奥巴马（Barack Obama）总统卸任前还提出，2017 年美将接收难民数量进一步增至 11 万人。[④] 但显然对美而言，这还远远不够，更严重的是，2017 年 1 月鼓吹“美国优先”的唐纳德·特朗普（Donald Trump）继任后，不仅威胁在美墨边境筑隔离墙，更下达“限穆令”，暂停所有难民及伊朗、苏丹、叙利亚、利比亚、索马里、也门、伊拉克等伊斯兰国家公民入境，将本财年美计划接收的难民数量减至 5 万人，还拟制定更严格的难民审查机制。国际社会纷纷指责美“歧视政策”，美国内亦引发轩然大波。

在欧美带动下，2016 年以来，澳大利亚、新西兰、加拿大等西方国家纷纷仿效，尤其日本 2016 年难民申请人数首次破万，较 2015 年猛增 44%，但实际仅认定 28 人。英国《金融时报》严词质疑，日签署的国际条约“是

---

① «Plus de 5000 réfugiés morts en Méditerranée en 2016 (ONU)», Euro News, http://fr.euronews.com/2016/12/23/plus-de-5000-refugies-morts-en-mediterranee-en-2016-onu.

② 《横渡地中海死亡数字大增，2016 年是最多人死亡的年份》，联合国难民署网站，http://www.unhcr.org/hk/8785-mediterranean-death-toll-soars-2016-is-deadliest-year-yet.html。

③ 《联合国呼吁欧洲领导人解决地中海中部迁徙途中悲剧频发的问题》，联合国电台，http://www.unmultimedia.org/radio/chinese/archives/276946/#.WLohjHEYzP4。

④ "White House raises refugee target to 110,000," *The Washington Post*, https://www.washingtonpost.com/news/post-politics/wp/2016/09/14/white-house-plans-to-accept-at-least-110000-refugees-in-2017/?utm_term=.06b0e5e2cedb.

否与他国不同”。[1] 出身欧洲的古特雷斯也严重不满西方“不负责任的歧视”，斥其“违反基本原则和价值观，引发广泛焦虑和愤怒”。[2]

（三）难民安置困难重重

正如古特雷斯所言，尽可能妥善安置难民是目前“唯一可能的解决办法”[3]，但联合国数据显示，86%难民由发展中国家而非发达国家收容，这些国家不仅不富裕，通常还麻烦缠身，早已不堪重负，而其所获国际帮助却远远不足。2015年，联合国仅勉强完成人道主义募资目标的一半，以致难民安置杯水车薪。[4] 2016年以来，挑战也极其艰巨，救援所需住宅、学校、医疗机构、排水系统等营地和设施普遍稀缺，基本社会、司法、教育等服务难以开展，一些难民营救条件和标准被迫降低。联合国驻地机构发现，全球许多难民收容地“爆发公共卫生危机”，营养不良、贫血和发育迟缓发生率持续高企，一些国家贫血率超过40%。2016年7月，联合国粮农组织和世界粮食计划署公布报告称，全球17国[5]因长期冲突，使5600万人“危急或紧急缺粮”，其中也门、叙利亚和南苏丹最多，分别有1400万、870万和480万人，约占本国总人口的55%、37%和80%。救援人员有时被迫减半粮食配给，甚至中止一些妇幼用品供应。[6] 2017年1~2月，联合国难民署

① “Japan accepted 28 refugees in 2016,” *Financial Times*, https://www.ft.com/content/528f996e-f1b4-11e6-8758-6876151821a6.

② 《古特雷斯：边界管控不能基于与宗教、种族或国籍相关的任何形式的歧视》，http://www.unmultimedia.org/radio/chinese/archives/276822/#.WLwES3EYzP5。

③ “UN chief urges U.S. to remove travel ban on Muslim refugees, immigrants at early date,” http://news.xinhuanet.com/english/2017-02/02/c_136025352.htm.

④ “Saving our ship: a global response to refugees and migrants,” *Boston Globe*, https://www.bostonglobe.com/opinion/2016/09/15/saving-our-ship-global-response-refugees-and-migrants/mMuMdpPnyirwOUK2iaXmDO/story.html.

⑤ 这17国包括海地、哥伦比亚、布隆迪、中非共和国、刚果（金）、几内亚比绍、科特迪瓦、利比里亚、马里、索马里、南苏丹、苏丹、黎巴嫩、伊拉克、叙利亚、也门和阿富汗。

⑥ “Monitoring food security in countries with conflict situations,” FAO and WFP, http://fscluster.org/sites/default/files/documents/monitoring_food_security_in_countries_with_conflicts_fao_wfp_2.pdf.

在也门仅筹到救援所需资金的1%。[①] 同期古特雷斯警告，朝鲜、利比亚、马达加斯加、马里、尼日尔、尼日利亚和索马里等国“人道状况极其脆弱，却被世界忽视”，联合国中央应急基金（CERF）亟待扩大。[②] 国际机构驻马里、刚果（金）、叙利亚、也门、阿富汗等难民危机一线救援、维和人员还屡屡遭袭，伤亡惨重。更严重的是，作为“弱者中的弱者”，全球难民群体中儿童、妇女数量迅速增加，处境也恶化得更快。联合国统计，2016年，阿富汗婴儿和产妇死亡率分别达73‰和3.3‰，急需紧急治疗的居民中72%系5岁以下儿童。[③] 全球难民中过半学龄儿童无学可上，辍学率为世界平均水平的5倍，能进入大学的难民青年更仅占1%，不到世界平均水平（34%）的零头。[④] 黎巴嫩境内叙利亚未成年女性难民1/3童婚，是危机前的4倍。[⑤]

即便到达富裕国家的难民，其融入也普遍艰难。德国融入事务部部长艾丹·厄兹奥乌兹（Aydan Özugus）坦言，难民往往文化不高、语言不通，教育、就业和社会融入阻碍越来越多，“光是外国人姓名就会大大减少求职机会”。[⑥] 联合国难民署也承认，难民整体融入困难巨大，需找到长期方案。[⑦]

---

① 《联合国难民署：也门局势恶化，人道灾难迫在眉睫》，http://www.unhcr.org/hk/12444-unhcr-conditions-deteriorating-in-yemen-humanitarian-catastrophe-looms.html。

② 《联合国中央应急基金拨款1亿美元援助九个“被忽视的危机”》，http://www.un.org/chinese/News/story.asp?newsID=27479。

③ “2017 Afghanistan Humanitarian Needs Overview,” OCHA, http://reliefweb.int/sites/reliefweb.int/files/resources/afg_2017_hno_english.pdf.

④ “Missing Out: Refugee education in crisis,” UNHCR, http://www.unhcr.org/57beb5144.

⑤ “New study finds child marriage rising among most vulnerable Syrian refugees,” UNFPA, http://www.unfpa.org/news/new-study-finds-child-marriage-rising-among-most-vulnerable-syrian-refugees.

⑥ 《德国政府出报告为难民“正身”》，http://www.dw.com/zh/%E5%BE%B7%E5%9B%BD%E6%94%BF%E5%BA%9C%E5%87%BA%E6%8A%A5%E5%91%8A%E4%B8%BA%E9%9A%BE%E6%B0%91%E6%AD%A3%E8%BA%AB/a-36716135?&zhongwen=simp。

⑦ 《安哥拉难民成功融入俄罗斯》，http://www.unhcr.org/cn/4536-angolan-refugee-successfully-integrates-in-russia.html。

三　危机恐成“新常态”

综上所述，整体看，国际难民危机不论源头、迁徙路径还是安置皆无质的改观，短期仍恐继续发酵，如联合国人道主义事务协调厅坚信，阿富汗虽是“老字号”难民源，2017 年却仍是世界最危险、最充满暴力和危机的国家之一，需要人道援助服务的人群将持续增长 13%，达到 930 万人。[①] 危机还将继续牵出更多问题，如联合国难民署预测，2017 年，全球将有 119 万难民需重新安置，较 2014 年增加 72%，另有超过 900 万居民无法就地获得主要医疗服务。[②] 中长期而论，缓解国际难民危机也有诸多掣肘。

（一）难民危机并非当前国际社会首要课题

国际难民危机绝非任何国家或国际组织能单独解决，但当前国际形势深刻演变，治理失序，危机叠加，不确定性巨大，国际社会大都有“更重要的事”要做。如民粹势力崛起影响深远，光是英国脱欧、特朗普上台就将长期搅动全球“春水”，未来亦无法排除更多“黑天鹅”腾空的可能，任何意外都有改变国际政治生态乃至重组国际秩序的风险。同时，世界各国“主权意识”渐而重新觉醒，“本国优先”等反全球化、反一体化论调显著回潮，对于应对国际难民等全球性问题或无暇兼顾，或无心多管，甚或唯恐“避之不及”。面对世界经济复苏孱弱，如何逆势保增长、促就业，并加紧争夺市场份额与经济治理主导权亦为各国当务之急。对世界主要大国来说，网络空间等非传统领域竞合也是排在难民前的“优先事项”。[③]

---

① “2017 Afghanistan Humanitarian Needs Overview”, OCHA, http://reliefweb.int/sites/reliefweb.int/files/resources/afg_2017_hno_english.pdf.

② “UNHCR report sees 2017 resettlement needs at 1.19 million,” UNHCR, http://www.unhcr.org/news/latest/2016/6/575e79424/unhcr-report-sees-2017-resettlement-needs-119-million.html.

③ 张蔚然：《白宫称下任美国总统应推动建立网络空间规则》，http://www.chinanews.com/gj/2016/10-20/8037306.shtml。

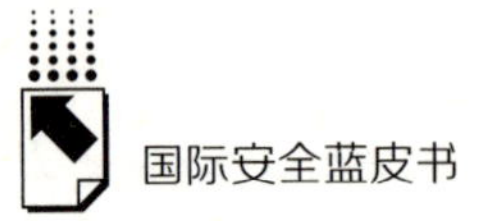

（二）难民危机日益沦为政治博弈工具

时至今日，国际难民危机早已超越人道救援范畴，兼具政治、经济、社会、安全和外交等诸多属性。全球和地区大国越来越多地为自身利益借题发挥，如在西亚北非危机中，美国、俄罗斯、欧盟及沙特、伊朗、土耳其和以色列等国为抢占政治主动，不同程度地利用难民群体及难民源进行“道德绑架”和“外交要挟”，“放难民出境”“暗通‘伊斯兰国’”等竟成政治热词，一些国家甚至一旦认为政治走势于己不利，就想方设法推波助澜、制造危机。格兰迪直言，用来解决难民问题的政治资源不足，难民问题却日益政治化。[①] 此外，气候变化、经济低迷、金融动荡、社会不公及青年高失业率等全球性问题日显，社会在重压之下难免酿成冲突，新媒体、新技术又为某些别有用心之徒提供放大、炒作冲突的“快车道”，成为新的难民危机隐患。

（三）国际社会接收难民顾虑增多

近年来国际难民危机迅猛蜕变，主要牵扯方无一获“正收益”，如发展中国家不堪重负，发达国家“畏难而退”，国际机构无力回天，置身事外者却常“洁身自好”“隔岸观火”，这为国际社会进一步投身难民事务传递满满的“负能量”。斯洛伐克外长米罗斯拉夫·莱恰克（Miroslav Lajčák）担忧，没有接收难民经验的国家一旦开放将很“可怕”，不仅将刺激难民“纷至沓来”，还将助长本国极右势力。[②] 德国联邦刑事犯罪调查局表示，2016年德国至少发生了921起袭击难民营事件，而2014年仅199起。[③] 难民群体

---

① 《新任难民高专格兰迪：国际社会应积极探寻流离失所危机的解决方案》，http://www.un.org/chinese/News/story.asp?NewsID=25398。

② “Slovak foreign minister fears migrant flood may fuel ‘scary’ far-right reaction，” AP，http://www.japantimes.co.jp/news/2015/09/03/world/social-issues-world/slovak-foreign-minister-fears-migrant-flood-may-fuel-scary-far-right-reaction/#.WLzMIdT7s70.

③ “Germany records over 900 assaults on refugees in 2016，number of arrivals drops，” RT，https://www.rt.com/news/372275-germany-refugees-attacks-rise/.

则因遭歧视、侵犯日增，不断丧失对政府及国际组织的信任，其敏感神经一经触碰即自行其是，也对难民接收国的管控能力提出更高要求。瑞士《新苏黎世报》称，2016 年瑞士近 1/3 申请难民身份者因提前获知批准可能微乎其微而主动“失踪”。[①] 全欧范围内“失踪”难民数量更无从统计。

四　结语

总之，应对国际难民危机仍任重道远，诸多深层次问题不可能随风飘逝，也不可能迎刃而解，需要国际社会摒弃你输我赢、自私自利的“零和”思维，全面树立共同、综合、合作、可持续的总体观念，同舟共济，互利共赢。正如 2017 年 1 月习近平主席在日内瓦万国宫所讲，宇宙只有一个地球，人类共有一个家园。大家要为当代人着想，还要为子孙后代负责，劝和促谈、化解冲突方为根本之策。[②] 期待那些“黑暗中的零星曙光”点滴积攒，最终让全球难民迎来久违的黎明。

① “In den Kantonen explodieren die Kosten,” *Neue Zürcher Zeitung*, https://www.nzz.ch/nzzas/nzz-am-sonntag/asylwesen-in-den-kantonen-explodieren-die-kosten-ld.137541.

② 《习近平主席在联合国日内瓦总部的演讲》，http://www.fmprc.gov.cn/web/zyxw/t1431760.shtml。

B.12
公共市场与公共资源交易改革中的风险及安全问题

刘 慧 张睿君*

摘 要: 2015～2016年，伴随着深化经济体制改革战略部署的实施，公共市场的实质性改革全面展开：通过下放政府对市场的行政审批权、开放垄断性行业、拓展基础设施建设空间，增加公共市场的张力活力；通过公共资源交易改革，努力减少交易的障碍和成本；通过推广政府和社会资本合作模式，扩大公共市场投融资渠道。这是针对我国固有的公共市场管理手段、交易程序、资本供给等关键环节进行的一次重大的改革。它极大地考验着各级、各地政府的执政能力、管理能力和应对能力。而现实中，公共市场中规制和契约的制定、法律管理和监督的权限、信息及数据资源的掌握和控制都存在极大的漏洞，如果不及早发现并制定有效应对方案，可能会上升为新兴的国家经济安全风险。

关键词: 公共市场 公共资源交易 公共资源安全 公共利益 资源配置

2015～2016年，中国公共经济领域经历了前所未有的改革和创新。中

---

* 刘慧，国际关系学院党委书记，教授，博士生导师，研究方向为国际经济与贸易、政府采购、国家经济安全；张睿君，国际关系学院公共市场与政府采购研究所助理研究员，研究方向为公共采购、公共资源交易。

央决策的全面深化改革和“十三五”规划提出具体推动步骤和目标，使公共市场全面深化改革迈出了实质性步伐：通过下放政府对市场的行政审批权、开放垄断性行业、拓展基础设施建设空间，增加公共市场的张力活力；通过公共资源交易改革，努力降低交易的障碍和成本；通过推广政府和社会资本合作模式，扩大公共市场投融资渠道。应当看到，这是针对我国固有的公共市场管理手段、交易程序、资本供给等关键环节进行的一次“大手术”，是我国公共市场体制机制的一次重大并且触及本源的改革。作为改革的设计者和坚定推动者，政府部门应当预见存在哪些潜在风险，如何解决2016年愈加明显的问题并在改革继续深化的过程中对其加以解决和防范，这是本文特别关注的重点。

一　释放公共市场空间

公共市场是由公共部门、公共资金和资源等要素构成的经济活动空间。其主要活动是由公共部门（在我国主要指政府、事业单位和国有企业）直接或通过公共资金、资源的投入，生产、提供公共产品、公共服务的行为，是“具有公有性、公益性的交易活动”。①

2015～2016年推动的公共市场改革是从以下三个方面进行的。

（一）取消或下放行政审批权减少政府市场干预

公共市场改革的第一关是解决政府对公共市场的运行和交易控制管理权问题。中国共产党十八届三中全会《中共中央关于全面深化改革若干重大问题的决定》提出，全面深化经济体制改革要“着力解决市场体系不完善、政府干预过多和监管不到位问题”。公共市场改革的关键环节首先在于政府放权。

① 这里部分地借用了国家发改委等14部委令第39号《公共资源交易平台管理暂行办法》（2016年8月1日实施）对“公共资源交易”概念的界定。原文为“公共资源交易是……具有公有性、公益性的资源交易活动”。

2013～2016年，国务院共取消和下放340项国务院部门及其指定地方实施的审批事项，清理规范281项审批中介服务事项，取消351项职业资格许可认定事项。①

例如，国务院在2016年2月3日颁发三项决定，取消一批行政审批项目，总计达到357项，其范围之广、力度之大前所未有。具体包括192项国务院部门行政审批中介服务的事项、152项中央指定地方实施行政审批事项、13项国务院部门行政许可事项”。其中涉及工业和信息化部、国土资源部和民航局等部门，将近一半涉及公共事业部门，如取消了对基础电信和跨地区增值电信业务经营许可证、国内通用航空企业承担境外通用航空业务的备案核准或审批，将原由中央部门管理的省际普通货物水路运输许可下放至省级人民政府交通运输主管部门等。

为“使市场在资源配置中起决定性作用和更好发挥政府作用，着力降低制度性交易成本，优化营商环境”，2016年5月23日，国务院发布《2016年推进简政放权放管结合优化服务改革工作要点》，提出“持续简政放权”“加强监管创新”“优化政府服务”三大类共计15项措施，列出2016年简政放权任务清单，并提出再取消50项以上国务院部门和中央指定地方实施的行政审批事项，再取消一批国务院部门行政审批中介服务事项，削减一批生产许可证、经营许可证。

2013～2016年，国务院分10批审议通过取消或下放的行政审批事项共768项（包括国务院指定地方实施的审批事项），其中取消632项，下放136项，涉及公共市场和公共资源交易的项目约占总数的30%。②

此外，减少政府对市场干预还包括，全面放开竞争性领域商品和服务价格，放开电力、石油、天然气、交通运输、电信等领域竞争性环节价格。

---

① 根据政府公开发布文件中的所有项目统计。

② 根据政府公开发布文件中的所有项目逐一计算汇总得出。该数字尚未有国家标准，未进入国家统计范围。不包括三批清理规范国务院部门行政审批中介服务事项的决定。

（二）进一步扩大公共市场，开放自然垄断行业

扩大市场的具体手段包括开放自然垄断行业，放宽准入，简政减税，开放公共服务市场等。例如，放开养老服务市场，支持社会力量提供教育、养老、医疗等服务；允许非公有制企业参与国有企业改革，“凡法律法规未明确禁入的行业和领域，都要允许各类市场主体平等进入；凡向外资开放的行业和领域，都要向民间资本开放”。①

自然垄断行业开放决策于党的十八届三中全会，行动开始于2016年。党的十八届三中全会通过的《中共中央关于全面深化改革若干重大问题的决定》指出，必须积极稳妥从广度和深度上推进市场化改革，大幅度减少政府对资源的直接配置，推动资源配置依据市场规则、市场价格、市场竞争实现效益最大化和效率最优化。《十三五规划纲要》明确提出：要加快开放电力、电信、交通、石油、天然气、市政公用（领域）等自然垄断行业的竞争性业务。

自然垄断行业是指，某些行业由于资源稀缺，或供给、服务专业化和以规模控制成本等特征要求，需由单一物品或服务供应企业通过大规模初始投资，遍布供应网点，以保证在平稳价格的基础上增加产量或降低成本。这类行业一旦有企业进入，自然形成对市场的独占或垄断。如在公共服务方面包括城市乡村居民的供水、供电、公共交通、燃气供应、邮政等，在公共设施建设方面包括水利、铁路、公路、水运、防洪防涝、地下管网等。

（三）拓展公共基础建设空间

基础设施建设与公共服务共同构成公共市场的重要支撑。扩展公共基础建设的空间被确定为供给侧结构性改革的战略举措。2016～2020年将实施165项重大工程项目，其中包含“科技创新2030——重大项目”的15个重大项目与工程；金融、农业、高端装备、战略性新兴产业、信息化、新型城

① 见《中华人民共和国国民经济和社会发展第十三个五年规划纲要》（以下简称《十三五规划纲要》）。

镇化、特殊类型地区、海洋八个方面的有助于推进经济转型升级的重大工程项目；生态环境领域的19个重大工程项目（其中5个是资源节约集约循环利用，6个是环境治理保护，8个是山水林田湖生态）。例如，环境治理涉及1000万亩受污染耕地治理修复和4000万亩受污染耕地风险管控；建设5座中低放射性废物处置场和1个高放射性废物处理地下实验室；新增水土流失治理面积为27万平方公里；开拓全国湿地面积不低于8亿亩等。[①]

上述165项重大工程项目在2017年加速落地，涉及民生、公共服务、基建等方面。如，《“十三五”脱贫攻坚规划》要求财政、投资、金融各类资金要进一步向贫困地区和贫困人口倾斜，为打赢脱贫攻坚战提供资金保障。《西部大开发“十三五”规划》列出了近百项有重要影响的工程项目；《东北振兴“十三五”规划》针对基础设施、网络等当地落后的领域提出了一批重大工程项目；《“十三五”国家科技创新规划》重点解决科技创新和经济转型升级；《“十三五”国家战略性新兴产业发展规划》《“十三五”生态环境保护规划》《能源发展“十三五”规划》等出台了重点专项规划项目。《地热能源开发利用“十三五”规划》明确指出，截至2020年底，中国新增地热能供暖（制冷）面积将累计达到16亿平方米，新增地热发电装机容量500MW。据估计，这将拉动总计2600亿元投资，其中，政府和社会资本合作机制将成为重要手段。

二　以公共资源交易平台建设推动改革

（一）公共资源交易改革

“公共资源”内涵广泛，概括地指：不为某个人或企业组织单独拥有，为人类提供生存、发展、享受的自然物质或自然条件，其所有权由全体社会成员共同享有，因此具有公有性、公益性。公共资源交易以涉及公共利益、公众安全为特征，是我国公共市场中的极其重要的经济活动方式之一。

---

① 见《十三五规划纲要》。

当前中国推进的公共资源交易改革主要集中在工程建设项目招标投标、土地使用权和矿业权出让、国有产权交易、政府采购等领域的市场改革上。

公共资源交易市场的改革动议始于2013年。第十二届全国人大通过《关于国务院机构改革和职能转变方案的决定》要求："整合工程建设项目招标投标、土地使用权和矿业权出让、国有产权交易、政府采购等平台，建立统一规范的公共资源交易平台，有关部门在职责范围内加强监督管理"。这是我国首次提出，以一个全新的公共资源交易平台建设推进公共资源交易市场改革的创新思路。之所以如此，是由于我国工程建设项目招标投标、土地使用权和矿业权出让、国有产权交易、政府采购四个领域，长期并存雷同的但各自封闭的市场。据统计，2015年，全国各类公共资源交易市场有4103个，这些市场有各自的上级主管单位、交易规则、网络平台和监督机制，交易平台重复建设、市场分割现象严重，重复交易成本高，行政化色彩浓，市场信息孤岛化，阻碍了公共资源交易市场化发展。

（二）公共资源交易平台整合

2015年，国务院办公厅印发《整合建立统一的公共资源交易平台工作方案的通知》① 明确提出，"整合分散设立的工程建设项目招标投标、土地使用权和矿业权出让、国有产权交易、政府采购四类交易平台，在统一的平台体系上实现信息和资源共享，依法推进公共资源交易高效规范运行。同时，积极有序推进其他公共资源交易纳入统一平台体系"。该方案重点强调推进公共资源交易平台整合工作中制度规则、信息共享、专家资源和服务平台四个统一，并确立了整合工作时间表，即2016年6月底前，地方各级政府要基本完成公共资源交易平台整合工作。

经过一年多对全国各地工程建设项目招标投标、土地使用权和矿业权出让、政府采购、国有产权四大类别交易平台的整合，到2016年底，全国公共资源交易平台从4103个合并为500多个，交易平台总数减少了85%。有

① 国办发［2015］63号，简称《63号方案》。

些省市还把市场整合的成果进一步扩大，在整合后的统一平台上，将医药采购、碳排放权、林地使用权出让等交易项目容纳到本地公共资源统一交易平台上。其后，交易流程规则的统一、标准的统一、数据信息的交换等，都成为迫切需要解决的问题。

在规则的统一方面，国家发改委于2016年6月联合相关部门出台《公共资源交易平台管理暂行办法》，对公共资源交易平台的服务内容和流程、收费标准、信息共享和监督管理渠道等方面的操作规范和制度设计做出规定。同年，国务院国有资产监督管理委员会、财政部发布《企业国有资产交易监督管理办法》，明确要求国有资产交易应当在依法设立的产权交易机构中公开进行，即所谓“进场交易”。该办法还对国有企业产权转让、增资、资产转让等国有资产交易行为做出详细规定。

在公共资源交易数据的统计方面，国家发改委会同15个部委于2016年1月联合印发《关于试行公共资源交易数据统计分析制度的通知》，要求重视对各地公共资源交易情况和变化趋势的统计，运用大数据分析提高政府治理能力。国家公共资源交易平台于2016年12月启动运行，与32个省级平台完成对接，实现数据交换。

按照要求，2017年6月底前要在全国范围内形成规则统一的公共资源交易平台体系，基本实现公共资源交易全过程电子化。如果这项改革成功，国家将推动其他公共资源项目进入该统一平台进行交易，全面实现公共资源交易平台电子化。

三　向社会资本开放公共基础设施和公共事业的投资与运营

《十三五规划纲要》实施的165项重大工程项目将需要大规模资金和投入，完全依靠财政资金是不可能完成的。此外，由于全社会经济水平和生活质量大幅度提高，对高水准的公共设施及公共服务的需求迅速上升。因此，广泛吸收社会资本、动员民间和市场力量共同参与完成“十三五”规划目标和所要求的重点专项任务成为必然。以政府和社会资本合作的模式推动基础设施建设和公共服务供应成为2015～2016年公共市场改革的重要举措。

事实上，党的十八届三中全会鼓励社会资本参与城市基础设施投资和运营、参与公共文化体系建设、投入生态环境保护等市场，提出“允许社会资本通过特性经营等方式参与城市基础设施投资和运营”。此后，国务院和各相关部委连续发文，对推广运用政府和社会资本合作的模式进行说明、解释并做初步规范。如，财政部2014年9月发布《关于推广运用政府和社会资本合作模式有关问题的通知》，对政府和社会资本合作模式（Public Private Partnerships，PPP）进行定义：“政府部门和社会资本在基础设施及公共服务领域建立的一种长期合作关系”。

政府陆续公布允许以政府和社会资本合作模式介入的项目或领域。从最初的城市基础设施[①]，进而扩大到生态环保、农林水利、重要基础设施、能源和社会事业等国家重点领域建设。[②] 由于初始政策措施不具体，社会资本多数持观望态度。2015年4月，国家发改委、财政部、住房和城乡建设部、交通运输部、水利部、中国人民银行联合发布《基础设施和公用事业特许经营管理办法》对基础设施和公用事业特许经营的适用范围、实施程序、政策支持等做了较为全面的规定。2015年5月，财政部、国家发改委、中国人民银行发文，鼓励吸引社会资本参与能源、交通运输、水利、环境保护、农业、林业、科技、保障性安居工程、医疗、卫生、养老、教育、文化等公共服务领域的投资、运营管理，采用政府和社会资本合作模式。[③] 财政部、国家发改委还分别或会同相关部门出台多项具体措施（见表1），包括对PPP财政管理、金融支持、项目操作和管理、专家管理、信息公开的规定以及市政工程、林业农业、水污染防治等具体基础设施领域的工作指导意见。此外，国务院办公厅和国家发改委2016年分别发布《关于进一步做好民间投资有关工作的通知》《促进民间投资健康发展若干政策措施》鼓励民间投资进入基础设施和公用事业领域，推动建立市场准入负面清单制度，为民间投资清除障碍。

---

① 见国务院《关于加强地方政府性债务管理的意见》，国发［2014］43号。

② 见国务院《关于创新重点领域投融资机制鼓励社会投资的指导意见》国发［2014］60号。

③ 见《关于在公共服务领域推广政府和社会资本合作模式的指导意见》（国办发［2015］42号）。

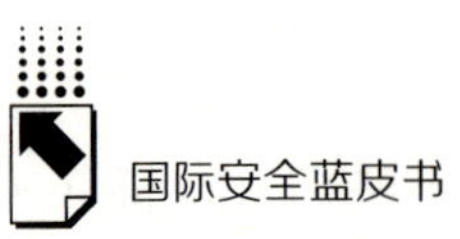

表 1　2014～2016 年政府和社会资本合作（PPP）直接相关法规

年份	序号	文件名称	发文字号/发布部门	效力级别	发布日期	实施日期
2014	1	国务院关于加强地方政府性债务管理的意见	国发［2014］43 号	国务院规范性文件	2014 年 9 月 21 日	2014 年 9 月 21 日
	2	国务院关于创新重点领域投融资机制鼓励社会投资的指导意见	国发［2014］60 号	国务院规范性文件	2014 年 11 月 16 日	2014 年 11 月 16 日
	3	财政部关于推广运用政府和社会资本合作模式有关问题的通知	财金［2014］76 号	部门规范性文件	2014 年 9 月 23 日	2014 年 9 月 23 日
	4	财政部关于印发政府和社会资本合作模式操作指南（试行）的通知	财金［2014］113 号	部门规范性文件	2014 年 11 月 29 日	2014 年 11 月 29 日
	5	财政部关于政府和社会资本合作示范项目实施有关问题的通知	财金［2014］112 号	部门规范性文件	2014 年 11 月 30 日	2014 年 11 月 30 日
	6	国家发展和改革委员会关于开展政府和社会资本合作的指导意见	发改投资［2014］2724 号	部门规范性文件	2014 年 12 月 2 日	2014 年 12 月 2 日
	7	关于印发《政府购买服务管理办法（暂行）》的通知	财综［2014］96 号	部门规范性文件	2014 年 12 月 15 日	2014 年 1 月 1 日
	8	关于规范政府和社会资本合作合同管理工作的通知	财金［2014］156 号	部门规范性文件	2014 年 12 月 30 日	2014 年 12 月 30 日
	9	财政部关于印发《政府和社会资本合作项目政府采购管理办法》的通知	财库［2014］215 号	部门规范性文件	2014 年 12 月 31 日	2014 年 12 月 31 日
2015	10	国务院办公厅转发财政部发展改革委人民银行关于在公共服务领域推广政府和社会资本合作模式指导意见的通知	国办发［2015］42 号	国务院规范性文件	2015 年 5 月 19 日	2015 年 5 月 19 日
	11	国务院办公厅关于进一步做好民间投资有关工作的通知	国办发明电［2016］12 号	国务院规范性文件	2016 年 7 月 1 日	2016 年 7 月 1 日
	12	基础设施和公用事业特许经营管理办法	国家发展和改革委员会、财政部、住房和城乡建设部、交通运输部、水利部、中国人民银行令第 25 号	部门规章	2015 年 4 月 25 日	2015 年 6 月 1 日

续表

年份	序号	文件名称	发文字号/发布部门	效力级别	发布日期	实施日期
2015	13	国家能源局关于鼓励社会资本投资水电站的指导意见	国能新能[2015]8号	部门规范性文件	2015年1月12日	2015年1月12日
	14	财政部、住房城乡建设部关于市政公用领域开展政府和社会资本合作项目推介工作的通知	财建[2015]29号	部门规范性文件	2015年2月13日	2015年2月13日
	15	国家发展改革委、国家开发银行关于推进开发性金融支持政府和社会资本合作有关工作的通知	发改投资[2015]445号	部门规范性文件	2015年3月10日	2015年3月10日
	16	国家发展改革委、财政部、水利部关于鼓励和引导社会资本参与重大水利工程建设运营的实施意见	发改农经[2015]488号	部门规范性文件	2015年3月17日	2015年3月17日
	17	财政部关于印发《政府和社会资本合作项目财政承受能力论证指引》的通知	财金[2015]21号	部门规范性文件	2015年4月3日	2015年4月3日
	18	财政部、环境保护部关于推进水污染防治领域政府和社会资本合作的实施意见	财建[2015]90号	部门规范性文件	2015年4月9日	2015年4月9日
	19	财政部、交通运输部关于在收费公路领域推广运用政府和社会资本合作模式的实施意见	财建[2015]111号	部门规范性文件	2015年4月20日	2015年4月20日
	20	财政部、国土资源部、住房城乡建设部等关于运用政府和社会资本合作模式推进公共租赁住房投资建设和运营管理的通知	财综[2015]15号	部门规范性文件	2015年4月21日	2015年4月21日
	21	国家发展改革委、财政部关于运用政府投资支持社会投资项目的通知	发改投资[2015]823号	部门规范性文件	2015年4月21日	2015年4月21日
	22	财政部关于进一步做好政府和社会资本合作项目示范工作的通知	财金[2015]57号	部门规范性文件	2015年6月25日	2015年6月25日

续表

年份	序号	文件名称	发文字号/发布部门	效力级别	发布日期	实施日期
2015	23	国家发展改革委关于切实做好《基础设施和公用事业特许经营管理办法》贯彻实施工作的通知	发改法规[2015]1508 号	部门规范性文件	2015 年 7 月 2 日	2015 年 7 月 2 日
	24	国家发展改革委、财政部、国土资源部、银监会、国家铁路局关于进一步鼓励和扩大社会资本投资建设铁路的实施意见	发改基础[2015]1610 号	部门规范性文件	2015 年 7 月 10 日	2015 年 7 月 10 日
	25	国家发展改革委、中国保监会关于保险业支持重大工程建设有关事项的指导意见	发改投资[2015]2179 号	部门规范性文件	2015 年 9 月 24 日	2015 年 9 月 24 日
	26	财政部关于公布第二批政府和社会资本合作示范项目的通知	财金[2015]109 号	部门规范性文件	2015 年 9 月 25 日	2015 年 9 月 25 日
	27	财政部关于印发《政府投资基金暂行管理办法》的通知	财预[2015]210 号	部门规范性文件	2015 年 11 月 12 日	2015 年 11 月 12 日
	28	财政部关于实施政府和社会资本合作项目以奖代补政策的通知	财金[2015]158 号	部门规范性文件	2015 年 12 月 8 日	2016 年 1 月 1 日
	29	财政部关于规范政府和社会资本合作（PPP）综合信息平台运行的通知	财金[2015]166 号	部门规范性文件	2015 年 12 月 18 日	2016 年 1 月 1 日
	30	财政部关于印发《PPP 物有所值评价指引（试行）》的通知	财金[2015]167 号	部门规范性文件	2015 年 12 月 18 日	2015 年 12 月 18 日
2016	31	国家能源局关于在能源领域积极推广政府和社会资本合作模式的通知	国能法改[2016]96 号	部门规范性文件	2016 年 3 月 31 日	2016 年 3 月 31 日
	32	财政部、发展改革委关于进一步共同做好政府和社会资本合作（PPP）有关工作的通知	财金[2016]32 号	部门规范性文件	2016 年 5 月 28 日	2016 年 5 月 28 日

续表

年份	序号	文件名称	发文字号/发布部门	效力级别	发布日期	实施日期
2016	33	国家发展改革委关于切实做好传统基础设施领域政府和社会资本合作有关工作的通知	发改投资[2016]1744号	部门规范性文件	2016年8月10日	2016年8月10日
	34	国家发展改革委办公厅关于国家高速公路网新建政府和社会资本合作项目批复方式的通知	发改办基础[2016]1818号	部门规范性文件	2016年8月10日	2016年8月10日
	35	财政部关于印发《政府和社会资本合作项目财政管理暂行办法》的通知	财金[2016]92号	部门规范性文件	2016年9月24日	2016年9月24日
	36	国家发展改革委、住房城乡建设部关于开展重大市政工程领域政府和社会资本合作(PPP)创新工作的通知	发改投资[2016]2068号	部门规范性文件	2016年9月28日	2016年9月28日
	37	财政部关于在公共服务领域深入推进政府和社会资本合作工作的通知	财金[2016]90号	部门规范性文件	2016年10月11日	2016年10月11日
	38	财政部、教育部、科技部等关于联合公布第三批政府和社会资本合作示范项目加快推动示范项目建设的通知	财金[2016]91号	部门规范性文件	2016年10月11日	2016年10月11日
	39	促进民间投资健康发展若干政策措施	国家发展和改革委员会	部门规范性文件	2016年10月12日	2016年10月12日
	40	国家发展改革委关于印发《传统基础设施领域实施政府和社会资本合作项目工作导则》的通知	发改投资[2016]2231号	部门规范性文件	2016年10月24日	2016年10月24日
	41	国家发展改革委、国家林业局关于运用政府和社会资本合作模式推进林业建设的指导意见	发改农经[2016]2455号	部门规范性文件	2016年11月21日	2016年11月21日
	42	国家发展改革委、农业部关于推进农业领域政府和社会资本合作的指导意见	发改农经[2016]2574号	部门规范性文件	2016年12月6日	2016年12月6日
	43	国家发展改革委、中国证监会关于推进传统基础设施领域政府和社会资本合作(PPP)项目资产证券化相关工作的通知	发改投资[2016]2698号	部门规范性文件	2016年12月21日	2016年12月21日

为了加快进程，国家有关部门以“政府与社会资本合作模式示范项目”的方式开展申报和推介。财政部会同相关部门开展了三次 PPP 示范项目申报工作，其中，首批项目 30 个，计划总投资规模约 1800 亿元；第二批项目 206 个，计划总投资规模 6859 亿元；第三批项目 516 个，计划总投资规模 11708 亿元。[①] 国家发改委分三批向社会公开推介以 PPP 模式建设基础设施项目，2015～2016 年，首批 1043 个项目，总投资规模约为 1.97 万亿元；第二批 1488 个项目，总投资规模约为 2.26 万亿元；第三批 1233 个项目，总投资规模约为 2.14 万亿元。[②] 2016 年，国家发改委投资司联合全国工商联经济部共同向民营企业推介了 668 个，总投资约为 1.14 万亿元人民币的传统基础设施领域 PPP 项目。[③]

四　公共市场的扩展及公共资源的安全

2015～2016 年开展的公共市场改革显示出以下三方面重大调整。

一是放权——自上而下推动解决根源性问题。例如减少政府对市场干预、国有资本向核心领域集中、放开自然垄断行业、推广 PPP 项目等，2015～2016 年发布文件可见表 1。

二是让利——政府部门不再垄断性地提供公共产品和服务，而是对涉及重大核心利益和经济安全的公共产品的核心与非核心要素加以区分。[④]

三是整合——以机制的变革推动破除固有障碍。如，公共资源交易平台建设要求重新整合过去分散建设的土地使用权出让、国有产权交易、政府采购、工程建设项目招投标等各类平台，在 2017 年 6 月前形成公共资源交易平台体系，基本实现公共资源交易全程电子化。

① 数据来源：财政部政府和社会资本合作示范项目公示。三批批准时间分别为 2014 年 11 月 30 日、2015 年 9 月 25 日和 2016 年 10 月 11 日。

② 根据国家发改委网站政策研究室子网站公告统计。

③ 数据来源：国家发展改革委网站投资司子网站。

④ 张春：《安全私有化的当代发展及其国际政治意义》，《世界经济与政治》2016 年第 6 期。

上述历史性调整无疑成为新的测试题，更加考验各级政府的执行能力和水平。深层次看，若全面深化改革出现的新问题未能根治，累积的问题必将成为未来的风险——政府对公共市场隐患失察失控的风险、公共资源交易契约缺陷的风险、监督和诚信管理空白的风险、公共信息资源被滥用的风险。

（一）规制和契约缺陷的风险

市场全面开放前，政府部门通过直接提供公共产品和服务掌握控制权，风险和收益一体。公共市场开放后，若无特别的合同条款约定，赢得使用权的企业将更多享受经营成功的收益，政府则可能单独或至少与企业共担失败的后果。

以公共资源交易为例。其各种交易形式如公开挂牌竞价转让企业国有产权，招拍挂土地使用权、支付租金得到矿业权，通过招标投标承包工程建设项目，通过招标、谈判、询价等方式实行政府采购、特许经营等，最终都需要以签订合同的方式，即契约方式明确质量要求、价格（租金）、期限、当事各方责任、义务、权利等。而目前，多数地区和政府部门将注意力集中在交易的竞争环节上：是否有多家参与竞争，是否使用了统一的交易平台，是否使用了招标或拍卖程序，是否有专家评审，是否公开发布了信息，等等。而对于前期标的条件标准和后期合同条款的制定，都缺乏专业化的组织能力、业务能力和管理手段。

再如，2016 年在各地已经普遍开展和签订的基础设施和公用事业特许经营合同（PPP 模式），需要通过契约明确权利、义务、目标、风险分担等，应做好制度设计和政策安排，明确适用于政府和社会资本合作模式的项目类型、采购程序、融资管理、项目监管、绩效评价等事宜。特别是项目前期风险评估，需要大量的信息数据作为支撑，谁来评估、怎样评估、谁为评估买单等。不但要求政府部门人员的专业知识和能力，同时要求部门的担当。从两年情况看，不少地区急于求成，在未见到试点效果和进行认真分析时，就匆匆上马，让一些不具有相关专业能力的政府人员或委托机构完成复杂且长期的合同制定、签订。

从上位法和相关制度看。目前，专门的法律或条例尚未出台，相关规范主要以国务院和部委规范性文件为主（有关部委近两年密集出台一批相关文件，涵盖农业、林业、交通、市政工程等具体领域，政府部门有选择与财政部联合发文的，也有选择与国家发改委联合发文的），如财政部、环境保护部印发《关于推进水污染防治领域政府和社会资本合作的实施意见》（财建［2015］90号），国家发改委、农业部印发《关于推进农业领域政府和社会资本合作的指导意见》（发改农经［2016］2574号）等（见表1）。其核心问题是，PPP项目全程涉及政府采购、土地、财税、融资、价格等多领域，分别适用《政府采购法》《招标投标法》《土地管理法》《预算法》《合同法》等，PPP项目的某一个阶段某一个环节可能找到相应的规范，但一些新的问题，如长期合同中政府与企业之间、政府部门之间的法律关系调整问题，项目转让问题，公共产品和服务由于使用者付费带来的相关法律问题等，缺乏对具体项目实施和运行加以规范的法律。再比如，对一项五年或十年以上期限的大金额项目，什么级别的人员和决策机构有权代表政府签订合同，未来的执行和监督机制如何确定和调整。政府放权并在市场机制发挥作用的一定时间后，政府根据形势和环境需要介入项目管理是否合法。或者，项目承担企业因没有足够的法律保障而缺乏安全感，不愿意长期投资或力图尽快回收成本等短期经济行为该如何加以规范。

此外，除上述经济因素缺乏规范外，公共市场开放中的非经济因素是更大的潜在危险，如，由于各种跨国资源网络的存在，私营安保服务公司可以根据合同在任何国家和地区参与安全公共产品供给。对私营军事与安保服务公司而言，由于发达国家的法律体系相对成熟完善，选择发展中国家寻求商业机会不失为明智之选。[①]

当权力走出了规则的空间，须尽快由法律规范来填补。否则，尽管政府可以通过下放市场权力转移责任，但未来当经济和非经济因素引发风险时，政府会因为不得不承担责任而付出更大的代价。

---

① 张春：《安全私有化的当代发展及其国际政治意义》，《世界经济与政治》2016年第6期。

（二）法律管理、监督缺失的风险

此处所说“管理”（management），区别于各级政府部门习惯的传统思维下的“行政管理”（administration）。它要求从市场思维出发，借鉴商业管理理念进行。商业管理的精髓是项目管理、目标责任制，最终落实到具体人员。公共市场改革后，即使是政府向市场让渡权利，也只是使用权的出让，所有权和国有资本安全的责任仍要落到具体政府部门肩上。换句话说，政府在市场开放后，必须用市场管理的思维和办法，在每一个工程建设项目、每一项土地使用权和矿业权的出让、每一笔国有产权交易、每一项国有资本的投向等问题上，都负责决策正确，分工、责任明确，过程有人跟踪，验收和监督有人负责。

但现实中，当遇到具体决策或问题时，或者集体决策，集体担责；或者某部门权利独享，多部门责任共担。这种机制导致各级政府部门仍然以文件管“事”。然而，公共市场开放后，基层政府和行业部门将遇到更多日常管理问题：具体项目的论证，预期目标和要求，交易的方式，竞争的标准，价格或成本的估算，资金的投入或配比，风险评估，政府和承办（受让）企业间的责任划分，等等。即使把责任落实到具体部门和人员，按现行体制要求，政府部门人员流动、岗位升迁变动时时发生，尤其涉及资金财产的重要岗位更加要求轮换，结果是重大投资项目或公共事业项目无人负责到底。加之政府部门的分工并未考虑市场管理的特征，保障公众利益、保护投资人利益、保护国有资产可能落空，成为公共市场安全管理的重大隐患。

再从监督方面看。由于公共市场改革和公共资源交易中的各种创新，出现了许多新的监督领域。非所有制经济和民间资本进入公共市场，给政府部门监督工作带来新的挑战。例如，政府和社会资本合作模式的项目，具有价格调整机制相对灵活、市场化程度相对较高、投资规模相对较大、需求长期稳定等特点，又由于地域、行业，或者工程、服务、货物供应等不同要素搭配形成极具个性化特点的相互不可比的具体项目，给政府部门实施监督提出现代化、科学化、知识化的新要求。

公共市场开放后，政府对市场监管从原来的直接行政管理转化为间接市场监管，难度大幅度增加。首先，监管对象和环节多。竞争招标，合同承包，特许经营，租赁、项目融资、贷款及清算，项目出售及转让，公开上市等，签约前与签约后商业运作等行为高度专业化，这使习惯于传统计划经济思维的政府部门及人员难以应对。其次，市场化后得到使用权的各个经济体在没有法律强制信息公开的制度安排时，其信息透露是极其有限的。政府不得不在信息不对称状态下开展监管，搜集和掌握具体项目运营的内部真实信息困难，如果再加上政府法律制度在监管方面的缺失，使监管机构介入的渠道和权力的合法性不完整，政府对公共市场的监管就几乎为零。更何况，有些市场化行为如 PPP，其“最长不超过 30 年”① 的项目期限将带来更多的非经济风险因素，使监管机构处于不利地位。

公共基础设施和公用事业市场化后，价格调整成为必然，特别是随着特许经营许可期的临近，企业采取违约、降低质量或减少供应等机会主义行为的激励也会相应提高。② 对政府来说，监管不力可能使未加及时处置的经济纠纷转化为社会问题，引发社会公众对政府的不满情绪。例如，获得特许经营的南京百江公司的劳资纠纷一度造成供气中断，从而将企业内部问题演变为社会问题。③

然而直至目前，政府对相关问题并未高度重视，所采取的方式依然陈旧。如，财政部印发《关于政府和社会资本合作模式操作指南（试行）》（财金［2014］113 号）第三十条规定，“政府相关职能部门应根据国家相关法律法规对项目履行行政监管职责，重点关注公共产品和服务质量、价格和收费机制、安全生产、环境保护和劳动者权益等”。显然，该规定仅赋予政府以行政监督权，并未明确监督的法律地位。换句话说，政府职能在其行政职责范围内开展监督。而规定中的质量、价格等 5 项监督内容更是单薄，

① 见《基础设施和公用事业特许经营管理办法》。

② 曹远征、付晓建：《PPP：政府和社会资本合作的制度经济学分析》，对外经济贸易大学出版社，2016，第 222 页。

③ 曹远征、付晓建：《PPP：政府和社会资本合作的制度经济学分析》，对外经济贸易大学出版社，2016，第 289 页。

不足以应对特许经营中的各类复杂情况。

再看监督机制。政府职能转变的核心是要真正切断规制机构与被规制企业之间的利益关系，政企分离，构建独立的政府监管体制。监管机构人员的专业性，会直接影响社会公众对政府监管的信任，进而影响对公用事业市场化的接收程度。然而，目前相关部门对监督机构的确立基本是用“谁的娃儿谁抱走”“多龙治水”的简单方式：国家发改委第 25 号令对负责监督部门进行了一一列举①，同时要求建立协调机制：“县级以上地方人民政府应当建立各有关部门参加的基础设施和公用事业特许经营部门协调机制，负责统筹有关政策措施，并组织协调特许经营项目实施和监督管理工作。”表 1 列举的 43 项规章制度中，未见一项专门对监督加以说明和细化的。

对公共市场的监督应当包括对政府、企业、项目（合同）执行的监督。以 PPP 模式而论，政府部门（主要是地方政府）与企业是契约的签约当事方，而选择权和决定权在政府。因此，对政府的监督是 PPP 模式的重要内容，而现有监督机制明显落入“既是运动员又是裁判员”的窠臼。更为不利的是，近几年签订的 PPP 项目契约中，基本没有给未来法制化的监督管理留下进入渠道，特别是特许经营合同基本为十年以上期限，随着我国经济体制改革的深入，行政监督的手段将越来越弱化。而且，以法律制度监督管理法律契约的社会环境逐渐形成，再以行政监督强制介入，必然引发诸多社会问题，政府还要为行政监督和干预的后果付出更大的代价。

中国各项公用事业和公共服务项目涉及民主保障和民众利益。对城市供水、供暖、供气、污水和垃圾处理、保障性安居工程、地下综合管廊、轨道交通、医疗等服务消费设施等项目的质量和持续低价，进行有效的管理和有力的监督，直接关系到社会及人心稳定。

① 《基础设施和公用事业特许经营管理办法》第七条规定，国务院发展改革、财政、国土、环保、住房城乡建设、交通运输、水利、能源、金融、安全监管等有关部门按照各自职责，负责相关领域基础设施和公用事业特许经营规章、政策制定和监督管理工作。县级以上地方人民政府发展改革、财政、国土、环保、住房城乡建设、交通运输、水利、价格、能源、金融监管等有关部门根据职责分工，负责有关特许经营项目实施和监督管理工作。

（三）信息及数据资源滥用、标准混乱的风险

按照国家有关规定，“公共资源交易平台应当按照国家统一的技术标准和数据规范，建立公共资源交易电子服务系统，开放对接各类主体依法建设的公共资源电子交易系统和政府有关部门的电子监管系统”。[①] “公共资源交易情况在一定程度上能够反映资源配置、投资趋势、市场开放活跃程度。”[②] 要求“有关单位和部门在公共资源交易数据的汇总、传输、存储过程中，应加强数据安全管理工作”。[③]

当前，各地各部门建设的公共资源电子交易平台（以下简称“平台”）有各种模式，包括政府部门自建、委托外包企业设计建设、政府与企业合作建设。2017 年 1 月底，笔者对全国 32 个省级平台的建设信息进行统计，除了新疆和西藏的平台尚未建成，其他 30 个平台中有 9 个平台未注明技术支持单位，4 个平台由当地信息部门提供技术支持，17 个平台是由企业提供技术服务，集中分布在 6 家企业。我们在全国一些城市调研发现，突出问题之一是电子数据格式尚无全国统一标准。

每一地区行业建设各自平台时，需从数据库建设开始，从数据的标准化开始。数据库建设则需要从非结构化信息处理入手。换句话说，需要对公共资源交易各个环节中的各种关键和重要信息进行数据处理，以便形成电子化信息存储、管理。这些信息是由数字、符号、图像以及不同词汇、不同字段长度表述构成的，称为“非结构化信息”，平台建设者将其转化为可重复、可处理的结构化数据，累积成数据库。目前，由于全国没有统一标准，因此各地平台建设者普遍自创标准。这样，数据和数据库在某一地区某一行业或许是准确的，但汇总到全国统一平台时，就不一定是准确的，或者根本无法进库。例如，关于项目联系人，有的地方用“项目联系人姓名”表述，有的地方用“项目联系人”表述；关于企业地址，各地政府和各行业主管部

① 见《公共资源交易平台管理暂行办法》，2016 年 8 月施行。

② 见《关于试行公共资源交易数据统计分析制度的通知》，发改办法规司［2016］219 号。

③ 见《关于试行公共资源交易数据统计分析制度的通知》，发改办法规司［2016］219 号。

门要求的口径不一，结果有“企业所在地”，有“企业负责人住址”，有“总部（公司）地址”，也有“分部（公司）地址”；关于项目类型，更是由于没有统一分类，结果有按行业分类的，有按性质分类的，等等，平台建设者只好自由选择。因此进一步形成以下风险。

第一，信息数据不准确、不完整，失去其宏观经济政策和国家发展战略价值。从近期看，信息数据在经济领域中的价值在于对现状的真实反映，是预测未来的可靠基础。从长远看，数据和信息是公共领域政策和发展战略的根本依据。而当前公共资源交易数据统计最大的障碍是信息数据不准确。例如，无论是进行监管还是了解进度数据，政府获得准确资料和数据都十分困难。各层级公共资源交易有借助统一平台进行的，有未经过上级平台分别进行的；有集中采购的，也有分散采购的；有按照级别层层上报的，也有试点地区和单位直接报送中央相关部门的；加上数据报送没有统一口径，所以重复计算、漏算的情况较多。这使我国目前公共资源交易数据信息在各个政府部门之间不能共享，政府部门间、政府与社会及市场间沟通成本很高。更严重的是，中央和国家制定或调整公共政策、法规、制度的依据不明，因而难以实现科学化。

第二，数据信息散落民间，对公共市场和公共资源交易中的数据库的掌握、传输、存储缺乏实质性的管理，造成安全漏洞。

五 结论

公共市场改革是一场触及本源的深化改革，它对从中央到地方各级政府部门在商业管理能力、契约合同专业素质、法律监督机制、信息数据运用技术和掌控能力等方面提出了新要求。公共市场直接面对的是经济因素，但服务的是全体社会民众，关联的是诸多非经济因素。与其他领域国家安全的特征相同，公共经济安全是否恶化，取决于政府应对能力与风险酝酿和升级速度之间的博弈。因此，各级政府部门若不能及时有效地加强处置市场各项问题的能力建设，公共市场的安全隐患必将最终酿成风险。

B.13

全球化视域下的中国公共卫生安全与大国责任

王云屏*

摘　要：全球化背景下，公共卫生安全不仅是一个公共卫生议题，也是影响一个国家、地区乃至世界的安全议题。2016年发生的寨卡疫情、抗微生物药物耐药性问题、空气污染因其对人类健康和经济社会影响的广泛性、复杂性以及暴露出的应对体系脆弱性和缺乏协同性，成为中国和全球关注的公共卫生安全威胁。中国作为负责任的大国，在加强国内公共卫生安全相关的立法、执法，规划指导，健全防控体系、开展多部门协同治理，加大科研攻关、提升卫生体系的应急响应能力，积极参与全球公共卫生安全治理等方面采取了切实行动，取得积极进展。未来，中国还需进一步提升公共卫生安全在国家安全战略中的地位，继续加强国内公共卫生体系和能力建设，积极构建全球伙伴关系，参与并引领全球公共卫生安全议程与规则制定，为经济全球化提质升级、筑牢健康基础贡献中国力量。

关键词：中国国家安全　公共卫生安全　全球化

* 王云屏，国家卫生计生委卫生发展研究中心全球卫生研究室副主任，副研究员，研究方向为全球卫生治理、卫生发展援助。

公共卫生安全是非传统安全的重要组成部分，对国民安全、政治安全、经济安全等有重要影响。在全球化背景下，人类生存和发展空间大大拓展，国与国之间的公共卫生安全界限逐渐模糊。2016 年全球航空旅客约为 38 亿人次，2034 年将达 70 亿人次。[①] 这意味着“全世界都是我们的邻国”，中国与世界只隔了一道飞机舱门的距离。与此同时，人类发展过程中迅速的工业化、城市化、密集性的农业生产方式等对自然和生态环境产生巨大影响。原有生态屏障和自然界平衡被破坏，导致一些致病微生物的生长、繁殖速度加快，新疾病出现的速度已达到史无前例的每年一种或多种，并且更易于向人类传播。除了新发和再发传染病，食源性疾病、自然和环境灾害、化学和核放射等灾难性事件也严重威胁中国和全球的公共卫生安全。面对重大公共卫生安全挑战，任何国家都难以独善其身，需通过跨部门行动，加强国内公共卫生安全体系建设，并积极参与全球公共卫生安全合作与治理。

一　全球化视域下的中国公共卫生安全形势

回顾 2016 年中国和全球公共卫生安全形势和热点事件，根据其在国内外政策议程中的重要性、公众关注度[②]及对国家安全的影响，本文重点关注以下三个公共卫生安全问题。

（一）寨卡疫情

2016 年，引发全球公共卫生界高度关注的疫情当属寨卡病毒（Zika Virus）病疫情。在年初世界卫生组织尚未宣布埃博拉疫情结束之际，寨卡病毒及其引发的神经系统病变已在整个美洲蔓延。2016 年 2 月 1 日，世界

① International Air Transport Association, “Economic Performance of the Airline Industry, 2016,” http://www.iata.org/whatwedo/Documents/economics/IATA-Economic-Performance-of-the-Industry-end-year-2016-report.pdf.

② 寨卡病毒病流行、空气污染等事件入选中华医学会公共卫生分会组织的“2016 年媒体关注的中国公共卫生十大新闻热点”，http://www.chinacdc.cn/yw_9324/201701/t20170105_137174.html。

卫生组织宣布巴西密集出现的因寨卡病毒引发的新生儿小头症已构成“国际关注的突发公共卫生事件”。[①] 至当年底，全球超过70个国家约200万人感染病毒。[②] 巴西的疫情最为严重，感染病例超过150万人，新生儿小头症和其他神经系统病变病例超过4000例。[③] 世界银行估算，寨卡疫情对加勒比海和美洲地区多国旅游业造成冲击，经济损失预计将达639亿美元。[④] 中国于2016年3月确诊首例输入性寨卡病毒病例。截至2016年底共有24例报告，输入来源地主要为委内瑞拉、萨摩亚、苏里南和危地马拉。

尽管世界卫生组织于2016年11月宣布寨卡病毒及其引发的神经系统病变不再构成“国际关注的突发公共卫生事件”，但其仍是全球显著持续的公共卫生挑战，呼吁建立长效应对机制，维护全球公共卫生安全。中国自2003年建立公共卫生防控体系以来，经过多次应对人感染禽流感疫情、援非抗击埃博拉、阻击中东呼吸综合征等的历练，快速响应能力得以提升。在防控寨卡病毒输入和传播过程中，迅速启动了突发公共卫生事件应急响应机制，采取强化蚊媒监测、开展灭蚊消杀和环境整治、培训防控人员、普及防控知识等综合措施，有效控制了输入性病例的进一步传播。但随着中国与世界各国人员、商品等生产要素跨国流动的增加，任何一国突发公共卫生事件爆发，中国都难以独善其身，尤其是与周边国家如缅甸、老

---

① 根据世界卫生组织《国际卫生条例（2005）》（以下简称《条例》）关于国际关注的突发公共卫生事件（PHEIC）的定义为“通过疾病的国际传播构成对其他国家的公共卫生风险，以及可能需要采取协调一致的国际应对措施的不寻常事件”。《条例》对“事件”“疾病”和“公共卫生风险”较广泛的新定义是缔约国和世界卫生组织履行监测义务的基石。“疾病”意指“对人类构成或可能构成严重危害的任何病症或医疗状况，无论其病因或来源如何”。“事件”一词的广义定义是“发生疾病或可能发生疾病的情况”。“公共卫生风险”系指“发生不利于人群健康事件，特别是可在国际上散播或构成严重和直接危险的事件的可能性”。

② WHO, “Zika Situation Report,” February 2, 2017, http://www.who.int/emergencies/zika-virus/situation-report/2-february-2017/en/.

③《巴西严控寨卡病毒蔓延》，http://news.xinhuanet.com/politics/2016-01/29/c_128681428.htm。

④ “Forbes, Zika Virus Fears Could Cost These Countries $63.9 Billion In Lost Tourism,” February 3, 2016, http://www.forbes.com/sites/emilycanal/2016/02/03/zika-virus-infographic/#51e7a0d45e13.

挝、越南在防控艾滋病、疟疾、登革热和鼠疫等传染病跨境传播的形势尤其不容乐观。

（二）抗微生物药物耐药性问题

抗微生物药物耐药性（antimicrobial resistance，英文缩写 AMR）指细菌、病毒、寄生虫和真菌等微生物发生改变，使用于治疗其所致感染的药物变得无效，出现耐药性问题，是耐药性的广义术语。[①]

当前，抗微生物药物的耐药性问题已对人类健康、发展和安全造成根本威胁。[②] 艾滋病毒、结核病和疟疾以及肺炎、淋病和术后感染等常见感染正在因为抗微生物药物耐药性的出现而日益变得无法治疗，特别是对儿童和需要长期服药治疗多种慢性病的老年人而言，常见微生物越来越对针对它们的治疗药物产生耐药性，使许多现行卫生保健干预措施失去作用。如果任其发展，将会造成显著的社会、经济和卫生安全影响，严重破坏世界各国的可持续发展。英国前首相卡梅伦委托世界著名经济学家吉姆·奥尼尔（Jim O'Neill）对全球抗微生物药物耐药性的形势及经济损失进行了估算，2016 年发布的研究结果令人震惊：2014 年以来，全球每年约有 70 万人死于抗微生物药物耐药性问题；若不遏制耐药性蔓延，2050 年将会导致 1000 万人死亡；全球大约每 3 秒就有 1 人因此而死亡；造成的经济损失约为 100 万亿美元。[③] 该研究报告特别指出，中国的抗生素[④]用量约占世界一半；如不采取有效措施，到 2050 年每年将导致 100 万人早死和 20 万亿美元的损失。这些经济损失中包含了医药费用支出以及患者因感染而导致的各种误工经济损失

---

① WHO，"What is antimicrobial resistance?" October 2016，http：//www. who. int/features/qa/75/zh/.

② WHO，"At UN，global leaders commit to act on antimicrobial resistance，" 21 September 2016，http：//www. who. int/mediacentre/news/releases/2016/commitment - antimicrobial - resistance/en/.

③ Jim O'Neill，*Tackling Drug - Resistant Infections Globally：Final Report and Recommendations*，2016，Wellcome Trust.，https：//amr - review. org/Publications.

④ 抗生素是对所有的生命物质包括细菌、病毒、寄生虫、肿瘤细胞等有抑制和杀灭作用的药物。另一相关概念抗菌药物主要是杀灭细菌的药物。

等。可见，抗微生物药物耐药性问题在短期内给人类带来的威胁甚至超过了全球气候变化问题。

为应对抗微生物药物耐药性问题，2016 年 9 月 21 日，在世界卫生组织、联合国粮农组织以及世界动物卫生组织的共同倡议下，第 71 届联合国大会召开抗微生物药物耐药性问题高级别会议，号召全球领导人做出承诺，包括要加强药物监管、增进公众认识、推广最佳做法，促进创新方法，使用抗微生物药物替代品、新诊断技术和疫苗等办法，携手应对抗微生物药物耐药性问题。这是世界各国首脑们第一次承诺要采取广泛和多部门协调一致的方法共同解决耐药性问题，也是联合国大会第四次讨论卫生问题。[①]

（三）空气污染

空气污染是中国和大部分发展中国家面临的主要公共健康威胁之一。中国工业化和城市化的迅速扩张、尚未完成的产业升级、日益增长的能源需求和机动车数量，导致空气污染形势尤为严峻。

近年来，中国政府通过立法、行政和财政手段加大空气污染治理力度，尤其是2016 年1 月1 日起施行新修订的《大气污染防治法》，多个城市也制定实施空气重污染预案，一定程度上改善了空气污染的情况。2015 年，全国城市空气质量总体呈转好趋势，全国 338 个地级及以上城市平均达标天数比例为 76. 7%[②]；2016 年，全国细颗粒物（PM2. 5）平均浓度为每立方米 47 微克，同比下降6%，平均优良天数比例为78. 8%，同比上涨2. 1 个百分点。但是，当前和未来一段时间内，污染物的排放总量仍然超过环境容量，在极端不利气象条件下容易引发空气重污染。2016 年冬季，全国多个地区频现大面积、长时间重污染天气，对人体健康和生态系统产生了严重的负面影响。

---

① 联合国峰会期间还曾分别就非传染性疾病（2011 年）、艾滋病（2012 年）和埃博拉（2014 年）议题召开过高级别会议进行磋商。

② 《环保部：2015 年全国城市空气质量总体呈转好趋势》，http：//news. xinhuanet. com/local/2016 -02/04/c_ 1117995874. htm。

全国空气污染人群健康影响监测项目数据显示，随着污染浓度增加，呼吸系统疾病如慢性支气管炎、心脑血管疾病的门急诊量有所增加。[①] 亚洲开发银行和世界银行的研究则指出：中国每年因室外空气污染导致的早死人数为35万~50万人；空气污染每年造成的经济损失，基于疾病成本估算相当于国内生产总值的1.2%，基于支付意愿估算则高达3.8%。[②]

（四）公共卫生安全形势分析

中国的工业化、城镇化、老龄化与世界经济全球化叠加所带来的一系列健康负面效应已经并且将持续对我国和全球公共卫生安全造成威胁。当前公共卫生安全形势的特点表现在以下四个方面。

1. 影响范围的广泛性

全球化使国家间的距离越来越小，联系日趋紧密，相互影响、相互作用的程度不断提高。某一国家或地区出现的传染病疫情、食品微生物、化学和放射性污染，有可能在全球范围内迅速、大面积地传播蔓延，造成不可预期的后果和深刻影响。

2. 影响因素的复杂性

公共卫生安全除了疾病流行自身因素外，还受到环境和气候变化、人口增长、经济全球化、发展失衡所致贫富差距扩大、穷国向富国的移民潮、分离主义、毒品犯罪，甚至地区冲突和战争等因素的影响。近年来，自然灾害和环境污染、贸易、生物恐怖主义、跨国移民等对公共卫生安全的威胁大大增加。多个国家都将公共卫生安全纳入国家安全战略，动员国家多部门力量共同应对。

① 该项目已覆盖全国31个省区市、60个城市的125个监测点。参见《采取积极举措最大限度减轻雾霾对群众健康影响》，http：//www.gov.cn/xinwen/2017-01/08/content_5157732.htm。

② 张庆丰、〔美〕罗伯特·克鲁克斯：《迈向环境可持续的未来——中华人民共和国国家环境分析》，《迈向环境可持续的未来》翻译组译，中国财政经济出版社，2012，第45页；World Bank，"Cost of Pollution in China：Economic Estimates of Physical Damages，" 2007，pp. 1-151。

3. 应对体系的脆弱性

在一个相互关联的世界，各国必须加强本国卫生体系，提升《国际卫生条例（2005）》所要求的最低限度的核心公共卫生能力，保护本国公共卫生安全，并通过国际合作增进相互保护，免遭传染病、化学和辐射事件的危害。提供公共卫生服务是一国政府重要的社会管理职责，也是政治和经济社会稳定的"稳压器"。但目前在中国开放型经济社会和影响公共卫生安全诸多不确定因素交织的情况下，采取跨部门协作行动健全机制，提高发现、评估、通报和报告突发公共卫生事件的能力以及快速和有效应对公共卫生风险和国际关注的突发公共卫生事件的能力还有很多薄弱环节和提升空间。频繁发生、持续存在和影响严重的重症急性呼吸综合征（SARS）、人感染禽流感、寨卡、登革热等疫情和抗微生物耐药性、空气重污染等公共卫生安全问题提醒我们，世界仍然没有做好防备，包括中国在内的许多国家的应对体系是分散割裂的、低效的和脆弱的。

4. 共同治理的协同性

公共卫生安全作为非传统安全，更适合于加强多部门多领域的合作，综合运用法治、行政、经济等手段进行治理；同时在全球化背景下，公共卫生安全问题往往不是一个国家能独立解决的，需要联合有关国家乃至全球通力合作，共同治理才能应对。《国际卫生条例（2005）》是全球健康保障的基石，规定了国家、世界卫生组织等国际组织和各类非政府行为体在全球卫生治理中的不同作用，相互不可替代。一国政府是维护国家公共卫生安全的首要责任主体。世界卫生组织是联合国系统内国际卫生问题的指导和协调机构，在全球疾病暴发预警和公共卫生事件应对中发挥重要作用，并与其他国际组织协调合作，以确保为保护公众健康采取适当的措施。非政府行为体，如无国界医生组织、红十字会与红新月会国际联合会等在疫情监测和信息报告、参与突发公共卫生事件的应急救援和处置等方面有独特功能。公共卫生安全的全球治理需要在各国政府决心强化公共卫生服务职能，建设、加强和保持《国际卫生条例（2005）》所要求的能力并为此筹集必要的资源，世界卫生组织有效指导与协调，其他组织充分参与的基础上才能实现。

二　中国加强公共卫生安全的主要举措

2016 年以来，中国在加强国内公共卫生安全、参与全球卫生治理维护公共卫生安全方面采取了一系列行动和措施。

（一）加强依法治理　规划先行

2016 年是“十三五”开局之年，中国政府出台了一系列重要法律法规和战略规划性文件，直面公共卫生安全问题，推动传染病及其他突发公共卫生事件防控、遏制细菌耐药性、应对大气污染等体系建设和能力建设，显示了依法治理、规划先行的决心。2016 年 3 月发布的《中华人民共和国国民经济和社会发展第十三个五年规划纲要》提出了建立国家安全体系、健全公共安全体系、提高国家安全能力的要求，包括要强化突发事件应急体系建设，强化危险化学品处置、核事故应急、紧急医疗救援等领域的核心能力；并在“十三五”的主要目标部分提出改善生态环境质量的约束性指标，即到 2020 年地级及以上城市空气质量优良天数比例要大于 80%。2016 年 11 月，中共中央、国务院印发《“健康中国 2030”规划纲要》，也提出要完善公共安全体系，加强突发急性传染病防治，积极防范输入性突发急性传染病；加强影响健康的环境问题治理，特别是要全面建立健康影响评价评估制度；深化区域大气污染联防联控，完善重度及以上污染天气的区域联合预警机制等措施。

除上述总体规划外，在应对空气污染方面，自 2016 年 1 月 1 日起，新修订的《大气污染防治法》实施，更加突显以改善大气环境质量为目标，强化地方政府责任；坚持源头治理，推动转变经济发展方式，优化产业结构，调整能源结构；抓住造成大气污染的主要矛盾，对重点区域实施联防联治；加大处罚的力度的新思路。在加强传染病等突发公共卫生事件防控方面，近年来先后修订了一系列涉及传染病防治、突发公共卫生事件和流感大流行的法律法规和应急预案。2016 年，国家卫生计生委发布和实施《突发急性传染病防治“十三五”规划（2016～2020年）》和《突发事件紧急医学救援“十三五”规划（2016～2020年）》，推进防控和应急体系、指挥协调机制、信息报告系统、人才队伍等领域的建设，维护国家公共卫生安全。在遏制抗微生物药物耐药方面，针对影响细菌耐药的多种复杂因素及其给人类带来的生物安全威胁、环境污染、经济损失等后果，国家卫生计生委等14部门联合发布《遏制细菌耐药国家行动计划（2016～2020年）》，围绕抗菌药物的研发、生产、流通、应用、环境保护等各环节，加强多部门多领域综合协同治理。

（二）健全体系　协同治理

防控体系建设方面，针对突发急性传染病防控建立了分级负责、属地为主的管理体制。坚持预防为主的基本方针，推动疾病防控关口前移、重心下沉，基本构建起国家、省、地市、县四级疾病预防控制网络；建成全球规模最大的法定传染病疫情和突发公共卫生事件网络直报系统，覆盖全国100%县级以上疾病预防控制机构、98%县级以上医疗机构和94%基层医疗卫生机构，法定传染病和突发公共卫生事件报告覆盖率和及时性大为提高。[①] 优化突发急性传染病防控策略，加强疫情监测、风险评估和预警措施，提升快速反应和现场处置、患者安全转运和定点医院临床救治的有效应对能力，减少重症和死亡，公开透明地发布疫情防控信息，维护公共卫生安全。为有效防范寨卡和黄热病等疫情的境内传播，国家卫生计生委先后印发了《寨卡病毒病防控方案》和《黄热病防控方案》，以指导流行病学调查、实验室检测、专业机构的防控和诊断治疗行动。

协同治理方面，多层级、跨部门、跨领域的公共卫生安全治理格局初步形成。例如为应对空气污染，国务院与各省（自治区、直辖市）人民政府签订大气污染防治目标责任书，将目标任务逐级分解到地方人民政府和

① 国家卫生计生委：《关于印发突发急性传染病防治“十三五”规划（2016～2020年）的通知》，2016年7月15日，http://www.nhfpc.gov.cn/yjb/s3577/201608/0efc0c2e658740de8c3cdcfbb75b7f2f.shtml。

企业，同时，将京津冀、长三角、珠三角等重点区域的细颗粒物指标，非重点地区的可吸入颗粒物指标作为经济社会发展的约束性指标，构建以环境质量改善为核心的目标责任考核体系。此外还建立由环保部、国家发改委、气象局等多个部门组成的全国大气污染防治部级协调会机制。中国疾病预防控制中心编制《公众雾霾防护手册》《雾霾与健康知识问答》等科普读物，加强宣传引导和健康教育。为应对抗微生物耐药问题，成立有15部门参与的抗生素耐药多部门联防联控机制，例如食品药品监管部门负责加强抗菌药物的审批、生产、流通和销售管理；卫生计生部门负责加强抗菌药物临床应用管理；农业部门加强兽用抗菌药物监管；国土资源部门负责土壤环境抗菌药物监测；教育部门负责将抗菌药物合理应用纳入中小学健康教育等。

（三）重视科研　提升能力

近年来，科技部将生物安全关键技术研发列入国家重点研发计划，在该专项的支持下，截至2016年，短短5年时间，中国疾控中心科学家就发现了1445种全新核糖核酸（RNA）病毒，填补了RNA病毒进化上的主要空缺，不仅改变了病毒学的传统观念，为认识生命的起源进化提供了新的基础，更为揭示其传播规律和致病性，促进针对新发突发传染病做好“早识别、早预警、精准防控、针对性治疗”提供了科学基础。①通过实施重大传染病防治科技重大专项，中国初步具备在72小时内检测300余种病原体的能力。同时通过加强公共卫生实验室网络建设，强化传染病检测、各种毒物检测、环境卫生应急检测、核和辐射事故医学应急检测等实验室能力，卫生应急病原实验室快速检测、鉴定及科研能力得到提升。针对空气污染，国家启动了空气污染健康影响预测、预警和干预技术研究项目，目前已覆盖全国31个省份60个城市，设立125个监测

① Mang Shi, Xian-Dan Lin, Jun-Hua Tian, Edward C. Holmes and Yong-Zhen Zhang, et al., “Redefining the invertebrate RNA virosphere,” *Nature*, Vol. 540, No. 7634 (November 2016), pp. 539 – 543.

点①，可以掌握不同地区空气污染对居民产生的健康影响和相关疾病的患病情况。

在维护中国和全球公共卫生安全能力建设过程中，目前已建立37支国家卫生应急队伍，在历次国内外重大突发公共卫生事件的应急行动中发挥了重要作用，2016年更迈出了突破性的一步。上海东方医院的国家紧急医学救援队从60多个国家的200多支救援队中脱颖而出，于2016年5月经由世界卫生认证，成为全球首批国际应急医疗队之一。这支队伍总共有60名正式队员，包括临床、医技、后勤保障人员，全部来自东方医院。作为应急医疗救援的公共卫生“特种兵”，一旦发生突发事件，20分钟内可完成集结，奔赴现场开展救援处置。

（四）开放合作　参与全球治理

公共卫生安全亦是国际社会的共同责任。中国作为世界人口第一大国，改善本国的公共卫生状况，将会对全球公共卫生安全和健康可持续发展目标的实现做出重要贡献。同时，中国积极参与全球公共卫生安全合作，分享中国的知识、技术、模式经验以及资金，贡献更多全球公共产品，不仅能保障中国公民和华人华侨在海外的健康和生命安全，将防控传染病跨境传播的关口前移，也有助于彰显我负责任大国形象，提高国际影响力。2016年，中国围绕公共卫生安合作，在加强国际合作、推动全球卫生治理方面做出以下努力和贡献。

1. 履行国际承诺，促进中国和全球公共卫生安全

《国际卫生条例（2005）》是196个国家和地区达成的为实现全球公共卫生安全而做出努力的一项具有约束力的国际法律工具。中国常驻日内瓦联合国代表团于2007年向世界卫生组织声明，《国际卫生条例（2005）》适用于中华人民共和国全境，包括香港特别行政区、澳门特别行政区和台湾省。

① 《卫生计生委采取积极举措最大限度减轻雾霾对群众健康影响》，http：//www. gov. cn/xinwen/2017 -01/08/content_ 5157732. htm。

同时，中国将发展、加强、维持快速和有效应对公共卫生危害和国际关注的突发公共卫生事件的核心能力，将其纳入国民经济和社会发展第十一个五年规划及此后的五年规划有关国家卫生应急体系建设的相关工作中。近年来，中国在境内发现人感染禽流感病例、“问题奶粉”、野生脊灰病毒病例、“疑似乙肝疫苗接种异常情况”、黄热病病例和寨卡病毒病例等疫情和风险后，均及时向世界卫生组织报告，并分享病毒毒株防治经验和科技成果，支持世界卫生组织在全球发挥积极作用，协同遏制各种新发传染病和公共卫生风险的全球影响。

此外，中国政府在全球率先发布《中国落实2030年可持续发展议程国别方案》（简称《国别方案》），表明中国支持和积极参与全球治理的态度。《国别方案》提出落实目标3“确保健康的生活方式，促进各年龄段人群的福祉”中有关消除艾滋病、结核病、疟疾和被忽视的热带疾病等传染病和慢病，减少危险化学品以及空气、水和土壤污染导致的死亡和患病，帮助加强发展中国家早期预警、减少和管理国家和全球健康风险能力等子领域的具体目标和指标。

2. 持续推动大国双边和区域公共卫生安全合作

维护和促进公共卫生安全始终是中美在全球卫生领域开展合作的重要议题，被纳入中美战略与经济对话和中美人文交流高层磋商议程。2016年6月，第八轮中美战略与经济对话成果清单中两国开展卫生合作的内容包括：“将致力于加强合作以提升全球卫生安全。双方将进一步加强在传染病预防、发现和响应能力建设方面的合作伙伴关系，包括但不局限于流感、疟疾、实验室能力和抗生素耐药性。双方将加强在非洲地区卫生领域的交流和合作，共同支持非洲国家改进公共卫生系统，推动实施世界卫生组织《国际卫生条例（2005）》和全球卫生安全议程。”2016年9月，中美领导人会晤重申两国在加强公共卫生和全球卫生安全合作的具体事项，包括继续支持全球抗击艾滋病、结核病和疟疾基金，推动实施世界卫生组织《国际卫生条例（2005）》，并在其框架下支持全球卫生安全议程目标，加强抗生素耐药性和其他关切的合作，加强非洲国家公共卫生能力，包括通过现场流行病学和实验室系统等领域的培训，应对如黄热病暴发等卫生紧急状况等。此外，新发和再发传染病威胁和遏制抗微生物耐药合作等公共卫生安全合作议题也被纳入中英、中俄、中法等双边卫生合作机制。

在区域合作层面，中国与“一带一路”沿线国家，特别是与东盟国家、大湄公河次区域、澜沧江和湄公河流域国家、中亚等周边国家持续开展传染病跨境联防联控机制建设、信息互通和人员培训合作。2016 年，还深入推动中国与非洲在公共卫生领域的南南合作，包括支持非洲疾控中心和 5 个区域中心的建设，援建塞拉利昂西非热带病研究培训中心建设并开展乙肝防控项目、埃博拉疫苗临床试验合作，赴安哥拉开展黄热病疫情紧急援助，与埃及开展中东呼吸综合征防控合作，与桑给巴尔开展血吸虫病防治项目等。在这些合作中，中国向其他发展中国家分享自身在维护公共卫生安全中积累的知识、技术、经验和教训，并提供力所能及的资金支持和医药产品与设备。

3. 积极参与全球卫生治理，维护公共卫生安全

在与世界卫生组织的合作、参与联合国系统有关全球卫生治理的机制和磋商以及在 2016 年中国作为主席国组织的多边合作会议中，中国始终积极推动将维护和促进全球公共卫生安全等发展议程纳入多边合作框架。《中国—世界卫生组织国家合作战略（2016 ~ 2020）》明确了未来五年双方合作的六大重点领域，均与公共卫生安全密切相关：加强卫生体系建设，努力实现全民健康覆盖；降低重大疾病和公共卫生风险导致的疾病和死亡；提高对卫生服务、食品安全和医药产品及技术的监管能力；推进健康城市运动，实现健康融入所有政策；应对环境和气候变化对健康的影响；扩大中国对全球卫生的贡献。①

在二十国集团（G20）杭州峰会上，中国推动各成员国就破解全球发展中的不平衡和应对影响世界经济的重大全球性挑战达成共识，会议发布的《二十国集团领导人杭州峰会公报》第 46 条提出抗生素耐药性严重威胁公

① 世界卫生组织：《中国—世界卫生组织国家合作战略（2016 ~ 2020）》，http：//www. who. int/countries/chn/zh/。

共健康、经济增长和全球经济稳定，要采取包容的方式应对抗生素耐药性问题，以实证方法预防和减少抗生素耐药性，同时推动研发新的和现有的抗生素。在《二十国集团落实2030年可持续发展议程行动计划》中，中国进一步承诺支持国际社会采取的全面管控健康风险和危机的行动，包括从健康风险预防和早期识别到有效应对和康复行动，支持世界卫生组织的有关行动以及《国际卫生条例（2005）》；以完善、统一、协调的方式强化卫生体系，促进卫生服务的普遍覆盖，为提高公共卫生水平、应对全球健康威胁奠定基础。[①] 2016年11月，在由中国举办的第九届全球健康促进大会上，中国政府提出要促进包容联动，构建全球公共卫生安全防控体系，包括加强各国卫生应急策略的沟通协调，完善全球疾病监测、预警和应急机制，加强信息通报、共享和人员培训，进一步提高全球应对突发公共卫生事件的能力。中国政府支持世界卫生组织建立应急队伍、设立应急基金，并呼吁发达国家加大对发展中国家公共卫生体系建设的支持，共同筑牢全球健康安全屏障。

三 挑战与展望

当前，世界经济复苏艰难曲折、发展分化，对各国政府和国际组织增加卫生资源有效供给和资源均衡合理配置造成了不利影响。维护和促进人类公共卫生安全任重而道远，面对重大公共卫生安全挑战，任何国家都难以独善其身。中国在加强国内公共卫生安全，并在国际上发挥与大国地位相适应的作用方面，还面临以下主要挑战。

第一，公共卫生安全在国家安全战略中的地位还不够突出，卫生部门外的其他主管部门尚缺乏用公共卫生安全的视角来考虑本领域的法规和政策，难以系统性、前瞻性规划和协同应对公共卫生安全问题。

第二，国内公共卫生安全体系建设尚存在诸多短板，表现在：地市级以

---

① 《二十国集团领导人杭州峰会公报》，http：//news. xinhuanet. com/world/2016 - 09/06/c_1119515149_ 4. htm。

上卫生应急指挥中心和院前急救机构应急平台建设和升级改造等尚未完成；突发急性传染病及其他突发公共卫生事件的现场处置、病例安全转运和定点医疗救治体系建设及衔接协作的整体性、系统性有待加强，卫生应急和紧急医学救援的跨部门合作、军地协同、公共卫生与医疗机构协作管理协作机制有待完善；指挥决策信息化建设水平等亟待大幅提升；卫生应急和紧急医学救援的物资储备保障系统需要健全并提升效率。

第三，公共卫生安全能力建设有待提高，包括对突发急性传染病疫情及其他公共卫生安全风险因素的监测、预警和早期发现技术水平有待提高；应急队伍及其他公共卫生和医疗人员、决策与管理队伍，尤其是来自基层队伍的快速反应能力有待加强。

第四，主动通过全球卫生治理引领全球公共卫生安全议程的能力不足。当前全球卫生治理体系正处于重要的转型时期，各国政府、国际组织和非政府行为体的角色及相互关系正在重新定位，是中国构建全球卫生领域负责任大国身份的重要战略机遇期。同时，加强公共卫生安全合作又是全球的核心关切。如何发挥中国的比较优势，在参与完善现有全球卫生治理体系中，为世界提供更多的制度、技术、资金、公共产品，并引领国际规则和标准制定，为促进全球公共卫生安全做出更大贡献，将对我国的公共卫生乃至卫生外交的管理决策、科学研究、伙伴关系构建等能力发展提出更高要求。

回首2016年，中国为捍卫本国和全球公共卫生安全砥砺前行。岁末年初之际，中国国家主席习近平访问世界卫生组织总部，见证了《中华人民共和国政府和世界卫生组织关于“一带一路”卫生领域合作的谅解备忘录》等协议的签署。这向世界传递了两个重要信号：其一，中国坚定支持世卫组织工作；其二，中国不仅是全球卫生合作重要的受益者，也是积极的贡献者。未来，中国将继续加强国内公共卫生体系和能力建设，坚持早期预防、及时发现和通报、快速反应、有效处置、加强学科建设和科研攻关、健全物资储备、强化培训演练、提升信息化水平、促进跨部门协作；同时积极构建全球伙伴关系，落实国际承诺，与全球分享中国的防控理念、知识与实践、资金与技术、产品与服务，为在全球化背景下减少世界和本国经济社会发展失衡所导致的公共卫生安全脆弱性和灾难性后果做出更大贡献。

四 结论

公共卫生安全不仅是一个公共卫生议题，也是影响一个国家、地区乃是世界的安全议题。近年来，新发和再发传染性疾病疫情、气候变化引发的公共卫生问题与贫困、恐怖主义等非传统安全风险交织，成为一些国家政策内顾倾向加重的原因之一，但是世界经济全球化的进程不会改变。这意味着面对重大公共卫生安全挑战，任何国家都难以独善其身，协调合作是必然选择。中国作为负责任的大国，在加强国内公共卫生安全相关的立法、执法，规划指导，健全防控体系、开展多部门协同治理，加大科研攻关、提升卫生体系的应急响应能力，积极参与全球公共卫生安全治理等方面采取了切实行动，取得积极进展。未来中国还需进一步提升公共卫生安全在国家安全战略中的地位，继续加强国内公共卫生体系和能力建设，积极构建全球伙伴关系，参与并引领全球公共卫生安全议程与规则制定，为经济全球化提质升级、筑牢健康基础贡献中国力量。

中国国家安全：挑战与治理

Security of China: Challenge and Governance

B.14
中国国家安全理论与实践的创新

刘跃进*

摘　要：近年来，中国国家安全理论创新的最重要成果，是总体国家安全观的提出；最重要的实践创新，是以新《国家安全法》颁布实施为标志的国家安全立法的最新进展，以国家安全委员会设立为标志的国家安全体制机制的完善，以政治局审议通过《国家安全战略纲要》为标志的国家安全战略文本的出台，以“4·15”国家安全教育日为标志的国家安全宣传教育活动的开展。2016年，在总体国家安全观的指导下，中国开展了第一个国家安全教育日活动，开始实施《反恐怖主义法》，颁布了《境外非政府组织境内活动管理法》和《网络安全法》，审议通过了《关于加强国家安全工作的意见》，发

* 刘跃进，国际关系学院公共管理系教授，研究方向为国家安全理论和国家安全学科建设。

布了第一个《国家网络空间安全战略》。

关键词： 总体国家安全观　国家安全教育日　国家安全法律体系　国家安全战略　国家安全方略

一　开展国家安全宣传教育　贯彻落实总体国家安全观

2014 年 4 月 15 日，在中央国家安全委员会首次会议上习近平提出的“总体国家安全观”，是中国国家安全理论发展史上具有里程碑意义的创新。

总体国家安全观不仅提出要走一条以人民安全为宗旨的中国特色国家安全道路，构建一个统筹外部安全与内部安全、传统安全与非传统安全的国家安全体系，而且超越国家安全本身，把安全与发展放在同等重要地位上，形成了一种以安全与发展为中心的大战略思维，同时还超越本国安全的狭隘思维，把他国安全与本国安全紧密联系起来，形成了一种以促进国际安全为依托的共同安全思想。正是由于统一了传统安全与非传统安全两个方面的内容，强调了“以人民安全为宗旨”的国家安全核心价值观，总体国家安全观不仅高于各种传统安全理论，也高于那些只强调非传统安全问题而忽略传统安全问题的非传统安全理论，成为一种高级形态的非传统安全理论，对中国国家安全理论建设与实际工作具有重要的指导作用。

为了全面贯彻落实总体国家安全观，按照新《国家安全法》的规定，2016 年 4 月 15 日前后，从中央到地方，全国各地普遍开展了第一个国家安全教育日活动。

早在 2004 年 9 月发表的《中共中央关于加强党的执政能力建设的决定》中，“增强国家安全意识”就被作为一项重要任务提了出来。[①] 后来的

① 中共中央：《中共中央关于加强党的执政能力建设的决定》，人民出版社，2004。

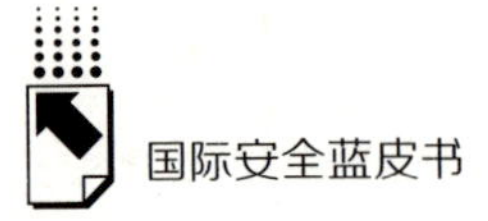

中共中央文件也反复提“增强国家安全意识”问题。①

增强全民国家安全意识，离不开国家安全宣传教育，也离不开专门的国家安全学科建设和专业教育。

多年来，政界和学界都一直在强调国家安全意识教育，强调国家安全宣传教育的重要意义。但是具体到落实，还有许多工作要做。设立国家安全教育日，就成为强调全民国家安全意识的重要形式之一。根据中央国家安全委员会在2014年4月15日召开第一次会议这一事实，特别是习近平在这次会议上提出总体国家安全观的重要意义，十二届全国人大常委会第十五次会议2015年7月1日通过的新《国家安全法》，将每年4月15日确定为全民国家安全教育日。新《国家安全法》第十四条明确规定：“每年4月15日为全民国家安全教育日。”第七十六条规定：“国家加强国家安全新闻宣传和舆论引导，通过多种形式开展国家安全宣传教育活动，将国家安全教育纳入国民教育体系和公务员教育培训体系，增强全民国家安全意识。”

2016年4月15日，是2015年7月颁布实施新《国家安全法》后的第一个国家安全教育日。首个国家安全教育日来临之前，习近平在2016年4月10日对国家安全宣传教育问题做出重要指示，强调：“国泰民安是人民群众最基本、最普遍的愿望。实现中华民族伟大复兴的中国梦，保证人民安居乐业，国家安全是头等大事。要以设立全民国家安全教育日为契机，以总体国家安全观为指导，全面实施国家安全法，深入开展国家安全宣传教育，切实增强全民国家安全意识。要坚持国家安全一切为了人民、一切依靠人民，动员全党全社会共同努力，汇聚起维护国家安全的强大力量，夯实国家安全的社会基础，防范化解各类安全风险，不断提高人民群众的安全感、幸福感。”②

习近平在国安委首次会议上提出“总体国家安全观”后，国安办就组

---

① 中共中央：《中共中央关于构建社会主义和谐社会若干重大问题的决定》，人民出版社，2006。

② 参见《总体国家安全观干部读本》编委会《总体国家安全观干部读本》，人民出版社，2016。

织人员开始编写《总体国家安全观干部读本》。2016 年 4 月 15 日首个全民国家安全教育日来临之际，《总体国家安全观干部读本》由人民出版社出版发行，16 日起在全国新华书店销售。这本书共分五章，全面介绍了总体国家安全观的主要内容以及中国特色国家安全的道路依托、不同安全领域的具体任务、国家安全法治保障和当前我国国家安全的实践要求，全面总结和概括了习近平关于我国当前国家安全工作需要回答和解决的理论和实践问题的重要思想。全书整体框架在认真梳理习近平总体国家安全观及其相关重要论述的基础上构建而成，主要观点和基本内容忠实于习近平总书记讲话的原意，同时又做了适当的展开论述。《总体国家安全观干部读本》的出版发行，为国家安全宣传教育发挥了重要作用。

此外，其他一些学习宣传总体国家安全观的论著也陆续出版。2016 年 11 月，中国言实出版社出版的国防大学李大光教授的《国家安全》，就是一部学习宣传总体国家安全观的重要著作。此书以习近平总书记关于总体国家安全观的重要论述为统领，从习近平总书记阐述总体国家安全观时涉及的传统安全与非传统安全的主要领域出发，全面系统地研究了当今中国的国家安全状况，以期引起国人对当下国家安全的全面关注，从而为实现中华民族复兴中国梦提供强大的国家安全保障。

与此同时，一些地方国家安全教育行政部门和新闻出版机构，还开始了其他多种形式的国家安全宣传教育活动。“总体国家安全观”提出之后，江苏省教育厅和国家安全厅就根据以往国家安全教育进学校的经验，开始修订编写新的中小学国家安全教育系列读本。2016 年 4 月 15 日第一个全民国家安全教育日到来之际，这套国家安全教育读本就已进入江苏省的部分中小学，成为对中小学学生进行国家安全教育的重要教材。2016 年 8 月，人民出版社出版了从小学到大学六本一套的《国家安全教育》读本，为全国各地在各级各类学校广泛开展国家安全教育提供了一套教材和教学参考书。2016 年 9 月新学期到来之际，国际关系学院和智慧树在线教育平台联合开发的慕课“解码国家安全”在全国高校推广，首次就有 18 所高校选课，在线学习的有近 2000 名学生。与此同时，中央党校、国家行政学院也面对党

政干部开设了国家安全课程或讲座。2014 年初，国家行政学院就通过“中国公务员培训网”向全国推广“中国国家安全顶层设计新思路”的网络课程，着重讲解中共十八届三中全会关于设立国家安全委员会的决定和习近平在这次全会上关于国家安全的论述。2016 年初，国家行政学院又通过中国公务员培训网面向全国公务员推出“全面保障国家安全”系列微课。

国家安全教育不能局限于保密与反间谍，我们需要以总体国家安全观为指导，进行全方位国家安全教育；国家安全教育同样不能满足于展板与显示屏的绚丽画面，还需要有理性、科学、深入的国家安全理论教育和国家安全专业教育；国家安全教育无疑应该是全民的，但其重点则要定位于领导干部特别是高级领导干部。国家安全教育既要有形象感性的案例材料，也要有抽象理性的科学理论。只有科学理性的国家安全教育，才能真正深入人心，也才能发挥长效作用。

事实上，早在 20 世纪 90 年代中期，国际关系学院就开设了国家安全教育课程。随着国家安全教学的深入发展，国际关系学院的教师们从 1997 年开始着手编写国家安全学教材，并在 2002 年内部出版了《国家安全学基础》，2004 年公开出版了《国家安全学》教材，初步构建了一个国家安全学理论体系。以此为基础，国际关系学院把“国家安全学”课程列为全校通识课，对全体在校生进行普遍的国家安全通识教育。在这个过程中，国际关系学院的李竹教授 2004 年出版了首部《国家安全法学》，并被列为 21 世纪法学规划教材。2006 年，浙江大学余潇枫教授主编的《非传统安全概论》出版。2008 年，国防大学杨毅教授主编的《国家安全战略理论》出版。2013 年，军事科学院薛翔研究员主编的《国家安全战略学教程》出版。2014 年，国际关系学院李文良教授编写了中国首部《国家安全管理学》。同年，国际关系学院刘跃进教授专门研究国家安全学科建设的专著《为国家安全立学——国家安全学科的探索历程及若干问题研究》出版。这一系列成果，为中国国家安全学理论创新、学科建设和专业设置，奠定了较好的基础。

在新《国家安全法》规定“将国家安全教育纳入国民教育体系和公务员教育培训体系”的情况下，国家安全学科建设和国家安全专业教育进入了一个新阶段。可以预期的是，一些高校将在近几年内增设国家安全专业，并开出系列国家安全课程，国家安全专业教育也会由此成为现实。

二　以总体国家安全观为指导　继续完善国家安全的法律体系

新中国成立几十年来，特别是改革开放以来，中国的社会主义法律体系建设取得了重要成就，但是国家安全的法律体系长期以来并不完善，国家安全领域的法治建设非常滞后，一些非常明显的问题长期得不到解决。例如，中国1993年颁布实施的《中华人民共和国国家安全法》（以下称“旧《国家安全法》”），是一部名实不副的法律，一开始就存在明显的缺陷，专家学者多年来都在呼吁要对其进行修订，并提出了许多有益的修订意见和建议，但长期以来就是没有结果。这种情况在中共十八大之后很快得到改善。

2012年底，在中共中央决定设立国家安全委员会时，习近平总书记首次提出了“推进国家安全法治建设”的任务，并把其作为即将成立的国家安全委员会的主要职责之一。[①] 此后，按照习近平总书记的这一要求，中国国家安全法治建设开始步入快车道，特别是国家安全立法迅速展开。《反间谍法》在2014年11月颁布实施并同时废止旧《国家安全法》，名副其实的新《国家安全法》于2015年7月1日正式出台。无论是《反间谍法》还是新《国家安全法》，都体现了总体国家安全观“以人民安全为宗旨”的核心价值观，关注了国家安全与公民权利的平衡，在赋予反间谍机关和国家安全职能部门相关职权的同时，也对其职权的行使做出了明确限制。

进入2016年，《反恐怖主义法》开始实施，《境外非政府组织境内活动管理法》和《网络安全法》由全国人大通过后颁布，从而使我国国家安全法律体系的完善又向前迈出重要一步。

① 习近平：《关于〈中共中央关于全面深化改革若干重大问题的决定〉的说明》，http://news.xinhuanet.com/politics/2013-11/15/c_118164294.htm。

2015年12月27日颁布、2016年1月1日开始实施的《中华人民共和国反恐怖主义法》开宗明义地规定："为了防范和惩治恐怖活动，加强反恐怖主义工作，维护国家安全、公共安全和人民生命财产安全，根据宪法，制定本法。"这说明，反恐既是维护国家安全的需要，也是维护我们整个社会公共安全和人民群众生命财产安全的需要。在总体国家安全观确立的非传统安全思维中，公共安全和人民生命财产安全，都是国家安全的重要内容，而且人民安全还是国家安全的首要内容、核心内容。因此，《反恐怖主义法》虽然不能说是一部专门的国家安全法律，但其首要功能则在于维护国家安全。《反恐怖主义法》共十章九十七条，内容涉及恐怖组织和人员的认定、反恐怖安全防范、反恐怖情报信息、反恐调查研究、反恐应对处置、反恐国际合作、反恐保障措施以及反恐领域的法律责任等方面。这部法律对"恐怖主义"的定义是："通过暴力、破坏、恐吓等手段，制造社会恐慌、危害公共安全、侵犯人身财产，或者胁迫国家机关、国际组织，以实现其政治、意识形态等目的的主张和行为。"这部法律还规定，我们国家将反恐纳入国家安全战略，综合施策，标本兼治，加强反恐能力建设，广泛运用政治、军事、经济、法律、教育、文化、外交等一切可以运用的合法手段，深入开展反恐工作。公安部反恐局局长、国家反恐办副主任安卫星说，在已有法律对恐怖主义和反恐问题进行各种规定的基础上，制定这样一部专门性的反恐法，是打击恐怖主义的现实需要，也是我国应当承担的国际责任。《反恐怖主义法》出台将为中国依法打击恐怖主义，全面维护国家安全、公共安全和人民群众的生命财产安全，加强国际反恐合作，提供更加坚实的法律保障。

2016年4月28日颁布、2017年1月1日起实施的《中华人民共和国境外非政府组织境内活动管理法》，虽然其立法宗旨在第一条中被概括为"为了规范、引导境外非政府组织在中国境内的活动，保障其合法权益，促进交流与合作"，但从非传统安全观来看，这部法律不仅与国家安全密切相关，而且在很大程度上也是一部名称中不含"国家安全"一词的国家安全法律。这是因为，境外非政府组织在一国国内的活动，如果不受法律规范制约，势必给国家安全带来多方面的不良影响。因此，《境外非政府组织境内活动管理法》第四十三条规定："国家安全、外交外事、财政、金融监督管理、海关、税务、外国专家等部门按照各自职责对境外非政府组织及其代表机构依法实施监督管理。"

2016 年 11 月 7 日颁布、2017 年 6 月 1 日起实施的《中华人民共和国网络安全法》，共七章七十九条，七章分别是：第一章"总则"，第二章"网络安全支持与促进"，第三章"网络运行安全"，第四章"网络信息安全"，第五章"监测预警与应急处置"，第六章"法律责任"，第七章"附则"。这部法律第一条指出了立法宗旨："为了保障网络安全，维护网络空间主权和国家安全、社会公共利益，保护公民、法人和其他组织的合法权益，促进经济社会信息化健康发展，制定本法。"新华社报道《网络安全法》表决通过时说，这是一部网络领域的基础性法律。从 2015 年 6 月开始，全国人大常委会曾三次审议《网络安全法》。在十二届全国人大常委会第二十四次会议第三次审议后，这部法律以 154 票赞成、1 票弃权于 2016 年 11 月 7 日通过。

按照《十二届全国人大常委会立法规划》和《国民经济和社会发展第十三个五年规划纲要》，还有大量的国家安全法律将在未来几年内颁布实施。在 2015 年 6 月 1 日修订的《十二届全国人大常委会立法规划》中，除《军事设施保护法》《反间谍法》《国家安全法》《反恐怖主义法》《境外非政府组织境内活动管理法》《国防交通法》《网络安全法》等法律制定或修订完成并已颁布外，还有《陆地国界法》《人民防空法》《现役军官法》《核安全法》《航空法》《国家经济安全法》等国家安全法律也在规划的名录之中。在《十三五规划纲要》中，"加强国家安全法治建设"成为重要内容，除"贯彻落实国家安全法，出台相关实施细则"外，还计划"推进国家经济安全、防扩散、国家情报、网络安全、出口管制、外国代理人登记、外资安全审查等涉及国家安全的立法工作，加快健全国家安全法律制度体系，充分运用法律手段维护国家安全"。除《网络安全法》已经颁布、《国家经济安全法》在人大立法规划中已经出现外，还有《国家安全法实施细则》《防扩散法》《国家情报法》《出口管制法》《外国代理人登记法》《外资安全审查法》等法律进入立法规划之中。这些法律法规修订或制定完成并颁布实施后，我国将初步形成一个比较完善的国家安全法律体系。

虽说国家安全立法是“推进国家安全法治建设”的起点和重要一步，但比较完善的国家安全法律体系的形成并不是国家安全法治建设的完成。与社会主义法治建设的其他领域一样，国家安全领域仅仅“有法可依”还不足以“国家安全法治”。“国家安全法治”不仅要求“有法可依”，更要求“有法必依”“执法必严”“违法必究”。从当前中国整个法治建设现状来看，如果说其他领域还未达到这一要求，那么国家安全领域要达到这一要求就更加困难了。因此，要真正“推进国家安全法治建设”，“特别是最终实现国家安全法治，可能还有相当长的路需要法学界、国家安全学界、国家安全政界携手合作，共同跋涉”。[①]

三 出台新的国家安全文件 继续完善国家安全战略

众所周知，定期或不定期制定和实施国家安全战略，早就是以美国为首的西方大国保障其国家安全的重要措施之一。为此，中国学者早就建议制定中国自己的国家安全战略[②]，中共中央也于2004年9月首次在官方文件中提出“完善国家安全战略”的任务。虽然此后学者们一直建议尽快出台中国自己的国家安全战略文本，官方也屡屡重复“完善国家安全战略”的意愿，但直到2013年11月中共十八届三中全会之前，“完善国家安全战略”的说法一直都没有什么改变，国家安全战略文本何时出台也难以预测。

但是2013年11月召开的中共十八届三中全会，使上述情况得以改变。虽然全会通过的《关于全面深化改革若干重大问题的决定》和《公报》中依然在提“完善国家安全战略”，但习近平总书记在关于设立国家安全委员

① 刘跃进：《中国国家安全顶层设计新思路》，《学习时报》2013年12月16日。

② 刘跃进：《制定国家安全战略势在必行》，《国家安全通讯》2000年第1期。

会的说明中的一句话，使人们看到中国国家安全战略文本的推出已经列入议事日程了。习近平在阐述设立国家安全委员会的必要性之后指出：“国家安全委员会主要职责是制定和实施国家安全战略，推进国家安全法治建设，制定国家安全工作方针政策，研究解决国家安全工作中的重大问题。”这种说法，把近十年“完善国家安全战略”的提法，具体化为“制定和实施国家安全战略”，并且将其作为未来国家安全委员会的一项重要职责，从而很清楚地向人们表明：“‘国家安全战略文本’推出为时不远”。[①]

事实的确如此。2015 年 1 月 23 日，中共中央政治局会议审议通过《国家安全战略纲要》。《国家安全战略纲要》虽然至今也没有公开发布，但通过新闻报道可以看出，它是总体国家安全观在国家安全战略中的贯彻落实。审议通过这一纲要的政治局会议认为，制定实施国家安全战略是“有效维护国家安全的迫切需要，是完善中国特色社会主义制度、推进国家治理体系和治理能力现代化的必然要求”。会议强调，新形势下维护中国国家安全，必须要坚持以总体国家安全观为指导，要坚决维护国家核心和重大利益，要以人民安全为宗旨，要在发展和改革开放中促安全，走中国特色国家安全道路。会议还要求做好各领域国家安全工作，大力推进国家安全各种保障能力建设，把法治贯穿于维护国家安全的全过程。

尽管“国家安全战略”一词已经成为汉语体系中的一个通用词语，但在国家安全观念、思维和工作不断由传统向非传统转化的当今时代，与军事特别是战争密切相关的“战略”一词，或许已经落后甚至不合时宜了。即使在传统的军事和军事安全领域，非战争军事行动也越来越多，战争行动的比重不断下降。在这种情况下，“战略”一词中的“战”字就有些不合时宜了。故此，在 2016 年 5 月举办的第九届政治学与国际关系学术共同体年会上，笔者提出应把汉语中的“军队”一词改为“队伍”，同时把“国家安全战略”中的“战略”一词改为“方略”，称为“国家安全方略”，以适应军事战争等传统安全问题相对日益减少和各种非传统安全问题日益增多的国家

① 刘跃进：《“国家安全战略文本”推出为时不远》，《武汉宣传》2014 年第 2 期。

安全现实。

半年之后的2016年12月9日，中共中央政治局会议审议通过《关于加强国家安全工作的意见》时，就在国家安全领域用了“方略”一词。中共中央政治局的这次会议认为，“十八大以来，党中央高度重视国家安全工作，推动国家安全工作在制度、法治、方略、工作举措上取得了新的明显进展”。这里在国家安全领域使用“方略”一词，而没有使用“战略”，使“国家安全战略”变为“国家安全方略”，体现了由传统安全观向非传统安全观、由传统安全思维向非传统安全思维的转变，有利于更有效应对传统安全威胁与非传统安全威胁相互交织的国家安全新挑战。同时，本次会议审议通过这一意见时特别指出：“当前，我国社会政治大局总体稳定，但国家安全环境仍然复杂，对做好新形势下国家安全工作提出了更高要求。要准确把握我国国家安全所处的历史方位和面临的形势任务，认清加强国家安全工作的极端重要性，强化责任担当，加强国家安全能力建设，切实做好国家安全各项工作，切实维护国家主权、安全、发展利益，不断开创国家安全工作新局面。”会议要求：“必须坚持总体国家安全观，以人民安全为宗旨，统筹国内国际两个大局，统筹发展安全两件大事，有效整合各方面力量，综合运用各种手段，维护各领域国家安全，构建国家安全体系，走中国特色国家安全道路；必须坚持集中统一、高效权威的国家安全领导体制；必须坚持国家安全一切为了人民，一切依靠人民；必须坚持社会主义法治原则；必须开展国家安全宣传教育，增强全社会国家安全意识。”

与先前的《国家安全战略纲要》一样，这次《关于加强国家安全工作的意见》也没有公开发布。尽管如此，我们通过官方媒体的报道可以看到，这个意见应该是贯彻落实总体国家安全观和《国家安全战略纲要》更加具体的要求，规定了中国当前国家安全工作的具体任务，因而也是中国国家安全战略的进一步完善和细化。

2016年体现《国家安全战略纲要》具体化的文本，还有《国家网络空间安全战略》。2016年12月27日，由中共中央网络安全和信息化领导小组

（简称“网信领导小组”）批准、网信领导小组办公室发布的关于网络安全的战略文本提出：“为贯彻落实习近平主席关于推进全球互联网治理体系变革的‘四项原则’和构建网络空间命运共同体的‘五点主张’，阐明中国关于网络空间发展和安全的重大立场，指导中国网络安全工作，维护国家在网络空间的主权、安全、发展利益，制定本战略。”①

这里的“四项原则”和“五点主张”，是习近平主席2015年12月16日在第二届世界互联网大会发表主旨演讲时提出的。“四项原则”分别是指：尊重网络主权；维护和平安全；促进开放合作；构建良好秩序。“五点主张”分别是：加快全球网络基础设施建设，促进互联互通，让更多发展中国家和人民共享互联网带来的发展机遇；打造网上文化交流共享平台，推动世界优秀文化交流互鉴，推动各国人民情感交流、心灵沟通；推动网络经济创新发展，促进共同繁荣，促进世界范围内投资和贸易发展，推动全球数字经济发展；保障网络安全，促进有序发展，推动制定各方普遍接受的网络空间国际规则，共同维护网络空间和平安全；构建互联网治理体系，促进公平正义，应该坚持多边参与、多方参与，更加平衡地反映大多数国家意愿和利益。

《国家网络空间安全战略》是总体国家安全观和《国家安全战略纲要》在网络安全领域的贯彻落实，从战略高度阐明了中国对网络空间发展及其安全的基本立场和主张，明确了网络安全方面的战略方针和主要任务，成为指导当前和今后一段时间内中国网络安全工作的纲领性文件。

四　结论

中共十八届三中全会提出设立国家安全委员会之后，近年来中国国家安全领域出现了一系列创新性成果。2016年，通过4月15日第一个国家安全

① 《国家网络空间安全战略》，http：//news. xinhuanet. com/zgjx/2016－12/28/c_ 135937504. htm。

教育日活动的开展，“总体国家安全观”和《国家安全法》在全国各地各领域得到进一步贯彻落实；随着《反恐怖主义法》1月1日开始实施、《境外非政府组织境内活动管理法》4月28日颁布、《网络安全法》11月7日颁布，中国国家安全法律体系得到了进一步完善；中共中央政治局于12月9日审议通过《关于加强国家安全工作的意见》；12月27日发布《国家网络空间安全战略》，使2015年1月通过的《国家安全战略纲要》得以具体化，从而进一步完善了国家安全战略，促进了国家安全战略的落地生根。

B.15

驶入发展高速路的中国国家安全法治

毕雁英*

摘　要：　2016年是中国国家安全法制建设中承上启下的关键一年。《反间谍法》《国家安全法》《反恐怖主义法》这三部国家安全法律制度中的支柱性法律的实施，意味着中国已经建起了国家安全法制的基本框架。但对司法案例的实证研究表明，三部法律在实践中被明确引用作为裁判依据的情况十分有限，对此应予以重视。2016年在国家与地方两个立法层面均新颁与修订了涉及国家安全事项的大量的法律规范。对其的分析表明中国在国家安全重要立法领域取得突破，丰富了总体国家安全观框架下的法律体系的内容，但是立法质量有待提升，对安全价值与公民权利的平衡关系处理仍有待改进，执法与司法尚未跟上立法的速度。未来中国国家安全法治的发展应注重法律规范的有效执行和法律规范体系的缺漏填补与及时修订，可以鼓励地方立法通过实验立法积累立法经验。

关键词：　国家安全法治　国家安全立法　执行情况　立法状况　立法评价

* 毕雁英，法学博士，国际关系学院法律系教授，副主任，研究方向为国家安全法、行政法。

引言

2016年是中国在确立国家安全法制新框架的背景下，深入贯彻总体国家安全观，实施国家安全战略，逐步落实和制定各领域国家安全法律制度，提高国家安全能力，切实保障国家安全的重要阶段。这一年是中国国家安全法治建设驶入高速路飞速发展的一年，也是承上启下的关键一年。它一端连接着基本观念和制度的确立，另一端将具体的法律制度置于法治实践中。国家安全工作在制度、法治、方略、工作举措上“取得了新的明显的进展”。[①]

回顾近期国家安全制度体系的发展历程，2014年1月24日，中央国家安全委员会成立，其职责之一即“推动国家安全法治建设”。2014年4月15日，在中央国家安全委员会第一次会议上，习近平主席提出“坚持总体国家安全观，走出一条中国特色国家安全道路”。2014年10月，中共十八届四中全会提出贯彻落实总体国家安全观，加快国家安全法治建设，抓紧出台反恐怖等一批急需法律，推进公共安全法治化，构建国家安全法律制度体系。确定了推动国家安全法治建设的职责机构和指导思想之后，中国国家安全法制建设进入加速发展阶段。全国人大常委会以总体国家安全观理念为指导，迅速地推进了国家安全领域立法工作，颁布了一系列重要法律：2014年11月1日，审议通过《反间谍法》；2015年7月1日，审议通过《国家安全法》；2015年12月27日，审议通过《反恐怖主义法》。这三部法律成为中国国家安全法制体系的三大支柱，反映了决策层将国家安全纳入法制轨道，加快实现国家安全法治化的坚定决心和努力。

需要注意的是，基于特殊立法原因的考虑，尽管这三部法律均由全国人大常委会通过，根据“三支柱”的立法宗旨和内容的差异，从内容和地位上看，三部法律在中国法律体系中的位阶还是存在差异的，即它们在中国法

① 参见2016年12月9日中共中央政治局通过的《关于加强国家安全工作的意见》。

律体系中的纵向等级上是有区别的。笔者认为，基于《宪法》和《立法法》的规定以及特定立法所依托的立法权的等级性，尤其是所涉国家安全立法事项的包容性的不同，中国国家安全的法律制度的位阶体系在实践中可以分为六个层级（见图1），从高到低依次是根本法、基本法（律）①、普通法（除基本法律之外的其他法律）②、行政法规、地方性法规和行政规章。“三支柱”中的《国家安全法》应当属于国家安全法制领域中的基本法，是主支柱；《反间谍法》和《反恐怖主义法》是普通法，是两翼支柱。下位阶的普通法律必须服从上位阶的基本法律，所有的法律必须服从最高位阶的根本法。如就法律冲突的解决规则的角度而言，《国家安全法》是国家安全这一领域中的一般法，其他普通法律是特别法。

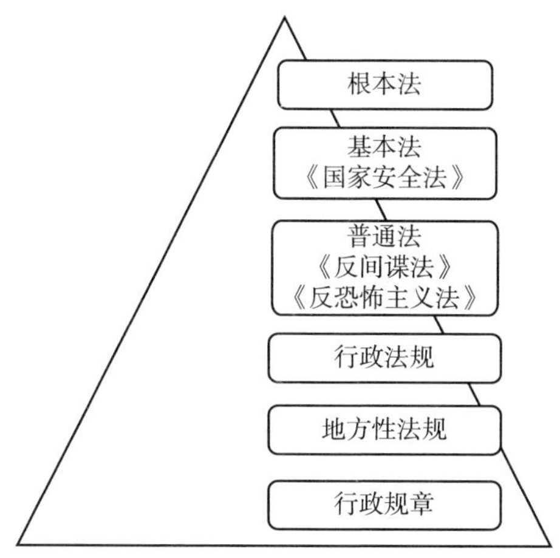

图1　中国国家安全立法体系的位阶

---

① 此处的“基本法”，并非指在香港和澳门地区适用的两部《基本法》，而是为了与国家安全领域中的其他法律制度相区分而使用的一个特殊指代词，完整称谓为“国家安全基本法律”。

② 此处的“普通法”，并非指发源于英格兰，与衡平法系相对应的，由英国王室法庭实施于全国的普遍适用的习惯法和判例法。在中国，普通法通常指次于宪法（根本法）的一般性法律。此处使用“普通法”是为了突出在国家安全领域中作为根本法的《宪法》和国家安全基本法律的《国家安全法》与其他涉及国家安全内容的普通法律之间在地位与事项上的区别。亦可称为“国家安全基本法律之外的普通法律”。

颁行法律的目的在于执行，执行的效果是检验立法质量的试金石。本文在回顾2014～2015年几部关键法律的落实情况的基础上，再梳理2016年度的国家安全立法状况，进而做出评价，最后对未来国家安全立法发展的趋势做出预判并提出初步建议。

一　2016年中国国家安全法律规范的执行情况

自国家安全法制领域的三大支柱性法律（《国家安全法》《反间谍法》《反恐怖主义法》）颁行之后，这三部法律的执行效果和具体情况无疑应当是在立法完成之后最值得关注和分析的问题。

《反间谍法》于2014年11月1日公布，同日起实施。从笔者对法院公开的审判资料分析看，自《反间谍法》施行后，法院在裁判中引用该法的案例仅有一例。[①]

《国家安全法》于2015年7月1日公布，同日起实施。自《国家安全法》施行后，在笔者检索分析的两个权威裁判文书数据库中，均未发现涉及运用《国家安全法》条文审理的案件。

《反恐怖主义法》于2015年12月27日通过，自2016年1月1日起施行。自该法施行起，法院的确审理和判决了数起涉及恐怖活动的案件，例如参加恐怖组织罪、分裂国家罪等，但遗憾的是法院在判决中并未引用《反恐怖主义法》的条文，而是仅援用《刑法》的相关条文做出了裁判。就行政案件来说，尚未查到一起涉及《反恐怖主义法》的行政案例。

从上述实证分析的结果看，验证了笔者一直以来关注并担心的问题，这就是国家安全法律的执行效果问题。虽然法律的宣示或者教育功能也不能忽视，但法律制定并发布的根本目的是执行。因为《国家安全法》的内容是

---

① 参见《李某非法生产、销售间谍专用器材罪二审刑事裁定书》，（2015）宿中刑终字第00122号，二审法院在2016年1月12日做出终审裁定（中国裁判文书网，http：//wenshu. court. gov. cn/content/content? DocID = d53594a7 - f058 - 408a - b154 - a215f7b3c28f）。笔者据此进行案例分析的裁判文书资料来源包括北大法宝和中国裁判文书网。

公认的宏观概括，原本缺少对法律责任的明确规定，故而法院在实际审判工作中援用不多并不稀奇；令人疑惑的是《反恐怖主义法》对执法者与公众的权利义务规定较为明确具体，并且专设了法律责任一章，共有 17 个条款，对反恐怖主义活动中的各方当事人的权益进行了较为详尽的规定，其中规定了一项刑事责任（第 79 条），其余的责任条款均为针对一般违法的行政责任。在这种情况下，在法院审理的案件中，并没有一项涉及这些行政责任。可以说，《反恐怖主义法》中的法律责任条款的大部分被空置，尤其是行政法律责任尚未实际得到执行。

究其原因，多方因素都在其中发挥了作用。既可能是执法机关之间的权限分工存在模糊地带，被授权的执法机关对职责尚不明确；也可能是由于法律刚刚施行，执法者对几部国家安全法律制度运用尚不熟练，执法活动尚未展开，司法机关惯于在旧有的国家安全法律制度中寻找依据，很少适用新法；同时也有部分法律本身较为宏观概括、直接适用不易的原因。

相比之下，迄今《国家安全法》在政策和组织机构层面得到了充分的重视和落实，一系列的机构改革已经逐渐展开，相关的法制宣传与过去相比有重大进步，取得明显的社会效果，打破了国家安全法律制度传统的神秘色彩，逐渐明晰了其在社会生活中的功能和作用。《反间谍法》沿袭了以往法律制度基础，是三部支柱性法律中执行相对较好的一部，但是细节中仍然存在一些问题，例如取证难的问题长期存在，导致在实践中可能呈现两种极端的处理手段：一是忽视执法的程序法治和对公众权益的保障底线；二是放弃执法权，放纵违法行为，因此对制度细节的完善、执法人员的专业化培训十分重要。

二　2016年中国国家安全立法状况

实证调研分析表明，2016 年度中国的国家安全立法的进展在几个不同的立法层面和位阶上都保持了较高的立法速度。在法律层面的立法进展尤为显著，其中新制定的五部法律在广泛领域中落实了总体国家安全观中提出的维护国家安全的重要任务，尤其是《网络安全法》《境外非政府组织境内活动管理法》《慈善法》《电影产业促进法》《反恐怖主义法》，在保障网络安全、政治安全、经济安全、文化安全以及反恐怖主义几个领域中首次确立了诸多重要的法律制度，填补了立法空白。一些地方立法活动在较为广泛的传统安全与非传统安全领域中体现了维护国家安全的立法努力。这一年的立法成果可圈可点，但在立法规划设计的系统性、制度间的衔接性、立法技术的成熟性以及可操作性等方面仍有待提高与完善。关于2016年制定与修改的涉及“国家安全”的法律及法律性文件、行政法规、司法解释、行政规章及地方性法规分别参见表1至表5。

表1　2016年制定与修改的涉及“国家安全”的法律及法律性文件

序号	法律名称	发布时间(修改时间)/实施时间	涉及“国家安全”规定的频次	发布文号
1	中华人民共和国对外贸易法	2016年11月7日发布/2004年7月1日实施	5	主席令第57号修改
2	中华人民共和国档案法	2016年11月7日发布/1988年1月1日实施	2	主席令第57号修改
3	中华人民共和国网络安全法	2016年11月7日发布/2017年6月1日实施	9	主席令第53号新定
4	中华人民共和国电影产业促进法	2016年11月7日发布/2017年3月1日实施	2	主席令第54号新定
5	中华人民共和国境外非政府组织境内活动管理法	2016年4月28日发布/2017年1月1日实施	3	主席令第44号新定
6	中华人民共和国慈善法	2016年3月16日发布/2016年9月1日实施	3	主席令第43号新定
7	全国人大常委会2016年工作要点	2016年4月15日发布/2016年4月15日实施	1	法律性文件新定
8	第十二届全国人民代表大会第四次会议关于2015年国民经济和社会发展计划执行情况与2016年国民经济和社会发展计划的决议	2016年3月16日发布/2016年3月16日实施	1	法律性文件新定
9	中华人民共和国国民经济和社会发展第十三个五年规划纲要	2016年3月16日发布/2016年3月16日实施	22	法律性文件新定

表2 2016年制定与修改的涉及"国家安全"的行政法规

序号	行政法规名称	发布时间/实施时间	涉及"国家安全"规定的频次	发布文号
1	国务院对确需保留的行政审批项目设定行政许可的决定	2016年8月25日发布/2016年8月25日实施	2	国务院令第671号新定
2	音像制品管理条例	2016年2月6日发布/2002年2月1日实施	3	国务院令第666号修改
3	中华人民共和国电信条例	2016年2月6日发布/2000年9月25日实施	7	国务院令第666号修改
4	互联网上网服务营业场所管理条例	2016年2月6日发布/2002年11月15日实施	1	国务院令第666号修改
5	中华人民共和国认证认可条例	2016年2月6日发布/2003年11月1日实施	2	国务院令第666号修改
6	中华人民共和国考古涉外工作管理办法	2016年2月6日发布/1990年12月31日实施	1	国务院令第666号修改
7	中华人民共和国公司登记管理条例	2016年2月6日发布/1994年7月1日实施	1	国务院令第666号修改
8	营业性演出管理条例	2016年2月6日发布/2005年9月1日实施	2	国务院令第666号修改
9	农业机械安全监督管理条例	2016年2月6日发布/2009年11月1日实施	1	国务院令第666号修改
10	娱乐场所管理条例	2016年2月6日发布/2006年3月1日实施	2	国务院令第666号修改
11	出版管理条例	2016年2月6日发布/2002年2月1日实施	3	国务院令第666号修改

表3 2016年制定与修改的涉及"国家安全"的司法解释

序号	司法解释名称	发布时间/实施时间	涉及"国家安全"规定的频次	发布文号
1	最高人民法院关于办理减刑、假释案件具体应用法律的规定	2016年11月14日发布/2017年1月1日实施	3	法释[2016]23号
2	最高人民检察院关于加强侦查监督、维护司法公正情况的报告	2016年11月5日发布/2016年11月5日实施	5	司法规范性文件
3	2016年人民法院工作要点	2016年2月3日发布/2016年2月3日实施	3	法发[2016]4号

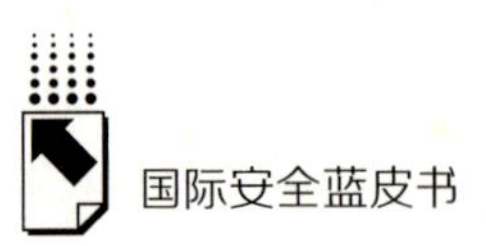

表4　2016年制定与修改的涉及“国家安全”的行政规章

序号	行政规章名称	发布时间/实施时间	涉及“国家安全”规定的频次	发布文号
1	外商投资企业设立及变更备案管理暂行办法	2016年10月8日发布/2016年10月8日实施	6	商务部令2016年第3号
2	律师执业管理办法	2016年9月18日发布/2016年11月1日实施	5	司法部令第134号
3	律师事务所管理办法	2016年9月6日发布/2016年11月1日实施	4	工信厅网安[2016]135号新定
4	网络预约出租汽车经营服务管理暂行办法	2016年7月27日发布/2016年11月1日实施	3	交通运输部、工业和信息化部、公安部、商务部、工商总局、质检总局、国家网信办令2016年第60号
5	银行卡清算机构管理办法	2016年6月6日发布/2016年6月6日实施	1	中国人民银行、中国银行业监督管理委员会令[2016]第2号
6	专网及定向传播视听节目服务管理规定	2016年4月25日发布/2016年6月1日实施	1	国家新闻出版广电总局令第6号
7	民用航空运输机场航空安全保卫规则	2015年12月27日发布/2016年1月1日实施	1	交通运输部令2016年第48号
8	公共航空运输企业航空安全保卫规则	2016年4月21日发布/2016年5月22日实施	1	交通运输部令2016年第49号
9	民用航空标准化管理规定	2016年3月28日发布/2016年4月28日实施	1	交通运输部令2016年第30号
10	互联网直播服务管理规定	2016年11月4日发布/2016年12月1日实施	22	法律性文件新定

表5　2016年制定与修改的涉及“国家安全”的地方性法规

序号	地方性法规名称	发布时间/实施时间	涉及“国家安全”规定的频次	发布文号
1	太原市中小学校幼儿园规划建设条例	2016年11月16日发布/2017年1月1日实施	1	
2	南京市奖励和保护见义勇为人员条例	2016年10月21日发布/2017年1月1日实施	1	南京市人民代表大会常务委员会公告第36号
3	银川市智慧城市建设促进条例	2016年9月2日发布/2016年10月1日实施	1	

续表

序号	地方性法规名称	发布时间/实施时间	涉及"国家安全"规定的频次	发布文号
4	上海市网络预约出租汽车经营服务管理若干规定	2016年11月11日发布/2016年11月11日实施	2	上海市人民政府令第48号
5	安徽省公共安全视频图像信息系统管理办法	2016年11月2日发布/2017年1月1日实施	8	安徽省人民政府令第270号
6	云南省公共安全视频图像信息系统管理规定	2016年8月25日发布/2016年10月1日实施	5	云南省人民政府令第203号
7	上海市重大行政决策程序暂行规定	2016年10月31日发布/2017年1月1日实施	1	上海市人民政府令第47号
8	四川省社会稳定风险评估办法	2016年8月25日发布/2016年11月1日实施	1	四川省人民政府令第313号
9	重庆市公共安全视频图像信息系统管理办法	2016年6月17日发布/2016年8月1日实施	3	重庆市人民政府令第304号
10	云南省宗教事务规定	2016年5月23日发布/2016年7月1日实施	2	云南省人民政府令第201号
11	安徽省保守国家秘密实施细则	2016年3月22日发布/2016年5月1日实施	4	安徽省人民政府令第267号
12	宁波市国家安全机关工作人员使用侦察证和特别通行标志暂行办法	2016年1月11日发布/1998年12月1日实施	21	宁波市人民政府令第226号修改
13	宁波市涉外项目国家安全事项管理规定	2016年1月11日发布/2012年4月1日实施	71	宁波市人民政府令第226号修改
14	宁波市测绘管理办法	2016年1月11日发布/2007年3月1日实施	1	宁波市人民政府令第226号修改

（一）国家层面的立法状况

从法律的重要性上看，2016年国家安全领域中出台的最重要的立法当属《网络安全法》，其次是《境外非政府组织境内活动管理法》。

1.《网络安全法》

《网络安全法》于2016年11月7日发布，2017年6月1日起实施。受制于不同时期信息技术的发展、对法治理论与实践的水平、对国家安全的观念认识等因素的影响，中国的网络安全立法呈现出动态演进的特点，在不同发展的阶段呈现出不同的立法侧重点，总体看可分为四个阶段。第一阶段是在2000年之前，聚焦于计算机安全立法，代表性的立法是1994年2月国务院发布的《计算机信息系统安全保护条例》。第二阶段是2000~2004年，聚焦于信息安全与互联网安全，如2000年公安部发布的《计算机病毒防治管理办法》、国务院发布的《互联网信息服务管理办法》《电信条例》等，立法的位阶较低。第三阶段是2005~2012年的信息安全保障立法阶段，如中国首部真正意义上的信息化法律《电子签名法》《通信网络安全防护管理办法》《网络商品交易及其有关服务管理暂行办法》等。此阶段网络安全立法的规制对象随着信息化的深入而不断扩大，但仍然存在立法碎片化、缺乏统一立法理念和顶层设计等问题。[①] 第四阶段是2012年之后的网络安全立法阶段。此阶段国际网络安全形势严峻复杂，"棱镜门事件"引发了各国对网络信息安全、政治安全的警醒，网络攻击、病毒传播、信息窃取等网络违法犯罪行为日益猖獗；2012年底，全国人大常委会发布《关于加强网络信息保护的决定》，2014年中国确立"互联网+"的国家发展战略，修改完善了相关立法。同时，鉴于中国在网络安全监管中长期存在"多头管理、职能交叉、权责不一、效率不高"的问题，借鉴其他国家的治理经验[②]，通过进行综合性、系统性的立法来保障国家网络与信息安全成为重要的立法任务。新的《国家安全法》已于2015年7月1日起施行，其中对维护网络安全的任务进

① 参见王玥《中国网络安全立法研究综述》，《信息安全研究》2016年第9期。

② 世界上有许多国家通过制定统一的综合性立法来应对网络与信息安全问题。如，美国在2003年制定了《联邦信息安全管理法》（FISMA），在2011年出台了《网络空间安全法案》；日本在2014年通过了《网络安全基本法》；俄罗斯制定了《联邦信息、信息化和信息保护法》。

行明确的规定[①]，据此维护国家网络空间主权、安全和发展利益就成为制定和执行网络安全专门法律的基础依据。

在这些立法积累的基础上，中国防范网络攻击的立法努力在 2015 年初现成效，并首次在国家安全的立法高度提出了解决方案。2015 年 7 月，《网络安全法（草案）》首次向社会公开征求意见。在维护网络安全主权和战略规划、保障网络产品和服务安全、保障网络运行安全、保障网络数据安全、保障网络信息安全、监测预警与应急处置、网络安全监督管理体制等方面的重要制度上提出了立法解决方案。

经过两次公开向社会征求意见，并进行回应和修改的基础上，最终通过的《网络安全法》共有 7 章 79 条。社会对这部法律的评价较高，其值得关注的亮点有六个方面："第一，明确网络空间主权的原则。第二，明确网络产品和服务提供者的安全义务。第三，明确网络运营者的安全义务。第四，进一步完善个人信息保护规则。第五，建立关键信息基础设施安全保护制度。第六，确立了关键信息基础设施重要数据跨境传输的规则。"[②]

从内容上看，这部法律对当前中国网络安全方面存在的热点难点问题均有回应。针对个人信息泄露问题，《网络安全法》规定：网络产品、服务具有收集用户信息功能的，其提供者应当向用户明示并取得同意；网络运营者不得泄露、篡改、毁损其收集的个人信息；任何个人和组织不得窃取或者以其他非法方式获取个人信息，不得非法出售或者非法向他人提供个人信息。并规定了相应法律责任。针对网络诈骗多发态势，《网络安全法》规定，任何个人和组织不得设立用于实施诈骗，传授犯罪方法，制作或者销售违禁物品、管制物品等违法犯罪活动的网站、通讯群组，不得利用网络发布涉及实施诈骗，制作或者销售违禁物品、管制物品以及其他违法犯罪活动的信息。

① 《国家安全法》第二十五条规定：国家建设网络与信息安全保障体系，提升网络与信息安全保护能力，加强网络和信息技术的创新研究和开发应用，实现网络和信息核心技术、关键基础设施和重要领域信息系统及数据的安全可控；加强网络管理，防范、制止和依法惩治网络攻击、网络入侵、网络窃密、散布违法有害信息等网络违法犯罪行为，维护国家网络空间主权、安全和发展利益。

② 杨轩：《网络安全法获高票通过　明确加强个人信息保护》，《中国商报》2016 年 11 月 15 日。

该法还规定了相应的法律责任。

此外，《网络安全法》在关键信息基础设施的运行安全、建立网络安全监测预警与应急处置制度等方面都做出了明确规定。

2.《境外非政府组织境内活动管理法》

《中华人民共和国境外非政府组织境内活动管理法》于 2016 年 4 月 28 日经第十二届全国人民代表大会常务委员会第二十次会议通过，并于 2017 年 1 月 1 日起实施。该法对境外非政府组织在中国境内的机构登记、活动规范、财务管理、处罚机制等均做出了规定。这部法律的实施，必将深刻影响境外非政府组织的在华活动。

境外非政府组织是指在中国境外成立，且在中国境内开展活动的非政府组织，从注册地或成立地看，既包括依据外国法律在国外成立且来华活动的各类非政府组织，也包括依据香港特别行政区、澳门特别行政区和台湾地区的法律在上述地区成立且来内地活动的非政府组织。

自改革开放以来，境外非政府组织逐步进入中国国内活动，并随着中国对外开放进一步扩大，境外非政府组织进入中国的速度不断加快，数量迅速增加。研究资料显示，近年在中国长期活动的境外非政府组织有 1000 个左右，此外还有一些开展短期合作项目的组织，因此，在中国从事活动的境外非政府组织总数达 4000 ~ 6000 个。① 每年通过境外非政府组织流入中国的活动资金可达数亿美元，其活动范围涉及扶贫、助残、环保、卫生、教育等二十多个领域。一些境外非政府组织与中国政府有关部门、院校机构和社会团体建立了紧密合作的关系。近年来，尽管其活动十分活跃，但一直较难取得合法身份。过去，管理境外非政府组织的主体主要是民政部体系，即境外非政府组织可申请成立境外基金会代表机构、外国商会、民办非企业单位等。

这些境外非政府组织在中国的活动无疑具有积极作用，其中的不少非政府组织给中国带来了国际资金、先进的技术理念和管理经验，有利于中国的科技、民生、环保和公益事业的发展进步，对促进中国非政府组织向正规化

---

① 唐红丽：《王存奎：辩证看待境外非政府组织》，《中国社会科学报》2014 年 5 月 14 日。

和国际化发展发挥了积极作用。与此同时也要注意的是，少数在华境外非政府组织的活动存在一些不容忽视的情况和问题。“目前在中国活动的数千家境外非政府组织中，具有政治渗透背景的有数百家。现有的调查结果表明，少数境外非政府组织在中国境内进行合法活动的同时，不同程度上也存在着进行非法活动的情况，如曾经在东欧剧变中发挥重要作用的一些境外非政府组织通过直接或间接渠道进入中国活动，利用文化交流、捐资助学、项目培训等手段进行意识形态领域的渗透，搜集中国的政治、经济、科技、军事情报，在中国内部培养西方代理人和政治反对派；通过插手中国人民内部矛盾和纠纷，特别是以开发援助、扶持弱势群体为名，以‘维权’相号召，制造舆论，混淆视听，煽动民众同党和政府产生对立情绪；或者支持参与策划街头政治、民族分裂等活动。这些活动都对中国的国家安全和社会政治稳定带来了一定程度的威胁和危害。”① 因此，要客观辩证地看待境外非政府组织在华活动的作用。既要看到其在扶贫帮困、灾难救助等方面的积极作用，同时也要警惕少数有政治背景的境外非政府组织的渗透破坏，减少和消除其对中国国家安全和社会政治稳定的消极负面影响。

在《境外非政府组织境内活动管理法》颁行之前，中国对境外非政府组织进行管理引以为据的主要是两部行政法规：一是 1989 年 6 月国务院颁布的《外国商会管理暂行规定》，以外国商会为主要管理对象，即外国在中国境内的商业机构及人员依照本规定在中国境内成立，不从事任何商业活动的非营利性团体；二是 2004 年 3 月国务院颁布的《基金会管理条例》，境外基金会在中国内地设立的代表机构需要遵循本法规的相关规定。

但是上述两项法规只是涉及目前在华活动的境外非政府组织中的两种类型，除商会和基金会之外的多数境外非政府组织在华活动的管理一直无法可依。因此，加快出台相应法律法规对其进行有效规制紧迫且重要，需要根据实际情况建立一套境外非政府组织管理的法律制度。全国人大常委会二次审议后将法律草案全文向社会公布征求意见，最终通过的《境外非政

① 唐红丽：《王存奎：辩证看待境外非政府组织》，《中国社会科学报》2014 年 5 月 14 日。

府组织境内活动管理法》共7章54条，包括总则、登记和备案、活动规范、便利措施、监督管理、法律责任等内容。这部法律是主管部门对于境外非政府组织在中国境内多年活动管理经验的总结，总体来看，延续了以往的政策要求，且对之前存在的"灰色地带"予以明确规定，并在设立、管理及活动等方面，对以往的立法和实务经验进行了归纳和总结。

《境外非政府组织境内活动管理法》确立的对境外非政府组织管理体制具有中国的特点：一是双重管理，二是公安机关是登记管理机关，三是公安机关负主要责任。中国的公安机关有维护国家安全、维护社会秩序、制止和惩治违法犯罪行为的职责，同时还有管理户籍、国籍、出入境和外国人在华活动有关事务的管理职责。故而这部法律赋予公安机关负责境外非政府组织代表机构的登记、年度检查，境外非政府组织临时活动的备案，对境外非政府组织及其代表机构的违法行为进行查处的权力。从公安机关的权力与责任形式看，公安部门可以根据情节对被怀疑的境外非政府组织约谈负责人、停止活动、没收非法财物和违法所得、吊销登记证书、取缔临时活动以及列入黑名单、对直接责任人员予以警告或者拘留。县级以上人民政府有关部门应当依法为境外非政府组织提供政策咨询、活动指导服务。登记管理机关应当通过统一的网站，公布境外非政府组织申请设立代表机构以及开展临时活动备案的程序，供境外非政府组织查询。此外，法律还规定，境外非政府组织的代表机构不是法人，境外非政府组织来华的临时活动都是短期的，因此不符合《慈善法》关于募捐的规定，不得进行募捐。境外非政府组织也不得在中国境内设立分支机构，国务院另有规定的除外。所谓的除外，就是原来有一些国外的自然科学的学术机构、学术单位曾经在中国设立分会，对这些已经设立的分会国家认可。

除了这两部法律之外，2016年9月1日施行的《慈善法》和2016年11月7日发布、2017年3月1日起实施的《电影产业促进法》，分别在政治安全、经济安全和文化安全领域中，提出了一些明确的制度规范。

在国家行政立法层面，国务院没有制定颁发新的涉及国家安全制度的行政立法，但对一部分与国家安全事项有关的行政法规进行了修改，包括

《音像制品管理条例》《电信条例》《互联网上网服务营业场所管理条例》《出版管理条例》《考古涉外工作管理办法》等行政法规的规范内容均属总体国家安全制度体系中的构成部分。此外，随着国家安全事项与制度范围的拓展，2016 年，国务院部门颁发的涉及国家安全事项的行政规章数量也为数不少，如《外商投资企业设立及变更备案管理暂行办法》《律师执业管理办法》《网络预约出租汽车经营服务管理暂行办法》《银行卡清算机构管理办法》《专网及定向传播视听节目服务管理规定》《公共航空运输企业航空安全保卫规则》《互联网直播服务管理规定》等。

基于案件审理和司法监督的需要，作为具体应用法律操作指南的司法解释也有些涉及国家安全事项的内容，主要有两部：《最高人民法院关于办理减刑、假释案件具体应用法律的规定》和《最高人民检察院关于加强侦查监督、维护司法公正情况的报告》。

（二）地方层面的立法状况

2016 年地方立法中涉及国家安全事项的地方性法规数量增加很快，涉及范围较广，包括公共安全事项、宗教事务、保密规则、测绘事项及涉外项目国家安全事项管理等，如《银川市智慧城市建设促进条例》《安徽省公共安全视频图像信息系统管理办法》《云南省公共安全视频图像信息系统管理规定》《四川省社会稳定风险评估办法》《重庆市公共安全视频图像信息系统管理办法》《云南省宗教事务规定》《安徽省保守国家秘密实施细则》《宁波市涉外项目国家安全事项管理规定》《宁波市测绘管理办法》等。

三　2016年中国国家安全立法状况之评价

2016 年，中国国家安全领域的立法活动仍然延续了近两年高速发展的趋势，无论在国家立法层面还是地方立法层面，在不同层面的立法中均体现了总体国家安全观下的立法关切。这些立法活动正在为中国国家安全法律体

系的完善奠定重要基石。但是这些已经制定颁行的制度仍然存在不少问题，因为立法活动本身就是一种不断探索和完善的过程。

（一）重要立法领域取得突破

在国家层面上看，《网络安全法》是中国第一部集中体现国家对互联网管理意志和政策的法律，而当今社会经济、政治活动以及日常生活都已经须臾离不开网络。在网络空间中，因为缺失法规和秩序而发生的侵害、危险不胜枚举。没有网络和信息安全就没有国家安全，没有网络和信息的安全网民的合法权益也难以获得保障。网络与信息的安全，必须依托法律的保障。正是基于这部法律的重要性、紧迫性和复杂性，国内社会与国际社会对此法都十分关注。此法作为互联网时代的网络规制基本法，对于中国建立有序的网络空间秩序，维护网络与信息安全，以及今后中国参与网络空间国际规则的制定都将产生重要的影响。今后，依托《网络安全法》的制度框架，中国将会逐步跟上世界网络规制的步伐，确立和完善中国维护网络与信息安全的制度体系。

尽管境外非政府组织在中国越来越活跃，但是长期以来缺少有针对性的规制措施和依据，《境外非政府组织境内活动管理法》的最终出台填补了这一领域的制度空白，也是中国维护政治安全、应对“颜色革命”的一项立法。此法曾经在草案中被命名为《境外非政府组织管理法》，随着分析研究和审议工作的深入，法律草案中引发争议的“限制性”色彩被逐步淡化，而且缩小了调整范围，将所谓的境外非政府组织限定为在境外合法成立的基金会、社会团体、智库机构等非营利、非政府的社会组织，排除了“境外学校、医院、自然科学和工程技术的研究机构或者学术机构与境内学校、医院、自然科学和工程技术的研究机构或者学术机构开展交流合作”。该草案还删除包括驻在期限、招募志愿者和聘用工作人员等限制性内容，适当简化临时活动的办理程序，适度放宽发展会员的相关限制。这些被称为立法者释放的“善意”。这部法律的修改进程与修改内容体现了对立法定位的认识的变化：由管理向服务的转变。增加了一些服务的内容，如法律规定，国家保障和支持境外非政府组织在中国境内依法开展活动；各级人民政府有关部门应当为境外非政府组织在中国境内依法开展活动提供必要的便利和服务。

（二）丰富了总体国家安全观框架下的法律体系的内容

总体国家安全观与发展战略提出的诸多任务应当成为未来立法的重点内容和要求。随着国家安全领域支柱性法律内容的逐渐明晰，行政法规以及司法解释中的相关规定也应当随之进行修废和调整。基于落实《国家安全法》的需要，部门规章中涉及国家安全事项的规定应当也必将越来越多。

对地方来说，过去传统的国家安全范畴主要是中央的立法事项，因此地方立法中的综合性国家安全立法并不多。但是，在近两年国家制定完成宏观的基础性国家安全立法之后，就需要地方在总体国家安全观的任务框架下逐步分解、细化和明确地方在国家诸项领域中的任务，将维护国家安全的目标在政治、经济、社会公共领域、网络服务与规制、文化等诸多工作中具体落实和执行下去。

（三）立法质量有待提升

目前关于国家安全的立法事项在逐渐增加，但是立法文本本身的质量仍然有提升的空间。也许是囿于加快立法速度的需要，立法中对有些规制对象的界定仍然不够全面、科学，如《网络安全法》中对“网络”的界定范围与法律中实际规制事项的范围不能全面对应①，法律究竟应如何命名才最为准确仍有待深入研究。如果法律的名称不做改变，则应当对关键概

① 中国立法关注的网络安全已经从计算机信息系统安全、计算机信息网络安全、互联网安全及网络信息安全过渡到融合了网络和网络信息的较为综合的网络安全。电信网、互联网、广播电视网的三网融合被称为“信息网络”，这是当前关于“网络”一词的较为统一的看法，虽然其也常被狭义地指代互联网。可以预见，未来的网络应当包括正在兴起的物联网，即“四网融合”后的信息网络。从这个意义上讲，这部法律的名称宜为《信息网络安全法》。即使沿用《网络安全法》，也应将“网络”一词进行重新界定。立法名称不仅涉及“名正言顺”的问题，还关系到立法范围问题，应引起重视。参见孙占利《〈网络安全法〉若干立法建议》，《中国信息安全》2016 年第 7 期。

念的内涵和外延进行恰当的解释。就现实中网络安全的法律保障需求看，《网络安全法》的范围应该进行拓展。“狭义的网络安全法和网络信息安全法可以认为是网络安全法的两个车轮，是网络安全法的核心内容。”[①] “对整个立法体系缺乏统一的逻辑考虑和对网络安全保障的法律需求缺乏足够的实证考量导致目前草案的立法体系是存在问题的。”《网络安全法》的直接保障对象和制度应当包括：“网络基础设施安全、网络信息系统安全、网络信息安全、网络环境安全、网络应用安全”。[②] 此外，网络安全的法律保障不应限于国内法范畴，应将网络安全的国际合作法制也纳入其中，特别是网络安全与国家主权、网络战争与网络冲突及网络犯罪的国际合作预防与制裁问题。

与域外的立法内容相比，中国的《网络安全法》在立法目的设定上不但包括技术安全保证，还涵盖了管理安全和内容安全，而域外的立法主要注重从技术安全的角度来进行规制[③]，很少进行综合立法。因此相比之下中国的立法难度更大，要求更高。在实现立法理想目标的路途上我们还有很多立法工作、研究工作要深入推进。

（四）对安全价值与公民权利的平衡关系处理仍有待改进

维护国家的安全利益，往往需要对公民个人的权益进行特殊的限制，二者存在天然的张力。从近两年的立法文本看，其中有些规定对安全价值的追求与对公民权利的尊重之间关系的处理还有待完善。以《网络安全法》为例，其中需要在两种价值取向之间进行更好平衡的关系包括：国家安全与个人信息保护的平衡关系；提供网络服务的运营商、机构的权利责任义务以及网民参与者的权利责任义务之间的平衡关系；政府的网络监管、公民依照宪法规定的网络参与权利之间的平衡关系。[④] 如《网络安全

① 孙占利：《〈网络安全法〉若干立法建议》，《中国信息安全》2016 年第 7 期。

② 孙占利：《〈网络安全法〉若干立法建议》，《中国信息安全》2016 年第 7 期。

③ 崔光耀：《〈网络安全法（草案）〉二审前后》，《中国信息安全》2016 年第 9 期。

④ 参见崔光耀《〈网络安全法（草案）〉二审前后》，《中国信息安全》2016 年第 9 期。

法》第47条赋予网络运营者发现并启动的停止传输用户发布信息的规定，实际上赋予了网络运营者以特定国家监管者的权力，是对网络用户使用网络行为的“私法”限制，其合法性来源需要进一步的论证和解决。此外，第58条规定了关于“重大突发事件，政府可限制网络”的临时措施[①]，如何把握启动此种权力的界限或者标准值得深入研究。总体上看，《网络安全法》中对网络安全管理内容的规定明显超过保障网络安全、合法使用的内容，绝大多数的条款均是关于授予管理部门管理权力、企业公民应当配合的义务的内容[②]，对于企业和公民的义务的规定远远超过其对权利的授予[③]，权力条款多于权利条款。故在立法特点上看仍然存在长期以来表现在中国立法活动中的“重政府职权而轻公民、法人或其他组织权利”的色彩。

（五）执法与司法尚未跟上立法的速度

如前面的分析所述，从2016年国家安全法律制度的执行情况看，三大支柱性法律已经颁行，但将其作为执法依据和审判依据的公开情况并不多。这也许是由于执法者和审判者对新法不够熟悉、新法的内容较为概括，或者缺少新法相应的落实机制等原因。但这样的执法与司法活动公开资料表明，执法与司法尚未跟上立法的速度，法制备而不用，也说明当前对国家安全法

① 断网必然影响社会民众的基本生活，不宜仅做模糊表述。关于这个问题，美国早期法律曾有原则性意见，到现阶段则呈现出截然不同的两种观点。美国《1934年通信法》规定，总统有权在战争时期接管或关闭有线和无线电通信。根据有关原则性的解释，总统似乎有关闭互联网的权力。然而，《2009年网络安全法》被提交至国会审议时，其第18条规定“总统有权在出现威胁国家安全、网络安全的紧急情况下，关闭关键基础设施网络”。2011年提交国会审议的《网络安全和互联网自由法》则明确“禁止总统或其他官员切断互联网”；不过，授权总统可以宣布“信息空间的紧急状态”，在此状态下政府可以部分接管或禁止对部分站点的访问。但这两部法案均未获通过。参见刘品新《网络安全立法走向何方》，《中国信息安全》2015年第8期。

② 参见张素伦《网络安全法及其与相关立法的衔接——我国〈网络安全法（草案）〉介评》，《财经法学》2016年第3期。

③ 仅有第12条明确规定“国家保护公民、法人和其他组织依法使用网络的权利”。第43条规定个人在一定条件下，“有权要求网络运营者删除其个人信息……有权要求网络运营者予以更正”。

律制度的宣传不多，内外部各层专业人员与公众的国家安全法制教育培训都有待加强，从而将国家安全法律制度真正落到执法与司法实践中去。

四　对未来国家安全法治发展的预判及建议

由于国家安全涉及的问题众多，规制事项和社会关系十分复杂，要凭借几部法律来解决所有问题，一举实现维护国家安全的目标，殊为不易。所以法律颁行之后，既需要有效执行，又需要不断细修和完善。

（一）注重有效执行

随着人们对国家安全法律制度重要性认识的加深，执法者和守法者都需要更多地学习和使用这些法律规则，在实践中探索有效的落实机制，让国家安全法律规则在现实生活中“活”起来。

针对目前的部分法律制度内容较为概括、可操作性不强的特点，法院不能对其避而不用，可以逐步积累经验，在适当的条件下采取发布指导案例、制作司法解释等方式引导人们认识国家安全的重要价值，主动维护国家安全，自觉遵守国家安全的相关法律规范。

（二）完善法律体系

尽管近几年国家安全领域的立法速度和数量都很可观，但是已经出台的法律也并非毫无缺漏、瑕疵，也不乏与现实的脱节之处。从法律体系完善的角度看，一方面，立法活动应当继续填补立法缺漏，尤其是制定落实性规则；另一方面，要从制度的衔接性、科学性上着手，让国家安全法律制度在整体上富有逻辑性、正当性与可执行性，不断加强和树立国家安全法律制度的社会权威性。

对于具有紧迫性的国家安全领域问题，在缺少应有法律“武装”的情况下，可以考虑采取国际社会较普遍的做法“速立频修”，即便不是十分完善，但是建立基本的制度依据仍然必要。在此基础上，根据社会现实、技术发展、认识水平的进步不断修订完善。例如《国家安全法》和《反恐怖主义法》中都设专章专节来规范情报信息问题，鉴于其重要性，未来的立法需要对情报工作的组织机构、领导体制、情报流程、经费保障和基础建设、人员财力保障、监督与问责等内容进行系统的规划。

在法律框架已经基本搭建起来，但缺少配套制度的情况下，可以鼓励地方进行立法实验，为国家安全法律制度的整体完善积累经验。对地方来说，过去传统的国家安全范畴主要是中央的立法事项，因此地方立法中的综合性国家安全立法并不多。但是在近两年国家制定完成宏观的基础性国家安全立法之后，就需要地方在总体国家安全观的任务框架下逐步分解、细化和明确地方在国家诸领域中的任务，将维护国家安全的目标在政治、经济、社会公共领域、网络服务与规制、文化等诸多工作中具体落实和执行下去。

无论各层次上的立法、执法和司法活动，都应当注意在管理法与权利保障法之间寻求平衡性：毕竟国家安全的宗旨是实现人民的安全。所以在实现维护国家安全具体领域的目标和任务的过程中，要注重保护产业的发展和公民个人权利。只有公民和社会都获得健康发展的情况下，才会有国家的长治久安。

五　结语

2016 年中国的国家安全法治建设的装备更加先进，在整体上看，法治意识、制度规范、执法能力以及各项保障均有显著进步。从法治发展历程的视角看，保障国家安全的法治之车已经驶入了发展的高速路。但是法治之车的四轮应当均衡发展、同步前进，仅有制度规范的完善还不足以保障车子的平稳快速前进。只有法治意识、执行能力与效果、相关的各项保障措施都能够保持同步协调，才能使国家安全的法治建设更好地执行和实现国家安全战略方针和总体部署，为维护重要战略机遇期提供保障，走出中国特色的国家安全道路，为中华民族伟大复兴中国梦提供坚实的安全保障。

B.16

2016年中国经济安全形势分析与展望

羌建新*

摘　要：　2016年，面对错综复杂的国内外经济形势和风险挑战，在全国人民共同努力下，中国经济社会保持平稳健康发展，经济安全保持总体平稳、良好的态势，实现了“十三五”经济发展和经济安全的良好开局。但与此同时，中国当前经济运行仍存在不少突出矛盾和问题，维护经济安全还面临各种复杂的风险挑战，特别是一些影响经济安全的固有风险尚未得到根本解决，而经济安全领域的新问题又逐渐暴露出来，从而给维护经济安全、保持经济社会平稳健康发展带来了严峻挑战。为此，需要更加自觉地坚持总体安全观，坚持稳中求进工作总基调，保持战略定力，保持清醒头脑，坚持系统思维，坚持底线思维，坚持安全与发展两手抓，坚持改革与发展并重，努力防范和化解各种经济安全风险，努力克服影响经济安全稳定运行和可持续发展的深层次结构性矛盾和问题，为经济可持续发展创造安全稳定的环境和条件。2017年中国将会继续保持经济社会平稳健康发展，国家经济安全也将继续保持总体平稳、良好的态势。

关键词：　经济安全　国家安全　总体安全观　风险

* 羌建新，博士，国际关系学院国际经济系副主任，教授，研究方向为国际金融、公共财政。

2016 年，在世界经济持续低迷和国内“三期叠加”[①] 的大环境下，中国经受住各种困难和风险考验，经济形势缓中趋稳、稳中向好，经济安全继续总体保持平稳、良好态势，经济安全基础更加牢固。与此同时，中国经济运行仍存在不少突出矛盾和问题，维护经济安全仍面临各种复杂风险挑战，维护经济安全的任务十分艰巨繁重。

一　经济安全总体保持平稳、良好态势

2016 年是中国推进结构性改革的攻坚之年。面对错综复杂的国内外经济形势和风险挑战，中国政府科学统筹国内国际两个大局，保持战略定力，坚持稳中求进工作总基调和新发展理念，坚持总体安全观和底线思维，正确处理安全与发展的关系，推动经济平稳健康发展，妥善应对各种风险挑战，全力维护经济安全。在全国人民共同努力下，2016 年，中国经济社会保持平稳健康发展，国家经济安全保持总体平稳、良好的态势，实现了“十三五”经济发展和经济安全的良好开局。

（一）经济保持中高速增长：符合预期

保持较高的经济增长速度，不仅对于稳定就业、保障民生具有重要的意义，而且对于如期实现全面建成小康社会的战略具有重要的意义。总体来看，2016 年，中国经济总体保持了平稳增长态势。根据国家统计局初步核算，2016 年，中国国内生产总值（GDP）达到 744127 亿元，年增长率为 6.7%，实现了年初设定的 6.5% ~7.0% 的预期经济增长目标，继续保持了中高速增长。尽管 2016 年 GDP 年增长速度比 2015 年小幅回落 0.2 个百分点，同时也延续了 2010 年以来 GDP 年增长率持续下降的态势，增速从 2010

① “三期叠加”，是指增长速度换挡期，是由经济发展的客观规律所决定的；结构调整阵痛期，是加快经济发展方式转变的主动选择；前期刺激政策消化期，是化解多年来积累的深层次矛盾的必经阶段。

年的10.6%逐步回落到2016年的6.7%；但与此同时，2016年GDP增长率的降幅较往年在明显收窄（见图1）。

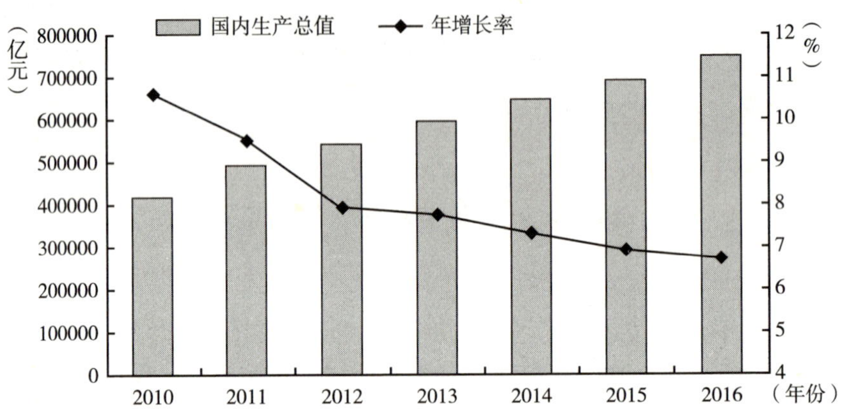

图1　国内生产总值及其年增长率（2010～2016年）

数据来源：国家统计局网站，http：//data. stats. gov. cn/easyquery. htm？ cn = C01。

从GDP季度同比增长率的趋势来看，2010年以来，中国GDP季度同比增长率总体上呈现显著的下降趋势，但自2015年第一季度以来，GDP季度同比增长率降幅明显收窄，进入2016年第一季度以来，GDP季度同比增长率逐渐企稳，连续3个季度保持在6.7%的水平上，并且在2016年第四季度出现反弹，微升了0.1个百分点，达到6.8%（见图2）。可以看出，中国国民经济运行缓中趋稳、稳中向好的态势更加明显。

（二）居民消费价格温和上涨　生产者价格降幅明显收窄

保持价格水平稳定对于经济金融稳定运行和长期经济增长都具有十分重要的意义，通货膨胀水平过低或过高都不利于经济金融形势稳定和长期经济增长。经济进入新常态以来，中国经济增速放缓，消费价格涨幅也逐渐放缓。2016年以来，中国消费价格涨幅缓中逐渐趋稳。从年度数据来看，中国居民消费价格涨幅近年来连续下滑，在2015年到达1.4%的近五年最低涨幅之后，2016年居民消费价格涨幅出现反弹，同比上涨2.0%，涨幅比

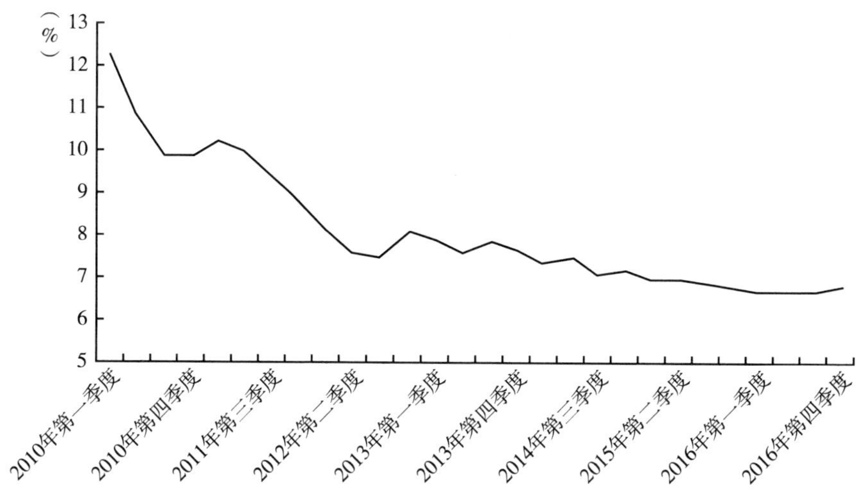

图 2　GDP 季度同比增长率（2010 年第一季度～2016 年第四季度）

数据来源：国家统计局网站，http：//data. stats. gov. cn/easyquery. htm？cn = B01。

2015 年扩大 0. 6 个百分点（见图 3）。从月度数据来看，2016 年，中国的居民消费价格月度同比涨幅在 1. 3% ～2. 3% 的区间内小幅波动（见图 4）。总体来看，中国居民消费价格涨势温和、平稳。

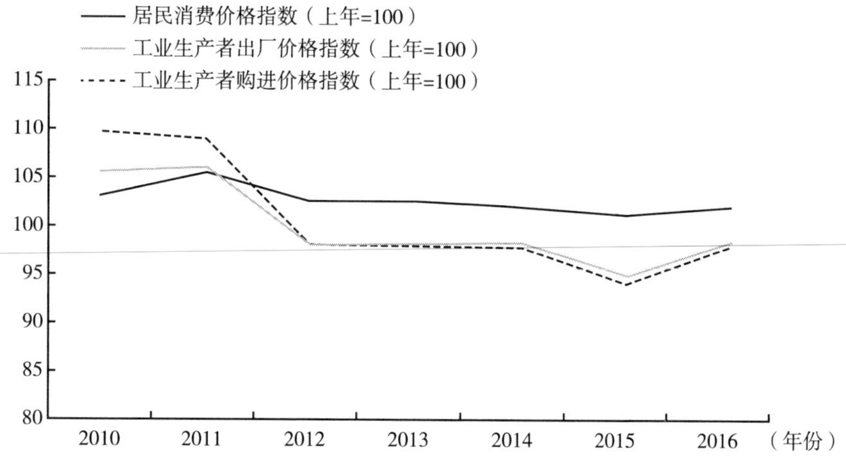

图 3　年度价格指数（2010～2016 年）

数据来源：国家统计局网站，http：//data. stats. gov. cn/easyquery. htm？cn = C01。

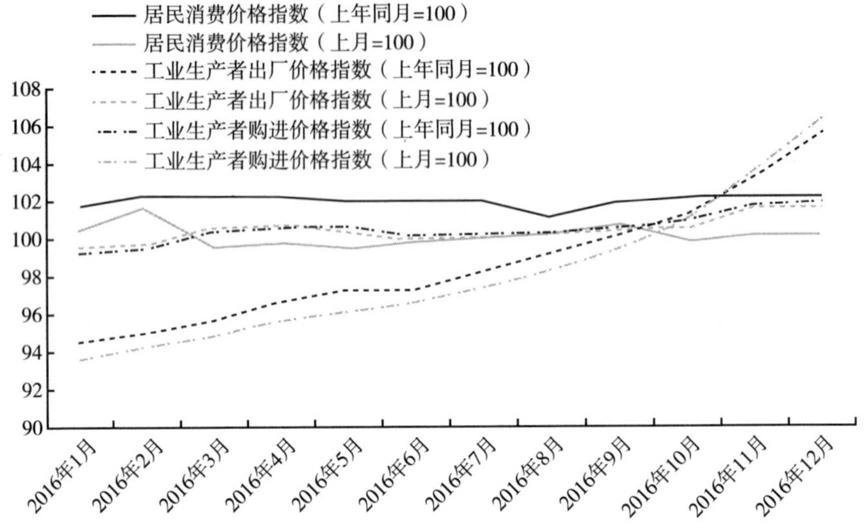

图4　月度价格指数（2016 年 1～12 月）

数据来源：国家统计局网站，http：//data. stats. gov. cn/easyquery. htm？cn = A01。

在居民消费价格温和上涨的同时，2016 年以来，中国工业生产者价格也出现积极变化，降幅明显收窄。从年度数据来看，2016 年工业生产者出厂价格比 2015 年下降 1. 4%，降幅收窄 3. 8 个百分点；工业生产者购进价格比 2015 年下降 2. 0%，降幅收窄 4. 1 个百分点（见图 3）；工业生产者出厂价格和购进价格都是 2012 年以来降幅最小的一年。首先，从月度数据来看，2016 年以来，工业生产者出厂价格月度环比、同比结束历史最长时间下降后，相继转正。工业生产者出厂价格环比在经历 2014 年 1 月以来的连续 26 个月下降之后，于 2016 年 3 月由负转正，之后继续波动上涨；工业生产者出厂价格同比在经历 2012 年 3 月以来的连续 54 个月下降之后，也于 2016 年 9 月由负转正，之后涨幅逐月扩大（见图 4）。其次，工业生产者购进价格环比在经历 2014 年 8 月以来的连续 19 个月下降（其中，2015 年 5 月环比持平）之后，于 2016 年 3 月由负转正，之后继续波动上涨；工业生产者购进价格同比在经历 2012 年 4 月以来的连续 52 个月下降之后，于 2016 年

10 月由负转正（见图4）。目前，工业品价格总体上已回升至2015 年1 月的水平上。

（三）工业生产平稳增长　企业效益明显改善

工业部门在现代经济中扮演着非常重要的角色，作为微观经济主体的工业企业的效益则直接反映了经济运行的活力。2016 年中国工业生产继续保持平稳增长的良好态势，规模以上工业增加值比 2015 年实际增长 6.0%。尽管 2016 年工业增加值年增长速度比 2015 年小幅回落 0.1 个百分点，同时也延续了 2010 年以来工业增加值年增长率持续下降的态势，增速从 2010 年的 15.7% 回落到 2016 年的 6.0%；但是，2016 年规模以上工业增加值增长率的降幅较往年明显收窄（见图 5）。而且分季度来看，2016 年规模以上工业增加值季度同比增速基本在 6% 上下小幅波动，工业生产扭转了 2015 年生产增速和效益大幅度下滑的局面，企稳的态势十分明显。

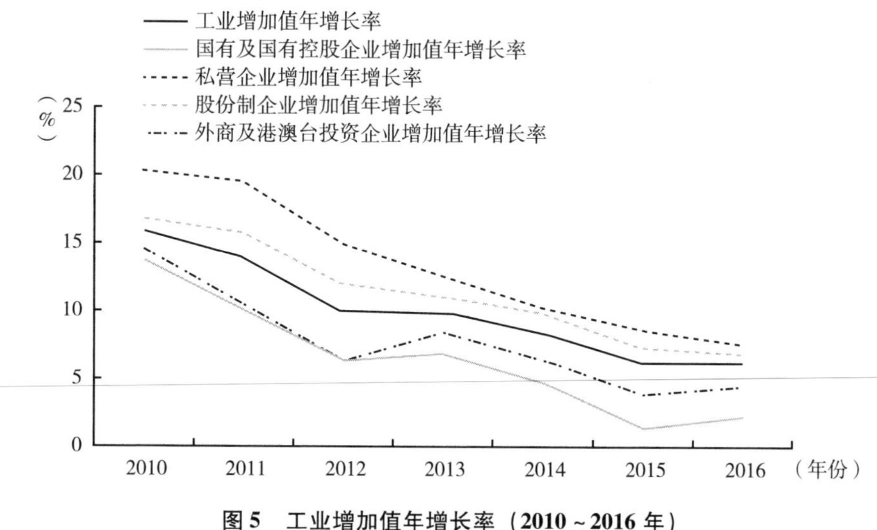

图 5　工业增加值年增长率（2010 ~ 2016 年）

数据来源：国家统计局网站，http：//data. stats. gov. cn/easyquery. htm？cn = A01。

从企业效益来看，2016 年，全国规模以上工业企业实现利润总额 68803 亿元，比 2015 年增长 8.5%，扭转了 2015 年利润总额比 2014 年下降 2.3%

的局面，企业效益明显改善。规模以上工业企业主营业务收入利润率为5.97%，比2015年上升0.21个百分点。

（四）投资增速缓中趋稳　投资结构继续优化

投资是经济波动和经济增长的重要源泉。从需求侧来看，投资支出可以通过乘数效应拉动产出增长，从供给侧看，通过投资积累资本要素可以推动产出增长。受世界经济增长乏力、国内市场需求不振、传统行业产能过剩等因素的影响，2016年全国固定资产投资增速有所放缓。全年完成固定资产投资（不含农户）596501亿元，同比增长8.1%，增幅比2015年回落1.9个百分点。尽管固定资产投资增速放缓，但是投资结构在不断优化。

一是制造业投资增速较大幅度回升。2016年制造业完成投资187836亿元，比2015年增长4.2%，增幅比2015年回落3.9个百分点。但是2016年9月，制造业投资结束了连续15个月下滑的态势企稳回升，11月以后回升步伐明显加快。

二是第三产业投资增速平稳，对投资增长的贡献率显著提升。2016年，第三产业投资345837亿元，比2015年增长10.9%；占全部投资的比重为58%，比2015年提高1.4个百分点；对全部投资增长的贡献率为75.4%，比2015年提高15.9个百分点，第三产业投资已经成为拉动投资增长的主要动力（见图6）。

三是民间投资增速稳步回升。2016年民间投资365219亿元，比2015年增长3.2%。在民间投资中，第一产业比2015年增长18.1%，增势平稳；第二产业增长3.2%，其中工业投资增长3.4%；第三产业中，教育、卫生、文化、社会保障等社会事务领域投资增长10.1%，房地产开发投资增长7.5%。[①]

---

① 贾海：《2016年全国固定资产投资增速缓中趋稳，结构调整持续推进》，http://www.stats.gov.cn/tjsj/sjjd/201701/t20170122_1456822.html。

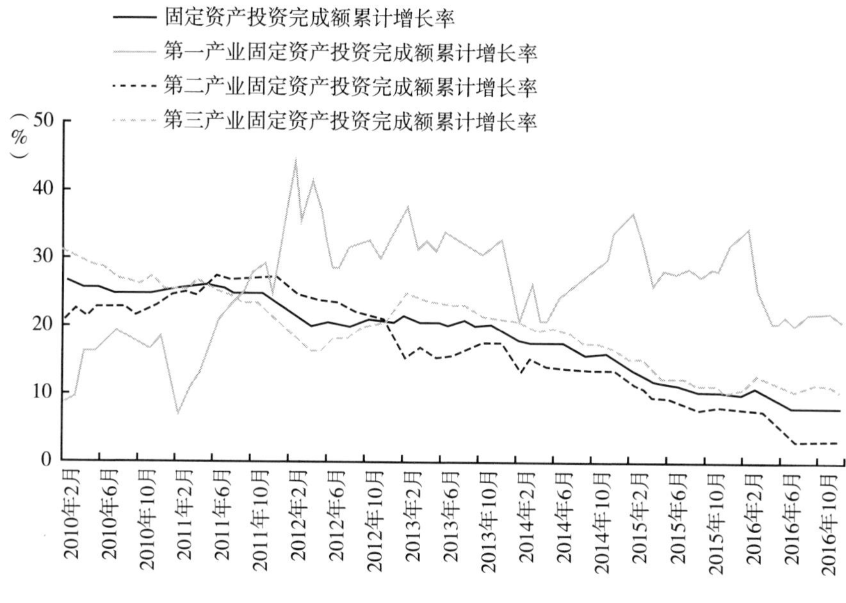

图6　固定资产投资月累计增长率（2010 年 2 月 ~2016 年 12 月）

数据来源：国家统计局网站，http：//data. stats. gov. cn/easyquery. htm？ cn = A01。

（五）房地产开发和销售市场保持平稳增长

房地产业是国民经济的重要支柱部门。2016 年，全国房地产开发继续保持平稳增长势头。在经历近年来持续的房地产投资增速下滑之后，2016 年，全国房地产开发投资增幅逐渐回升（见图 7）。2016 年全国房地产开发投资 102581 亿元，比 2015 年名义增长 6.9%（扣除价格因素实际增长 7.5%），增幅比 2015 年增加 5.9 个百分点。其中，住宅投资 68704 亿元，比 2015 年增长 6.4%，增速提高 0.4 个百分点。

2016 年，全国房地产销售继续保持强劲增长势头。2016 年，全国商品房销售面积 157349 万平方米，比 2015 年增长 22.5%。其中，住宅销售面积增长 22.4%，办公楼销售面积增长 31.4%，商业营业用房销售面积增长 16.8%。商品房销售额 117627 亿元，比 2015 年增长 34.8%，增速回落 2.7

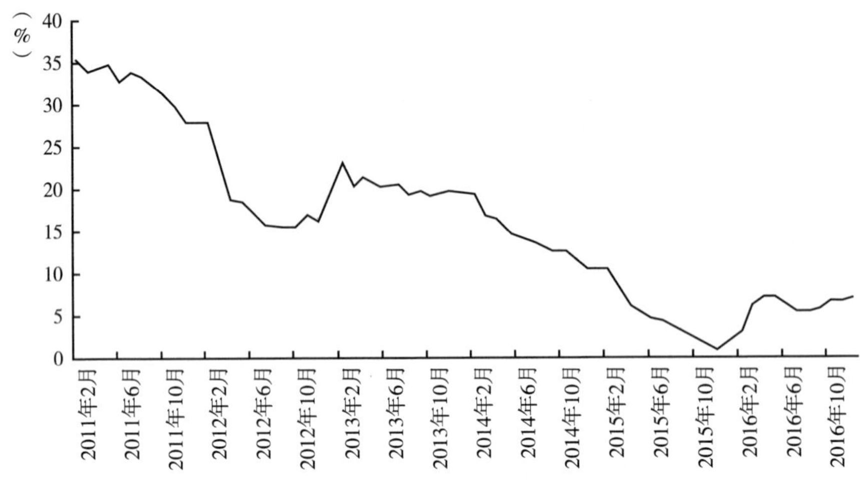

图7　房地产投资月累计增长率（2010 年 2 月 ~2016 年 12 月）

数据来源：国家统计局网站，http：//data. stats. gov. cn/easyquery. htm？ cn = A01。

个百分点。其中，住宅销售额增长 36. 1% ，办公楼销售额增长 45. 8% ，商业营业用房销售额增长 19. 5% 。①

（六）“三去一降一补”初显成效　经济结构继续优化

在经济增速缓中趋稳的同时，2016 年中国经济发展质量得到进一步提高，结构调整稳步推进，转型升级势头良好。2016 年中国供给侧结构性改革取得积极进展，“三去一降一补”② 取得初步成效。在去产能方面，2016 年，退出钢铁产能超过 6500 万吨、煤炭产能超过 2. 9 亿吨。③ 在去库存方面，商品房库存水平持续下降，2016 年 12 月末，商品房待售面积 69539 万平方米，比 2015 年末减少 2314 万平方米，下降 3. 2% 。在去杠杆方面，2016 年规模以上工业企业资产负债率为 55. 8% ，比 2015 年下降 0. 4 个百分

① 国家统计局：《2016 年全国房地产开发投资和销售情况》，http：//www. stats. gov. cn/tjsj/zxfb/201701/t20170120_ 1455967. html。

② “三去一降一补”，是指去产能、去库存、去杠杆、降成本、补短板。

③ 李克强：《政府工作报告——2017 年 3 月 5 日在第十二届全国人民代表大会第五次会议上》，http：//www. gov. cn/premier/2017 -03/16/content_ 5177940. htm。

点。在降成本方面，2016 年规模以上工业企业每百元主营业务收入中成本为85.52元，比2015 年减少0.16 元。在补短板方面，2016 年生态保护和环境治理业、水利管理业、农林牧渔业投资分别比 2015 年增长 39.9%、20.4%和19.5%，增速分别快于全部投资 31.8 个、12.3 个和 11.4 个百分点，短板领域投资明显加快。①

另外，进入经济新常态以来，中国经济持续转型升级，经济结构不断优化。从产业结构来看，近年来，第三产业的增长速度明显快于第一产业、第二产业，而且也快于 GDP 的增长速度，第三产业在 GDP 中的占比持续提升。2016 年，第一产业比2015 年增长3.3%；第二产业增长6.1%；第三产业增长 7.8%。从产业增加值占 GDP 的比重看，2016 年第三产业增加值占GDP 比重上升到 51.6%，比 2015 年提高 1.4 个百分点，比第二产业高出11.8 个百分点（见图 8）。第三产业对经济增长的贡献率稳步提高，2016 年对经济增长的贡献率为 58.2%，比 2015 年提高 5.3 个百分点，比第二产业高出 20.8 个百分点。

从需求结构来看，近年来，消费支出的增长速度明显快于投资、净出口，消费支出在 GDP 中的占比持续提升。2016 年最终消费对经济增长的拉动作用为 4.3%，资本形成的拉动作用为 2.8%；最终消费对经济增长的贡献率为 64.6%，比 2015 年提高 4.9 个百分点，资本形成对经济增长的贡献率为 42.2%，比 2015 年下降 0.4 个百分点，2016 年最终消费对经济增长的贡献率比资本形成总额高 22.4 个百分点（见图 9），经济增长的驱动过于依赖投资的局面得到改变。

（七）就业形势保持稳定　居民收入稳定增长

在经济新常态和经济增速放缓的情况下，中国就业形势继续保持基本稳定的态势。2016 年末全国就业人员 77603 万人，其中城镇就业人员 41428 万人。城

① 李晓超：《开局之年实现了良好开局——〈2016 年统计公报〉评读》，http：//www.stats.gov.cn/tjsj/sjjd/201702/t20170228_1467357.html。

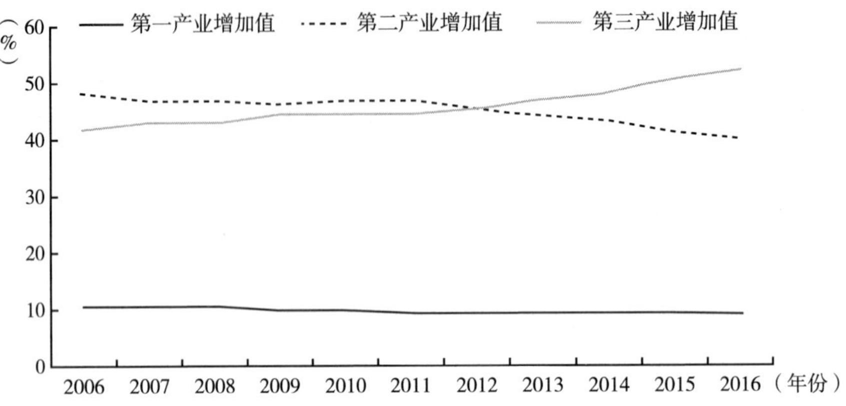

图 8　GDP 中的三次产业构成（2006～2016 年）

数据来源：国家统计局网站，http：//data. stats. gov. cn/easyquery. htm？cn = C01。

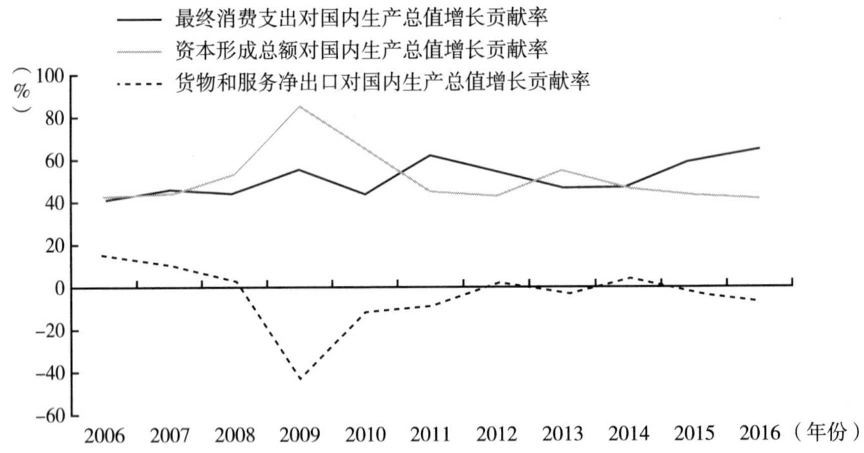

图 9　三大需求对经济增长的贡献率（2006～2016 年）

数据来源：国家统计局网站，http：//data. stats. gov. cn/easyquery. htm？cn = C01。

镇新增就业 1314 万人，与 2015 年基本持平，超额完成全年目标。2016 年末，城镇登记失业率为 4. 02%，比 2015 年末下降 0. 08 个百分点（见图 10）。

在经济保持中高速增长的同时，中国的居民收入水平也保持了稳定增长的态势。2016 年，全国居民人均可支配收入 23821 元，比 2015 年实际增长6.3%（见图11）。居民人均可支配收入的实际增速高于人均GDP实际增速0.2个百分点。其中，城镇居民人均可支配收入33616元，比2015年实际增长5.6%；农村居民人均可支配收入12363元，比2015年实际增长6.2%，农村居民人均收入实际增速高于城镇居民0.6个百分点。

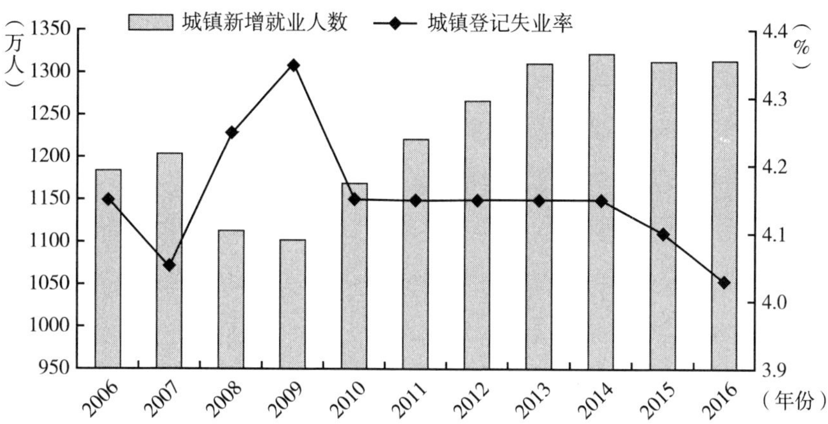

图10　城镇新增就业人数和城镇登记失业率（2006～2016年）

数据来源：国家统计局网站，http：//data. stats. gov. cn/easyquery. htm？ cn = C01；http：//www. stats. gov. cn/tjsj/tjgb/ndtjgb/。

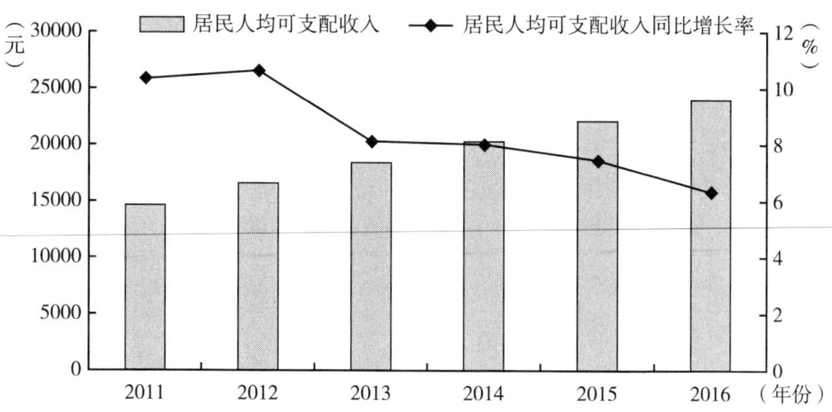

图11　居民人均可支配收入及其年增长率（2011～2016年）

数据来源：国家统计局网站，http：//data. stats. gov. cn/easyquery. htm？ cn = C01；http：//www. stats. gov. cn/tjsj/tjgb/ndtjgb/index. html。

（八）金融体系平稳运行

2016 年，中国继续实施稳健的货币政策和宏观审慎政策，同时积极推动金融业改革全面深化，金融体系运行效率和服务实体经济的能力进一步提升，金融体系总体稳健，金融业的系统性风险也总体可控。

1. 货币信贷平稳增长①

一是货币总量平稳增长。2016 年末，广义货币（M2）余额为 155.0 万亿元，同比增长 11.3%，增速比 2015 年末回落 2 个百分点；狭义货币（M1）余额 48.7 万亿元，同比增长 21.4%，增速比 2015 年末提高 6.2 个百分点。

2016 年末，M2 增速仍明显高于名义 GDP 增速，相对于经济增长实际需要，货币增长仍处于较高水平。截至 2016 年末，M1 增速自高位连续 5 个月有所回落，较 7 月末的年内高点低 4.0 个百分点，M1 - M2 剪刀差进一步缩窄至 10.1 个百分点。

二是社会融资规模总体适度。初步统计，2016 年末，社会融资规模存量为 155.99 万亿元，同比增长 12.8%，增速比 2015 年高 0.3 个百分点。2016 年社会融资规模增量为 17.8 万亿元，比 2015 年多 2.4 万亿元。

三是金融机构存贷款增长平稳，存贷款利率稳中小幅下行。2016 年末，金融机构本外币各项存款余额为 155.5 万亿元，同比增长 11.3%。人民币各项存款余额 150.6 万亿元，同比增长 11.0%。与此同时，2016 年末，金融机构本外币各项贷款余额为 112.1 万亿元，同比增长 12.8%。人民币各项贷款余额为 106.6 万亿元，同比增长 13.5%。金融机构贷款利率明显下降，2016 年 12 月，非金融企业及其他部门贷款加权平均利率为 5.27%，比 2015 年 12 月下降 1.5 个百分点，为 2010 年以来最低水平。

---

① 中国人民银行货币政策分析小组：《中国货币政策执行报告二〇一六年第四季度》，http：//www.pbc.gov.cn/zhengcehuobisi/125207/125227/125957/3066656/3254786/2017021719463365852.pdf。

2. 银行业总体保持稳健运行

一是资产负债规模稳步增长。截至2016年末，中国银行业金融机构本外币资产总额为232.25万亿元，比2015年末增加32.90万亿元，增长15.8%，增速同比上升0.1个百分点；本外币负债总额为214.82万亿元，比2015年末增加30.68万亿元，增长16.0%，增速同比上升0.9个百分点。其中大型商业银行资产占比37.29%，比2015年末下降1.92个百分点，股份制商业银行、城市商业银行资产占比分别比上年末提高0.17个、0.78个百分点。[①]

二是信贷资产质量总体平稳。2016年末，商业银行不良贷款余额15123亿元，较2015年末增加2378亿元；商业银行不良贷款率1.74%，较2015年末上升0.07个百分点，全年不良贷款率上升幅度较小。其中，大型商业银行2016年末不良贷款率1.68%，较2015年末上升0.02个百分点。股份制商业银行2016年末不良贷款率1.74%，较2015年末上升0.21个百分点。城市商业银行2016年末不良贷款率1.48%，较2015年末上升0.08个百分点。农村商业银行2016年末不良贷款率2.49%，较2015年末上升0.01个百分点（见图12）。商业银行不良贷款率继续保持在较低水平。

三是风险抵御能力较强。2016年末，商业银行贷款损失准备余额为26676亿元，拨备覆盖率为176.40%，贷款拨备率为3.08%（见图13）。资本充足率为13.28%，核心一级资本充足率为10.75%（见图14），继续保持在较高水平，处于国际同业良好水平。

3. 金融市场健康平稳运行[②]

一是货币市场交易活跃，市场利率有所上升。2016年，银行间市场债券回购累计成交601.3万亿元，日均成交2.4万亿元，日均成交同比增长30.3%；同业拆借累计成交95.9万亿元，日均成交3821亿元，日均成交同

① 《银行业监管统计指标季度情况表（2016年）》，http://www.cbrc.gov.cn/chinese/home/docView/0539CAF58B2E4FE88540FCEAF0E1D8D6.html。

② 中国人民银行货币政策分析小组：《中国货币政策执行报告二〇一六年第四季度》，http://www.pbc.gov.cn/zhengcehuobisi/125207/125227/125957/3066656/3254786/2017021719463365852.pdf。

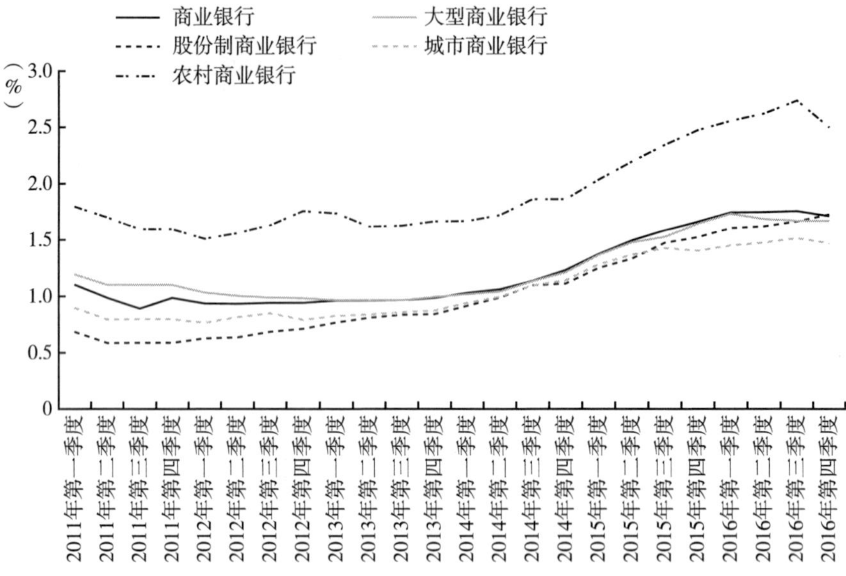

图 12　商业银行不良贷款率（2011 年第一季度～2016 年第四季度）

数据来源：中国银行业监督管理委员会网站，http：//www. cbrc. gov. cn/chinese/home/docViewPage/110009. html。

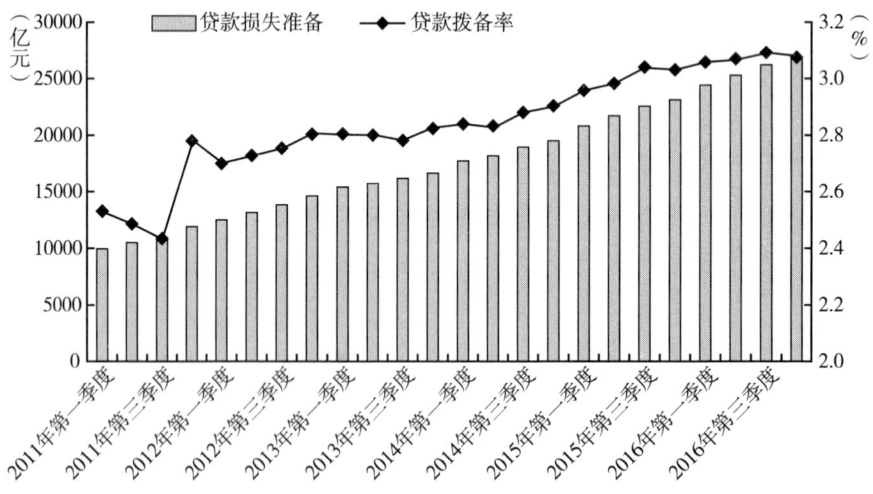

图 13　商业银行贷款损失准备和贷款拨备率（2011 年第一季度～2016 年第四季度）

数据来源：中国银行业监督管理委员会网站，http：//www. cbrc. gov. cn/chinese/home/docViewPage/110009. html。

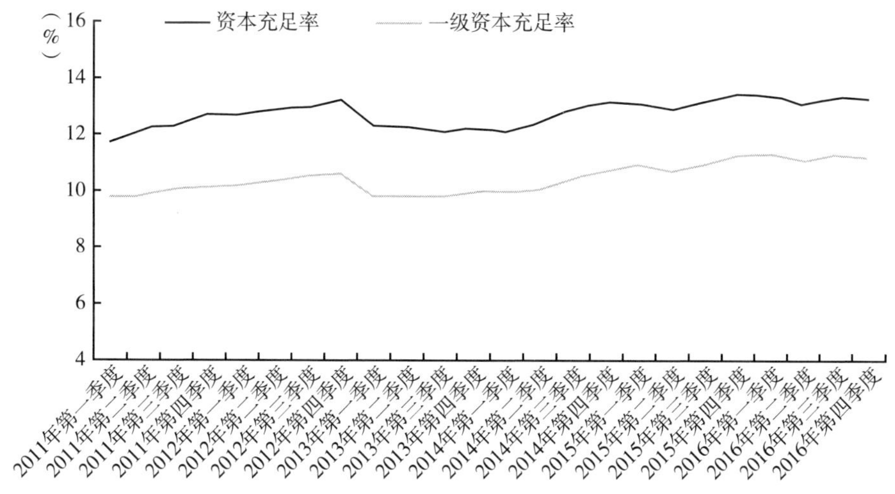

图 14　商业银行资本充足率（2011 年第一季度 ~ 2016 年第四季度）

数据来源：中国银行业监督管理委员会网站，http：//www.cbrc.gov.cn/chinese/home/docViewPage/110009.html。

比增长 48.2%。2016 年，货币市场利率水平总体有所上行。截至 2016 年末，隔夜和 1 周 Shibor 分别为 2.23% 和 2.54%，分别较 2015 年末上升 24 个和 19 个基点；3 个月和 1 年期 Shibor 分别为 3.27% 和 3.37%，分别较 2015 年末上升 19 个和 2 个基点。

二是债券现券交易活跃，债券收益率曲线有所上移。2016 年，银行间债券市场现券交易 127.1 万亿元，日均成交 5063 亿元，日均成交同比增长 45.4%。债券市场收益率波动较大，国债收益率曲线上移。2016 年末，国债 1 年、3 年、5 年、7 年和 10 年期收益率较年初分别上升 30 个、22 个、11 个、12 个和 14 个基点。2016 年，债券发行规模增长较快，全年累计发行各类债券 35.6 万亿元，同比增长 55.5%。2016 年末国内各类债券余额为 63.8 万亿元，同比增长 30.8%。

三是股票市场筹资额稳步增长。2016 年末，上证综合指数收于 3104 点，比 2015 年末下跌 12.3%；深证成份指数收于 10177 点，比 2015 年末下跌 19.6%；创业板指数收于 1962 点，比 2015 年末下跌 27.7%。股票市场筹资额稳步增长。全年各类企业和金融机构在境内外股票市场上累计筹资1.5万亿元，同比增长28.2%，其中A股筹资1.3万亿元，同比增长56.2%。

四是保险业资产保持较快增长。2016年，保险业累计实现保费收入3.1万亿元，比2015年增长27.5%，增速比2015年提高7.5个百分点；累计赔款、给付1.1万亿元，比2015年增长21.2%，其中，财产险赔付增长12.7%，人身险赔付增长29.2%。保险业资产保持较快增长，2016年末，保险业总资产为15.1万亿元，比2015增长22.3%，增速比2015年末高0.6个百分点。2016年末，保险公司整体偿付能力充足率达到247%，远高于100%的警戒线；保险保障基金余额达到942亿元，防控和化解风险的能力明显增强。①

总之，2016年，在世界经济持续低迷和国内“三期叠加”的大环境下，在全国人民共同努力下，中国经济社会保持平稳健康发展，经济运行缓中趋稳、稳中向好，经济运行保持在合理区间，经济增长稳定性和内生动力不断增强，质量和效益不断提高，经济结构优化、发展动力转换、发展方式转变加快的良好态势进一步形成，中国经济安全继续保持总体平稳、良好态势，经济风险总体可控，经济安全的基础更加牢固。

二　当前维护经济安全面临的主要风险与挑战

尽管当前中国经济社会保持平稳健康发展，经济安全形势总体平稳、良好，但是中国当前经济运行仍存在不少突出矛盾和问题，维护经济安全还面临各种复杂风险挑战，特别是一些影响经济安全的固有风险尚未得到根本解决，而一些影响经济安全的新问题又逐渐暴露出来，从而给维护经济安全、保持经济社会保持平稳健康发展带来了严峻挑战。

① 《国新办举行加强保险市场监管、服务实体经济发展发布会》，http://www.scio.gov.cn/xwfbh/xwbfbh/wqfbh/35861/36274/index.htm。

（一）经济仍然面临下行压力

总的来看，2016 年中国经济运行的总体态势平稳，符合预期。但是，中国经济发展面临周期性波动和进入新常态的双重局面，受到总量问题和结构问题相互交错的双重影响，中国经济运行仍然面临着较大的下行压力。

从供给侧来看，经济增长的主要源泉是投资、劳动就业增长和全要素生产率提高。2012 年中国劳动力供给出现拐点以来，劳动年龄人口开始逐年连续下降；全要素生产率自 2003 年达到高峰以来，总体上呈现持续下滑趋势；而近年来伴随着消费率缓慢提高，储蓄率也开始下降，固定资产投资增速出现下滑，这些因素叠加意味着中国经济潜在增长率近期内仍呈下滑的趋势。

从需求侧来看，无论从全球还是从国内看，总需求收缩的局面短期内很难改变。从国际环境看，全球经济仍处在深刻调整之中，复苏乏力，政治经济社会领域的“黑天鹅”事件频发，美国特朗普政府上台后内外政策调整，德、法等主要国家进入大选周期，难民事件和英国退欧的后续发酵，增大了全球复苏进程的不确定性，民粹主义和逆全球化的影响有可能加大，加之美联储加息和收缩资产负债表节奏存在不确定性，过去几年极度宽松货币政策环境下逐渐积累的全球资产泡沫也有内在调整的压力，因此中国经济运行仍将面临一个高度复杂多变的国际环境。

从国内经济看，中国经济发展进入新常态，新旧增长动力尚未完成转换，总需求低迷和产能过剩并存的格局尚未出现根本改变，产能过剩和需求结构升级矛盾突出，特别是结构性产能过剩比较严重，民间投资的内生动力不足。

首先，中国经济仍然面临着艰巨的去产能、去库存任务。2016 年，钢铁、煤炭去产能工作取得重要阶段性成果，随着去产能工作进度加快，政策措施效果逐渐显现，钢铁、煤炭行业生产经营状况整体好转。“十二五”期间，中国钢铁产能达到 11.3 亿吨左右，粗钢产能利用率由 2010 年的 79% 下降到 2015 年的 70% 左右。从趋势上来看，“十三五”期间，中国钢材消费强度和消费总量将呈双下降走势。国内粗钢消费量在 2013 年达到 7.6 亿吨峰值基础上，预计到2020年将下降至6.5亿~7亿吨，粗钢产量为7.5亿~8亿吨。为使钢铁行业产能过剩矛盾得到有效缓解，到2020年，粗钢产能需要净减少1亿~1.5亿吨。[①] 与此同时，尽管在相当长时期内，在中国煤炭的主体能源地位不会变化，但随着中国经济发展进入新常态，从高速增长转向中高速增长，向形态更高级、分工更优化、结构更合理的阶段演化，能源革命将加快推进，此外，生态环保和应对气候变化压力增加。预计到2020年，煤炭消费比重将下降到58%左右，为此，“十三五”期间，煤炭行业需化解淘汰过剩落后产能8亿吨/年左右，通过减量置换和优化布局增加先进产能5亿吨/年左右。因此，钢铁、煤炭行业仍然面临着艰巨的去产能任务。[②] 在去库存方面，尽管商品房库存水平自2016年2月以来呈现持续下降趋势，但到2016年12月末，商品房待售面积仍高达69539万平方米，特别值得关注的是，2016年12月商品房待售面积又出现反弹，2016年12月末比11月末增加444万平方米，加之2016年房地产价格上涨较猛，房地产泡沫风险不断积累，一旦房地产泡沫破裂，房地产库存将面临继续反弹的风险。

其次，中国经济内生动力仍然不足。这主要表现为民间投资内生动力不足。尽管民间投资增速自2016年9月起已连续4个月回升，阶段性筑底迹象明显，但是总体而言，2016年民间投资的增速远远低于全社会固定资产投资增速（见图15），民间固定资产投资占全社会固定资产投资的比重也呈下降趋势。民间投资意愿低迷有着多方面的原因。一是近年来经济增长持续减速，实体经济企业投资回报不断下滑，民营企业效益下降更为明显。2016年规模以上工业企业实现利润比2015年增长8.5%，其中国有控股企业增长6.7%，私营企业增长4.8%[③]，民营企业利润增速明显低于全部工业企业

① 《钢铁工业调整升级规划（2016~2020年）》，http：//www.miit.gov.cn/n1146295/n1652858/n1652930/n3757016/c5353943/content.html。

② 《煤炭工业发展“十三五”规划（公开发布稿）》，http：//www.sdpc.gov.cn/gzdt/201612/W020161230415967105993.pdf。

③ 国家统计局：《中华人民共和国2016年国民经济和社会发展统计公报》，http：//www.stats.gov.cn/tjsj/zxfb/201702/t20170228_ 1467424.html。

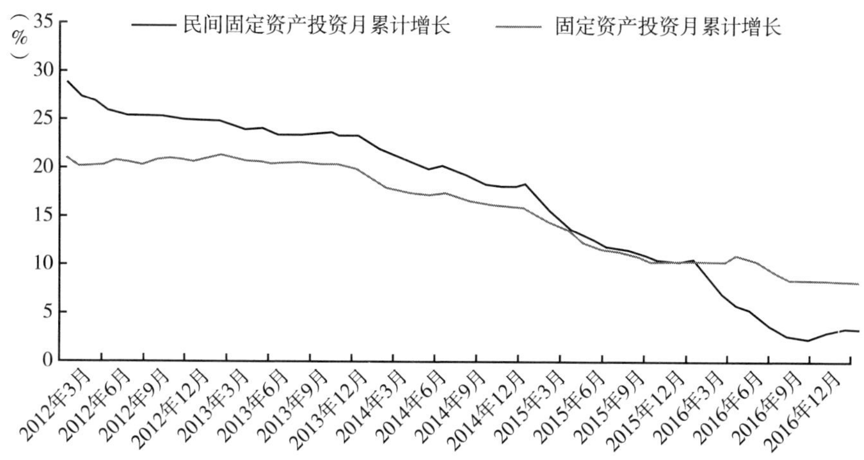

图 15　固定资产投资月累计增长率（2012 年 3 月～2016 年 12 月）

数据来源：国家统计局网站，http：//data. stats. gov. cn/easyquery. htm？cn = A01。

和国有控股企业。二是民营企业成本居高不下。伴随多年的经济高速增长，近年来中国的劳动力、土地、能源等要素价格显著上升，另外由于体制、机制因素的制约，民营企业在市场准入、获得金融支持等方面仍然面临着各种障碍和限制，也导致了民间投资较高的制度成本和融资成本。投资回报低和成本高导致民间资本投资实体经济意愿不高，经济脱实向虚问题严重，同时也导致中国经济增长内生动力和后劲不足。总之，由于外部需求收缩、内部“三期叠加”多种矛盾聚合因素的作用，中国经济仍然面临着下行的压力。

（二）企业债务风险显著上升

近年来，中国实体部门负债率（特别是企业负债率）高企，债务规模增长较快，债务负担日益沉重。随着中国经济进入新常态，经济增速趋势性下降与周期性波动相互叠加，国内经济转型阵痛与国际经济环境复杂相互交织，一些企业经营困难加剧，债务风险进一步上升。

从宏观角度来看，自改革开放以来，中国实体部门的债务率一直处于较稳定的低水平。根据国际清算银行（BIS）统计，2002～2008 年，中国的杠杆率整体上呈现出比较平稳的态势，基本上在 135%～160% 的区间内波动。

但是2009年以来，这种情况发生了显著变化，近年来，中国实体部门的债务率持续显著上升，目前已然处于较高水平。根据BIS统计，中国非金融总杠杆率从2009年第一季度的156.1%上升到2016年第一季度的255.6%，上升了99.5个百分点。目前，中国非金融部门总杠杆率在BIS统计的42个样本国家中处于中等水平，比全部样本国家的平均水平高出9.3个百分点，远低于同期发达经济体的平均水平279.2%，但远高于同期新兴市场经济的平均水平190.0%（见图16）。

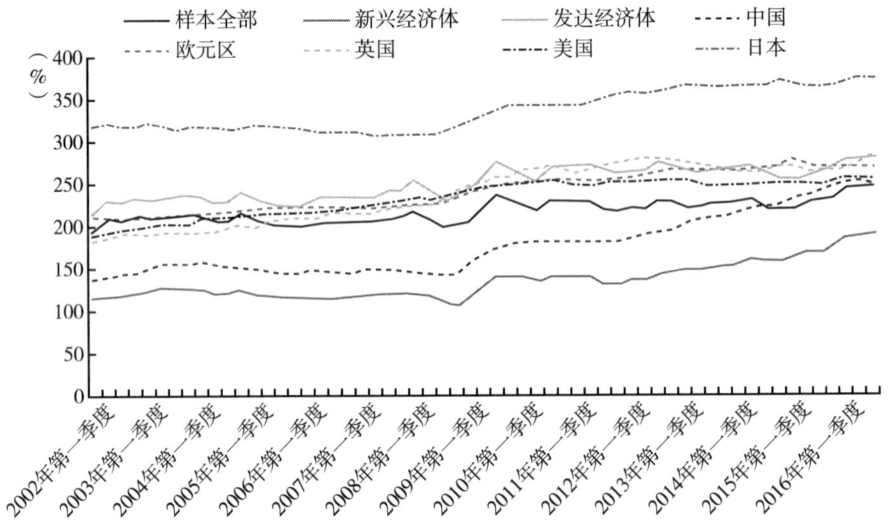

图16　非金融部门总体杠杆率（2002年第一季度~2016年第三季度）

数据来源：国际清算银行（BIS）网站，http：//www.bis.org/statistics/totcredit/totcredit.xlsx。

分部门来看，目前，中国政府部门的杠杆率显著低于BIS统计全部样本国家的平均水平，也显著低于同期发达经济体的平均水平，同时比新兴市场经济体的平均水平略低，并且显著低于美国、日本、英国和欧元区。

中国住户部门的杠杆率显著低于BIS统计全部样本国家的平均水平，也显著低于同期发达经济体的平均水平，而比新兴市场经济体的平均水平高出6.6个百分点，并且显著低于美国、日本、英国和欧元区。

2009第一季度至2016年第一季度，中国非金融企业部门的杠杆率由

108.4%上升至166.2%，上升了57.8个百分点。目前，中国非金融企业部门的杠杆率既显著高于BIS统计全部样本国家的平均水平，也显著高于同期发达经济体的平均水平和新兴市场经济体的平均水平，同时显著高于美国、日本、英国和欧元区（见图17），并且远超90%的国际公认风险阈值。①

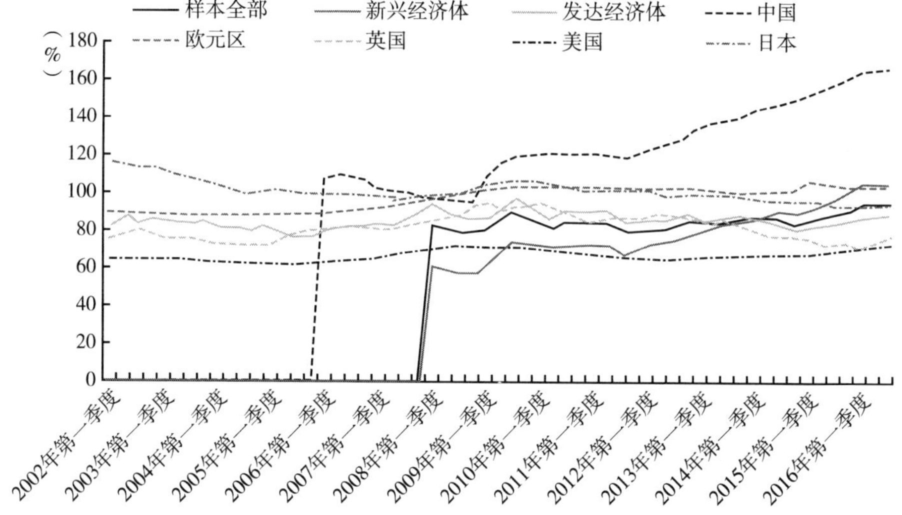

图17　非金融企业部门杠杆率（2002年第一季度~2016年第一季度）

数据来源：国际清算银行（BIS）网站，http：//www.bis.org/statistics/totcredit/totcredit.xlsx。

通过比较可以发现，中国的总体杠杆率不是非常高，住户部门和政府部门的杠杆率也不是非常高；非金融企业部门杠杆率过高，是中国债务的突出问题。追本溯源，中国非金融企业部门债务高企既与经济结构性下行后的货币刺激有关，也与高储蓄率以及银行为主导的金融体系密切相关。2008年全球金融危机爆发后，为应对经济下行压力和维护金融系统稳定，中国采取了一系列经济刺激措施。正是在大规模信贷扩张和投资的强有力推动下，中

① 中国金融论坛课题组：《杠杆率结构、水平和金融稳定：理论与经验》，中国人民银行工作论文No.2017/1，http：//www.pbc.gov.cn/yanjiuju/124427/133100/3253123/3253132/2017032014124599029.pdf。

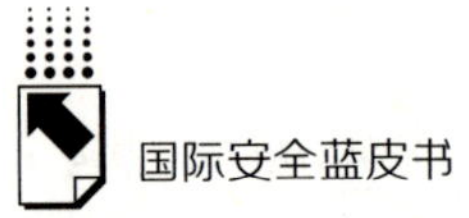

国成功抵御了全球金融危机冲击并率先实现经济复苏。中国居民储蓄率较高，以银行为主导的间接融资在金融体系占有重要地位，直接金融相对不发达，因此，住户部门大量的储蓄以信贷的形式通过银行流向了企业部门，这几方面的因素叠加造成了中国非金融企业部门杠杆率偏高、债务负担较重。

由于非金融企业杠杆率高企，债务规模增长过快，企业债务负担不断加重，高负债率已使不少企业失去扩大债务融资的能力，部分企业依靠“借新还旧”甚至“借新还息”勉强维持，容易引发企业债务风险，并可能沿债务链、产业链蔓延。此外，产能过剩行业及部分地区的企业间互保联保现象相对普遍，导致交叉违约和风险传染，也更容易引发或加剧企业的债务风险。

（三）金融风险有所积聚

一是商业银行资产质量下行压力继续加大。近年来，受经济增长放缓、企业经营困难等多重因素影响，商业银行不良贷款持续反弹。截至2016年末，商业银行不良贷款余额为15122亿元，比2015年末增加2378亿元，同比增长18.7%，已连续21个季度反弹。其中，大型商业银行不良贷款余额为7761亿元，比2015年末增加759亿元，同比增长10.8%；股份制商业银行不良贷款余额为3407亿元，比2015年末增加871亿元，同比增长34.3%；城市商业银行不良贷款余额为1498亿元，比2015年末增加285亿元，同比增长23.5%；农村商业银行不良贷款余额为2349亿元，比2015年末增加487亿元，同比增长26.2%；只有外资银行不良贷款余额出现下降，2016年末不良贷款余额为103亿元，比2015末减少27亿元，同比下降20.8%（见图18）。

与此同时，尽管商业银行贷款损失准备不断提高，但商业银行拨备覆盖率仍呈下降趋势。2016年末，商业银行贷款损失准备余额为26676亿元，比2015年增加3587亿元，增长15.53%；与之形成对照的是，2016年末，商业贷款拨备覆盖率176.40%，反而比2015年末下降了4.78个百分点（见图19）。

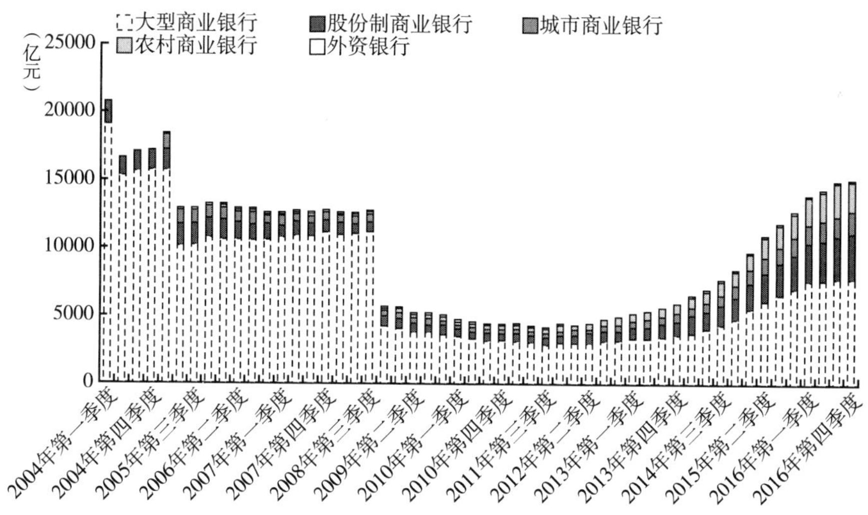

图 18　商业银行不良贷款余额（2004 年第一季度 ~ 2016 年第四季度）

数据来源：中国银行业监督管理委员会网站，http：//www.cbrc.gov.cn/chinese/home/docViewPage/110009.html。

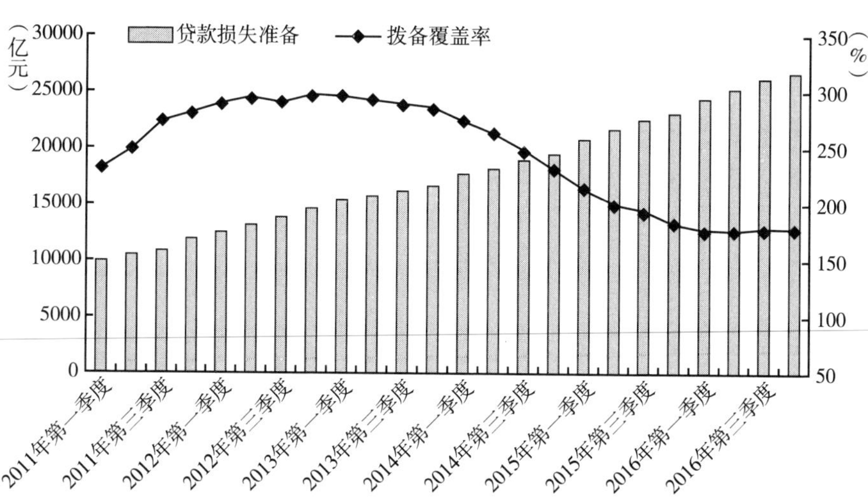

图 19　商业银行贷款损失准备和拨备覆率（2011 年第一季度 ~ 2016 年第四季度）

数据来源：中国银行业监督管理委员会网站，http：//www.cbrc.gov.cn/chinese/home/docViewPage/110009.html。

二是商业银行效益继续下降。尽管 2016 年商业银行实现净利润 16490 亿元，同比增长 3.54%，但是商业银行效益却呈下降趋势。截至 2016 年末，商业银行资产利润率 0.98%，比 2015 年末下降 0.12 个百分点（见图 20）；资本利润率 13.38%，比 2015 年末下降 1.6 个百分点（见图 21）。

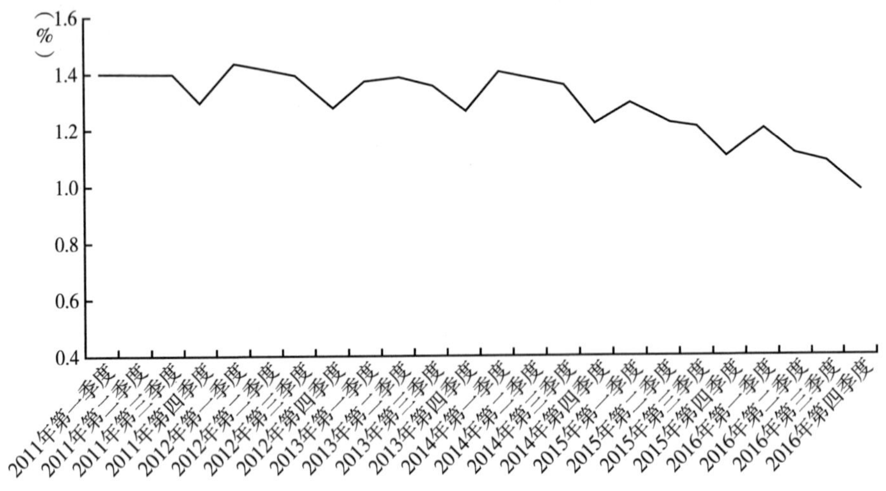

图 20　商业银行资产利润率（2011 年第一季度～2016 年第四季度）

数据来源：中国银行业监督管理委员会网站，http：//www. cbrc. gov. cn/chinese/home/docViewPage/110009. html。

三是银行表外业务风险隐患突出。近年来，中国银行表外理财业务增长较快。2016 年末，银行业表外理财资产超过 26 万亿元，同比增长超过 30%，比同期贷款增速高出约 20 个百分点。但是，目前商业银行的表外业务管理仍然较为薄弱，对表外理财业务的风险还缺乏有效识别与控制，表外理财业务未真正实现风险隔离，存在监管套利等问题，表内外风险可能出现交叉传染。①

四是保险行业风险逐渐显现。2016 年保险行业出现了一些影响保险行

① 中国人民银行货币政策分析小组：《2016 年第四季度中国货币政策执行报告》，http：//www. pbc. gov. cn/zhengcehuobisi/125207/125227/125957/3066656/3254786/2017021719463365852. pdf。

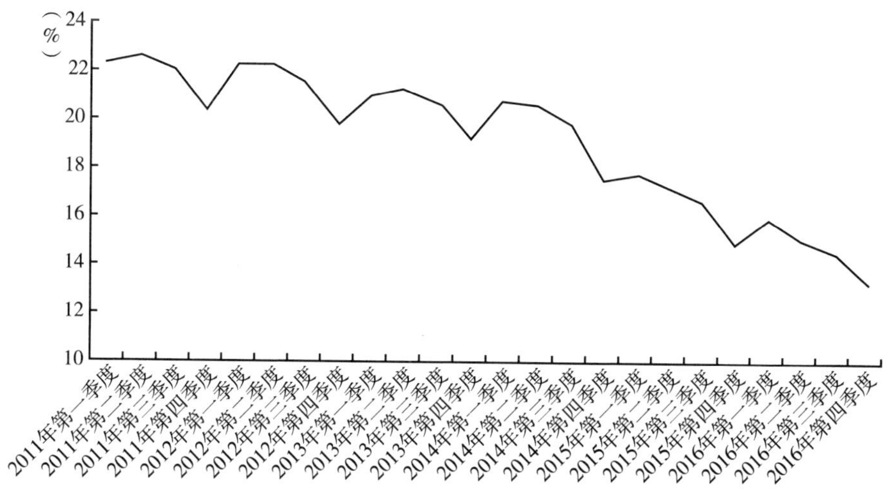

图 21　商业银行资本利润率（2011 年第一季度～2016 年第四季度）

数据来源：中国银行业监督管理委员会网站，http：//www. cbrc. gov. cn/chinese/home/docViewPage/110009. html。

业稳定的突出问题，主要体现在四个方面：第一，尽管 2016 年保险公司整体的偿付能力充足率达到了 247%，行业风险总体可控，但利差损、非正常退保和满期给付、流动性等行业传统风险的因素不容忽视。第二，随着保险业的快速发展，极少数公司出现公司治理、业务与投资激进、盲目并购等问题。第三，2016 年宏观经济下行，资本市场波动，造成企财险、货运险等领域的业务下滑，也加剧了行业的信用风险和市场风险。2016 年保险资金运用的平均收益率为 5. 66%，比 2015 年下降 1. 9 个百分点。第四，保险公司与银行、证券、基金等领域的交叉性有所增多，跨市场、跨区域、跨行业传递风险开始显现。①

总之，当前中国经济运行中存在的实体经济结构性供需失衡、金融和实体经济失衡、房地产和实体经济失衡等各种重大的结构性失衡交织在一起，也导致了需要同时应对经济下行压力，去产能、去库存、去杠杆以及防范和

① 《国新办举行加强保险市场监管、服务实体经济发展发布会》，http：//www. scio. gov. cn/xwfbh/xwbfbh/wqfbh/35861/36274/index. htm。

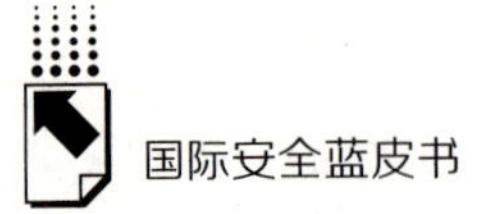

化解金融风险等问题的“两难”“多难”局面，从而也使维护国家经济安全的任务更加艰巨复杂。

三 结语

从长期来看，中国经济韧性好、潜力足、回旋空间大的特质没有改变，中国经济安全和经济发展长期向好的基本面没有改变，随着改革开放向纵深迈进，中国经济结构不断优化，新产业、新业态、新动力加快孕育，成为支撑经济增长的主要力量，同时供给侧结构性改革不断深入，经济金融体系中一些影响经济安全稳定运行和可持续发展的深层次结构性矛盾和问题正在逐步得到解决，经济安全的基础更加牢固。

“当前我国国家安全内涵和外延比历史上任何时候都要丰富，时空领域比历史上任何时候都要宽广，内外因素比历史上任何时候都要复杂。”① 中国经济安全也同样也面临着错综复杂的形势，各种经济安全风险和挑战相互交织、重叠、影响、渗透，也使维护国家经济安全的任务变得更加艰巨繁重。为此，需要更加自觉地坚持总体安全观，坚持稳中求进工作总基调，保持战略定力，保持清醒头脑，坚持系统思维，坚持底线思维，坚持安全与发展两手抓，坚持改革与发展并重，努力防范和化解各种经济安全风险，努力克服影响经济安全稳定运行和可持续发展的深层次结构性矛盾和问题，为经济可持续发展创造安全稳定的环境和条件。总之，通过全国上下的共同努力，2007 年中国将会继续保持经济社会平稳健康发展，国家经济安全也将继续保持总体平稳、良好的态势。

① 《习近平谈治国理政》，外文出版社，2014，第 200 页。

B.17
中国城市安全发展现状与思考

杨 卡　边沛林*

摘　要：　城市安全是城市建设和管理的重要目标之一，随着城市空间的复杂化和城市社会经济活动的多元化，城市安全的内涵也不断拓展，在对自然灾害类事件进行积极监控、预测和防范之外，各级城市政府还需积极应对火灾、交通事故、重大刑事案件等人为事故，防范工业事故、工程灾害、各种坍塌等技术性灾害，防范和应对袭击破坏类事件，同时对生态安全性事件进行防范和处理。研究表明：近年来中国的杀人类刑事案件发生数、交通事故发生数、交通事故死亡人数和生产安全事故死亡人数均有显著降低，显示了城市安全治理在这些方面的积极成效；但化工厂、危化品事故出现了大规模伤亡事件，土壤污染、水污染和大气污染等环境安全事件频繁出现，这些属于随生产活动方式的复杂化而带来的新的城市安全领域；国际上出现的大规模袭击破坏类事件也警示中国城市在此方面需做出积极的防范应对措施。

关键词：　城市安全　城市规划　城市灾害　应急机制　环境污染

如今，城市作为容纳人口和经济活动的主要空间，承担着重要的经济、社会和环境功能，而城市的安全性也日渐成为政府和市民的关注要点，城市

---

* 杨卡，国际关系学院公共管理系副教授，研究方向为城市规划与管理；边沛林，国际关系学院公共管理系硕士研究生。

安全是城市发展、竞争和宜居的重要前提。2015 年 12 月召开的中央城市工作会议强调：要把安全放在第一位，并把安全工作落实到城市工作和城市发展的各个环节各个领域。因此，在未来很长一段时期内，城市安全都将作为城市发展的重要内涵，研究者也十分有必要基于城市安全视角重新审视城市和城市群战略，从而为城市空间研究注入新的力量，为城市安全发展提供理论支撑和实践指导。马斯洛理论把需求分成生理需求、安全需求、爱与归属的需求、尊重需求和自我实现需求五类，对城市安全的需求也是城市居民的最基本需求之一，人的安全需求又包括几个主要侧面：生命安全、财产安全、生态安全、生产安全和交通安全，这些方面相互影响，且与城市格局、交通建设、绿化设置、医疗设施等息息相关，也正因如此，城市安全还可以作为考量城市空间格局和城市要素部署的重要指标，进而衡量一个城市的建设管理水平。

一　城市安全研究进展

城市安全管理历来都是城市管理中不可或缺的内容，中国古代的风水理论就曾经在城市选址和规划中充当灾害预防的角色，通过对自然环境、山体、水土的考察选择趋利避害的场所和方式建造城市。产业革命之后的现代城市建设逐渐注重经济职能和经济地理位置的选择，自然环境、水源地等不再作为最核心的考察要素，但城市内部的安全管理依然受到重视，一般体现在城市总体规划和抗震、抗灾等专项规划中。近年来，城市安全的相关研究与管理实践相一致，也主要集中在城市安全法律法规、城市安全规划、城市防灾技术等方面。

（一）城市安全规划研究

城市安全规划主要通过物质空间设计来提升城市的安全性，是城市规划学者们十分关注的研究领域。学者们主要研究如何通过科学的空间布局、防灾建设等降低自然灾害、危化设施等带来的威胁，通过疏散通道、集散空间等的规划降低灾害所带来的危害，通过空间环境设计来预防城市犯罪[①]，通过邻避设施的合理设置来减轻其对居民的不良影响。

世界上不少国家都将城市安全规划和防灾规划列为城市规划的常规内容。日本因自然灾害频发而十分重视城市防灾和城市安全的研究，经过多年的研究与建设，建立了完善的城市防灾制度，拥有《灾害对策基本法》等一系列灾前预防、灾中应急、灾后应对和灾害组织管理的法规体系，制定了关于地震、火山、水灾等灾害的防范和应对规范。日本的防灾规划有着成熟的规划体系，并受到各级部门的重视，形成了从国家到区域再到城市各层面的防灾规划系统。美国于1979年成立了协调和处理紧急突发事件的重要机构——联邦紧急事务管理署（Federal Emergency Management Agency，FEMA），拥有层级分明的城市安全规划体系，包括综合防灾减灾和应急行动两方面的规划，在国民防灾教育和公众参与防灾方面也积累了丰富经验。

（二）城市防灾技术不断更新

地震、台风、海啸、泥石流等自然灾害的监测、预测技术不断更新，各国学者积极进行地震探测仪、台风监测预报预警体系等的开发研究。如今，应用灾害模拟技术、预警模型、物联网、大数据等使灾害监测、预防和应对能力大幅提高，决策树、神经网络、蚁群算法等在灾害应急方面得到了广泛应用。此外，一些企业也利用自身掌握的大数据来帮助政府应对灾害，2016年熊本大地震发生后，雅虎日本不仅发起募捐，还通过数据分析人流轨迹来模拟人口密度图，帮助政府机构进行避难引导，并判断不同空间位置的物资需求，为灾后决策提供了重要帮助。

（三）城市安全内涵扩展

首先，传统的城市安全研究以防震抗震、整治水患、防范火灾等为主要内

① 程聪慧、郭俊华：《网络恐怖主义防范视角下的城市安全系统去脆弱性》，《情报杂志》2016年第8期。

容，如今除了防范自然灾害之外，城市还需考虑与自然息息相关的环境安全问题，学者们纷纷关注城市大气环境、水环境等的污染防范和保护。其次，随着城市巨型化和复杂化，城市内部要素类型增多、活动方式多样，各种人为事故和技术性事故也逐渐引起学者们的关注。最后，暴恐袭击类安全事件呈现出破坏性强、危害巨大、不易预防等特征，网络恐怖主义活动更暴露了城市安全系统的脆弱性[①]，线上线下的暴恐防范日益成为城市安全管理的重要课题。

二 中国城市安全问题现状与趋势

城市安全问题是对城市正常运行秩序构成威胁、对城市中人与环境的安全造成危害或损失的事件与现象。学者们对城市安全问题的界定一般包括自然灾害、人为灾害、袭击破坏三大类[②]，也有学者将之划分为治安犯罪类、自然灾害类、技术灾害类、恐怖袭击类等安全问题[③]，总体而言包括了自然水旱灾害、台风、海啸、地震、泥石流、火灾、地下事故、治安案件、重大交通事故、恐怖袭击以及战争等与城市安全密切相关的事件。近年来，城市环境问题也越来越引发关注，城市空气质量、水安全等议题成为城市管理要目和舆论焦点，因此生态安全也理应被纳入城市安全的范围。由于城市生态安全问题的成因大多包括人为和自然两个方面，而且有别于一般的自然灾害和人为事故，因此宜单独划分出来。同时综合上面两种划分方法，按照自然灾害类、人为事故类、技术灾害类、袭击破坏类和生态安全类的划分，将近两年中国的城市安全问题梳理如下。

（一）自然灾害类

威胁城市安全的自然灾害以地震、台风、泥石流、滑坡、洪水为主，也

---

① 董晓峰、王莉、游志远、高峰：《城市公共安全研究综述》，《城市问题》2007年第11期。

② Lewis M. Branscomb, "Sustainable cities: Safety and security," *Technology in Society*, No. 1 - 2, 2006, pp. 252 - 234.

③ 邹慈德：《城市安全：挑战与对策》，《城市规划》2008年第11期。

包括火山、海啸、风暴潮、冰冻、冰雹等。据统计，1900 年以来中国发生过 8 级以上地震 11 次，平均 10 年左右 1 次。[①] 全球近两年发生的重大事件包括：尼泊尔 8.1 级强地震，阿富汗东北部 7.8 级强地震，印度尼西亚北苏门答腊省的锡纳朋火山喷发，厄瓜多尔中部的科托帕希火山喷发，缅甸大雨导致大面积水灾，中国南方强降水致多人伤亡、失踪，东方之星客轮长江遇龙卷风沉没，深圳发生山体滑坡等，这些灾害预测难度较大，且造成十分严重的财产和生命损失。

自然灾害中以地震灾害的预测、防治最为困难，人口密集区域的地震灾害往往造成巨大损失，现今城市管理中最有效的管理手段集中在抗震建设和应急反应方面。根据中国地震局历史地震目录的统计，2016 年全球 7 级以上地震共计 17 次，其中环太平洋近岸和沿岸地带 12 次，而太平洋西岸属于较为集中的地带。2016 年中国 5 级以上地震共计 33 次，以西部地区和台湾最为集中，其中台湾 15 次、新疆 7 次、西藏 5 次，震级最高的是台湾高雄市（2016 年 2 月 6 日 03:57）和新疆克孜勒苏州阿克陶县（2016 年 11 月 25 日 22:24）的 6.7 级地震。2015 年全球共发生 7 级以上地震 18 次，以 4 月 25 日尼泊尔发生的 8.1 级地震伤亡最为严重，震中位于尼泊尔首都加德满都以东 76 公里处，死亡人数共计 8500 人以上，致使首都半数以上房屋成为危房。2016 年 12 月，国家发展和改革委员会与中国地震局共同印发了《防震减灾规划（2016～2020 年）》，作为未来 15 年国家层面的防震、抗震和减轻地震灾害损失的纲领性文件。

（二）人为事故类

人为事故类以城市火灾、重大交通事故、重大刑事犯罪等为主。2015 年和 2016 年发生的重大事件包括上海外滩跨年夜踩踏事件，哈尔滨市区仓库大火，印度、沙特宗教活动发生踩踏事件，德国科隆发生大规模性侵事件等。

① 国家统计局：《2006～2015 年国民经济和社会发展统计公报》，http：//www.stats.gov.cn/tjsj/tjgb/ndtjgb/。

近年来，人为事故类事件呈现出一些新的特征，并引发全球范围的关注。

首先，随着管理水平提升、法律法规的完善，以及人民自身素养和自觉意识的提高，中国城市中交通事故和杀人、伤害类刑事犯罪事件呈减少趋势。近10年来，中国公安机关立案的杀人、伤害类刑事案件呈逐渐降低趋势。其中：杀人类刑事案件由2006年的1.8万起减少到2015年的0.9万起，减少了50%；伤害类刑事案件由2006年的16.2万起减少到2015年的13.2万起，减少了19%。[①] 国家统计局的数据统计显示，近几年，交通事故发生数和机动车交通事故死亡人数基本稳定且略有下降，而非机动车交通事故数、非机动车交通事故死亡人数却呈上升趋势。2015年，中国共发生交通事故18.8万起（比2006年的37.8万起减少了50%），死亡人数5.8万人，2015年发生重大、特大交通事故13起，死亡人数222人。[②]

从公安部消防局的火灾统计数字来看，2013年以来，全国每年接报火灾事件都在30万起以上，2015年全国接报火灾34.6万起，死亡1899人[③]，比2013年和2014年略有减少，2016年全国接报火灾31.2万起，死亡1582人，继续呈减少趋势。一方面，从火灾发生原因来看，电气原因造成的火灾占比最多。从发生场所来看，较大火灾在市场、商贸中心等人员和小商贩聚集场所发生较多，其中广东惠州小商品城的儿童放火事件导致27人死亡，云南昆明某商贸中心工业酒精爆燃导致12人死亡，安徽芜湖某小吃城爆炸导致17人死亡。[④] 另一方面，大型集会、狂欢和购物优惠等活动吸引大量人员聚集，从而诱发的踩踏风险增加，地铁等公共空间因特定时段人员过度密集也增加了城市安全风险。2015年元旦凌晨，发生在上海外滩的跨年夜踩踏事件造成

① 根据国家统计局网站数据整理分析，http：//data. stats. gov. cn/easyquery. htm？ cn = C01&zb = A0S0B&sj = 2015。

② 根据国家统计局网站数据整理分析，http：//data. stats. gov. cn/easyquery. htm？ cn = C01&zb = A0S0D01&sj = 2015。

③ 公安部消防局：《2015年全国分起火场所火灾情况》，http：//www. 119. gov. cn/xiaofang/hztj/34155. htm。

④ 中国消防在线：《2016年全国发生火灾31.2万起　冬春火灾多发》，http：//119. china. com. cn/jdxw/txt/2017 – 01/10/content_ 9278296_ 2. htm。

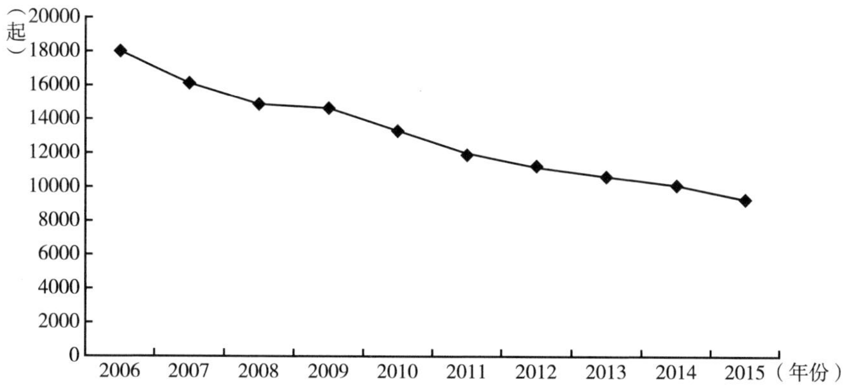

图 1　2006～2015 年中国公安机关立案的杀人刑事案件数量

数据来源：根据国家统计局网站数据整理分析，http：//data. stats. gov. cn/easyquery. htm? cn = C01&zb = A0S0B&sj = 2015。

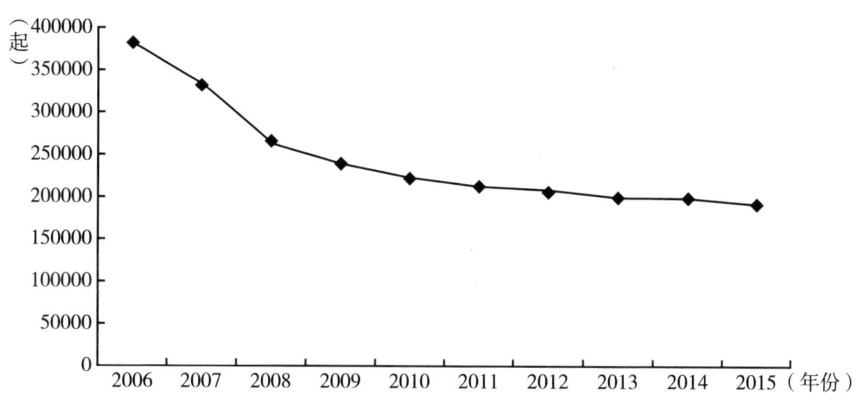

图 2　2006～2015 年中国交通事故发生数量

数据来源：根据国家统计局网站数据整理，http：//data. stats. gov. cn/easyquery. htm? cn = C01&zb = A0S0D01&sj = 2015。

50 多人死亡；2015 年 9 月，沙特阿拉伯某宗教活动中发生踩踏，导致 700 多人死亡；2016 年 10 月，印度因宗教活动发生踩踏而致 20 多人死亡。近几年发生的大规模踩踏事件也让各级政府开始重视大规模人员聚集类活动的管理，尽量避免大规模人员聚集，如 2016 年上海取消外滩跨年活动，在各种聚会和欢庆活动中也很重视预防摔倒、叠压和踩踏。

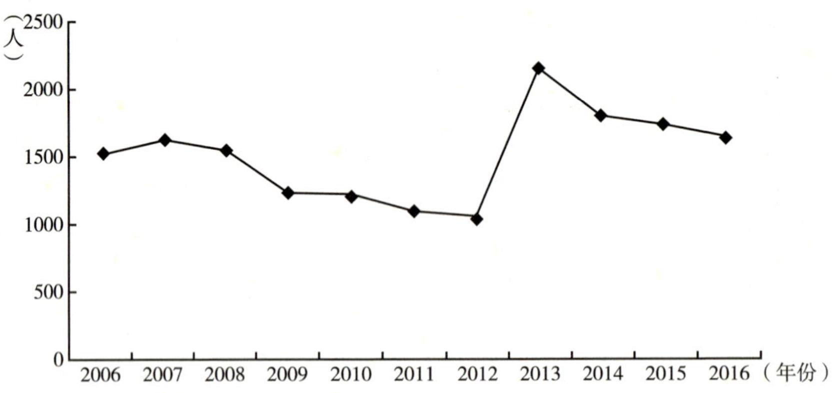

图3　2006～2015年中国火灾死亡人数

数据来源：《火灾统计》，http：//www. 119. gov. cn/xiaofang/hztj/index. htm；《2016 年全国发生火灾 31. 2 万起　冬春火灾多发》，http：//119. china. com. cn/jdxw/txt/2017－01/10/content_ 9278296_ 2. htm。

（三）技术灾害类

城市技术灾害是指城市管理失当或技术失误给城市安全带来的威胁或破坏，包括城市重大工业事故、建筑物损害、工程灾害、基础设施运行中断等。随着人口城市化进程的加快以及城市经济、社会活动的丰富多样化，城市这一巨系统的运行更加复杂化，城市道路、给排水、供电、通信等基础设施运行需要更高级的技术支撑才能顺畅运行。一方面，城市所能容纳的人口和经济活动多少受城市管理水平和设施技术的制约；另一方面，城市设施运行故障或管理技术疏漏则会给城市带来安全隐患或风险事故，甚至导致巨大经济损失或人员伤亡。

统计数据显示，2015 年全年各类生产安全事故共死亡 6. 6 万人[①]，如图 4所示，近十年全国生产安全事故死亡人数呈显著降低趋势，这也表明中国在生产安全领域的管理能力在逐渐提升。

在城市安全中，导致技术类安全威胁的原因如下。

① 国务院调查组：《天津港“8·12”瑞海公司危险品仓库特别重大火灾爆炸事故调查报告》，http：//www. ajj. dl. gov. cn/Simplified/NewsShowSGAL. aspx？NewsId＝9943。

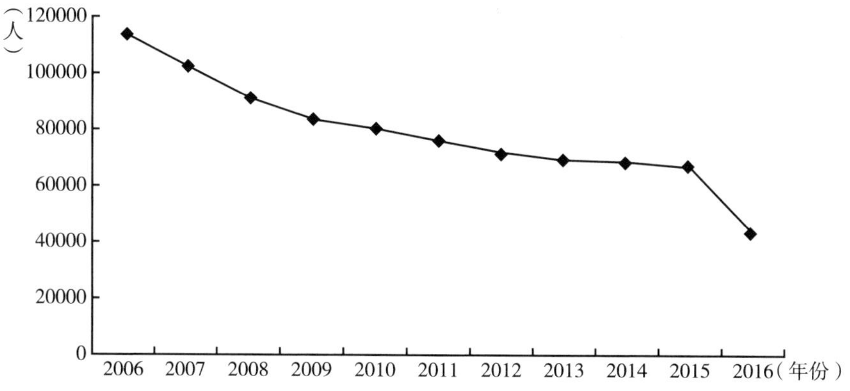

图4　近十年中国生产安全事故死亡人数统计*

＊2016年起，安全监管总局对生产安全事故统计制度进行改革，由于排除了非生产经营领域的事故，事故统计口径发生变化。

数据来源：历年国民经济和社会发展统计公报，http：//www. stats. gov. cn/tjsj/tjgb/ndtjgb/。

第一，生产过程中因管理疏忽而产生的各类坍塌、坠落是造成生产安全事故的重要原因，煤炭工矿类和建筑建设类生产较易发生此类事故。例如，2015年5月，山东兰陵县发生坍塌导致10人死亡。7月，温岭大溪镇鞋厂坍塌造成14人死亡。10月，河南舞阳县某旧房改造发生坍塌导致17人死亡。2016年1月，陕西神木煤矿事故致11人死亡。3月23日，山阴县同煤集团发生事故造成20人死亡。6月22日，河南中铝建设发生设施坠落事故导致11人死亡。这类事故的预防应从日常安全规范做起，通过企业自觉和政府管理监督两方面来降低安全风险。

第二，化工厂、危化品运输储藏也成为重大爆炸事故的常见源头。2015年8月12日，天津港特大火灾爆炸事故导致165人死亡、798人受伤①，成为近年来最严重的一次安全事故，造成了巨大的人员和财产损失。2015年8月31日，山东东营化工厂爆炸导致13人死亡。2016年2月，贵州贵安新区爆竹厂爆炸导致22人死亡。4月22日，江苏省靖江市某化工物流仓储发生

① 国务院调查组：《天津港“8·12”瑞海公司危险品仓库特别重大火灾爆炸事故调查报告》，http：//www. ajj. dl. gov. cn/Simplified/NewsShowSGAL. aspx？NewsId＝9943。

爆炸，这些事件充分显示了危化品储藏、运输和使用对城市安全构成潜在威胁，需要通过合理规划和严格规范管理来降低其危害。

近两年，比较典型的城市安全事件还有乌克兰“电力门”、北京德胜门内大街塌陷、浙江平阳游乐园游人坠落事故、上海交大实验室硫化氢泄漏、贵阳市居民楼垮塌、酒泉市主城区暖气主管道爆裂、江西丰城电厂事故以及浙江三门县沉船事故致 15 人死亡等。

（四）袭击破坏类

袭击破坏类事件中最典型的要属极端分子在城市中制造的恐怖袭击，近两年接连发生了影响巨大的《查理周刊》总部枪击案、法国巴黎多地遭袭击案、土耳其安卡拉连续性恐怖袭击案件等。这类事件常常造成巨大伤亡，严重危及城市居民的人身、财产安全，对城市安全的影响巨大，这类事件的应对常常需要多个政府机构协作、多类人员协作。

另外一类袭击破坏事件是因个人精神因素、报复社会、追求刺激等而产生的纵火、爆炸等事件，近两年比较典型的事件包括上海浦东机场爆炸案、银川公交纵火案、北京百荣商城纵火案等。这类事件比较偶发，发生的时间、地点都很随机，但仍然造成人员伤害，危及城市安全。城市管理中需要建立完善的预防和应急机制，积极防范此类安全风险。

（五）生态安全类

随着中国城市经济发展步伐的加快，人口、资源和产业在城市聚集，在带来城市经济高效率的同时也使污染物大量累积，城市生态安全受到威胁：城市空气质量令人担忧，全国大部分城市的空气质量年度监测不达标；工业污染泄漏、累积，城市垃圾处理困难重重；城市水污染、土壤污染、光污染问题频繁出现。根据环保部的《2015 年中国环境状况公报》：2015 年全国 388 个地级以上城市中环境空气质量不达标的有 265 个，占 68.3%；开展监测的 480 个城市（区、县）中酸雨城市占 22.5%。

大气污染扩散，雾霾污染在中国大部分区域肆虐，2015 年京津冀、长三角和中部多数城市空气质量状况虽然较2014年有所改观，但仍处于较差水平，京津冀地区13个地级以上城市达标天数平均仅为52.4%，长三角地区25个地级以上城市达标天数平均为72.1%[①]，这也体现了空气污染问题实质上是更大范围的区域性问题。此外，在城市微观空间范围内大气污染物存在局域累积现象，因此，优化城市建设格局可以作为城市大气污染治理的一条辅助途径，尤其对局域空气质量的提升有重要价值。

除此之外，城市土壤污染和水污染问题仍比较严重。2016年1月，媒体报道的常州外国语学校"毒地"事件引发了舆论对于工业用地基址污染问题的关注。经检测，该学校新建校区的土地、地下水、空气中均有高浓度污染物，也突出反映了城市管理中化工企业废弃物排放监督、用地修复、建设项目环境评价等环节的不足。

三　中国城市安全问题管理思考

（一）应建立完善的城市安全规划体系

自古以来，城市规划都非常重视减灾、防灾方面的重要作用，古人通过风水选址来为城市找到一个相对安全的所在，最大限度地降低水患、风沙和泥石流等对城市居民的危害。在现有的城市规划体系中，也有专门的防灾规划内容，但一般包括消防、防震、防洪和人防四个方面，而对于其他类型的灾害考虑较少。现今城市的选址和发展不再以自然为主要考量因素，更多受经济地理、行政等因素的影响，因此城市规划也不再将防灾、减灾作为主要规划目标，对城市防灾规划的重视程度不够，很多规划机构并无专门的防灾规划人员，防灾规划甚至成为一种象征性的存在。

随着城市安全问题的频发和多样化，城市安全在城市规划中应受到更多

① 《2015年中国环境状况公报》，http：//www.zhb.gov.cn/gkml/hbb/qt/201606/t20160602_353078.htm。

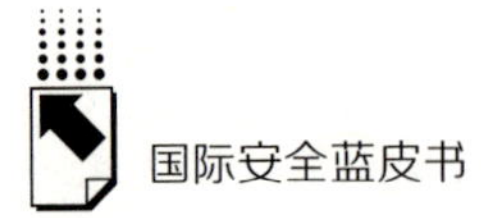

重视，城市防灾、减灾等基于安全的设计不仅要体现在城市总体规划中，还应被纳入分区规划、详细规划等多层次的规划体系中，成为城市规划建设的常规项目。

（二）完善灾害前后的预防和应对机制

城市灾害的应对包含灾前预防和灾后应对两大方面。由于城市规划在土地利用、空间布局、产业发展和人口调控方面具有十分重要的引导作用，更大的作用在于灾前的防患于未然。总体而言，规划对于提升灾害防范能力和优化灾害应对程序尤为重要，其主要作用体现在：在规划中通过合理的商业、工业、居民区布局来降低或避免危险品运输、危化品爆炸和交通事故等事件对居民的威胁；通过对产业的引导来降低污染以保证城市生态安全；通过对水、电、气等线路的合理设计避免相关危害的发生；通过公园、绿地、广场等的合理规划来解决灾害发生时的疏散问题等。

在灾后应对方面，则需要多部门的协作，并建立专门的应急指挥、协调和执行部门，完善城市安全问题应急机制，针对各类灾害形成各级各类应急预案。城市规划应和其他公共机构协作，建立有效的沟通互动机制，及时响应相关需求，必要时提供空间数据查询和地理信息模拟分析等支持。

（三）促进多元主体的参与

城市安全问题的预防和处理还需要多部门、多机构的协作，需要政府引导企事业单位、社区、居民共同参与。提高各单位的防灾意识，强化居民的安全意识，通过宣传、演练等方式，促进民众对防灾减灾知识的了解，提高民众的灾害应对能力。

由于城市安全所涵盖的内容是多方面的，深入渗透在城市生活、生产的方方面面，无法单独依靠政府管理部门来完成所有的信息搜集和监控监测。政府通过多种渠道向公众发布信息，调动多方积极性，提升民众、企业和第三方机构对人为事故类、袭击破坏类和技术灾害类的监督监测力度，从而提升整体上的防灾、应灾能力。

（四）增加对物联网、大数据和新技术的应用

物联网、大数据和新技术已经全面融入城市生活，同时也给城市安全管理提供了有效的手段，有助于缩减灾害反应时间、提高应急决策质量、降低灾害损失。在未来的城市灾害信息的监测系统中，需大量应用先进的传感技术探测各类灾害相关信号，大幅增加各类探测和通知终端，增强灾害相关信息探测的灵敏度，获取更全面的灾害信息。建立顺畅的信息传输系统，优化信息传输路径，确保灾害信息对应急指挥的有效引导。同时，城市政府和各级管理机构需要积极引入大数据应用，探索互联网企业拥有数据的脱敏方式，在保护用户隐私数据的基础上灵活运用各类数据进行城市安全管理。

四　结论

总体而言，中国城市安全越来越受到市民和城市管理者的重视，城市安全作为城市发展的重要方面，也日益成为考量城市竞争力的重要指标。诚然，城市安全是一个综合性的概念，涉及城市社会、经济、生态等多个方面，城市安全事件包含了自然灾害类、人为事故类、技术灾害类、袭击破坏类和生态安全类五种主要类型。从近年来的发展趋势看：地震、火山等自然灾害类城市安全事件发生频率比较稳定，没有集中爆发的现象和趋势；人为类城市安全事件得到较好的控制，杀人类刑事案件、交通事故死亡人数、火灾死亡人数等都呈逐年降低趋势；技术类灾害呈现新特征，土地塌陷、工程塌陷等事件引发城市管理者重视；生产安全类事件死亡人数逐年降低；化工厂、危化品事故出现了大规模伤亡事件；土壤污染、水污染和大气污染等环境安全事件频繁出现。上述趋势也表明，随着城市化进程的加快和城市生活方式的多样化，城市安全问题更趋复杂化，传统城市安全问题得到较好管理的同时，一些城市安全问题呈现新特征，一些新型灾害因素萌发并危及城市安全，城市安全管理也需要更完善的体系、更先进的技术和更多元的参与。

B.18
中国电力企业在湄公河次区域投资的政治风险及其管控

黄 河　朱博闻*

摘　要：如何从国别分析的角度入手，对中国电力企业在湄公河次区域开展海外投资的政治风险水平进行定量分析，这是国际政治经济学研究的一个重要议题。文章运用分析模型解析中国企业海外投资的政治风险问题。首先，对意大利政治风险概念框架模型进行了优化，在“征用风险”“汇兑限制风险”“政治暴力风险”三种传统政治风险之外，加入了“非传统政治风险”的相关评价指标，使测评结果能够更加全面、客观地反映湄公河次区域五国在2009~2016年的政治风险水平。其次，根据定量分析模型的运算结果，对柬埔寨、泰国、缅甸、越南、老挝等国政治风险构成因素进行了深入剖析。针对中国电力企业在湄公河次区域投资所面临的政治风险及其管控问题，提出了“从加强国家和企业形象的正面宣传”“充分利用国际法层面保护机制”“提供安全类公共产品，打造区域及区域间安全共同体”三个方面的政策建议。

关键词：中国企业　湄公河次区域　政治风险　风险管控

* 黄河，复旦大学国际关系与公共事务学院教授，博士生导师，研究方向为国际政治经济学；朱博闻，复旦大学国际关系与公共事务学院研究生。

中国电力企业在经济全球化和“走出去”战略的影响下，陆续走出国门，充分利用国际国内“两种资源、两个市场”参与国际分工和国际合作，提高中国电力行业在国际社会的竞争力，实现消化国内过剩产能的目的。大湄公河次区域（GMS）是指湄公河流域的6个国家和地区，包括老挝、缅甸、柬埔寨、泰国、越南和中国的云南省。大湄公河次区域经济合作机制是亚洲开发银行于1992年倡议建立的，包含了澜沧江—湄公河流域内的6个国家和地区，旨在加强区域内的经济合作，改善区域的经济社会发展水平，实现优势共享、互惠互利、共同繁荣。缅、老、泰、柬、越五国境内可用于发电的水能资源相当丰富，开发潜力巨大。与此形成鲜明对比的是，上述国家的电力基础设施相对匮乏和落后，因此成为中国电力企业海外投资的一个重要方向。然而，中国电力企业近年来在上述地区的投资并非一帆风顺，受到东道国政治局势动荡、政策变化、投资壁垒、法律障碍、文化差异等因素的共同影响，加之企业自身对海外投资的经验和准备不够充分，遭遇了不少挫折。

一 引言

电力行业因其特殊的行业特性，往往被视作国家的战略资源，因此在许多国家都是受到政府管制的。同时，电力生产具有自然垄断的属性，所以一般规模较小的企业难以涉足该领域，各国的电力市场基本都是由若干大型国有企业占领。正是基于电力行业“政府管制强、垄断性强、资本密集度高”等特性，中国电力企业在进行海外投资过程中，不可避免地将面临较大的东道国政治风险。因此，从某种意义上来说，如何应对海外投资风险、提高海外投资效益已成为电力企业海外投资面临的主要问题。

本文将政治风险的概念界定为：政治风险是指能够引起跨国商业运作的利润潜力或资产损失的任何类型的政治事件。政治风险一般存在于跨国投资活动之中，其产生或发生源于东道国的政治军事事件、政策，抑或社会制度的不稳定性等非市场因素的不确定变化。政治风险是所有风险中最不可预测和防范的风险，并且一旦发生，会给投资者带来巨大损失。①

政治风险可以分为传统与非传统政治风险。关于“传统政治风险”和“非传统政治风险”，学界并没有严格的定义和区分。海外投资领域的“传统政治风险”主要指因战争、政局动荡、政府不稳定、社会政策突变性高等因素，造成跨国公司损失的风险。这种风险可能是东道国出于自身利益直接没收跨国公司资产，或变更国家政策来限制跨国公司的发展，也可能是东道国自身政治出现巨大变革，如内战、政权被推翻、被侵略等，而造成跨国公司的资产无法获得正常的保障所带来的损失。而“非传统政治风险”主要指双方观念上、认知上的分歧或矛盾导致战略上、政治上的互不信任及其引发的一系列后果。②

因此，可将四类环境（东道国环境、母国环境、双边关系环境和国际环境）中的经济、政治、社会、两国关系等因素作为政治风险的考察来源，分析各种环境下的政治风险类型（见表1）。③

表1　政治风险的来源因素

环境	影响因素		政治风险类型
东道国环境	政治因素	政治制度、党派、政府机构；政府安全目标、政治哲学、意识形态；政局稳定性；政府政策的连续性：变更或调整；政治干预；利益集团，游说团体	1. 领导权之争、政权变革，反商业政治家的选举；2. 对于外资的更严格的政府限制的升级：如安全审查、官僚程序的延迟；3. 政府对技术转移的限制、知识产权保护，环境保护标准；4. 保护主义，经济民族主义

① 黄河等：《中国企业在“一带一路”沿线国家投资的政治风险及权益保护》，《复旦国际关系评论：一带一路与国际合作》2015年第16辑。

② 黄河等：《中国企业跨国经营的国外政治风险及对策研究》，上海人民出版社，2016，第42页。

③ 腊克斯（Howard L. Lax）就把关键因素分成三个大部分：东道国政治风险变量、公司政治风险变量及外部/国际政治风险变量。他进一步把东道国政治风险变量划分为四个小部分：政府的/政治的、经济的、社会文化的、行业特定的。他认为，这些变量无法按照重要性对其进行排序，但“只能大致指出，哪些变量可能是重要的”。参见 Howard L. Lax, *Political Risk in International Oil and Gas Industry*, Berlin: Springer Netherlands, 1983, p. 120。

续表

环境	影响因素		政治风险类型
东道国环境	经济因素	政府的经济目标,经济增长的评估;经济及规制状况,产业结构调整,包括贸易保护、债务、资本管制以及汇率等	1. 内部经济萧条的外溢影响:贬值、通胀、经济不景气导致的亏损,资本市场的不稳定;2. 保护主义,工人罢工,经济民族主义;3. 东道国对当地外国公司所有权的限制;东道国政府提供融资资助,进入东道国资本市场的可能性
	社会因素	社会结构、宗教、文化、法律特征,当地财团或商业集团;非政府组织的参与,媒体的影响	1. 社会运动和动荡;宗教矛盾、种族/派系冲突,骚乱、游行;2. 民族主义;恐怖主义等非传统安全威胁;3. 对当地竞争的补贴、地方保护要求、合营的压力;反对外资的情绪的升级,抗议,抵制
母国环境	政治经济	母国政府和企业的关系、母国对跨国投资的法律和规定	母国的监管和审批政策、行政命令或对企业海外运营的限制
双边环境	两国关系	两国是否为同盟关系、意识形态差异、国家利益是否一致、地缘政治关系等;双边条约;两国经贸关系	1. 双边关系恶化、外交冲突;2. 对跨国公司行为的监管、互惠/报复,对跨国公司不利的贸易/投资协定;3. 东道国对于外资的更严格的政府限制的升级:安全审查、官僚程序的延迟,技术转移的限制;4. 东道国保护主义,经济民族主义
国际环境	国际形势	国际关系与国际政治格局、国际经济格局、多边条约、公约和协定、世界组织、非政府组织(NGO)的活动等	1. 世界萧条、全球通胀、能源危机、油价波动,商品价格波动、外债危机、国际金融体系的不稳定性导致的利润减少、扩张削减;2. 国际多边条约、公约和协定对跨国企业的影响;3. 国际组织(联合国、国际货币基金组织、世界银行)对跨国企业的影响

资料来源:黄河等《中国企业在“一带一路”沿线国家投资的政治风险及权益保护》,《复旦国际关系评论:一带一路与国际合作》2015 年第 16 辑。

由于电力项目投资大、运营周期长,下列政治风险往往成为中国电力企业在澜沧江—湄公河流域投资面临的主要政治风险。

(一)征用风险

政治风险中的征用风险是指跨国企业对投资项目的所有权、经营权等被东道国政府侵蚀或者剥夺所带来的风险，在此情况下，投资项目将面临被收归东道国所有的不利局面。随着经济全球化和全球范围内的民主化进程，从前在某些专制体制国家经常发生的野蛮的直接征用行为已渐渐退出历史舞台。然而征用风险并未就此消失，而是以一种更加隐蔽、间接的方式继续存在，其主要表现为东道国政府在项目建设、运营过程中的干预和占用。

（二）汇兑限制风险

汇兑限制风险，也称转移风险，是指因东道国实行外汇管制，禁止或限制海外投资者将合法所得流动到东道国境外所带来的风险。在湄公河次区域沿线国家中，柬埔寨、老挝和缅甸仍实行外汇管制措施，限制海外投资企业将在当地获得的合法收入兑换为外汇并转移回母国。主要的汇兑限制形式包括禁止兑换、设定配额、行政审批等。

（三）政治暴力风险

政治暴力风险指的是政局动荡、内战、武装冲突等因素造成的投资利益损失风险。以缅甸为例，该国曾经历很长一段时间的军政府统治时期，民众的抵触情绪长期处于被压抑的状态。近年来随着缅甸国内的民主化进程，民众长期以来被压制的负面情绪得以抒发，加之中央政府与地方割据武装之间长期处于交战状态，更是为中国在缅甸投资项目的前景笼罩了一层挥之不去的阴影。[①]例如，美国有研究机构认为在东南亚活动的恐怖主义组织一共有 30 个，其中柬埔寨 3 个、越南 1 个。宗教极端主义和恐怖主义人数虽少，但组织严密、破坏力强，不仅会造成巨大的直接经济损失和人员伤亡，蔓延恐慌情绪，还会在国家经济、金融多个层面产生连锁反应，形成长期影响。[②]

---

① 孙广勇、于景浩：《规避风险，稳健投资东南亚》，《人民日报》2013 年 3 月 29 日。

② 云南省商务厅：《东盟市场环境及风险分析》，http：//www.bofcom.gov.cn/bofcom/433476996052287488/20080121/181903.html。

（四）非传统政治风险

电力企业海外投资面临的“传统政治风险”与“非传统政治风险”主要包括以下方面：第一，投资国与东道国双方在文化上、观念上的分歧、矛盾导致的战略上、政治上的互不信任及其引发的一系列后果；第二，东道国内部的社会、种族、宗教冲突对投资环境的不利影响；第三，外交关系及双边投资协定签订情况；第四，东道国对投资国的经贸依存度；第五，他国对中国在战略层面的不信任、对中国市场经济地位的怀疑、“中国威胁论”等。

二　中国电力企业在澜沧江－湄公河流域投资的政治风险评估

以下利用意大利政治风险概念框架模型（Political Risk：A conceptual scheme），又称意大利外贸保险服务公司（SACE）政治风险模型以及世界银行全球治理指数（Worldwide Governance Indicator，WGI）和美国传统基金会经济自由指数（The Heritage Foundation's Index of Economic Freedom，HER）的权威数据对澜沧江－湄公河流域国家和地区的政治风险水平进行评估。本评估使用了6个WGI指标：话语权和问责制（VA）、政局稳定性（PV）、政府有效性（GE）、监管质量（RQ）、法治（RL）、防治腐败（CC）；4个HER指标：产权（PR）、货币自由（MF）、金融自由（FF）、投资自由（IF）；1个双边投资协定（Transformation Index of the Bertelsmann Stiftung，BTI）指标：内部冲突（DC）；1个WDI/CEIC（司尔亚司数据信息有限公司数据库指标）：投资依存度（II）；1个定性指标：双边投资协定（BIT）。各种指标体系的取值范围存在差异，为使上述几类指标可在同一框架中使用，指标数值的取值范围需要统一调整为0～5，且数值越大表示治理越差或自由度越差，相应的政治风险便越大。

表 2　指标构成及数据来源

一级指标	二级指标	指标说明	数据来源
征用风险（EXP）	法治(RL)	指标数值为 -2.5 ~ 2.5，数值越高，法治程度越高	WGI
	产权(PR)	指标数值为 0 ~ 100，数值越高，产权保护越完善	HER
	政府有效性(GE)	指标数值为 -2.5 ~ 2.5，数值越高，政府有效性越强	WGI
	防治腐败(CC)	指标数值为 -2.5 ~ 2.5，数值越高，腐败程度越轻	WGI
汇兑限制风险（TRA）	监管质量(RQ)	指标数值为 -2.5 ~ 2.5，数值越高，监管质量越高	WGI
	货币自由(MF)	指标数值为 0 ~ 100，数值越高，货币自由度更高	HER
	投资自由(IF)	指标数值为 0 ~ 100，数值越高，投资自由度更高	HER
	金融自由(FF)	指标数值为 0 ~ 100，数值越高，金融自由度更高	HER
政治暴力风险（VIO）	话语权和问责制(VA)	指标数值为 -2.5 ~ 2.5，话语权和问责制越完善	WGI
	政局稳定性(PV)	指标数值为 -2.5 ~ 2.5，政局越稳定	WGI
	法治(RL)	指标数值为 -2.5 ~ 2.5，数值越高，法治程度越高	WGI
非传统政治风险（NTPR）	内部冲突(DC)	指标数值为 0 ~ 10，数值越高，内部冲突越严重	BTI
	投资依存度(II)	指标数值为 0 ~ 1，数值越高，东道国对中国投资的依存度越高	WDI/CEIC
	双边投资协定(BIT)	已签订且生效：1；已签订未生效：0.5；未签订：0	中国商务部官网

假设 A、B、C、D、E 分别代表定量指标 WGI、HER、BTI、WDI/CEIC 和定性指标 BIT 的原始数值，R1 ~ R5 代表调整后的数值，则调整方法如（1）~（5）式所示：

$$\text{WGI}: R1 = 5 - (A + 2.5) \tag{1}$$

$$\text{HER}: R2 = 5 - (B/20) \tag{2}$$

$$\text{BTI}: R3 = C/2 \tag{3}$$

$$\text{WDI}: R4 = 5 - (D \times 5) \tag{4}$$

$$\text{BIT}: R5 = 5 - (E \times 5) \tag{5}$$

数值调整完成后，按照传统政治风险和非传统政治风险两大类分别对 13 个二级指标赋予相应的权重，并进行计算。

1. 传统政治风险（运用意大利政治风险概念框架模型）

按照原始模型的权重计算各类风险，再加权平均，计算过程如下：

$$EXP = (RL \times 0.25) + (PR \times 0.25) + (GE \times 0.25) + (CC \times 0.25) \quad (6)$$

$$TRA = (RQ \times 0.25) + (MF \times 0.25) + (IF \times 0.25) + (FF \times 0.25) \quad (7)$$

$$VIO = (VA \times 0.20) + (PV \times 0.60) + (RL \times 0.20) \quad (8)$$

$$\text{传统政治风险} = 1/3(EXP + TRA + VIO) \quad (9)$$

2. 非传统政治风险

鉴于意大利政治风险概念框架模型主要关注传统政治风险领域，而在非传统政治风险日益为学界所关注和研究的今天，该模型显然存在短板，无法全面反映澜沧江－湄公河流域国家的总体政治风险水平，因而相关非传统风险指标需要成为整体模型的一部分。本文认为非传统政治风险（NTPR）主要受到内部冲突（DC）、投资依存度（II）和双边投资协定（BIT）的共同影响。权重及计算过程如下：

$$\text{非传统政治风险 } NTPR = 1/3(DC + II + BIT) \quad (10)$$

3. 修正后的意大利政治风险概念框架模型

$$\text{政治风险} = 0.3 \times EXP + 0.3 \times TRA + 0.3 \times VIO + 0.1 \times NTPR \quad (11)$$

模型运算结果（数字越大，代表风险越大）如表 3 所示。

表 3　大湄公河次区域五国政治风险计算结果（2009～2016 年）

国家	2009	2010	2011	2012	2013	2014	2015	2016
缅甸	4.02	4.01	3.91	3.75	3.71	3.62	3.63	3.58
柬埔寨	3.00	2.99	2.91	2.83	2.84	2.82	2.81	2.81
老挝	3.26	3.25	3.15	3.11	3.06	2.90	2.88	2.87
泰国	2.74	2.73	2.65	2.66	2.68	2.61	2.61	2.61
越南	2.95	3.04	2.96	2.97	3.00	2.99	2.98	2.96

数据来源：根据模型计算所得。

为了使数据能更直观说明风险的程度，参照意大利政治风险概念框架模型的分级情况，将各国政治风险值按严重程度分为高（H）、中（M）、低（L）3个等级，每个等级中进一步细分为3个等级，共9个风险等级，如表4所示。

表4 风险等级对应表

级别	L1	L2	L3	M1	M2	M3	H1	H2	H3
从	0.00	1.40	1.71	2.03	2.34	2.66	2.97	3.29	3.60
至	1.40	1.71	2.03	2.34	2.66	2.97	3.29	3.60	5.00

将表4的对应关系代入表3，得到上述五国2007～2014年的风险等级，如表5所示。

表5 大湄公河次区域五国政治风险等级（2009～2016年）

国家	2009	2010	2011	2012	2013	2014	2015	2016
缅甸	H3	H3	H3	H3	H3	H3	H3	H2
柬埔寨	H1	H1	M3	M3	M3	M3	M3	M3
老挝	H1	H1	H1	H1	H1	M3	M3	M3
泰国	M3	M3	M2	M3	M3	M2	M2	M2
越南	M3	H1	M3	H1	H1	H1	H1	M3

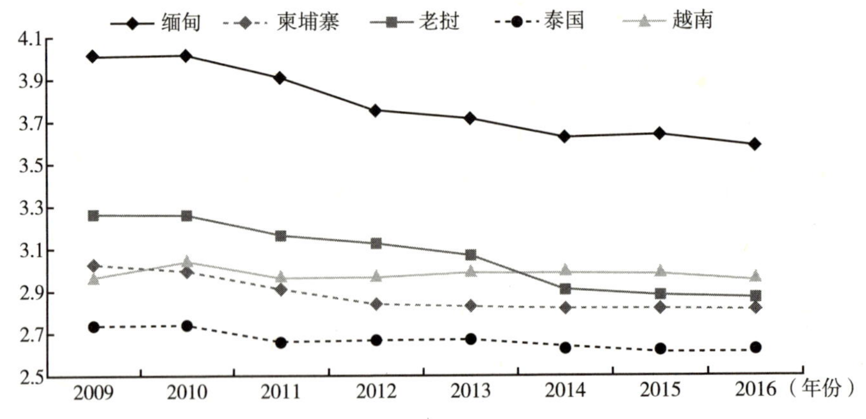

图1 大湄公河次区域五国政治风险水平趋势

从图1可以看出，2009～2016年，缅甸、柬埔寨、老挝、泰国、越南五国的政治风险水平整体呈现稳中有降的趋势。其中，缅甸的政治风险水平较其他四国明显偏高，2009～2016年的风险等级全部处于本文分析模型设定的9个风险等级中最高的两个等级，即H2、H3级，缅甸国内动荡不安的政治局势显然是重要原因之一。与之相反，泰国作为大湄公河次区域内政治、经济、文化水平最为发达的国家，其总体政治风险水平也是最低的，统计期内每一年的风险级别均处于M2或M3，从未出现H级的情况。另外三国的总体政治风险水平则较为接近，在M级和H级之间浮动。

为进一步深入分析泰、柬、老、越、缅五国政治风险的构成因素及其对总体风险水平的影响程度，作者以本文分析模型的一级指标，即征用风险（EXP）、汇兑限制风险（TRA）、政治暴力风险（VIO）、非传统政治风险（NTPR）作为维度，取每个维度在统计期内的平均值作为代表值，剖析上述四种风险的分布情况及其对整体政治风险的影响程度。

（1）泰国。从泰国自身发展来看，按照世界银行的标准，泰国目前属于中等偏上收入的发展中国家，经济增长速度在东南亚地区名列前茅。因此在湄公河次区域五国之中，总体的政治风险水平最低，在统计期（2009～2016年）未出现总体政治风险等级为H的情况（见表6）。

表6　泰国一级指标平均值

年份	征用风险（EXP）	汇兑限制风险（TRA）	政治暴力风险（VIO）	非传统政治风险（NTPR）
2009	2.56	2.33	3.49	2.33
2010	2.64	2.12	3.50	2.48
2011	2.64	2.06	3.30	2.48
2012	2.64	2.08	3.33	2.48
2013	2.63	2.09	3.40	2.48
2014	2.62	2.01	3.24	2.48
2015	2.61	2.02	3.26	2.48
2016	2.64	2.00	3.23	2.48
一级指标平均值(泰国)	2.62	2.09	3.34	2.46

数据来源：根据模型计算所得。

泰国政治风险中最为突出的因素为政治暴力风险（VIO）。为进一步深入分析 VIO 的三个二级指标，即话语权和问责制（VA）、政局稳定性（PV）、法治（RL）对 VIO 指标的影响情况，作者将 2009 ~ 2016 年泰国的 VA、PV、RL 指标变化情况整理如表 7。

表 7　泰国政治暴力风险二级指标汇总

年份	话语权和问责制(VA)	政局稳定性(PV)	法治(RL)
2009	2.96	3.92	2.72
2010	3.00	3.93	2.70
2011	2.92	3.62	2.71
2012	2.84	3.71	2.67
2013	2.93	3.81	2.63
2014	3.35	3.41	2.65
2015	3.41	3.41	2.65
2016	3.29	3.41	2.65
平均值	3.09	3.65	2.67

数据来源：世界银行网站，http://data.worldbank.org/data - catalog/worldwide - governance - indicators。

政局稳定性（PV）是造成政治暴力风险（VIO）指标偏高的主要原因（PV 占整个 VIO 指标的 60% 权重）。究其原因，与泰国政局较差的稳定性和连续性密切相关。由此可见，泰国国内政治局势较为动荡，政变、解散议会等情况时有发生，可能对在泰投资企业构成人身、财产安全威胁，此系在泰投资的最大政治风险。泰国的政治风险水平在湄公河次区域五国中是最低的，风险主要体现在动荡的政局所带来的不确定性和安全风险方面。历年中国电力企业在泰国的投资项目并未遭遇明显的政治风险。

（2）缅甸。缅甸位于泰国西北部，与中国、泰国、老挝陆上接壤，地处中东与东南亚连接的必经之路，战略位置相当重要。加之丰富的水能等资源和欠发达的电力基础设施，成为中国电力企业在湄公河次区域对外投资的重要目的国。与湄公河次区域其他四国相比，缅甸的政治风险明显偏高，主要体现在征用风险、汇兑限制风险和政治暴力风险三个方面（见表 8）。

表 8　缅甸一级指标平均值

年份	征用风险（EXP）	汇兑限制风险（TRA）	政治暴力风险（VIO）	非传统政治风险（NTPR）
2009	4. 26	4. 12	3. 99	3. 07
2010	4. 27	4. 11	3. 99	2. 98
2011	4. 25	3. 95	3. 83	2. 97
2012	4. 00	3. 83	3. 67	2. 95
2013	3. 95	3. 69	3. 74	2. 95
2014	3. 84	3. 60	3. 65	2. 95
2015	3. 81	3. 60	3. 72	2. 95
2016	3. 73	3. 56	3. 66	2. 95
平均值	4. 01	3. 81	3. 78	2. 97

数据来源：根据模型计算所得。

造成缅甸较高政治风险的原因主要有以下方面。

第一，征用风险和政治暴力风险方面。缅甸中央与地方长期处于矛盾对峙甚至交战状态，边境地区安全形势不容乐观。缅甸民族构成复杂，5500多万人口分布于130多个民族中，国内使用的各种语言相加甚至超过100种，民族成分之复杂可见一斑。北部地区的克钦邦和掸邦等地地方割据势力盛行，中央政府对这些地区基本没有管制权。中央军和地方武装之间时常爆发冲突，导致这些地区的安全形势堪忧。电力企业在选择投资目的地时应尽量避开上述区域，以防止军事冲突带来的风险。

第二，汇兑限制风险方面。政府缺乏管理经济的经验和能力，汇率风险较高。外资企业结汇制度仍受到严格限制，利润汇出难度较大。由于缅甸实施全面改革的时间不长，政府对国家事务的管控能力仍有待提高，因此尽管新政府致力于营造良好的投资金融环境，但能力上的差距使得理想和现实之间仍横亘着一条鸿沟，改革之路任重而道远。汇率政策方面，缅甸放弃了多重汇率制，转而采用浮动汇率制，但受限于国内的诸多阻碍因素，短期之内预计难以发生显著的改变。因此汇兑风险仍是国外企业在缅甸投资时面临的重要风险之一。从政治风险的整体水平而言，缅甸的政治风险水平较其他各国明显偏高。动荡的政治局势决定了缅甸较高的政治暴力风险水平。加之中央与地方的武装冲突，更是给中国在缅甸投资的前景带来诸多不确定性。

（3）柬埔寨、老挝、越南。三国同处中南半岛，互为邻国，山水相依。在五国中，柬、老、越三国的政治风险水平均属于中等，始终在 M3 和 H1 之间波动，总体呈平稳或稳中有降趋势（见图 2）。

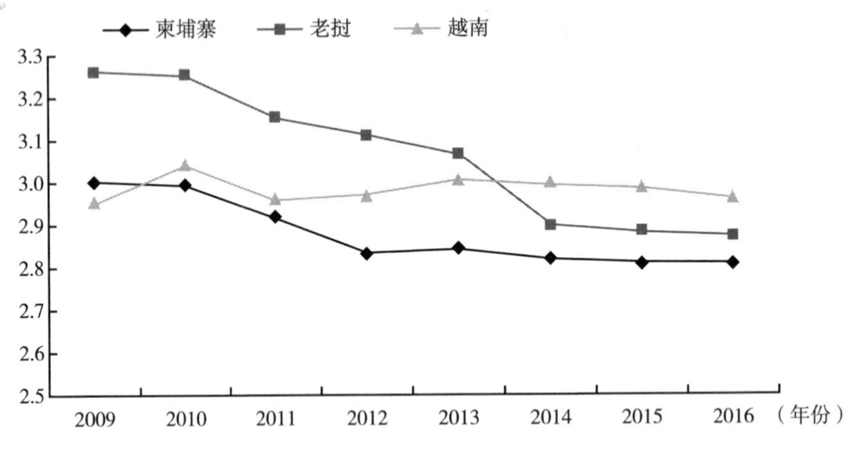

图 2　柬、老、越三国政治风险水平趋势

数据来源：根据模型计算所得。

柬、老、越三国政治风险中最为突出的因素均为征用风险（EXP）。进一步深入分析 EXP 的四个二级指标，即法治（RL）、产权（PR）、政府有效性（GE）、防治腐败（CC）对 EXP 指标的影响情况，作者以 2009～2016 年三国四个二级指标的平均值为代表，绘制出二级指标分布图见图 3。

从图 3 可以看出，柬、老、越三国在征用风险二级指标的分布形式上大体类似，存在腐败防治、产权两个比较突出的共性问题，对征用风险的指标影响较为显著。在腐败问题方面，根据“透明国际”组织发布的 2016 年度清廉指数排行榜（共 176 个国家和地区），湄公河次区域五国的排名均在 100 名开外，依次为泰国第 101 位、越南第 113 位、老挝第 123 位、缅甸第 136 位、柬埔寨第 156 位。可见整个湄公河次区域内政府腐败的问题总体而言相当严重，需引起计划在上述地区开展投资的企业高度重视。在法治和产权保护方面，由于上述三国或多或少存在法制不健全、投资者产权或相关利益得不到有效保障的情况，法律执行力和执法成本均有待提高。因此，柬、老、越三国的主要政治风险存在于征用风险方面，由腐败、政府有效性和法制不健全等原因共同造成。政治暴力风险方面，上述三国政局总体稳定，汇兑限制和非传统政治风险水平中等。

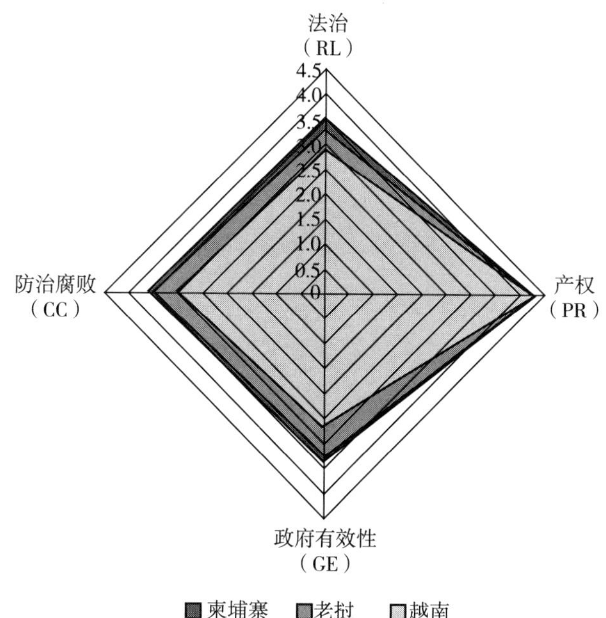

图3　征用风险二级指标分布（柬埔寨、老挝、越南）

数据来源：世界银行网站整理，http：//data. worldbank. org/data－catalog/worldwide－governance－indicators。

在之前的论述中，作者主要基于定量分析的视角，以改进后的意大利政治风险概念框架模型为工具，对影响湄公河次区域五国政治风险程度的主要因素中可量化的部分进行了分析。然而，并非所有引起政治风险的因素都是可以被量化的，例如双边外交关系、与东道国利益相关方的关系、投资国与东道国政府对项目的介入或斡旋情况等，这些因素都可能对政治风险水平产生显著影响，进而直接决定投资项目的成败。例如，缅甸国内民众在一些利益团体或非政府组织的组织下（也有可能是在国外反华势力授意的煽动下），往往把对中央政府的不满转嫁到中国企业身上。同时，中国企业的大规模投资也确实给当地带来了包括拆迁、移民和环境污染在内的负面影响，如果处理不当，极易引发当地民众的群体性抵制。

综上所述，本文在通过使用改良后的意大利政治风险概念框架模型对2009~2016年湄公河次流域五国的政治风险进行评估，并综合考虑部分较难量化的影响因素后，得到主要结论如下。

第一，泰国的政治风险总体水平较其他四国明显较低，作为该区域政治、经济、文化发展水平较高的国家，该结果在意料之中。该国主要的政治风险源于政局动荡、政府频繁更迭导致的不稳定性。

第二，柬埔寨、越南、老挝三国的政治风险水平在该区域位居中游水平，主要政治风险存在于征用风险方面，由腐败、政府有效性和法制不健全等原因共同造成。

第三，缅甸的政治风险在该区域处于下游水平，统计期间的风险评级均为H级，说明在该国投资需面临更高的风险水平。该国的政治风险主要源于中央与地方之间的深刻矛盾以及较强的汇兑限制。密松水电站等项目的遭遇也印证了模型的计算结果，中国电力企业投资缅甸项目应更为慎重。

三　政治风险管控的政策建议

针对目前中国电力企业在湄公河次区域投资面临的政治风险及管控问题，本文着重提出以下三个方面的政策建议。

（一）加强国家和企业形象的正面宣传

中国企业在海外投资过程中遭遇的非传统政治风险，是由两个因素导致的：一是东道国与中国在文化、社会制度上的差异带来的不了解与不信任；二是一些别有用心的国家和组织故意散播“中国威胁论”“资源掠夺论”等论调，以诋毁和抹黑中国的国家形象和中国企业的企业形象，进而达到遏制中国的目的。正面的国家形象有助于抵消东道国对中国海外投资的防范心理，一定程度上可以降低东道国政府干预甚至阻挠投资项目实施的风险。良好的企业形象可以显著降低海外投资项目在当地遭遇抵制或冲击的可能性，而这方面的工作恰恰是尚未引起中国政府和海外投资企业足够重视的。

（二）充分利用国际法层面保护机制

中国现行的与海外投资保护有关的法律法规主要有中国对外签订的双边投资保护协定、中国于1988年加入的《多边投资担保机构公约》《关于解决国家和他国国民之间投资争端的公约》《与贸易有关的投资措施协议》。然而从近年来的具体实践情况来看，中国政府和企业对上述国际法层面保护机制的理解和运用都不够充分。根据商务部条法司发布的数据，截至2016年12月，中国已同全球104个国家缔结了双边投资保护协定，其中包括湄公河次区域五国（泰、柬、老、缅、越）。[①] 但其中许多协定签订于改革开放初期，其主要目的是吸引海外企业来华投资，并未将中国的海外投资利益保护作为重点内容纳入其中，因此在当前的国际投资环境下已显露出诸多弊端，不能适应21世纪经济全球化背景下海外利益保护的要求。例如中国作为多边投资担保机构的第六大股东，却从未运用《多边投资担保机构公约》的相关条款对中国企业的海外投资利益进行担保。

（三）通过提供安全类公共产品打造区域及区域间安全共同体

在全球性国际公共产品供应严重不足或无法满足其个性化需求的情况下，我们可以把只服务于特定区域或跨区域，其成本又是由区域内或区域间国家共同分担的安排、机制或制度称为“区域性或区域间公共产品”。未来，中国在安全类公共产品的提供领域仅仅提出理念是不够的，还需要进一步落实到具体实践中去，我们需要在中国企业海外投资的密集区域积极提供区域性或区域间安全治理的公共产品，引领区域性或区域间安全机制的构建，为中国企业“走出去”创造良好的外部条件。

① 中华人民共和国商务部条约法律司：《中国对外签订双边投资协定一览表》，http://tfs.mofcom.gov.cn/article/Nocategory/201111/20111107819474.shtml。

四　结论

本文从国别分析的角度入手，对中国电力企业在湄公河次区域开展海外投资的政治风险进行了定量分析。分析模型方面，作者对意大利政治风险概念框架模型进行了优化，在“征用风险”“汇兑限制风险”“政治暴力风险”三种传统政治风险之外，加入了“非传统政治风险”的相关评价指标，使测评结果能够更加全面、客观地反映湄公河次区域各国在2009～2016年的政治风险水平。随后，作者根据定量分析模型的运算结果，对柬埔寨、泰国、缅甸、越南、老挝等国的政治风险构成因素进行了深入剖析。目前中国企业在湄公河次区域的投资除水电以外，已经覆盖几乎所有行业，不同行业由于投资方式、行业特点的不同，所面临的风险会有所区别，总体而言，该区域的风险主要表现在征用风险、汇兑限制风险、政治暴力风险、政府更迭频繁与非传统政治风险五个方面。因此，建议企业通过多渠道获取相关政治风险信息，尽量不选择政府更迭频繁、国内矛盾突出的国家开展业务。如果无法规避，则应及时关注政府和在野党的政治经济立场以及政局变动情况，提前做好政治风险管控工作。[①] 针对中国电力企业在湄公河次区域投资所面临的政治风险及其管控问题，本文则从“加强国家和企业形象的正面宣传”“充分利用国际法层面保护机制”“提供安全类公共产品，打造区域及区域间安全共同体”三个方面提出了相关政策建议。

---

① 中国出口信用保险公司编著《2016年全球投资风险分析报告》，中国财政经济出版社，2016，第732页。

B.19

中国 - 东盟信息产业合作的现状、机遇与展望

李丹　魏垚*

摘　要：　东南亚是海上丝绸之路向外延伸的必经之地，与东盟国家的合作对中国"一带一路"的推进起着至关重要的作用。近年来，东盟国家信息产业的发展普遍取得了长足进步，但彼此间的差距仍然很大，许多国家存在巨大的基础设施建设需求。东盟国家普遍重视本国信息产业的发展，政策利好趋势明显，为中国与其加强合作提供了良好的契机。中国应在充分预估风险的前提下，加强通信基础设施建设，密切官方和民间的往来对话，并利用基础设施开展多层次宽领域的信息服务。

关键词：　"一带一路"　中国 - 东盟　信息产业　合作　基础设施

东南亚地处海上丝绸之路的十字路口，是海上丝绸之路通往印度洋的必经之地，是 21 世纪海上丝绸之路建设的首要发展目标。随着东盟各国一体化互联互通建设程度的不断推进，其在中国对外经济战略中也开始占据越发重要的位置。过去十年间，东盟十国由于政治相对稳定，经济发展态势良好，受到了亚洲乃至全球的关注，中国与这些国家一直保持着友好的外交关系，并且与东盟十个国家在贸易、信息产业等方面展开了许多合作，在通信

* 李丹，国际关系学院法律系讲师，研究方向为科技法、民商法；魏垚，国际关系学院法学硕士研究生。

基础设施建设领域，东盟十国与中国互补性强，尤具发展潜力。

2016 年是东盟共同体成立元年，其三大支柱之一——经济共同体将大大加速实现建立单一市场和制造业基地、缩小经济发展差异、加速本地区互联互通建设、密切基础设施建设联系的经济一体化目标。这就意味着东盟各国的市场差异将进一步缩小，中国与其在信息产业方面深化合作的难度有所降低，是一次重要的合作机遇。

一　东盟各国信息产业建设和政策现状

虽然东盟国家一体化进程不断推进，但成员国在政治、经济、文化、科技等各领域都存在较大的差距，表 1 中的数据显示，东盟地区大多数国家每百人的互联网用户、固定宽带互联网用户、电话线路等均处于世界落后水平，表明该区域的通信基础设施总体较为匮乏。同时，东盟各国的信息化发展水平差异巨大，层次分明。

表 1　2016 年东盟国家及中、美、日通信行业相关指标

国家	移动电话普及(每百人)/排名	固定电话线路(每百人)/排名	互联网普及(每百人)/排名	固网宽带普及(每百人)/排名	移动宽带普及(每百人)/排名	人均国际互联网带宽(kb/s)/排名
新加坡	146. 1/24	36. 0/29	82. 1/26	26. 5/33	142. 2/2	737. 0/4
文莱	108. 1/85	9. 0/85	71. 2/45	8. 0/76	4. 5/134	63. 1/54
泰国	125. 8/55	7. 9/91	39. 3/94	9. 2/71	75. 3/34	64. 9/53
马来西亚	143. 9/27	14. 3/72	71. 1/46	9. 0/73	89. 9/21	34. 1/75
印度尼西亚	132. 3/38	8. 8/86	22. 0/107	1. 1/108	42. 0/79	6. 6/112
菲律宾	118. 1/65	3. 0/107	40. 7/92	3. 4/92	41. 6/80	37. 4/72
越南	130. 6/40	6. 3/99	52. 7/73	8. 1/75	39. 0/91	24. 4/85
老挝	53. 1/131	13. 7/73	18. 2/118	0. 5/116	14. 2/118	16. 8/97
柬埔寨	133. 0/35	1. 6/166	19. 0/166	0. 5/115	42. 8/78	17. 8/94
缅甸	49. 5/135	1. 0/124	2. 1/137	0. 2/121	14. 9/102	28. 7/74
美国	117. 6/66	37. 5/25	74. 5/36	31. 5/18	109. 2/13	38/71
日本	125. 1/57	50. 2/11	93. 3/6	30. 5/20	126. 4/5	62. 6/55
中国	93. 2/105	16. 5/64	50. 3/77	18. 6/49	56. 0/63	6. 5/113

数据来源：世界经济论坛：《全球竞争力报告（2016 ~2017 年）》。参与各项数据排名的国家共计 140 个。此版报告中无缅甸数据，缅甸数据出自《全球竞争力报告（2015 ~2016 年）》。

尽管发展水平参差不齐，东盟各国都意识到通信和网络对国家发展的重要性，因而都有意识地以政策推动本国通信基础设施的建设，对外资普遍采取相对积极开放的态度。

（一）基础设施发展现状

新加坡资讯通信产业成熟领先，政府高度重视网络基础设施建设，使通信技术渗透到国家的每个角落。2012 年开始在移动通信领域打造近场通信基础设施。

2012 年，文莱手机普及率已达 114%，互联网普及率在东盟也名列前茅。2013 年，上网人数占总人口的 68%。①

泰国电信业相对发达，各种形式的电信网络已覆盖全国各地，包括固定电话、移动电话、ADSL 宽带互联网、卫星调制解调器及拨号入网服务等。

2000 年，马来西亚建成了 SuperJARING 互联网骨干设施，能提供 IP 电话、IP 虚拟专用网、视频点播、远程教学及远程医疗服务，其后国内公司纷纷进军网络业。

印度尼西亚的通信基础设施主要由国内的 Telkom 集团控制，近年来该集团开始寻求外部合作，以期强化自身设备，提供更优的服务。政府在通信基础设施上的投资也逐年增加。

菲律宾是亚太地区唯一一个没有建立全国宽带系统的国家，近年来通信基础设施建设发展态势良好。国内网络质量高成本低，共有 6 个可用平台：固定线路、移动电话、有线电视、无线电视、广播以及 VSAT 系统。

越南的移动互联网普及率较高，3G 网络走在了许多发展中国家前面。越南网络基础设施在偏远乡村已有覆盖，Wi－Fi 覆盖甚广，在大城市几乎全部免费。

缅甸的通信基础设施原本极为落后，2013 年底仅有 20% 的人口拥有移

① 商务部国际贸易经济合作研究院：《对外投资合作国别（地区）指南－文莱（2014 年版）》，第 22 页。

动及固定电话。政府通过新的外商投资法律，引入外部运营商，使本国的移动通信在较短时间内得到了明显改善。缅甸通信邮电部2011年公布了一项"五年通信发展计划"，计划在五年内增加3000万部GSM制式手机，移动通信覆盖70%以上地区。[①]

老挝基本建成全国通信网络，光缆分南北和东西走向，全程6000公里。政府在《2011～2012财年社会经济发展规划》中制定了完成手机用户覆盖率达到93%、无线通信信号基站总数达到5544个的目标。[②]

柬埔寨在大湄公河流域次区域电讯发展计划框架及外来投资推动下正加快落实和实施光缆发展计划，其《投资法》将通信基础设施及高科技产业规定为鼓励投资领域。

（二）相关领域代表性发展规划

新加坡在信息技术发展和应用方面一直处于世界领先地位。30多年前其就不断推出国家层面的通信产业发展规划。2014年新加坡政府又公布了"智慧国家2025"的10年计划，这是全球第一个智慧国家蓝图，在此指引下，新加坡有望建设成世界首个智慧国。可见，新加坡已经围绕既有基础设施基础开始全方位探索通信产业升级，整合信息，让信息更好地服务人民。

文莱政府正积极推进"光纤入户"项目，并加强4G网络建设。2013年3月26日，文莱第九届立法会正式通过1.9亿美元预算用于该项目。文莱对大部分行业外资企业投资没有明确的本地股份占比规定，对外国自然人投资亦无特殊限制，仅要求公司董事至少一人为当地居民。

泰国政府于2002年颁布信息技术发展纲要，提出要建立发展电子商务、电子工业、电子政府、信息教育等。泰国政府积极对电信市场体制推行系列改革，旨在推动政企分开，加速民营化，打破垄断，引入竞争。

马来西亚政府提出时间上横跨1996～2002年的"多媒体超级走廊计

---

① 《缅甸发展电信产业或引入国外运营商》，http：//www. c114. net/news/17/a763275. html。

② 《老挝通信行业浅析》，http：//www. mofcom. gov. cn/aarticle/i/jyjl/j/201209/20120908362032. html。

划”，分三个阶段实施，到2010年前两阶段的目标已顺利达成。第三阶段力求将整个马来西亚转型为一个大型信息走廊，届时将拥有12座“数字城市”，与全球的信息高速公路连接。

2015年，印度尼西亚工业部倡议在爪哇至巴厘、苏拉威西、苏门答腊建设五个信息科技与通信工业中心，推动信息科技与通信、软件、多媒体产业发展。其在2013年更新了电信设备认证法规，确保电信网络和信息的互联性、互操作性、安全性，避免电信设备间互相干扰，保护消费者权益。

菲律宾自1994年实施电信自由化，打破了原国营电信公司PLDT的市场垄断后，移动和宽带业务发展迅速。政府在《2011～2016年菲律宾发展规划》中明确提出将致力于发展快速、可靠、廉价的通信和信息服务产业。

在越南，越共中央2012年1月颁布《建设基础设施配套体系，使越南到2020年基本成为迈向现代化的工业国》决议，提出大力发展通信基础设施建设，形成连接国内外的超级宽带网络，建设国家重点通信技术区，加快将信息技术应用于经济、社会基础设施体系和整个国民经济的管理、开发和运行中。计算机、通信设备、电信、互联网及重点通信技术产品生产为其特别鼓励投资项目。

柬埔寨视外国直接投资为经济发展的主要动力，对于外资与内资基本给予同等待遇。创新产业和高科技产业、基础设施建设均为该国《投资法》鼓励投资的领域，给予税收优惠。

由此可见，东盟国家普遍重视本国通信技术的升级和信息产业的发展，国内政府有制定信息产业规划的主动意识，为东盟各国信息产业的发展营造了良好的国内环境和较为稳定的对外合作背景。此外，东盟国家对外资整体持欢迎态度。2016年虽然受到全球经济下行大背景的影响，但商务部统计数据显示，东盟仍然是中国企业在国外投资的主要目的地之一。[①]

① 《新闻办介绍中国－东盟经贸合作情况和第13届中国－东盟博览会等情况》，http：//www.gov.cn/xinwen/2016－07/19/content_5092696.htm。

二　中国与东盟信息产业合作现状

2016年，中国与东盟在信息产业领域的合作取得了突破性进展。2016年7月，中共中央办公厅、国务院办公厅印发《国家信息化发展战略纲要》，其中指出要“与周边国家实现网络互联、信息互通，建成中国－东盟信息港”。与此相呼应的是，同年9月，“中国－东盟信息港论坛”在广西南宁召开，就“中国－东盟信息港建设展望”“网络基础设施互联互通”“网络人文交流合作”三大议题展开讨论。2016年11月，工业和信息化部副部长陈肇雄出席中国－东盟电信部长会议，通过了《2017年中国－东盟信息通信合作计划》和《2017～2021年深化中国－东盟面向共同发展的信息通信伙伴关系行动计划》。中国与东盟的信息产业合作的政策基础在2016年不断巩固细化，极大增加了双方产业互补发展的动力。

（一）主要合作方式

1. 中方投资承建

中方投资承建是最传统也是目前中国在东盟采用最为广泛的合作方式。投资实体包括华为、中兴等中国企业。华为公司自1999年起正式进入东盟市场，为东盟各国主流运营商提供全方位的电信网络解决方案，2008华为公司在东盟的基建规模超过10亿美元。

2. 中方并购合作

中国企业投资并购东盟国内通信企业，开展合作。2014年中国移动公司收购泰国通信集团44.3亿普通股，签订战略合作协议，承诺今后将在增值业务、国际业务、终端、网络、联合采购和人力资源开发等领域合作。

3. 投资共建

中国与东盟国家投资共建通信基础设施。如2014年，中国联通和缅甸电信在缅甸威双地区共建联合登陆站，建成后将成为中国拥有的首个印度洋国际通信出口。

（二）重大合作项目

2012 年中国移动和越南邮政通信总公司共同建设的中越陆地通信传输系统正式竣工。2006 年中国联通与越南河内电信联合股份公司、越南电信国际公司分别签署 CDMA 商务合作备忘录及合作业务协议。

2013～2014 年，华为、中兴分别承接柬埔寨 4G 网络建设项目。

2015 年，中兴参与建设的印度尼西亚首个 4G 网络在雅加达正式启用。

2016 年，中国－东盟华为云计算及大数据中心项目落户广西钦州市。

三　中国与东盟信息产业合作的机遇、风险和问题

（一）中国与东盟信息产业合作的机遇

1. 东盟一体化的新突破

2015 年 12 月 31 日，东盟共同体正式问世。它由东盟经济共同体、东盟安全共同体和东盟社会文化共同体三部分组成。随着东盟经济共同体的开始运行，这个覆盖 6.2 亿人口、2.3 万亿美元国内生产总值（GDP）的全球第七大经济体将建立单一市场和生产基地，为东亚甚至全球经济新一轮增长注入活力。结合习近平主席于 2013 年 10 月提出的“携手建设中国－东盟命运共同体”的倡议，中国和东盟的互联互通也将推进得更加便利。

2. 亚投行、丝路基金等融资渠道运行步入正轨

以亚投行、丝路基金为代表的亚洲融资渠道的建立，为中国对东盟进行基础设施建设投资及东盟国家内部自我建设筹资提供了广阔、便利的平台。相较于国际货币基金组织、世界银行等金融机构，这些融资渠道更加了解亚洲各国的现实情况和实际需求，优先将平台资金投入本地区项目，能更好地迎合各国的期望，减少大型基础设施及建设的资金难题和风险规避难题。

3. 区域合作基础的夯实工作取得突破性进展

2015年11月22日，中国－东盟自贸区升级谈判顺利结束，中国与东盟十国共同签署《中华人民共和国与东南亚国家联盟关于修订中国－东盟全面经济合作框架协议及项下部分协议的议定书》，涵盖货物贸易、服务贸易、投资、经济技术合作等领域。在此基础上，自贸区必定会对通信领域的产品互通、人才互流、技术互助提供更加便利的渠道和政策优势。此外，11月23日李克强还出席了《区域全面经济伙伴关系协定》（RCEP）领导人联合声明发布仪式，各国领导人敦促谈判团队加紧工作，在议定书顺利签署的基础上，力争尽快结束RCEP谈判，使双方的合作前景更加明朗。

（二）中国与东盟信息产业合作的风险和问题

1. 差异化的市场环境

如前所述，东盟十国通信基础设施的建设和发展差异化特征十分明显。处于第一阶梯的新加坡和第二阶梯前列的文莱资金充裕、通信技术发达，但国土面积狭小，国内市场已近饱和。中国与它们（主要是新加坡）的合作更多在于引进和学习它们的先进技术。因此，中企在东盟地区“走出去”的主要对象是第三阶梯的缅老柬和第二阶梯的泰马印菲越。在缅老柬三国，由于当地政府全面引进外资的需要，并受益于中国与其传统友好的双边关系，中企起步早，在当地政府的支持下直接承建了不少重大基础通信设施项目，如老柬两国的4G网络现分别由华为和中兴参建，市场地位相对优越；而后五国，通信设施建设本已具相当规模，现正处于网络和技术升级的过渡阶段，市场机会虽多，但竞争激烈，当地政府对外资进入采取审慎欢迎的态度，在实践中多有限制。

2. 政治及民间舆论风险

通观中国与东盟在通信基础设施领域的合作现状，不得不承认，中国企业在此地区投资与贸易的成败很大程度上受到中国与相关东道国政治关系的影响。这种情况下，任何政治突发事件、负面民情抑或是东道国政权更迭，都可能对中国与该国的经贸合作甚至于某些具体的投资建设项目造成重大不利影响。对此等政治风险，中国政府和企业应予以足够重视，在“走出去”的过程中充分评估并采取相应的避险措施。

3. 其他外部竞争者

东盟地区通信基础设施的建设和发展面临巨大的技术和资金缺口，也普遍欢迎外资的进入，东盟的橄榄枝也不止伸向了中国。该地区中国面临的最主要竞争对手就是我们的近邻日本。随着日本对东盟加强关系的行动提速，以往的商界活动有重新调整的态势，企业为主、政府鼎力支持的形式继续发挥作用。

四　中国与东盟信息产业合作展望

综上所述，中国在“一带一路”的建设过程中，既要在战略层面承认、尊重、顺应东盟一体化的历史进程，又要精确把握不同国家的实际国情，提出具有国别针对性的方案。从现状来看，中国与东盟国家已有的合作亦是遵循此思路而展开。2005 年中国与东盟签订了《中国－东盟建立面向共同发展的信息通信领域伙伴关系北京宣言》，随后 2007 年又订立了落实《中国－东盟面向共同发展的信息通信领域伙伴关系北京宣言》的行动计划，以东盟组织为基点，整体铺设中国与东盟国家在信息化领域合作发展的战略框架已成为高层共识；而反观中国与东盟诸国具体开展的合作项目，又可谓各具特色，异彩纷呈。

2015 年底，东盟实现经济一体化，包括信息领域在内的互联互通是东盟国家多年来期望达成的重要目标，然而完成这一工作需要海量的资金和技术投入。建设中国－东盟信息港，使其成为“21 世纪海上丝绸之路”的信息枢纽可以说是恰逢其时。在 2015 年召开的中国－东盟信息港论坛上，中国表示将推动设立中国－东盟信息港建设基金，依托亚投行、丝路基金，加大对信息通信基础设施的投入，并充分利用现有的双边、多边合作机制，支持重大通信基础设施建设，加强通信领域的对接。

综合考量中国与东盟的合作现状，“一带一路”指引下的中国－东盟

信息产业合作，应当坚持“充分依托亚投行、丝路基金等资源优势，加强政企合作，以基础设施合作建设为基础，积极谋求多层次、宽领域合作，以官方对话带动民间外交以政治互信促进经济互利，使合作成果切实惠及沿线国家及人民”的总体合作思路。具体而言，可以从如下几方面着手。

（一）加快通信基础设施合作建设

2015 年在广西南宁举行的中国 - 东盟信息港论坛上，中国发展和改革委员会与国家互联网信息办公室的领导均提出重视通信基础设施建设的重要性。要实现“信息丝绸之路”的畅通，促进区域内信息互联互通水平进一步提升，通信设施的铺设是前提。因此对于中国通信企业而言，继续在东盟国家内部拓展基建市场仍是重要命题。

1. 充分重视、发挥亚投行的先导性作用

2015 年 12 月 25 日，亚洲基础设施投资银行（Asian Infrastructure Investment Bank，简称亚投行，AIIB）宣告成立。2016 年 1 月 16 ~ 18 日，亚投行开业仪式在北京举行。亚投行的成立将对世界银行、亚洲开发银行等多边金融开发机构形成强势补充，对亚洲国家的基础设施建设融资起到重要的推动作用，将大大缓解广大亚洲发展中国家在公路、桥梁、机场、港口、高铁、电力、通信等重大项目建设上的资金难题。此外，亚投行的平台效应将大大盘活民间资本活力，激发私营资本参与政府主导的基础设施建设投资。未来中国必将在亚投行中持续发挥主导作用，对通往东南亚的“海上丝绸之路”铺设意义非凡。

东盟国家均具备亚投行创始成员国身份，亚投行在其中有着较为坚实的运行基础。2016 年亚投行累计批准 9 个项目，其中 2 个项目位于东盟国家内。其一是为缅甸敏建天然气发电厂项目提供预计 0. 2 亿美元的贷款，其二是为印度尼西亚的国家贫民窟升级项目提供预计 2. 165 亿美元的贷款。多数东盟国家仍存在巨大的信息基础设施建设缺口，亚投行有着巨大的作用空间。

2. 完善政府和社会资本合作（PPP）模式　鼓励私营资本参与建设

在社会资本参与公共基础设施建设中，PPP模式（即Public-Private-Partnership，政府与私人组织之间形成一种伙伴式的合作关系）在越来越多的发达国家中获得了认可，与传统的BOT模式（Build-Operate-Transfer，建设－经营－转让）相比，PPP模式的优势在于强调政府和私营资本在项目建设全过程的密切配合，具体表现在私营资本不再一力承担项目融资功能，政府亦可以出面担保帮助私营资本分担风险。政府和私营资本结成“利益共享、风险共担、长期合作”的关系。在私营资本投资海外基础设施建设中，PPP模式可丰富融资渠道，帮助私营资本进入项目前期论证环节，以提升项目规划效率、降低投资风险。PPP模式在中国尚处于起步阶段，应当成为今后着重关注的对象。

3. 重视开发盈利项目和增值服务　加快投资回报兑现速度

基础设施建设项目的普遍特点是“投资大、周期长、利润低、收益慢”，且带有一定公共属性，这使其对私营资本的吸引力有限。具体到通信行业，利润主要来自通信产品和服务的提供，因此国内企业在完成东盟国家基础设施建设后一定要注意所在国市场的开发工作。以基础设施为载体，严格按照所在国通信行业对外资准入的相关规定，采用独立经营或与当地通信企业合资经营等方式，开展通信业务，寻找盈利点。以印度尼西亚为例，该国通信基础设施主要由国内的Telkom集团控制，该集团近年来积极寻求外部合作，强化设备，优化服务，可以成为中国企业在当地开展通信业务的良好合作伙伴。

（二）密切高层沟通　完善合作平台　做好风险预判及预防

在“一带一路”的推行过程中，政府有义务扮演好平台搭建者和官方协调人的角色，积极在国家间重大项目合作、被投资国外资政策、税收优惠、争端解决等方面从官方级别展开对话和交流。通信基础设施建设大多由政府主导，东盟广大发展中国家尤甚，因此保持与被投资国政府的友好对话是中国企业在当地稳定投资、开展服务的前提。2004～2015年，广西已连续举办12届中国－东盟电信周。截至2015年，中国已举办10次中国－东盟电信部长会议，在通信发展、监管政策、宽带服务、互联网新业态、网络安全、大数据等领域开展了深入对话。

高层在不断密切往来的同时亦不可忽视对基于政治因素的投资风险的预判，不可过分依赖中国与东盟的长期良好合作基础而过度追求合作成果的产出速度。由于高层获取信息途径的多样和权威，其理应承担起全面分析对象国国情特别是政情（包括对象国中央和地方的政情）、谨慎评估双方关系的现状及未来走势、在预见到风险后及时向国内社会释放信号等职责。缅甸的例子给我们提供了很好的教训，2010年缅甸结束军政府执政，联邦巩固与发展党领导人吴登盛于次年当选总统，随后其实施的系列举措对中国在缅重大投资项目造成严重打击。

（三）监控被投资国民间对华舆情　重视华商民间口碑树立

企业在外无论是进行基础设施建设还是售卖通信产品、提供通信服务，都将对当地居民的生活产生若干或正面或负面的影响。以基础设施建设为例，大型项目往往对当地环境、资源甚至地貌产生改变，有些项目甚至可能造成出行道路阻断、噪声、扬尘等切实干扰居民日常生活的不利后果，引起当地民意的强势反弹。

同样是缅甸，2013年6月4日中石油宣布投资约50亿美元的中缅天然气管道缅甸段工程全面完成，达到投产试运条件，然而由于当地居民和非政府组织的反对未能顺利开始向中国输送油气，迫使国务委员杨洁篪亲赴内比都与吴登盛总统举行会谈。该项目曾得到缅甸军政府大力支持，然而民间工作始终未能进入中石油的议事日程，直到2010年6月项目开工后，才与当地居民、社区等开始接触，遇到了远超预料的阻力。因此，中国企业特别是国企在注重与投资对象国政府（包括投资对象国中央和地方政府）保持密切沟通的同时，也要学会与当地民间力量打好交道，项目设计中切实考虑到当地居民、社区的实际利益，重视自身口碑的树立。同样，国内舆论也应给予支持和配合，而不能随声附和国外媒体，特别是带有一定政治目的西方媒体。

（四）主动利用通信基础设施开展宽领域合作

要让“一带一路”真正深入东盟国家并对其信息产业产生持久影响，就不能仅仅满足于基础设施建设投资，还要紧密依托基建开展多层次多领域的合作。无论是政府还是企业，均不可满足于基建投资这样的“一锤子买卖”，而是要基于长远视角，给予东盟市场以恒心来精耕细作。

譬如在网络安全领域，截至 2015 年，中国与东盟已举办 7 届中国－东盟网络安全研讨会，国家互联网应急中心（CNCERT）亦多次参与东盟及亚太计算机应急组织联盟（APECRT）网络应急演练，今后的合作仍需继续深入。而且随着双方依托网络开展经济往来不断增多，资金、物流等安全保障也将成为网络安全的重要议题。

（五）国别合作总体思路

东盟十国虽然在 2015 年底完成了一体化进程，也常以整体形象亮相于国际社会，但就其与中国的关系而言，尽管经济交往密切，东盟诸国与中国的政治关系却千差万别。

作为以华人为主体的国家，第一梯队的新加坡与中国联系最为紧密。新加坡经济发达，信息化水平高，但国土狭小，市场容量有限。中国若能携手新加坡，以其为助力和推手，共同开拓东盟市场，于两方都是双赢。

第二阶梯国家中，文莱、马来西亚、泰国、印度尼西亚与中国关系基本良好。其中文莱最小，但依托丰富的油气资源，最为富有，与其多元化经济战略相契合，中国企业进入文莱应更注意转型升级。中泰之间没有现实地缘利益的冲突，这些年来泰国对中国的经济依存度越来越高，但泰国政局复杂多变，一定程度上可能影响中国企业在本地的投资和经营。马来西亚和印尼与中国近年来的关系总体友好，但两国与中国在南海问题上存在一定争议，且两国境内的华人虽掌握强大的经济力量，却都长期遭受政府的排挤和压制，尤以印尼为甚。相较之下，马来西亚华人自成一体，更注重维护民族传统，是迄今为止除中国之外全世界唯一一个保留独立华文

（而且是简体字）教育体系的国家，对中国的文化认同感较强。中国企业到这些国家开疆拓土、投资发展，首先要了解当地的风俗、尊重当地的法律法规等，在此基础上更好地融入当地。从各方面综合判断，“走出去”可考虑以马来西亚为重点突破口，加大投资和经贸往来力度，并充分利用当地的华人资源。在泰国和印尼，则需进一步夯实我们已有的项目基础，巧妙应对日美等外部势力的搅局。

第二梯队的其他两个国家越南、菲律宾近年来因领土争端与中国冲突不断，虽然2016年初越南领导人发生变更，但政局走向仍变幻莫测。对于这两个国家，我们“走出去”的步伐应更加谨慎。

第三阶梯国家中，缅甸、老挝虽与中国接壤，但基本没有领土纠纷；柬埔寨与中国的关系基本向好。中国曾给予这三国大量援助，关系基本平稳。但这些年，随着西方势力的渗透，这几个国家的政局存在变数，特别是缅甸。“走出去”的中国企业可在驻在国举办公益活动，适当投入企业所得利润反馈当地（如资助学校、医院，参与当地慈善活动），提高企业自身发展形象。

综合以上论述，在通信领域合作中，中国需要扮演好全球大国和区域强国的角色，充分关切比自己落后的国家的发展状况，树立起负责任的大国形象，如此一来“一带一路”才能真正成为新时期指引中国不断走向开放的顶层战略构想。

五　结论

除新加坡外，东盟各国仍然存在巨大的基础设施建设缺口和资金需求，这与中国“一带一路”延伸、加强与周边国家互联互通、推动国内信息产业“走出去”的战略目标高度契合。虽然东盟各国的市场情况和法律政策存在较大差异，但随着东盟共同体的建立，相信这些不理想状况将逐步改善。东盟各国普遍重视国内信息产业发展，有长期、明确的发展规划，信息产业必将成为未来中国－东盟合作的重点领域之一。

2016年，中国－东盟合作全面深入发展。从外部环境看，中央、地方各级政府都提供了强有力的政策支持，搭建了高效对话的平台；亚投行、丝路基金等机构则提供了可靠的融资渠道。对于中国企业而言，在充分借助产业优势的同时，还需做好背景调查，提高风险防范意识，审慎评估投资地区的法律和市场风险，重视投资地区的民间舆论，从而实现加速投资回报和造福当地发展的双重目标。

附　　录

Appendix

B.20 中国国际安全大事记（2016年）

刘中伟　吴颖胜　胡美翅整理*

1月

1月2日

大批伊朗民众冲击沙特驻伊朗大使馆　沙特阿拉伯驻伊朗多地使领馆1月2日晚遭冲击。伊朗外交部呼吁民众保持冷静。伊朗总统鲁哈尼3日谴责抗议者焚烧沙特驻德黑兰大使馆的行为。

1月3日

沙特宣布与伊朗断交　受此影响，巴林、苏丹、阿联酋等4日相继宣布与伊朗断交或降低与伊朗外交关系级别；科威特和卡塔尔则分别于5日和6

* 刘中伟，博士，国际关系学院研究生部副主任，中国国际经济关系学会理事，研究方向为国际经济关系、区域经济一体化和战略管理研究；吴颖胜，硕士，国际关系学院人事处科长，助理研究员，研究方向为国际关系；胡美翅，硕士，国际关系学院国际政治系教学秘书，研究方向为国际关系理论与现状。

日召回驻伊大使。

1月7日

利比亚西部城市兹利坦一军营遭恐怖袭击 袭击造成70人死亡，极端组织“伊斯兰国”在利比亚的分支承认制造了袭击。此后，土耳其、印度尼西亚、布基纳法索、巴基斯坦、索马里等国境内先后遭遇恐怖袭击。

1月11日

阿富汗问题四方机制首轮对话举行 阿富汗、巴基斯坦、中国、美国关于阿富汗问题四方机制首轮对话在巴基斯坦首都伊斯兰堡举行，各方呼吁阿政府与塔利班立即展开和平对话。

1月16日

亚洲基础设施投资银行开业仪式举行 中国国家主席习近平出席开业仪式并致辞，强调通过各成员国携手努力，亚投行一定能成为专业、高效、廉洁的21世纪新型多边开发银行，成为构建人类命运共同体的新平台，为促进亚洲和世界发展繁荣做出新贡献，为改善全球经济治理增添新力量。

伊核问题全面协议开始正式执行 国际原子能机构发表报告，证实伊朗完成开始执行伊核问题全面协议的必要准备步骤。欧盟和美国随后宣布解除对伊朗的相关经济和金融制裁。

1月30日

寨卡病毒持续在美洲传播 据哥伦比亚卫生部门通报，该国累计有逾2万人感染寨卡病毒，其中包括2116名孕妇。世卫组织统计，美洲、非洲等已有超过30个国家和地区报告出现寨卡病毒传播。疫情最严重的是巴西、哥伦比亚等美洲国家。

1月31日

大马士革发生连环爆炸 叙利亚首都大马士革南郊发生连环爆炸袭击，至少50人死亡，“伊斯兰国”宣称制造了袭击事件。

2月

2月7日

朝鲜利用运载火箭成功发射“光明星4号”地球观测卫星 联合国安理会随后发表媒体声明，谴责朝鲜使用弹道导弹技术从事发射活动。

2月12日

叙利亚国际支持小组第四次外长会举行 本次会议在德国慕尼黑就政治解决叙利亚问题达成重要共识：尽快打通人道主义救援通道以赈济难民；冲突各方必须在一周内全面停止敌对行动。

2月12日

第52届慕尼黑安全会议在德国慕尼黑举行 本次会议包括约30位国家元首和政府首脑、70多位外长和防长在内的约600名代表重点围绕欧洲难民危机、叙利亚危机、打击恐怖主义、网络安全、传染病等关乎全球稳定与安全的议题展开讨论。

2月21日

叙利亚大马士革及霍姆斯遭遇连环爆炸袭击 袭击造成至少155人死亡、数百人受伤。极端组织“伊斯兰国”宣称制造了袭击。

2月22日

美俄两国就叙利亚冲突各方停火达成协议 叙利亚政府军与近百个反对派武装表示接受停火协议，协议于叙利亚当地时间2月27日零时正式生效。但是，停火不包括打击“伊斯兰国”“支持阵线”等由联合国安理会认定的恐怖组织的军事行动。

3月

3月2日

联合国安理会通过决议对朝鲜实施制裁 联合国安理会一致通过第2270号决议，决定实施一系列制裁措施遏制朝鲜的核导开发计划，并呼吁恢复六方会谈。

3月14日

俄罗斯宣布从叙利亚撤出俄主要军事力量 俄国防部部长绍伊古表示，自2015年9月底俄罗斯应叙利亚政府要求对叙境内极端组织“伊斯兰国”目标实施空袭以来，俄军至今共完成逾9000架次空袭任务，消灭2000多名恐怖分子，摧毁209个石油生产设施以及大量石油运输设备。

3月20日

美国总统奥巴马对古巴进行访问 这是美国在任总统88年来首访古巴。

3月22日

比利时首都布鲁塞尔接连发生恐怖爆炸袭击事件 截至23日，系列爆炸袭击共造成34人死亡、180多人受伤。极端组织“伊斯兰国”宣称制造了此次袭击事件。

3月29日

日本新安保法正式实施 新安保法的核心内容在于解禁集体自卫权，为日本自卫队的海外军事行动松绑。这是二战后日本安保政策的重大转折。

3月30日

缅甸当选总统吴廷觉宣誓就职 这是全国民主联盟（民盟）在缅甸历史上第一次上台执政。

4月

4月1日

阿塞拜疆与亚美尼亚再次爆发武装冲突 边境紧张局势升级并导致双方人员伤亡。5日，双方达成停火协议。

4月10日

全球多地连续发生地震 阿富汗兴都库什地区发生7.1级地震，地震造成至少2人死亡。14日和16日，日本九州地区熊本县分别发生6.5级和7.3级地震，造成40多人死亡。16日，厄瓜多尔发生7.8级地震，造成至少600多人死亡。

4月15日

朝鲜试射“舞水端”中程导弹 23日在朝鲜半岛东部海域试射潜射弹道导弹；28日再次试射“舞水端”中程导弹。朝鲜发射导弹的行动遭到联合国安理会的强烈谴责。

4月19日

世界毒品问题特别联大在纽约联合国总部举行 本次会议将在三项国际禁毒公约和相关联合国文书框架内，审议落实2009年联合国麻醉品委员会高级别会议通过的《关于开展国际合作以综合、平衡战略应对世界毒品问题的政治宣言和行动计划》落实情况，评估现行国际禁毒体制和政策在应对世界毒品问题所获成就和面临挑战。

4月22日

《巴黎协定》在纽约联合国总部开放签署 首日便有175个国家签署了这一协定，创下国际协定开放首日签署国家数量最多的纪录。《巴黎协定》将在至少55个《联合国气候变化框架公约》缔约方（其温室气体排放量占全球总排放量至少55%）交存其批准、接受、核准或加入文书之日后第30天起生效。

5月

5月6日

朝鲜劳动党第七次全国代表大会在平壤开幕 朝鲜劳动党第七次全国代表大会在平壤开幕，这是劳动党时隔36年再次举行党代会，金正恩被推举为朝鲜劳动党委员长。

5月12日

巴西参议院通过总统罗塞夫弹劾案 巴西参议院通过了针对总统罗塞夫的弹劾案，罗塞夫将被强制离职最长达180天，副总统特梅尔出任代总统。

5月22日

美国总统奥巴马对越南进行正式访问 美国总统奥巴马对越南进行了为期3天的正式访问，是奥巴马任内首次访问越南，也是越战结束后美国现任总统第3次访问越南。

5月23日

美军成功定点清除塔利班武装领导人 美国总统奥巴马证实，美军已成功定点清除阿富汗塔利班武装领导人阿赫塔尔·默罕默德·曼苏尔。

5月26日

七国集团（G7）峰会在日本三重县伊势志摩举行 G7峰会通过首脑宣言，决定在世界经济、反恐、难民、气候、能源等方面加强合作。

5月27日

美国总统奥巴马访问日本广岛 美国总统奥巴马访问日本广岛，成为首位访问广岛的在职美国总统。

5月30日

菲律宾国会宣布杜特尔特为下届总统 菲律宾国会参众两院召开联席会议，宣布罗德里戈·杜特尔特成为新一届菲律宾总统，马里亚·罗夫雷多为副总统。新任总统、副总统将于6月30日宣誓就职。

5月31日

中国驻马里维和人员遭遇恐怖袭击 位于马里北部加奥联合国驻马里多层面综合稳定特派团（马里稳定团）营地的维和部队遭遇袭击，其中中国维和人员1人牺牲、4人受伤。

6月

6月6日

第八轮中美战略与经济对话和第七轮中美人文交流高层磋商在北京举行 中美进行战略、经贸、文化等方面的密集磋商，最终达成330多项成果。

6月12日

美国奥兰多市夜总会发生枪击事件 美国佛罗里达州奥兰多市一家夜总会发生枪击事件，造成至少50人死亡、53人受伤。此次是美国历史上后果最严重的枪击事件，也是“9·11”后美国本土遭受的最严重的恐怖袭击。

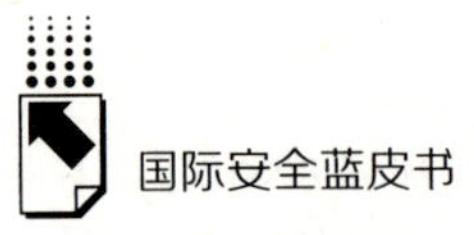

6月17日

习近平出访塞尔维亚、波兰、乌兹别克斯坦并出席上合组织峰会 6月17~24日，中国国家主席习近平应邀对塞尔维亚、波兰、乌兹别克斯坦三国进行国事访问，并于23日赴塔什干出席上海合作组织成员国元首理事会第16次会议（上合组织第16次峰会）。

6月23日

英国举行脱欧全民公投 英国举行全民公投，就英国应该继续留在欧盟还是脱离欧盟进行抉择。6月24日，英国脱欧公投结果出炉：英国脱欧派以51.9%的选票胜出，英国将退出欧盟。同日，英国首相卡梅伦发表声明宣布辞职。

6月28日

土耳其伊斯坦布尔发生连环自杀式爆炸袭击 土耳其伊斯坦布尔阿塔图尔克国际机场发生连环自杀式爆炸袭击，导致41人死亡、239人受伤。

6月30日

中国正式成为国际移民组织成员国 国际移民组织举行特别理事会，通过决议批准中国正式成为该国际组织的成员国。

7月

7月8日

南苏丹政府军与反对派武装爆发武装冲突 7月8~10日，南苏丹政府军与反对派武装在首度朱巴联合国南苏丹特派团总部营区附近爆发武装冲突。7月10日，中国第2批赴南苏丹维和步兵营的1辆轮式步战车遭炮弹袭击，造成中国维和士兵2人牺牲、2人重伤、3人轻伤。

7月13日

特雷莎·梅成为新任英国首相 特雷莎·梅成为新任英国第13任首相，也是继撒切尔夫人后的第二位女首相。

7月14日

法国尼斯遭遇恐怖袭击 法国国庆日当晚，一辆卡车冲入尼斯英国人漫步大道上的人群中，造成至少80人死亡、50余人受伤。法国总统奥朗德15日凌晨发表电视讲话说，这起袭击事件的“恐怖性质”不可否认，并宣布将全国紧急状态延长3个月。

7月15日

土耳其部分军人发动政变 7月15日夜至16日凌晨，土耳其部分军人发动政变，政变在数小时内即遭镇压。这场未遂政变造成246人死亡、超过2000人受伤。

英国将“东突”列入恐怖组织名单 英国内政部公布的该国最新《被禁恐怖组织名单》正式将“突厥斯坦伊斯兰党”（“东突”）列入其中。

7月22日

德国慕尼黑市发生枪击案 德国慕尼黑市发生枪击案，共造成包括袭击者在内的10人死亡，另有16人受伤。

8月

8月9日

土耳其总统埃尔多安与俄罗斯总统普京在圣彼得堡举行会晤 重点讨论了两国经贸、旅游、反恐等议题。埃尔多安本次出访系2015年土耳其击落俄罗斯战机事件以后第一次同普京会面。

8月16日

俄罗斯首次借用伊朗基地空袭叙利亚境内“伊斯兰国”等极端组织目标 俄罗斯轰炸机从伊朗一座空军基地起飞，对叙利亚境内的“伊斯兰国”等极端组织目标实施空中打击。这是俄罗斯首次利用第三国军事基地打击叙利亚境内的极端势力，也是伊朗近代以来首次允许外国军力在本国部署。

8月17日

昂山素季首次以缅甸政府官员身份访问中国 缅甸国务资政昂山素季正式开启对中国的访问，是其担任国务资政以来除东盟国家外的首次出访。

8月30日

中国驻吉尔吉斯斯坦使馆遭自杀式恐怖袭击 中国驻吉尔吉斯斯坦大使馆30日遭遇自杀式汽车炸弹袭击，袭击者当场死亡，使馆内至少3人受伤。

8月31日

巴西参议院通过总统弹劾案 巴西参议院最终表决通过总统弹劾案，罗塞夫被罢免总统职务，巴西代总统特梅尔在参议院正式就任总统，任职至2018年本届总统任期结束。

缅甸“21世纪彬龙会议”即和平大会在首都内比都召开。

9月

9月4日

第十一次二十国集团（G20）领导人峰会召开 G20峰会在杭州举行，中国国家主席习近平主持会议并致开幕词。

9月6日

袭击中国驻吉尔吉斯斯坦大使馆嫌犯被捕 8月30日，中国驻吉尔吉斯斯坦大使馆遭恐怖袭击，恐怖袭击者为恐怖组织“东突厥斯坦伊斯兰运动”。到6日，已逮捕5名嫌犯，另有几名嫌犯被通缉。

安理会敦促朝鲜停止发射弹道导弹 联合国安理会发表媒体声明，敦促朝鲜停止弹道导弹发射活动，呼吁缓和朝鲜半岛紧张局势。

9月9日

朝鲜进行核试验 朝鲜宣布成功进行了核试验，中国地震台网测定当日8时30分在朝鲜发生5.0级地震。

9月12日

中俄举行“海上联合-2016”军演 中国与俄罗斯两国海军于9月12~19日，在广东湛江以东海空域举行“海上联合-2016”军事演习。

9月21日

美军轰炸机再次进入朝鲜半岛空域 驻韩美军司令部发表声明，证实美军B-1B轰炸机当天飞抵韩国，并称这是韩美为加强同盟采取的第一阶段军事措施。

10月

10月7日

菲律宾通知美国暂停菲与美军在南海联合巡逻计划　菲律宾国防部部长洛伦扎纳证实，根据菲律宾总统杜特尔特的指令，菲律宾当局已正式通知美国方面，暂停菲美两国军队在南海联合巡逻的计划。

美国政府首次“点名”批评俄罗斯政府参与黑客行动　指责俄罗斯政府曾授权并帮助黑客入侵美国网络，意图以此影响今年总统大选。

10月13日

古特雷斯当选联合国新任秘书长　葡萄牙人安东尼奥·古特雷斯，曾任葡萄牙总理，当选新一任联合国秘书长。

10月17日

神舟十一号载人飞船成功发射　7时30分发射，与天宫二号对接，航天员景海鹏和陈冬在太空工作生活30天。

10月19日

美国与韩国外长防长“2+2”会议在华盛顿举行　美国国务卿克里表示美国“将尽可能快地”把“萨德”反导系统部署到韩国。美韩双方就成立“延伸威慑战略和咨询团体”达成一致。

10月21日

美国驱逐舰驶入中国西沙海域　美国海军“迪凯特”号驱逐舰擅自进入我西沙领海。中国海军“广州”号导弹驱逐舰和“洛阳”号导弹护卫舰当即行动，予以警告驱离。

10月24日

330名美国海军陆战队员2017年进驻挪威　挪威国防部宣布，明年1月起将允许美国在挪威中部的韦恩内斯军事基地派驻330名海军陆战队员，这是二战后挪威首次允许外国驻军。

10月26日

韩国“闺蜜门”的涉腐丑闻　韩国检察官突击搜查总统朴槿惠密友崔

顺实的家等处地点，朴槿惠就此向民众发表致歉讲话。

10月27日

中国首艘国产航母主船体合拢成型 中国首艘国产航母的研制工作按计划进行，主船体已在坞内合拢成型，开展设备安装和舾装等建造工作。

11月

11月1日

韩国用机枪对付中国渔民 韩国海警在仁川海域截获两艘正在“非法捕捞”的中国渔船时，用 M60 机关枪射击。中国外交部表示强烈不满。

日本与韩国重启签署军事协定磋商 韩国国防部宣布将重启韩日“军事情报综合保护协定”磋商，以应对朝鲜核威胁，双方在日本外务省重新展开事务级磋商。

11月7日

菲律宾和美国军演“两停一续” 菲律宾国防部部长德尔芬·洛伦扎纳表示，两国每年定期举行的三大联合军事演习将不再继续举行海上“战备与训练合作”和“菲律宾两栖登陆演习”这两项年度大规模联合军演，但会继续举行“肩并肩”联合军演。

11月9日

美国共和党总统候选人唐纳德·特朗普当选美国第 58 届总统。

11月15日

日本自卫队赴南苏丹保卫维和营地 日本政府通过内阁决议，政府首次向海外自卫队下达新安保法拓展的新任务，赋予参与南苏丹维和任务的自卫队“驰援护卫”的任务。

11月16日

俄罗斯宣布退出国际刑事法院。

11月17日

韩国设立 60 人独立检察组调查朴槿惠 韩国国会表决通过设独立检察组调查“闺蜜门”法案，朴槿惠将以案件相关人的身份接受调查。

中国与厄瓜多尔建立全面战略伙伴关系 中国国家主席习近平与同厄瓜多尔总统科雷亚举行会谈。两国元首一致决定提升双边关系定位，建立中厄全面战略伙伴关系，这是两国建交以来中国国家主席首次访厄。

11月21日

缅甸北部冲突致中国边境一公民受伤 缅甸北部政府军与少数民族地方武装之间的冲突仍在继续。中国外交部确认，交火期间有流弹落入中国境内，并致使一名中国边民受伤。

11月23日

韩国与日本正式签署《军事情报保护协定》 韩日两国在首尔签署《军事情报保护协定》，两国可以不经过美国迅速共享包括朝核在内的情报。

11月24日

中国与缅甸外交国防2+2高级别磋商首轮会议在缅甸内比都举行 双方对当前缅北地区局势表示高度关注，明确反对任何挑起军事冲突的行动。

哥伦比亚新和平协议签订 哥伦比亚总统桑托斯和该国最大反政府武装"哥伦比亚革命武装力量"领导人罗德里格·隆多尼奥·埃切韦里在哥首都波哥大正式签署新的和平协议。

11月30日

联合国安理会通过决议谴责朝鲜进行核试验 朝鲜今年9月9日进行核试验，决议要求朝鲜放弃核武器和导弹计划。

12月

12月1日

中国与塞拉利昂建立全面战略合作伙伴关系 中国国家主席习近平在人民大会堂同塞拉利昂总统科罗马举行会谈。两国元首决定将中塞关系提升为全面战略合作伙伴关系。

12月9日

韩国国会议长丁世均宣布总统朴槿惠弹劾案启动 韩国国会通过针对总统朴槿惠的弹劾动议案，朴槿惠是韩国宪政史上第二名被国会弹劾的总统。

12月10日

土耳其伊斯坦布尔遇恐怖袭击 伊斯坦布尔一座足球场的外围区域遭遇两起爆炸袭击，致至少29人死亡、166人受伤，大多数遇难者是警察。

12月11日

埃及教堂遭恐怖袭击 开罗市区一教堂的爆炸案是一起自杀式炸弹袭击，25人遇难。

12月12日

中国敦促美总统慎重处理涉台问题 中国外交部发言人耿爽回应美国当选总统特朗普有关表态时说，中方敦促美国新一届政府和领导人慎重妥善处理涉台问题，以免中美关系大局受到严重干扰和损害。

安东尼奥·古特雷斯宣誓就职联合国秘书长 他将从明年1月1日起行使联合国秘书长职权。

欧盟与古巴在比利时布鲁塞尔签署了首份双边关系框架协议 这份名为“政治对话与合作协议”的框架协议由欧盟外交和安全政策高级代表费代丽卡·莫盖里尼及欧盟28个成员国代表与古巴外交部部长布鲁诺·罗德里格斯共同签署。

12月13日

叙利亚政府军“全面控制”北部重镇阿勒颇 此前据守在阿勒颇东部的反对派武装已开始撤离。

伊朗总统哈桑·鲁哈尼下令研制船用核动力装置 强硬反击美国不切实履行承诺、解除对伊朗制裁。

12月15日

美国称无人潜航器被中国海军“扣留” 美国国防部声称这一无人潜航器用于合法的军事测量。中国国防部发言人表示，海军发现不明装置。

12月17日

利比亚民族团结政府正式宣布解放苏尔特 利比亚总理法伊兹·萨拉杰宣布，被极端组织“伊斯兰国”占领的西部城市苏尔特获得解放。

12月18日

也门临时首都亚丁清晨遭遇自杀式爆炸袭击 死亡人数已上升至49人，极端组织“伊斯兰国”称制造了该自杀式爆炸袭击事件。

12月19日

中国挪威实现关系正常化 诺贝尔和平奖事件致双边关系恶化6年后，中国与挪威发布声明称，“自即日起实现两国关系正常化”。

俄罗斯驻土耳其大使遇袭身亡 俄驻土大使安德烈·卡尔洛夫在土耳其安卡拉出席展览开幕式时遭枪击身亡。行凶者是土耳其警察，已被当场击毙。

12月20日

美国延长对俄罗斯经济制裁 在欧盟宣布延长对俄罗斯制裁一天后，美国财政部也宣布，将因乌克兰问题继续延长和扩大对俄经济制裁。

12月23日

利比亚客机遭劫持 一架载有118人的利比亚客机当天遭劫持后在马耳他降落，劫机疑犯已投降，机上所有人员已被释放。

12月26日

中国航母辽宁舰编队首次开展远海训练 编队经过西太平洋海域，通过宫古海峡后又向西南航行，引发多方关注。

中国与圣多美和普林西比恢复外交关系 12月20日圣普宣布与台湾“断交”。

12月27日

日本首相安倍晋三访问美国夏威夷珍珠港 安倍与美国总统奥巴马一同参观了“亚利桑那号”纪念馆并向遇难者献花圈，随后发表讲话称不能重复战争悲剧，但安倍并未就二战期间日军偷袭珍珠港道歉。

12月29日

叙利亚宣布全国范围内停火 叙利亚军方宣布在全国范围内实施停火，停火自当地时间30日零时开始生效。

美国驱逐35名俄外交人员 美国总统奥巴马决定，因俄罗斯涉嫌通过网络袭击干预美国总统选举而对俄进行制裁，美国国务院同日宣布驱逐35名俄外交人员。

Abstract

Annual Report on China's International Security Studies (*2017*) gives a comprehensive review, assessment and analysis on international security and the security of China in 2016.

Internationally, security situations have generally been stable but threats did grow. In the context of Brexit, Donald Trump's being elected president, and the rise of populism, international security now faces more uncertainties. Major countries have made deeper adjustments to their security strategies and strategic competition among them increased significantly. Some major countries have been actively seeking military advantages, pushing up both real and potential risks. Such changes and new features of the international security situation indicate that more needs to be done urgently in this respect to meet new requirements.

Regionally, there have been both turmoil and mitigation. In 2016, China was actively engaged in neighboring diplomacy for security purposes, deepening cooperation with relevant countries, and maintaining a generally stable security environment in its vicinity. The DPRK continued its bold moves in nuclear development, adding up to the uncertainties on the peninsula. At the end of 2016, the Syrian government signed nationwide ceasefire agreement with the armed opposition, but whether peace talks can proceed smoothly is yet to be observed. Situations remained tense in Ukraine as the game between the US, NATO, the EU, and Russia went on over this issue.

In terms of non-traditional security, "exogenous non-traditional security threats", which arise on the global or regional level, or from a foreign country and spread to exert impact on the home country, are now more complicated, integrated, and harder to keep under control, causing inneglectable influence on the security of various nations as well as the international community. Terrorism has been on the rise globally and turning towards more global, local, fragmented, and cyberspace-based models. The international refugee crisis was not relieved in 2016 and may become the "new normal" of the international community in the coming years.

As for the security of China, situations have generally been stable in and out of the country. In 2016, China continued to promote innovations in the theories and practices of national security and made a number of breakthroughs in its national security strategy and security-related legislation. In the future, more efforts should be made to ensure effective enforcement of relevant laws and regulations, as well as make up for the deficiencies of the existing legal system with timely amendments. The Chinese government has taken well-targeted measures and made positive progress in responding to risks in cyberspace security, and urban security. However, deficiencies still remain, awaiting further capacity building and system building. As China speeds up its opening-up, more active and effective measures should be taken to prevent and respond to the political risks that Chinese enterprises may face in their going global campaigns.

Contents

I General Report

Abstract: In 2016, affected by multiple factors, the development of international security situation confronted some new issues and showed some new features and new trends with profound influence, which brought about new challenges to international security. Represented by Brexit and Donald Trump's being elected as President of the U. S. , populism began to rise in Europe and America, tremendously affecting the development of the world's politics and international security, and possibly reshaping the world political ecology. Major countries have maintained stability on the whole, yet their strategic gaming and deeper-level competition in the security field are becoming increasingly fierce, making the direction and prospect for the relationship among them full of uncertainties. Hot issues of regional security have taken different paths. Some have been mitigated while others have remained unchanged or even intensified, exerting negative influence on international security. Still a great threat to international security, terrorism is generally on the rise, turning towards more global, local, fragmented, and cyberspace-based models. As for China, the national security situation is generally stable. Guided by a comprehensive approach to national security, China has continued to promote theoretical and practical innovations in the field of national security, and achieved breakthroughs in national security strategy and legislation. The Chinese government has taken well-targeted measures and made positive progress in responding to risks in public health security, cyberspace security, nuclear power security, urban security, and the risks arising in the reform for better management of public markets and the trade in public resources. However, deficiencies still remain, awaiting further capacity building and system building.

Keywords: International Security; Non-traditional Security; National Security of China; Regional Security

Ⅱ Global Security: Risk and Governance

Abstract: A multilayered multipolar international order has been established. Seven major powers are divided into three categories, China being in the second category. States are strengthening and adjusting their security strategies in a bid to gain a more favorable power status. To safeguard its hegemonic leadership, the U. S. attaches equal importance to non-traditional and traditional security challenges and is shifting its geo-strategic focus to the Asia-Pacific region and its regional security focus to cyberspace and climate change. Russia is implementing a new security strategy, posing a major challenge for NATO and the U. S. , and Russian foreign policy and geostrategy are far more aggressive than before. In Japan, the Abe administration continues to adopt an unwavering right-leaning policy, and shore up its alliance with the U. S. against China, aiming to become a political and military superpower. The contestation between the West and the emerging powers is becoming increasingly intense. Enmity between Washington and Moscow has intensified. The alliance forged between the United States and Europe to corner Russia is not as strong as they wish it could be. The power struggle between China and the United States is becoming more intense as the United States joins hands with Japan in an attempt to curb the rising of China.

Western powers huddle up together closer while China and Russia join hands to exert influence on relations between emerging powers. Despite its rising global might, China is faced with complex challenges.

Keywords: Multilayered World Order; One Superpower and Six Great Powers; Strategic Adjustment of Major Powers; Competition and Cooperation; Cluster of States

Abstract: The year 2016 is an eventful year as well as an important turning point in the world order. The uncertainty about international military dynamics is rising. The major powers are speeding up strategic adjustment in a bid to gain military superiority over others. Tackling traditional security issues remains top of the agenda. Both the United States and Russia put priority on addressing strategic competition and potential conflicts between great powers. The rapid development of technology and equipment is ushering in a new round of worldwide military revolution. New sectors have become an important ground for military contestation. The great power game in new sectors is all fired up. The spillover effects of military conflicts on politics and economy is becoming more and more obvious, especially in the case of conflicts between the Middle East and Europe. The international system and its structure and the nature of international relations are undergoing major changes. The old world order is defunct and collapsing, unable to provide states with security and prosperity and not going to take a turn for the better. In the transition period, all countries, even the major powers, need to redefine their status. The relationship between countries is more complex. Although the world system at large is in a state of dynamic balance, it is also enmeshed in conflicts, disputes and turbulence.

Keywords: International Military Dynamics; Military Conflicts; Strategic Adjustment; New Security Issues; Competition Between Great Powers

Abstract: International security governance is a key part of global governance. In a broad sense, international security governance can approximately be equated with global governance. International security threats are divided into traditional and non-traditional security threats. In the international community, for a long time after the end of the Cold War, non-traditional security threats are on the rise while traditional ones are declining. But since 2016, the waters of international security have become muddy and both traditional and non-traditional security threats have been on the rise, which has thrown international security governance into a dilemma. People begin to cast doubts about international security governance. Furthermore, the United States, European countries and other Western countries, which used to be high-profile advocates of global governance in the post-Cold-War era, are getting in the way of international security governance after their enthusiasm cools down, which in particular increases the uncertainty in the outlook of international security governance.

Keywords: International Security; Global Governance; Subject; Object; Dilemma

Ⅲ Regional Security: Turmoil and Mitigation

Abstract: In 2016, China steps up efforts to promote security cooperation with neighboring countries in a bid to ensure regional stability. On the one hand, it has been strengthening regional security by deepening relations with great powers, and strengthening mutual trust and cooperation with other major powers on peripheral security issues; actively explaining China's policies on multilateral security issues at multilateral and international events; opposing the sensationalization of and the intervention in the South China Sea issue by some countries with ulterior motives; promoting the Belt and Road initiative and security cooperation; and promoting the new Asian security concept and the security governance model with Asian characteristics. On the other hand, it also faces many challenges in implementing its security-oriented peripheral diplomatic policy which needs to be deepened and consolidated.

Keywords: China's Periphery Diplomacy; Security-oriented Diplomacy; Security Challenges

Abstract: The year 2016 marked the sixth year of the still-raging civil war in Syria. The on-going conflicts among several factions are just half of the story. The intervention of the international community has made the war more complicated, fueling conflicts and struggles within the country which is exhausted by continuous turbulence. Behind the Syrian Civil War is, in fact, the great power game. Syria has become the wrestling arena for the power struggle between the United States and Russia. Russia's involvement in the Syrian Civil War serves multiple purposes, including winning back the traditional interests of Russia in Syria. Given the valuable geopolitical position of Syria in the Middle East, the geopolitical game around Syria will continue. Russian military presence in Syria is intended to show the rise of Russia as a great power. To this end, Russia has started a new geopolitical game with the United States in the Middle East, and the solution to the Syrian issue ultimately comes down to the United States and Russia.

Keywords: Syrian Civil War; Power Struggle Between the United States and Russia; Security in the Middle East; Geopolitical Strategy

Abstract: The Ukrainian crisis has lasted for more than three years. Despite the fact that Minsk II remains valid, the agreement has done nothing to alleviate the tension in Ukraine due to its vulnerability and poor enforcement. Now, the Ukrainian "crisis" is transforming into the Ukrainian "problem". In 2016, the power struggle between the United States, NATO, the European Union and Russia on the Ukrainian issue is still on-going, which has a huge impact on how the Ukrainian problem will be solved. Ukraine will be seriously plagued by the dispute over the sovereignty over Crimea, Ukrainian foreign policy choices and national development prospect, and other onerous challenges. Ukraine has found itself entangled in the complex game between multiple entities, which will continue to evolve in the context of "old problems" and "new situations".

Keywords: Ukrainian Crisis; Ukrainian Problem; Russia; Crimea; Economic Sanctions

Ⅳ Non-traditional Security: Threat and Response

Abstract: The continuous development of human society has led to increasing needs for resources, which has triggered the growth in non-traditional security problems, threats and crises across borders. National security strategy of every country must be based on theoretical analysis of non-traditional security

threats and assessment of the real impact of non-traditional security threats. Non-traditional security is essentially a category of "field security", characterized by complexity and asymmetry. External non-traditional security threats arise from global, regional or foreign causes. They need to be addressed through multinational corporations and co-governance in accordance with the principle of achieving shared growth through discussion and collaboration. External non-traditional security threats can be divided into two categories: one is global threats and the other is predominantly international or regional threats which can evolve into global or national threats. These threats have a significant impact on national security. Although external threats only account for 30% of the non-traditional security challenges facing China, they are more complex and challenging than internal threats. They often overlap with military affairs in terms of purpose, means and process. Therefore, to solve complex non-traditional security issues, China needs to strengthen capacity building in the field of cross-border governance.

Keywords: Non-traditional Security; Field Security; National Security; Harmony-oriented Diplomacy

Abstract: With the continuous development of information technology, cyberspace has become an important area of international competition and cooperation. In this study, an international cyberspace security index is developed using cyberspace security macro management, cyberspace security international governance, indexes of cyberspace security industry and cyberspace security state (including 13 secondary indexes) to evaluate cyberspace security of nine representative countries. The evaluation results show that China is ranked seventh in the nine countries, lagging behind the leading countries in the development of cyberspace security laws, regulations and standards. China needs to set its cyberspace security strategy in motion, plan its information security technology industry properly and steadily promote international cooperation and exchanges.

Keywords: Cyberspace Security; Security Capability; Index System; International Comparison; Quantitative Assessment

B. 10 New Trends in International Terrorism: Globalization, Localization and "Normalization"

Zheng Xiaoming / 160

Abstract: In 2016, international terrorism demonstrates different trends in different regions: Firstly, Suffering heavy losses to international anti-terrorism forces in Iraq and Syria, the Islamic State of Iraq and Syria (ISIS) becomes more rampant in terrorist attack, expansion and penetration in an attempt to shift the battlefield pressure coming directly at it and showcase its presence and strength. Secondly, Europe is the hardest hit by the terrorist attacks. The retaliation of the ISIS, the return of a large number of jihadists, the passport-free policy in the Schengen zone, anti-social powers among Muslim immigrants in Europe and other factors make Europe an easy target for a new round of major terrorist attacks. Thirdly, Terrorist activities are extremely rampant in Turkey, the domestic policy of which is closely related to the Syrian crisis. Fourthly, Infiltrated by the ISIS and other international terrorist groups, terrorist forces begin to stage a comeback in Southeast Asia which suffers a new spate of terrorist attacks. In the context of increased international terrorist activities, countries must effectively cooperate in order to effectively prevent and combat terrorism and safeguard national security and international security.

Keywords: International Terrorism; New Trends; Islamic State of Iraq and Syria; Terrorist Attacks in Europe; Turkey; Southeast Asia

B. 11 The World Refugee Crisis: Glimpses of Light through the Darkness

Zhou Tanhao / 170

Abstract: The international refugee crisis in 2016 is not much different from that of 2015, but there are some regional progresses. The "high fever" of the European refugee crisis is brought down; there is a historic breakthrough in Colombian peace talks; the refugee crisis gains unprecedented attention of the international community which reaches consensus on working together to tackle the crisis. But, if the international refugee crisis is viewed from a historical and comprehensive perspective, it is not difficult to see that these progresses are only glimpses of light through the overwhelming darkness and the crisis is still raging. Situations in other major sources of refugees, such as Africa, West Asia, and Southeast Asia, have become more complex and challenging. Western countries begin to gallop off from their responsibilities in the face of onerous challenges. Developing countries, which have been playing a key role in tackling this crisis, are close to their limits on accepting refugees and international institutions are powerless when it comes to refugee placement. The prospect of the crisis is bleak because the refugee crisis is not a top priority of the current international community and may become a leverage tool in the political power struggle, coupled with an increase in mutual distrust between refugees and governments and international organizations. The international refugee crisis may become a new normal.

Keywords: International Refugees; Progress in the Refugee Crisis; Crisis Prospects

B. 12 Risks and Security Issues in Public Market and Public Resources Trade Reforms

Liu Hui, *Zhang Ruijun* / 186

Abstract: From 2015 to 2016, with the transformation of government functions, the strengthening of the decisive role of the market in resources allocation and the advancing of other reforms and strategies, the State Council and relevant ministries and departments introduced a series of specific measures, including the cancelation of the administrative examination and approval process, the strengthening of state-controlled assets management, the promotion of the government-nongovernment cooperation models and the acceleration of the digitalization of public resources. These measures prompt a major reform that reshapes the core mechanisms and systems in the public market which has been predominantly government-driven for past decades. Public market reforms and innovations have broken the shackles of barriers inherent in a government-led market, realigned power and interests and put the governance and management skills and flexibility of governments at all levels to the test. If governments fail to formulate a response plan in a timely manner when faced with risks in relation to the public market security control, defects in public resources trade contracts, supervision and integrity management, the abuse of information and data resources and inconsistent standards, these risks are likely to become national economic security problems.

Keywords: Public Market; Public Resources Trade; Public Resources Security; Public Interests; Resources Allocation

Abstract: In the context of globalization, public health security is not just a matter of public health, but also a security issue that affects a country, a region and the world. The Zika virus epidemic in 2016, antimicrobial drug resistance, the extensive and complex impact of air pollution on human health, economy and society, and the vulnerability and lack of synergies of the response system have become public health threats that draw worldwide attention, include that of China. As a responsible great country, China has taken actions to strengthen domestic public health security related legislation, law enforcement, planning and guidance, improve the prevention and control system, promote multi-sectoral co-governance, shore up scientific research, improve the emergency response capability of the health system, and actively participate in global public health security management and achieve remarkable progress. In the future, China should further strengthen the position of public health security in the national security strategy, continue to strengthen the domestic public health system and capacity-building, actively build a rapport with other countries, participate in and lead the development of global public health security agenda and rules, and contribute to the upgrading of economic globalization and the consolidation of the foundation of global public health.

Keywords: China's National Security; Public Health Security; Globalization

V Security of China: Challenge and Governance

Abstract: In recent years, the most important innovation in the theory of national security in China is the overall national security outlook. The most important innovation in the practice of national security is the rapid progress in national security legislation marked by the implementation of the new National Security Law, the establishment of the national security system marked by the establishment of the Central National Security Commission, the introduction of a national security strategy marked by the adoption of the Outline of National Security Strategy by the Politburo, and the implementation of a national security campaign, the key part of which is the April 15 National Security Education Day. In 2016, under the guidance of the overall national security outlook, China observes the first National Security Education Day, adopts the Anti-Terrorism Law, the Law on the Administration of Activities of Overseas Non-Government

Organizations in China and the Cyberspace Security Law, passes the Opinions on Strengthening National Security and releases the first national cyberspace security strategy.

Keywords: Overall National Security Outlook; National Security Education Day; National Security Legal System; National Security Strategy; National Security Measures

Abstract: The year 2016 witnesses the achievement of a milestone in the development of the national security legal system of China. The adoption of the Anti-Spy Law, the National Security Law and the Anti-Terrorism Law, three pillars in China's national security legal system, marks the establishment of a basic legal framework for national security in China. However, empirical research on judicial cases shows that the three laws are rarely quoted in practice, which should be taken seriously. In 2016, a spate of national and local laws and regulations related to national security are passed or amended. The analysis of these laws and regulations shows that China has made breakthroughs in the important legislative areas of national security and has enriched the legal system under the framework of the overall national security outlook. But there is still room for improvement in terms of the quality of legislation and the balance between national security and civil rights. The law enforcement and justice systems have failed to keep up with the pace at which laws are passed. The future focus of China's national security legal system should be shifted to effective law enforcement and timely revision and improvement of the legal system. Local legislative bodies may be encouraged to accumulate legislative experience through experimental legislation.

Keywords: National Security under the Rule of Law; National Security Legislation; Enforcement; Legislative Status; Legislative Evaluation

B. 16 Analysis and Prospect of National Economic Security Situation 2016

Qiang Jianxin / 256

Abstract: In 2016, despite the complicated economic situations, risks and challenges at home and abroad, and thanks to the concerted efforts of the people, China achieves steady and sound economic development, and sustains stable and healthy trends in economic security, laying a solid foundation for economic development and security for the 13th Five-year period. Meanwhile, numerous major conflicts and problems in current economic development of China inflict various risks and challenges for safeguarding economic security. In particular, some inherent issues affecting economic security have not been fundamentally solved, while new problems of the same kind continue to emerge, posing serious challenges for safeguarding economic security and promoting steady and sound economic development. In light of this, China should consciously stick to the overall security vision, seek steady growth, maintain strategic focus, remain clear-headed, keep systematic thinking and bottom-line thinking, emphasize both security and development, adhere to the principle of reform as well as development, prevent and diffuse various economic risks, and solve deep-seated structural conflicts and problems affecting safe and steady economic operation and sustainable development, so as to create a safe and steady environment for the sustainable development of economy. With concerted efforts of the people throughout the country, China will keep the trend of steady and sound economic development and ensure the national economic security at the same time.

Keywords: Economic Security; National Security; Overall Security Vision; Risk

B. 17 Current State of Urban Security in China

Yang Ka, *Bian Peilin* / 283

Abstract: Urban security is one of the important goals of urban development and management. As urban spaces become more and more complex and urban social and economic activities become increasingly diverse, the connotation of urban security has been expanded time and again. In addition to active monitoring, forecasting and prevention of natural disasters, municipal governments at all levels need to prevent and respond to fire, traffic accidents, major criminal cases and other human accidents, industrial accidents, engineering disasters, collapses and other technical disasters, attacks and environmental accidents. The study shows that the numbers of criminal cases, traffic accidents, deaths from traffic accidents and deaths in production accidents in China have been significantly reduced in recent years, as a result of effective urban safety management in these areas. However, there have been chemical incidents with a large number of casualties and frequent environmental pollution incidents such as soil pollution, water pollution and air pollution, which are new urban security issues brought about by the increase in the complexity of production activities. Deadly terrorist attacks in other countries are a cautionary warning to Chinese cities about the necessity to shore up their anti-terrorism measures.

Keywords: Urban Security; Urban Planning; Urban Disaster; Emergency Response Mechanism; Environmental Pollution

B. 18 Chinese Electricity Companies Investing in the Mekong Subregion: Political Risk Control

Abstract: How to use the nation-specific approach to analyze political risks of Chinese electricity companies investing in the Mekong Subregion is an important topic in the study of international political economy. This paper analyzes political risks of Chinese companies investing in foreign countries by using an analytical model. First, the conceptual framework of Italian political risks is introduced with added indicators assessing non-traditional political risk, in addition to the three traditional political risks which are expropriation risk, foreign exchange restriction risk and political violence risk, so that the evaluation results can reflect the political risk level of the five countries in the Mekong Subregion from 2009 to 2016 more comprehensively and objectively. Then, the political risk factors of Cambodia, Thailand, Myanmar, Vietnam and Laos are further analyzed based on the results of the quantitative analysis model. To control political risks faced by Chinese electricity companies in the Mekong Subregion, the paper proposes the following three policy recommendations: strengthening positive publicity of the image of China and Chinese companies, making good use of the protection mechanism provided by international laws, and providing safe public goods to create a regional and interregional security community.

Keywords: Chinese Companies; Mekong Subregion; Political Risks; Risk Control

B. 19 China-ASEAN Cooperation in Information Industry: Realities, Opportunities and Visions *Li Dan, Wei Yao* / 313

Abstract: Southeast Asia occupies a critical position of the Maritime Silk Road and China-ASEAN cooperation is of strategic significance to China's The Belt and Road Initiative. In recent years, ASEAN countries have witnessed the growth of IT industry in leaps and bounds, but the gap between them is still very large. There is a huge infrastructure demand in many ASEAN countries. Most ASEAN countries attach great importance to the development of their IT industry and have issued favorable policies to serve this end, which creates a good opportunity for China to strengthen cooperation with them. China should, under the premise of fully assessing risks, strengthen communication infrastructure development, promote government-nongovernment dialogues, and use infrastructure to provide multi-level wide-ranging information services.

Keywords: The Belt and Road; China-ASEAN; Cooperation in Information Industry; Infrastructure

✤ 皮书起源 ✤

“皮书”起源于十七、十八世纪的英国，主要指官方或社会组织正式发表的重要文件或报告，多以“白皮书”命名。在中国，“皮书”这一概念被社会广泛接受，并被成功运作、发展成为一种全新的出版形态，则源于中国社会科学院社会科学文献出版社。

✤ 皮书定义 ✤

皮书是对中国与世界发展状况和热点问题进行年度监测，以专业的角度、专家的视野和实证研究方法，针对某一领域或区域现状与发展态势展开分析和预测，具备原创性、实证性、专业性、连续性、前沿性、时效性等特点的公开出版物，由一系列权威研究报告组成。

✤ 皮书作者 ✤

皮书系列的作者以中国社会科学院、著名高校、地方社会科学院的研究人员为主，多为国内一流研究机构的权威专家学者，他们的看法和观点代表了学界对中国与世界的现实和未来最高水平的解读与分析。

✤ 皮书荣誉 ✤

皮书系列已成为社会科学文献出版社的著名图书品牌和中国社会科学院的知名学术品牌。2016 年，皮书系列正式列入“十三五”国家重点出版规划项目；2012~2016 年，重点皮书列入中国社会科学院承担的国家哲学社会科学创新工程项目；2017 年，55 种院外皮书使用“中国社会科学院创新工程学术出版项目”标识。

中国皮书网

发布皮书研创资讯，传播皮书精彩内容
引领皮书出版潮流，打造皮书服务平台

栏目设置

关于皮书：何谓皮书、皮书分类、皮书大事记、皮书荣誉、皮书出版第一人、皮书编辑部

最新资讯：通知公告、新闻动态、媒体聚焦、网站专题、视频直播、下载专区

皮书研创：皮书规范、皮书选题、皮书出版、皮书研究、研创团队

皮书评奖评价：指标体系、皮书评价、皮书评奖

互动专区：皮书说、皮书智库、皮书微博、数据库微博

所获荣誉

2008 年、2011 年，中国皮书网均在全国新闻出版业网站荣誉评选中获得“最具商业价值网站”称号；

2012 年，获得“出版业网站百强”称号。

网库合一

2014 年，中国皮书网与皮书数据库端口合一，实现资源共享。更多详情请登录 www.pishu.cn。

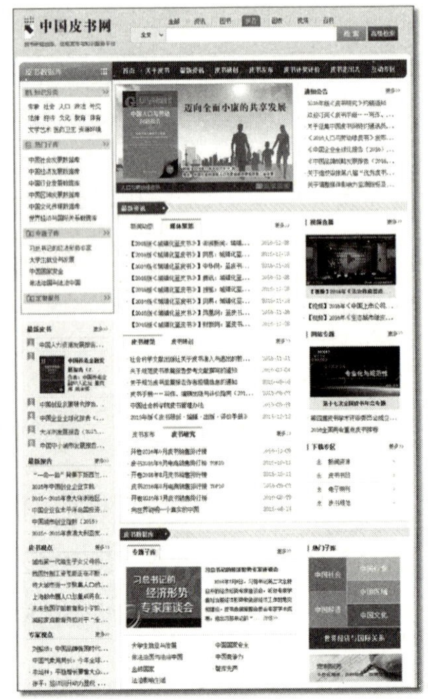

权威报告·热点资讯·特色资源

皮书数据库

ANNUAL REPORT(YEARBOOK) DATABASE

当代中国与世界发展高端智库平台

所获荣誉

- 2016年，入选“国家‘十三五’电子出版物出版规划骨干工程”
- 2015年，荣获“搜索中国正能量 点赞2015”“创新中国科技创新奖”
- 2013年，荣获“中国出版政府奖·网络出版物奖”提名奖
- 连续多年荣获中国数字出版博览会“数字出版·优秀品牌”奖

成为会员

通过网址www.pishu.com.cn或使用手机扫描二维码进入皮书数据库网站，进行手机号码验证或邮箱验证即可成为皮书数据库会员（建议通过手机号码快速验证注册）。

会员福利

- 使用手机号码首次注册会员可直接获得100元体验金，不需充值即可购买和查看数据库内容（仅限使用手机号码快速注册）。
- 已注册用户购书后可免费获赠100元皮书数据库充值卡。刮开充值卡涂层获取充值密码，登录并进入“会员中心”—“在线充值”—“充值卡充值”，充值成功后即可购买和查看数据库内容。

数据库服务热线：400-008-6695
数据库服务QQ：2475522410
数据库服务邮箱：database@ssap.cn
图书销售热线：010-59367070/7028
图书服务QQ：1265056568
图书服务邮箱：duzhe@ssap.cn

社会科学文献出版社 SOCIAL SCIENCES ACADEMIC PRESS (CHINA) 皮书系列
卡号：755333111211
密码：

S 子库介绍
Sub-Database Introduction

中国经济发展数据库

涵盖宏观经济、农业经济、工业经济、产业经济、财政金融、交通旅游、商业贸易、劳动经济、企业经济、房地产经济、城市经济、区域经济等领域，为用户实时了解经济运行态势、 把握经济发展规律、 洞察经济形势、 做出经济决策提供参考和依据。

中国社会发展数据库

全面整合国内外有关中国社会发展的统计数据、 深度分析报告、 专家解读和热点资讯构建而成的专业学术数据库。涉及宗教、社会、人口、政治、外交、法律、文化、教育、体育、文学艺术、医药卫生、资源环境等多个领域。

中国行业发展数据库

以中国国民经济行业分类为依据，跟踪分析国民经济各行业市场运行状况和政策导向，提供行业发展最前沿的资讯，为用户投资、从业及各种经济决策提供理论基础和实践指导。内容涵盖农业，能源与矿产业，交通运输业，制造业，金融业，房地产业，租赁和商务服务业，科学研究，环境和公共设施管理，居民服务业，教育，卫生和社会保障，文化、体育和娱乐业等 100 余个行业。

中国区域发展数据库

对特定区域内的经济、社会、文化、法治、资源环境等领域的现状与发展情况进行分析和预测。涵盖中部、西部、东北、西北等地区，长三角、珠三角、黄三角、京津冀、环渤海、合肥经济圈、长株潭城市群、关中—天水经济区、海峡经济区等区域经济体和城市圈，北京、上海、浙江、河南、陕西等 34 个省份及中国台湾地区 。

中国文化传媒数据库

包括文化事业、文化产业、宗教、群众文化、图书馆事业、博物馆事业、档案事业、语言文字、文学、历史地理、新闻传播、广播电视、出版事业、艺术、电影、娱乐等多个子库。

世界经济与国际关系数据库

以皮书系列中涉及世界经济与国际关系的研究成果为基础，全面整合国内外有关世界经济与国际关系的统计数据、深度分析报告、专家解读和热点资讯构建而成的专业学术数据库。包括世界经济、国际政治、世界文化与科技、全球性问题、国际组织与国际法、区域研究等多个子库。

法律声明